白 話

《菩提道次第廣論》

ཐར་ལམ་གསལ་བྱེད་ཉི་མ།

宗喀巴大師——著

法尊法師——中譯
劉小儂——譯文白話

宗喀巴大師法相

目錄

推薦序

　　大班智達安多格西・絳白若畢洛哲仁波切是漢地著名高僧法尊法師的根本上師，我身爲安多格西仁波切的轉世，很高興在此推薦本書。

　　本書原爲宗喀巴大師造的《菩提道次第廣論》，由大譯師法尊法師將藏文轉爲漢譯本，對現代人而言，語體稍嫌深奧難懂，學習不易。我很高興劉小儂居士（藏名德千汪莫）將此書寫成一般人容易閱讀的白話文，此對學習藏傳佛教及弘揚佛陀教法很有幫助。

　　吉祥如意

　　　　　　　　　第三世安多格西・才讓桑智・土登曲增嘉華若貝洛丹
　　　　　　　　　　　　　　　　　　　　　二〇〇八年五月十三日

安多格西仁波切（左）被藏人喻爲文殊菩薩第十六世化身，也是十三世達賴喇嘛受學的上師之一；1919年創建青海省達日縣年毛山南架格丹寺（簡稱年毛寺），現任住持才讓桑智・土登曲增嘉華若貝洛丹仁波切（右），爲安多格西之轉世。

ༀ༔ས་མདོ་དགེ་བཤེས་ཐུབ་བསྟན་ཆོས་འཛིན་འཇམ་དཔལ་རོལ་པའི་བློ་ལྡན༔

AMDO GESHI THUPTEN CHOZIN JAMPAL ROLWE LODEN RINPOCHE

安多格西土登曲增嘉华若贝洛丹活佛

地址：青海省达日县华年日南嘉格丹寺　　邮编：814200　　手机：13909751113　　小灵通：0975-8511666

宗喀巴大師略傳

　　宗喀巴大師（1357～1419），是藏傳佛教格魯派的開山始祖、偉大的宗教思想家和改革家，被喻為第二佛陀，也是文殊菩薩的真實化身。在十四世紀西藏佛教墮落之際，開啟復興戒律、重視學習的風潮，令僧人改戴象徵持戒的黃色帽子，建立先顯後密的修行次第，制定五部必修大論，透過嚴格的辯經及考試制度，授以僧人格西學位。

　　宗喀巴大師，1357年生於青海湟中縣（今塔爾寺址），出生地在藏語稱為宗喀，人稱宗喀巴，意為宗喀地區的人。三歲受居士戒，七歲追隨仁青大師，十六歲前往西藏學習各派教法，圓融小乘、大乘、密乘一切教理，十九歲即以無礙辯才折服許多智者。修習獻曼達時，大師以石板為曼達，磨到手臂流血仍精進不輟。三十四歲時受邀至桑普地區，以三個月時間同時講授17部大論聞名，最高紀錄可以同時講授29部大論。

　　1402年宗喀巴大師在止貢法王、勝依法王及前後藏善知識勸請下造論，以整頓佛教戒律、挽救日漸傾頹的教法；特於熱振寺著名的阿底峽歪頭像面前祈請，於淨觀中親見釋牟尼佛及噶當派傳承上師長達一個月之久，寫下《菩提道次第廣論》奢摩他之前的章節；原本大師打算停筆，文殊菩薩立刻現身請他完成毘缽舍那章節，並在虛空及紙張上顯示甚深空性義理，以使末法眾生獲得中等利益。1409年在小昭寺首創神變祈願大法會，同年創建格魯派第一座寺院甘丹寺；之後弟子陸續興建哲蚌寺、色拉寺、扎什倫布寺、塔爾寺、拉卜楞寺（格魯六大寺院），後發展為藏地最大教派，形成達賴及班禪兩個重要轉世系統。1419年藏曆10月25日示寂，為紀念大師偉大貢獻，遂定此日為燃燈節。

法尊法師略傳

《菩提道次第廣論》中譯本由法尊法師翻譯，法尊法師在中國佛教的地位，正如東初老人所說：「法尊，不特精通佛學，而於藏文造詣頗深，其於溝通漢藏文化，用力最多，論貢獻也最大。」印順導師在《平凡的一生》提到，法尊法師是他修學中的殊勝因緣。

法尊法師俗姓溫，1902 年生於河北深縣，因家境困難，小時被送到保定學做皮鞋，1920 年離家前往五台山玉皇廟出家，法名妙貴，字法尊，十九歲因聽聞大勇法師開示《八大人覺經》等經典，觸動法師除自了生死，更應擔負起弘揚佛法的使命，由此奠定譯經志向。後隨大勇法師至北京禮謁太虛大師，並進入武昌佛學院學習；就學期間首次接觸宗喀巴大師的著作，對藏傳佛法產生不共的信仰，之後決心效法玄奘等大德譯經精神，前往藏地求法。

1928 年見到安多格西，如法師在自傳寫道，「他老人家那種淵博學海，鋒利劍芒，任你何等困難死結，莫不迎刃而解。我受了教訓後，就五體投地地信仰，這是我初次所見的安東恩師①，自此以後就想長時依止安東恩師了。」1931 年赴拉薩奉安多格西為根本上師，領受四十多種大曼陀羅阿闍黎灌頂，學習《因明總義論》、《菩提道次第廣論》、《現觀莊嚴論金鬘釋》、《密宗道次第廣論》等重要經論，1934 年返回藏地，主持漢藏教理院並投入譯著工作，1980 年於北京廣濟寺圓寂。

法尊法師一生譯著超過一百二十部，幾乎涉及所有佛學層面，知名如《菩提道次第廣論》、《密宗道次第廣論》、《入中論》、《入中論善顯密義疏》、《現觀莊嚴論金鬘釋》、《辨法法性論》、《集學論》、《釋量論》等，對漢地學習藏傳佛教有重大貢獻。

---

① 安東恩師即安多格西。

自序

經常聽人說：「學佛，不要太迷。」迷，就是迷信，認為香燒得愈多，愈可以巴結菩薩，頂灌得愈多，愈可以得到加持，就此解決人生問題。殊不知，佛法廣博精微，具有極嚴謹的理論基礎與辯證邏輯，非一般科學與知識所能比擬。許多佛教徒不明究理，不是追求神通感應，落得走火入魔自誤誤人，就是只求大手印大圓滿等無上密法，不願從根基好好打起，陷佛法於亂象叢生。

回首二十年學佛，這裡學學那裡跑跑，受了許多教法，卻始終不知一個完整次第。迷迷糊糊，直到參加法光佛學研究所黃奕彥老師講授的《菩提道次第廣論》，才覺得真正挖到寶。

《廣論》是宗喀巴大師的著作，由法尊法師譯為中文，以現在來看語體過於文言，又隱含許多典故，很容易讓人望之卻步。剛開始想翻譯，其實是為了自己學習。下筆之初極難，整天下來只有二、三百字，緩慢的進度與厚重的書頁令我備受挫折。每當動念想放棄，便想到法尊法師不顧生命學習及翻譯的精神，又想到自己既暫捨俗業，還是耐著一字字敲一句句修，總算逐句完成。

《廣論》不只是格魯派必修，更是所有學佛者都應深入的寶典。現代人生活忙碌，很難靜下心來研讀經論，尤其像《廣論》這樣大部頭的書更難。學佛不是一生一世的事，不試著擠出時間，就無法養成習慣，把學佛的「習氣」帶到來生。沒有聞就沒有思，沒有思就沒有修，三者俱無，解脫無望。金錢上的投資時有虧損，頂多只能讓今生富有；佛法上的投資穩賺不賠，又可以帶到來生。真正懂得投資的人，應該砥礪自己從現在開始，從這本書開始，種下了解佛法的種子。

初稿完成後，到印度菩提迦耶、蓮師湖等聖地進行潤稿工作。

下筆至今已六年餘，時間悠悠忽逝，面對此一佛學巨著，我始終抱持戰戰兢兢的態度，不敢妄自增減，更不敢未得同意出書，以免犯下毀壞正法的惡業。因緣際會認識了謝智仁波切，又轉而引介青海南架格丹寺才讓上師，才讓上師是安多格西的轉世，而安多格西正是法尊法師學習《廣論》的根本上師。丁亥年將完稿送至青海，隔年獲得上師首肯，就尊重道次第傳承來看，已為本書立下好的緣起。後隨謝智仁波切朝禮西藏追溯法源，在宗喀巴大師造論的熱振寺、在三大寺達賴尊者講論的法座前頂禮。本書出版要感謝法光佛學院黃奕彥老師細心教導、永光寺禪安師、禪斌師及天人師兄費心指正。若有錯謬，請各方善知識不吝賜教，我也衷心向文殊怙主宗喀巴大師懺悔。

　　希望本書能利益廣大行者，謹以此功德迴向法界，正法久住、正法上師久住，有心向佛者都能稟持正知正見共進菩提道。

劉小儂

二〇〇九年九月九日

如何閱讀本書

　　法尊法師自述，「不管在那天死，只要活著一天，我就抱著一部菩提道次及一部密宗道次在翻，寫一張算一張，要死就死，我辦不到的，死了也不後悔。」大勇法師在圓寂前殷重囑咐法尊法師，要他去昌都跟隨安多格西學習《廣論》，學了以後，務必要把它傳到內地。由這兩段敘述，可知本論的重要性。

　　《菩提道次第廣論》的作者是宗喀巴大師，在得到文殊菩薩加持後生起淨觀而寫下這本的偉大論著。本論遠傳承，可以追溯到釋迦牟尼佛所有言教，近傳承就是根據阿底峽尊者所寫的《菩提道炬論》及道次第傳承上師的語錄和言教。佛海浩瀚，一部經論動輒十萬偈，即使畢一生精力讀完已經不容易了，更何況要整出一個理路。這部論能幫助所有想要修習佛法的眾生，有次序的、全面性的了解佛法。

　　宗喀巴大師依照眾生願力，將行者分為三種人，下士、中士和上士，三士學習的過程，如登山步步拾級而上，不可躐等。入道前，先修習道前基礎；入道後，先學習共下士道，接著學習共中士道，最後學習上士道。取巧的人，也許想直接進入上士道課程，以便快速入道；其實這樣做反而欲速不達，因為前者是後者的基礎，缺乏穩固的基礎，如蓋房子不打地基，隨時有倒塌的危險。

　　閱讀本書時，首先依照架構，在腦中描繪出道次第輪廓，了解前後章之間的關聯。進入每一章主題，先熟悉章前大綱，全盤掌握重點，然後才進入內文；為了編排及閱讀方便，內文分段與章前大綱略有調整，就完整性來說，還是要以章前大綱為主。本書的分段及下標，主要依據黃老師採用的四家注、五明佛學院講義及原文的科判，層次分明與條列式有助於理解、閱讀及憶持。等到熟悉全論

後，就能將日後所聽聞的經論一一放入相關子題，形成自己完整的學習，這也符合宗喀巴大師開宗明義所說，「一切聖言現為教授」的道理。

　　本書除奢摩他和毘缽舍那是採節錄方式，其餘均採逐字翻譯，以不違背原意下，儘量貼近現代語法。先引經典再重新解釋，這種不厭其煩的做法，看似冗雜，實則具有強化思辯能力及反覆記憶的優點，因此本書也保留此藏式傳統。

本書架構

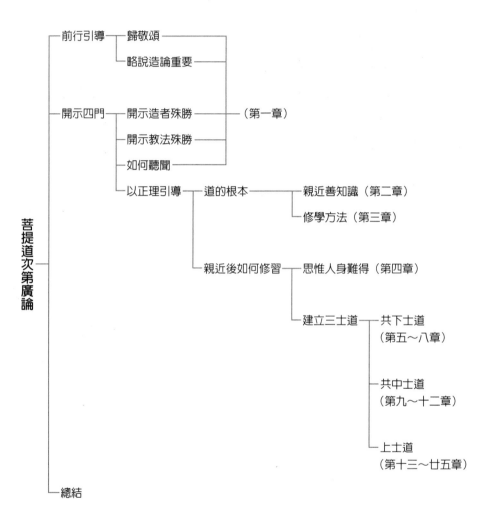

```
菩提道次第廣論 ─┬─ 前行引導 ─┬─ 歸敬頌 ──────────┐
               │           └─ 略說造論重要 ──────┘
               │
               ├─ 開示四門 ─┬─ 開示造者殊勝 ──── （第一章）
               │           ├─ 開示教法殊勝 ──┐
               │           ├─ 如何聽聞 ──────┘
               │           │
               │           └─ 以正理引導 ─┬─ 道的根本 ──┬─ 親近善知識（第二章）
               │                         │             └─ 修學方法（第三章）
               │                         │
               │                         └─ 親近後如何修習 ─┬─ 思惟人身難得（第四章）
               │                                          │
               │                                          └─ 建立三士道 ─┬─ 共下士道
               │                                                        │   （第五～八章）
               │                                                        │
               │                                                        ├─ 共中士道
               │                                                        │   （第九～十二章）
               │                                                        │
               │                                                        └─ 上士道
               │                                                            （第十三～廿五章）
               │
               └─ 總結
```

三士道關係及內容

道前基礎

首先是前行引導（第一章），禮敬道次第傳承上師，修學親近善知識（第二章）、了解修學方法（第三章）、思惟人身難得（第四章）

共下士道

願望：脫離三惡道，往生人天善道

學習：思惟死亡無常（第五章）、思惟三惡趣苦（第六章）、皈依三寶（第七章）、深信業果（第八章）

共中士道

願望：自己脫離三有輪迴，斷除煩惱

學習：思惟苦諦（第九章）、思惟集諦（第十章）、十二因緣（第十一章）、解脫正道（第十二章）

上士道

願望：發願利益眾生解脫，修證大菩提果

學習：發菩提心（第十三章）、受持發心儀軌（第十四章）、修習菩薩學處（第十五章）、六度（第十七～廿一章）、四攝（第廿二章）、止觀（第廿三～廿五章）

菩提道次第祈願文

宗喀巴大師造

長期勤奮二資糧，積聚廣如虛空者，無明眾生智闇鈍，我願成佛去接引；

未登佛位生生世，文殊師利慈加持，聖教次第大道全，諸佛歡喜願修習；

自我如實證道義，善巧方便勇猛慈，清淨眾生蒙昧後，惟願永持佛聖教；

佛教至寶未普及，或普及後又衰沉，以大慈悲動心意，惟願能明利樂藏；

佛弟子等殊勝事，善修菩提道次第，賜吉祥與解脫眾，惟願永護佛本行；

能撰善道藉順緣，能除違逆人非人，惟願世世不脫離，佛陀稱讚菩提道；

於無上乘十法行，如禮精進修行時，諸具威力常作助，願吉祥海遍十方；

願一切吉祥。

第一部

道前基礎

1 前行引導

由聞知諸法，由聞遮諸惡，由聞斷無義，由聞得涅槃。
—— 出自《聽聞集》

引言

　　不管準備學習哪一門知識、哪一種技藝，最重要的是靠老師指導，世間法是如此，佛法更是如此。想要進入佛學殿堂，卻不懂得尊師重道，絕對不可能獲得成就。藏傳佛教最重視上師，上師是一切成就的基礎。為了顯示尊重教法和傳承，首先虔誠禮敬前賢聖哲，包括釋迦牟尼佛、彌勒菩薩、文殊菩薩、龍樹菩薩、無著菩薩、阿底峽論師和所有道次第傳承上師。他們都是人天禮敬的對象，是證得究竟果位的佛或證量極高的大菩薩，之所以不劬勞苦示現人間，教化五濁惡世煩惱眾生，就是靠著悲愍眾生的大菩提心。

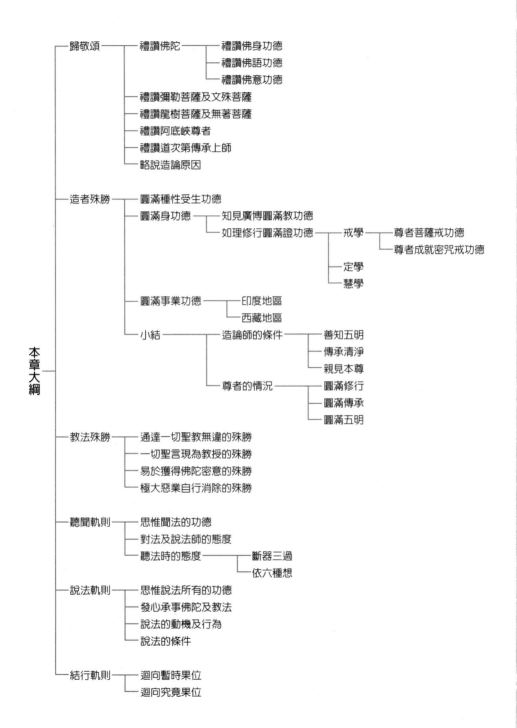

本章大綱

歸敬頌 ── 禮讚佛陀 ── 禮讚佛身功德
　　　　　　　　　　── 禮讚佛語功德
　　　　　　　　　　── 禮讚佛意功德
　　　── 禮讚彌勒菩薩及文殊菩薩
　　　── 禮讚龍樹菩薩及無著菩薩
　　　── 禮讚阿底峽尊者
　　　── 禮讚道次第傳承上師
　　　── 略說造論原因

造者殊勝 ── 圓滿種性受生功德
　　　── 圓滿身功德 ── 知見廣博圓滿教功德
　　　　　　　　　　── 如理修行圓滿證功德 ── 戒學 ── 尊者菩薩戒功德
　　　　　　　　　　　　　　　　　　　　　　　　　　── 尊者成就密咒戒功德
　　　　　　　　　　　　　　　　　　　　── 定學
　　　　　　　　　　　　　　　　　　　　── 慧學
　　　── 圓滿事業功德 ── 印度地區
　　　　　　　　　　　── 西藏地區
　　　── 小結 ── 造論師的條件 ── 善知五明
　　　　　　　　　　　　　　　── 傳承清淨
　　　　　　　　　　　　　　　── 親見本尊
　　　　　　── 尊者的情況 ── 圓滿修行
　　　　　　　　　　　　　── 圓滿傳承
　　　　　　　　　　　　　── 圓滿五明

教法殊勝 ── 通達一切聖教無違的殊勝
　　　── 一切聖言現為教授的殊勝
　　　── 易於獲得佛陀密意的殊勝
　　　── 極大惡業自行消除的殊勝

聽聞軌則 ── 思惟聞法的功德
　　　── 對法及說法師的態度
　　　── 聽法時的態度 ── 斷器三過
　　　　　　　　　　　── 依六種想

說法軌則 ── 思惟說法所有的功德
　　　── 發心承事佛陀及教法
　　　── 說法的動機及行為
　　　── 說法的條件

結行軌則 ── 迴向暫時果位
　　　── 迴向究竟果位

一、歸敬頌

　　禮讚文殊菩薩，頂禮上師文殊師利菩薩。文殊菩薩又名文殊師利、滿殊尸利、曼殊室利，意為妙德、妙首、妙吉祥。《首楞嚴三昧經》記載，過去久遠劫前，南方平等世界的龍種上如來，壽量長達四百四十萬歲，為了救度眾生，特別化現到娑婆世界，以文殊菩薩的身份協助釋迦牟尼佛；文殊菩薩代表智慧，學論之前，首先要向文殊菩薩頂禮。以下禮讚本師釋迦牟尼佛，分為禮讚佛陀身功德、語功德及意功德。

1. **禮讚佛身功德**：佛身所具有的三十二相及八十種好，是由無量善業累積而成，故能圓滿眾生無邊願望。要得到相好圓滿，究竟有多困難？根據經典記載，累積十倍聲聞緣覺的福報，才能成就一個毛孔的功德。將所有毛孔功德乘以百倍，才能成就一種好。將八十種好功德總數乘以百倍，才能成就除眉間白毫相及頂髻以外的一相。將三十相功德總數乘以千倍，才能成就眉間白毫相。將眉間白毫相功德乘以十萬倍，才能成就最後的頂髻功德。

2. **禮讚佛語功德**：佛語具有六十種妙音的功德，雖然佛陀只出一聲、只發一語，不同種類、不同趣道的眾生都能隨類得解，了解佛陀所說的語意。

3. **禮讚佛意功德**：佛陀可以同時觀見勝義諦及世俗諦真理，這個功德絕無僅有，連證量極高的十地菩薩，也只能在根本定（入定）的時候觀見勝義諦，在後得位（出定）的時候觀見世俗諦。因為佛陀具有身語意三種無上功德，可以說佛陀是一切眾生的主人；我以額頭觸禮佛足，向佛陀致上最高禮敬。

　　禮讚彌勒菩薩及文殊菩薩：佛陀教法概分為廣行派和深見

派，前者由彌勒菩薩傳下，後者由文殊菩薩傳下，因此讚誦二
位菩薩都是佛陀的心子，和佛陀同樣具有現化遊戲自在的神通
方便，能擔負利益眾生的佛行事業，因此我向二位菩薩頂禮。

禮讚龍樹菩薩及無著菩薩：《般若波羅蜜多經》是能夠生
出三乘聖者的母親，由於空性義理深奧難解，末世眾生根器不
足，根本無法自修自證，從過去以來就有許多論師著書解釋佛
陀思想，其中最能闡述佛陀密意，紹繼深見和廣行二派傳承
的，就是被尊稱為「南贍部洲二大莊嚴」的龍樹菩薩與無著菩
薩，他們的美名在三界中普遍傳揚，因此我向二位菩薩頂禮。

禮讚阿底峽尊者：由龍樹菩薩與無著菩薩傳下的深見、廣
行思想，只有燃燈大師阿底峽尊者才能圓滿解釋，指導眾生正
確修行要道，因此我向阿底峽尊者頂禮。

禮讚道次第傳承上師：菩提道修行次第的教法，經過傳承
祖師代代相傳，這些祖師大德就像能為眾生遍覽聖教經論的眼
睛，引導具有善緣的眾生進入解脫大道；他們受悲心驅使，以
各種善巧方便開示殊勝法要，因此我向所有道次第傳承善知識
頂禮。

二、造論原因

時下一些修行人，或者想以瑜伽為主，寡聞而輕視經論；或者
雖然多聞，卻不知修行重點；或者仗著自己博學，以片面想法擅自
解釋論典；或者缺乏思辯能力，無法整體觀照佛語。這四種人都不
能如理判別教法，距離智者歡喜的道路愈來愈遠，距離殊勝圓滿的
教法也愈來愈遠。看到這些亂象，實在需要有人出面導正，因此我
（宗喀巴大師）懷著強烈的企圖心與歡喜心，決定寫下《菩提道次

第廣論》解釋大乘要道。也許有人認爲，這部論不過是某個特定教派的特殊見解，不適用所有佛教徒。我深切希望那些沒有被教派黨執蒙蔽，本身還具備取捨善惡的能力，又希望不要白白虛度暇滿人身的有緣者，能專心聽聞，好好學習。

　　本論涵蓋一切佛語最精要的部份，又總攝龍樹及無著菩薩二大車軌教法，可說是通往一切種智的指南。不管修行者根器爲何，不管發心大小，本論能完整闡述上中下三士修行步驟，按部就班，毫無遺漏。只要照著本論次第修行，有緣善士終能走向成佛之路。一般來說，正確詮釋教法有二種方式，一是承襲那瀾陀寺主張，必須具備上師語清淨、聽者心清淨、所說法清淨。一是承襲戒香寺主張，必須具備造者殊勝、教法殊勝、正確聽聞軌則。本論採行戒香寺的傳統。

三、造者殊勝

　　爲了顯示法源清淨，首先說明造論者殊勝。本論思想來自於《道炬論》，《道炬論》的作者是燃燈大師阿底峽尊者。了解造論者，對造論者有信心，才會引發學習意願，由信心生起意樂、由意樂生起精進、由精進生起輕安，就是「信爲道源功德母」的意思；不管學習什麼，先有信心，才學得好，以下說明尊者殊勝事蹟。

1.圓滿種性受生功德

　　拏錯譯師在《八十讚》說，「東方薩賀（今蒙古），一個名叫次第城的國家，首都有金幢寬廣而富麗，如中土大國般興盛。國王善吉祥與王妃吉祥光，育有蓮花藏、月藏、吉祥藏三位太子。大太

子蓮花藏有五個嬪妃，九個兒子；其中長子福吉祥精通五明，人稱陀那喜；三太子吉祥藏出家學法，名爲精進月。二太子月藏，就是阿底峽尊者。」以此顯示，尊者出生於種性圓滿的高貴家庭。

2. 圓滿身功德

知見廣博圓滿教功德

　　教功德，包括世間技藝與密法成就。在世間技藝方面，《八十讚》說，「尊者二十一歲前，就已善巧六十四種技藝①、一切工巧明、梵語、因明等等。」他的弟子卓巴大師提過，尊者十五歲時，光是聽過一次法稱論師的《正理滴論》，就能辯勝一位聰明的外道論師，使外道論師折服而聲名大噪。在密法成就方面，羅羅多大師在黑山道場親見喜金剛，獲得金剛空行母授記，尊者特地到大師跟前受具足戒及灌頂，取名爲密智金剛，在二十九歲前已成就許多密法，追隨眾多上師學習，均能快速獲得正見；當時尊者自認在密法上通達無礙，空行母立刻在夢中示現許多不曾見過的密咒經函，以此降伏尊者慢心。

　　之後尊者直接或夢中親見上師及本尊勸說出家，尊者便依授記到大眾部持戒圓滿且獲得加行道位的戒鎧上師面前出家，法名燃燈智，如《八十讚》說，「你的傳戒親教師已證得加行道忍位。」在三十一歲前，不只學完所有內明，並精通各部經典，還花了十二年聽受《大毗婆沙論》。總之，尊者精通一切有部、大眾部、上座部及正量部教典，連各派最微細的差別都能清楚分辨。由此可知，尊者早已超越自他二宗見解鴻溝，不僅學習自宗中觀思想，也學習其

---

①六十四種技藝，古印度時代包括文化體育、唱歌演奏、聲韻及舞蹈等六十四種活動。

他宗派教理，並通達一切教法與證法精髓。

如理修行圓滿證功德

　　經律論三藏是總攝一切佛法的教聖教，戒定慧三學是總攝一切佛法的證聖教。經典讚誦「戒學是一切功德的依處」，唯有具備增上戒學，才能獲得增上定學與增上慧學的功德。

　　戒學，包括別解脫戒、菩薩戒及密咒戒。尊者的別解脫戒功德，如《八十讚》說，「自從尊者受持聲聞戒，就像犛牛愛護尾巴一樣，戒行圓滿從未染犯一點惡作，因此我向這位持律上座禮敬。」說明尊者受比丘戒後，就像犛牛愛惜尾巴，雖然不小心被樹枝勾到，遇到獵人，也不忍心扯斷一縷求脫，寧願犧牲生命保護尾巴。尊者也是如此，不管多麼輕微的戒律，寧願捨棄生命，也要維持戒律清淨，這種守護學處的態度，堪為所有持律上座的典範。

　　尊者的菩薩戒功德，如《八十讚》說，「尊者一進入波羅蜜多大乘，立即發起救度眾生的清淨意樂、不捨眾生的菩提心，因此我向這位具足智慧的大悲者禮敬。」大乘行者的根本是慈心和悲心，發菩提心有不同的傳承②，為了學習發心，尊者不畏險難遠渡重洋，在海上歷經十三個月才到金洲（現蘇門答臘），依止金洲大師達十二年。如《八十讚》說，「能夠完全捨棄自利，只考慮利他，就是我的師長阿底峽尊者。」說明尊者能發起愛他勝於愛己的心，以願菩提心引發行菩提心，擔負起菩薩利生事業，學習菩薩所有學處，實踐菩薩廣大妙行，絕不踰越佛弟子應謹守的分際。

　　尊者成就密咒戒功德，如《八十讚》說，「尊者一入密乘，就

---

② 發心教法概分為二大主流，一是彌勒菩薩傳給無著菩薩的七重因果教授，一是文殊菩薩傳給寂天菩薩的自他相換教授。

能清楚自觀本尊,具足金剛心,獲得瑜伽自在、氣入中脈,因此我向這位善修密咒律儀的行者禮敬。」成就自觀本尊,表示獲得生起次第;具足金剛心,表示獲得圓滿次第。顯示尊者稱得上是所有瑜伽行者中的佼佼者,尤其又以如理守護三昧耶戒最殊勝。又如《八十讚》說,「尊者具足正念正知,時時覺察心性,連一點犯戒的念頭都不起,自然不會做出覆藏己過、無德詐現有德、沾染違犯罪及惡作罪等事情。」說明尊者完全掌握戒律的開遮處,不僅了解透徹,更能謹慎守護。和一般人不同,我們受戒的時候很勇敢,什麼戒都敢受,受戒後不好好守護,根本不擔心失戒的後果。正確來說,受戒前要考慮清楚,受戒後要努力維護,即使不小心誤犯,即使犯戒不重,也要立刻依照各自儀軌,還復戒體清淨,避免惡業牽延增長。從尊者傳記可知,持戒清淨可以讓通達聖教的智者歡喜,我們應該以尊者為榜樣,努力修習。

定學,在共的部份,已經達到修止輕安,具堪忍心的境界;在不共的部份,已經成就生起次第功德,能清楚觀見本尊。尊者在三年或六年勤修密法期間,均能清楚聽見空行母的歌聲,並牢牢憶持不忘。

慧學,在共的部份,已經獲得止觀雙運三摩地,成就內外道共通的定學功德;在不共的部份,已經成就圓滿次第的殊勝三摩地,如《八十讚》說,「尊者已達加行道菩薩位階。」

3. 圓滿事業功德

分為印度及西藏二個地區來談。在印度地區,尊者在印度金剛座大菩提寺,曾經三次以正法戰勝外道住持,引導他們改信佛教。即使是那些尚未通達、卻自認通達、帶著邪解或疑惑的內道徒,尊

者也能善巧去除邪知見，引發正念。因此當時所有佛教徒不分黨派，都把尊者視爲頂上莊嚴。如《八十讚》說，「在大菩提寺，不管是自部或他部集會，尊者以獅子吼摧破一切邪知邪解，使惡見群獸腦漿蹦裂四處奔竄。」又說，「能飛城中二百五十位出家眾，戒香寺近百位出家眾，都是四部俱全；由於尊者無高舉慢心，整個摩揭陀國佛教徒，都把他視爲最珍貴的頂上珠寶，位居十八部之首，是所有學人依止受教的學處。」

在西藏地區，阿里國王智光和姪子菩提光多次派遣賈精進大譯師和拏錯大譯師到印度迎請尊者入藏，協助治理日漸沒落的聖教。爲此尊者特別彙集法要，撰寫《道炬論》，開啓佛教後弘期③興盛之門。總計尊者在阿里三年、聶塘九年、衛藏五年，前後十七年中，只要看到聖法規模沒落，就重新樹建；只要看到修習儀軌缺損，就增補圓滿；只要看到善法沾染邪解，就回覆清淨。

4. 小結

造論師要正確詮釋佛陀思想，必須具備三個殊勝條件，一善巧五明，二傳承不斷，三親見本尊並獲得造論開許。其實只要符合一項就可以造論，尊者卻能三者俱足。

在圓滿修行方面：尊者多次親獲本尊攝受，如《八十讚》說，「尊者有時在夢中、有時直接親見喜金剛、釋迦牟尼佛、觀音、度母、勝樂金剛、不動明王等本尊，經常開示甚深及廣大教法。」

---

③ 從第七世紀藏王松贊干布統一，創立文字翻譯佛經，到朗達瑪滅佛，稱佛教前弘期。十一世紀初阿底峽尊者入藏復興戒律，到十五世紀中，稱佛教後弘期。前弘期受支那堪布摩訶衍倡導無分別修影響，藏地出現毀謗菩薩學處的言論，後蓮華戒論師破除。後弘期又出現修密不必清淨梵行的言論，後阿底峽尊者破除。

　　在圓滿傳承方面：尊者所受傳承包括小乘、顯乘④和密乘，親自受學的上師，如《八十讚》說，「有寂靜論師、金洲大師、覺賢論師、吉祥智大師及多位成就者，完整承襲龍樹菩薩傳下的甚深及廣大教授。」據說尊者依止過十二位知名成就者，或說至少有一百五十七位上師。

　　在圓滿五明方面：如前面所說，由於圓滿這三個條件，足以證明尊者具有善巧揀擇佛陀思想的能力。尊者在印度、迦溼彌羅（今喀什米爾）、烏金（今阿富汗，蓮花生大士出生處）、尼泊爾、西藏等地有無數弟子，其中最主要的是印度四大弟子，毗陀跋、法生慧、中獅、地藏，或者加上友密，成為五大弟子。在阿里地區有寶賢譯師（即仁青桑布）、拏錯譯師、菩提光；在後藏日喀則地區有迦格瓦、廓枯巴天生；在羅札地區有洽巴勝位及善護；在西康地區有菩提寶、阿蘭若師、智慧金剛、洽達敦巴；在中藏衛地有枯敦、鄂、種敦巴。其中最能紹繼尊者道統的弟子，就是度母親自授記的種敦巴。以上簡單介紹，詳細可參閱尊者傳記。

四、教法殊勝

　　要知道本論的殊勝處，才會引發對本論的敬重心。《道炬論》是尊者最圓滿的著作，具有三種圓滿：(1) 所詮圓滿，指本論涵蓋所有顯密經典及咒語精華。(2) 調心圓滿，指本論以調心次第為核心，依照眾生根器分別鋪設不同修習次第，使人易於領受。(3) 教

---

④ 阿底峽尊者在顯乘有三個傳承，分別是文殊菩薩傳龍樹菩薩的見傳承、彌勒菩薩傳無著菩薩的行傳承及文殊菩薩傳寂天菩薩的行傳承。密乘有五個傳承，一切密咒總傳承、集密傳承、母部傳承、格瑜傳承、雅曼達嘎傳承；此外還有宗派傳承、加持傳承，及龍樹菩薩所傳下的種種教授傳承等等。

授圓滿，指本論承襲龍樹、無著、金洲大師及小正理杜鵑法教，無
比珍貴。以下說明殊勝的原因。

1. 通達一切聖教無違的殊勝

《般若燈廣釋》說，「聖教是不顛倒、無錯謬的眞實語，凡想
證得無死涅槃，所應知的苦諦、所應斷的集諦、所應證的滅諦、所
應修的道諦。」說明佛陀不說無意義話，所有佛語都是聖教、都是
善說。通達一切聖教無違，是指了解佛陀說的每句話都可以做爲有
情成佛的圭臬，不過爲了順應眾生根器有別，有時開示道的主體，
有時開示道的支分，看似表面矛盾的論點，深究之後才知差在深淺
階段不同。不知此間道理，既違背教，也違背理。

大乘菩薩追求的目標，就是成辦世間有意義事，爲了攝受不同
種性的眾生趨入正道，必須學習下士、中士、上士修行法要。《釋
菩提心論》說，「自己獲得定解，也希望他人獲得同樣的定解，具
有智慧的菩薩應該了解正確教化眾生的方便。」《釋量論》說，
「了解法義，叫做『方便』，爲人開示法義，叫做『方便生』。若方
便生的原因消失，則不可能向人宣說法要。」缺乏正見，怎麼可能
替人開示正道。

三乘修行的扼要，就是菩薩利益眾生的所有方便法門。彌勒菩
薩說，「要饒益眾生，不論是現前或究竟利益，菩薩都要具備了解
聲聞、緣覺、菩薩三種道的智慧，唯有道種智才能『圓滿』成辦世
間一切利益。」《般若經》也說，「菩薩在資糧位及加行位，應該
發起一切道；在見道位，才能通達一切道；在修道位，才能圓滿一
切教證功德；在無學道，才能成辦一切利生事業，使未調伏者得調
伏、已調伏者更成熟、未解脫者得解脫、已解脫者究竟解脫。」有

人說，大乘行者不應該學習小乘劣法，這種人就是不了解「一切聖教無違」的道理，才會胡言亂語。

　　進入大乘，有共和不共二種管道。共道指大小乘方法相同，但發心不同，小乘追求獨自證得阿羅漢寂靜果位，大乘心繫苦海眾生而捨棄狹隘發心。三藏典籍中，並沒有揀擇大小的分別，「廣攝三乘」說明小乘是大乘共道的理由。所謂具有正遍知的佛陀，並不是斷除部份過失、圓滿部份功德，就可以獲得佛陀果位；必須斷盡一切過失、圓滿一切功德才行。既然大乘行者想要達到自他圓滿，正等覺佛的果位，自然要斷盡一切過失、圓證一切功德；這個境界，必須透過修習各乘斷證功德才行。所以說「佛陀一切至言都是大乘成佛的依據」，為了化導不同根器眾生，才有主體和支分的差別，其實每句佛語都有斷除過失、引生功德的力量，以此說明大乘行者應該修持所有教法。

　　有人認為修習波羅蜜多大乘，固然得學小乘；一旦進入不共的密乘，因為顯密沒有共通處，應該不必再學顯乘。這種「道不相順」想法是錯的，要知道大乘道的體性，是以菩提心為意樂，修六度萬行。不論何時，修密乘都要發菩提心、學菩薩行。如《密教金剛頂經》說，「即使為了活命，也不能捨棄菩提心。」不止許多密續教典提過類似講法，連無上瑜伽的灌頂儀軌，也談到要接受共和不共二種律儀。共律儀，指菩薩受持的律儀戒、攝善法戒及饒益有情戒；先發菩提心，再依照誓願努力修習學處，除了波羅蜜多乘，哪裡還有其他戒律？《金剛空行續》、《三補止續》、《金剛頂經》等密續典籍都講到受阿彌陀佛三昧灌頂時，「要持守外部（事部及行部）、密部（瑜伽部和無上瑜伽部）及顯乘所有戒律，才能獲得語三昧。」由此可知，如果將律儀不同的開遮處，視為水火不容，顯然是對戒律的認知過於膚淺。佛陀所有教法，除了戒律上少數開

遮不同，根本沒有一點矛盾。

　　想要學上乘道，就必須具備下乘道功德。如《般若經》說，「六度是所有過去、現在、未來佛的共通道，除此之外別無他法。」六度是通往佛道的橋樑，絕對不能捨棄。不只顯經，密續也常常提到六度是共道。以顯爲基礎，再加上不共的密，如灌頂、三昧耶、生圓次第等密法，才能迅速成就佛陀果位，捨棄共道實在是不智之舉。缺乏這種定解，只是在某法得到一點似是而非的見解，就任意毀謗其他教法；尤其是上乘行者獲得些許相似理解，就輕易毀謗下乘教法，如大乘毀謗小乘，密乘毀謗顯乘，無上瑜伽部毀謗事部、行部、瑜伽部，種種行徑都會犯下謗法重罪。懂得這層道理後，就應該好好依止善知識，將佛陀一切聖言視爲有情成佛的圭臬，對此產生堅定不移的定解，才能眞正通達聖教無違的內涵。

　　如果現在已經有能力，就該努力修習；如果還做不到，也不能輕言放棄。爲了讓做到的因緣早日成熟，應該更努力累積資糧、淨除罪障、發廣大願。依此去做，相信不久的將來就可以增長智慧及能力，修習一切善法、斷除一切惡法。善知識種敦巴說，「眞正了解顯密無違，互爲助伴的道理，能以四方道⑤總攝一切聖教，就是我的上師阿底峽尊者。」這句話意寓深遠，值得細細品味。以上說明本論統攝一切顯密精華，不管有情種性爲何，都可以把它當成解脫指南，這就是本論具足通達一切聖教無違的殊勝處。

---

⑤ 四方道，原指提起四方墊最穩的方法，在此喻教法完整，解釋的內容有很多，如三士道及密法、三藏及密法、三學及密法，或指經部、有部、中觀、瑜伽四部。

2. 一切聖言現為教授的殊勝

凡是想要脫離苦海的眾生，不管目標是追求增上生的人天果位，或追求一切智的決定勝果位，都必須依靠佛陀教言，才能獲得暫時與究竟快樂。因為佛陀開示的取捨要道，完全沒有一點顛倒錯誤。《寶性論》說，「這整個世間，沒有比佛陀更善巧、更博學的，唯有佛陀的遍智才能如實了知盡所有法與如所有法，具備其他眾生所不及的智慧。千萬不要以分別心隨便毀壞佛陀開示的各種了義及不了義教，破壞聖人軌則，以免犯下損害正法的重罪。」說明不管是顯經或密續，都是佛陀殊勝的教授。

既然知道經續殊勝，為什麼還要學習道次第教授？因為末法眾生根器不足智慧薄弱，無法單靠自己的力量，直接從經續掌握佛陀要意，必須仰賴大論師所寫下的教授，才能窺知佛法精要。面對廣大浩瀚的論典，應該如何抉擇？凡是清淨的教授，都有助於理解經論；相反的，那些似是而非的教授，不管花多少時間，絕對無法產生定解，甚至綁手綁腳前後矛盾，那就應該捨棄它們。

也許有人認為經論只能用在為人說法，不能用在自己實修。由此產生分別，把「講」和「修」當成不相關的二類，任意輕視離垢的清淨教法。這樣很容易造成修行障礙。要知道，凡是主張閱讀經續和論典，只是為了累積外在知識，與實修無關，這種人等於自造不敬重法及捨棄正法的罪障。要知道所有經續都能成就解脫，都出自於佛陀真實無欺、最殊勝的教授；只不過自己的智慧低劣、心不堅固、又不知親近善知識，無法直接理解佛陀言教，必須依止善知識教授，以尋求定解。千萬不要認為經論只能累積知識、開闊外解，對實修毫無助益。要知道，能解釋佛語、彰顯佛陀密意的教授，都是珍貴的教法。

大瑜伽師菩提寶說，「想要通達佛陀教授，不能光靠手掌大小的少許經函，就可以獲得定解。」以此解釋「一切佛語都是殊勝教授」。又如尊者的弟子修寶喇嘛說，「我努力修習尊者教法，精進的程度連身語意三門都粉碎成微塵，無時無刻不融入教法，直到現在才眞正體會到這句話的意義。」

種敦巴說，「如果已經學習眾多經論，到了實修的時候，還到處追求其他儀軌，等於犯了沒有把經論當成修行要道的錯誤。」說明雖然經過長時間學習各種法門，卻搞不清什麼是修行儀軌；等到要實修的時候，竟然還在問怎麼修，就是不理解一切聖言現爲教授的意義。

《俱舍論》說，「佛陀正法，以教法及證法爲主體。」聖教是指教法和證法，除此之外，沒有第三法。教法指三藏十二部，思惟所要修持的義理；證法指戒定慧三學，就先前抉擇的義理如實修行。教證二法，互爲因果。例如賽馬先定好路線，然後向目標前進。如果前面講一個方向，比賽再跑另一個方向，豈不可笑？同理，不管前面聽聞和思惟的內容，實修時卻跑去找不相干的東西，把聞思和修當成無關，就如《修次後篇》所說，「透過聞、思所通達的道理，就是實際修習的內容，否則就像賽馬不按既定路線一樣可笑。」

本論總攝一切經論的精華，由親近善知識談到止觀。在每個章節，應該止住修的時候，就修止，應該思擇修的時候，就好好思惟，這種次第引導的編排方式，最能彰顯一切聖言現爲教授的道理。要知道，佛陀教典和大譯師論著深奧難測，必須透過智慧揀擇、如理取捨，才能獲得正見。如果認爲經論不是最殊勝的指導而任意捨棄，怎麼可能引生正確的定解？如果認爲這些不是最殊勝的教授，那麼誰還可以寫出比六聖二莊嚴更精闢的見解？懂得尊敬顯

宗經論，當成自己的修行指導，自然毋須花費太大力氣，就能將艱深的密續典籍，轉為自己的修行訣要；由此對「一切經論都是殊勝教授」的道理，產生正確知見，進而避免犯下背棄正法、邪執分別、毀謗經論的惡業。

3. 易於獲得佛陀密意的殊勝

即使知道「一切經論都是殊勝教授」的道理，但初發心行者還沒經過長時間串修，不依止善知識，想單靠自己的力量研習經論，恐難通達佛陀思想，甚至得花費極大努力，才能得到一點成果。唯有依止上師，才能事半功倍。研讀本論，可以幫助我們快速掌握經論要點。

4. 極大惡業自行消除的殊勝

如《妙法蓮華經》及《諦者品》說，不管是權說或實說⑥，都是佛陀開示的成佛方便。有些人不了解，妄說佛語中有一類可以成佛，有一類反而會障礙成佛，於是起分別心，判斷這個好、那個不好，這個合理、那個不合理，這是小乘、那是大乘，這是菩薩該學、那是菩薩不該學，貪執一法、鄙視另一法，等於犯下嚴重的謗法惡罪。

在《遍攝一切研磨經》佛陀告訴文殊菩薩，「毀謗正法的罪業極微細、難以察覺。對如來所說的聖語，執持一部份殊勝善妙，另

---

⑥ 權說，因應某種根器、時間、情況下的權宜說法；實說，究竟不變的真實法，超越時間、空間及對象等等。

一部份惡劣猥雜，就是違犯謗法罪。輕謗佛法，等於毀謗說法的佛陀，毀謗修法的僧伽。分別這部經如法，菩薩該學，那部經不如法，菩薩不該學，就是謗法；分別這是佛陀為菩薩所說，菩薩該學，那是佛陀為聲聞或獨覺所說，菩薩不該學，也是謗法。」謗法罪業極大，如《三摩地王經》說，「毀謗一部經的罪，比搗毀整個南贍部洲的佛塔還嚴重，比殺掉整個恆沙數的阿羅漢還嚴重。」謗法罪有輕有重，前面舉出最嚴重的情況，必須小心謹慎。唯有懂得一切聖言現為教授、一切聖教通達無違的道理，才能避免違犯。要想生起定解，應該多閱讀《諦者品》及《妙法蓮華經》；至於謗法的內容，可參考《遍攝一切研磨經》。

五、聽聞軌則

聽聞佛法的規矩，分三點談，思惟聞法利益、對法及說法師的態度、聽法時的態度。

1. 思惟聞法的功德

《聽聞集》說，「由聽聞而了知正法，由聽聞而遮止諸惡（增上戒學），由聽聞而斷除放逸（增上定學），由聽聞而獲得涅槃（增上慧學）。」又說，「例如走進暗室，因缺乏光線，即使眼識正常也看不到室內陳設。空有智慧而不聽聞義理，自然無法分辨善惡。聞法就像開燈，眼睛（具慧）加上燈光（聽聞），才能清楚識物（分別善惡）。」

在《本生論》裡記載月王子對父王說，「聽聞佛法有四種利益：可以激發學法信心、由歡喜而精進、使聽聞的義理更加堅固、

又能增長智慧，避免墮入愚癡。因為知道這些功德，即使犧牲生命換取法要，也很合理。聽聞正法是除去無明的智慧燈火，是盜匪無法掠奪的珍貴寶物，是摧毀煩惱的有力武器，是揭示正道的最佳伴侶。雖然身處貧窮，聞法就像至親，不會嫌棄我的貧窮；雖然身受病痛，聞法就像良藥，能療癒世間種種疾病而無副作用；被業與煩惱蠱惑時，聞法就像常勝軍，可以戰勝輪迴惡敵。聞法可以獲得美名，享受暫時及究竟快樂的寶藏。遇到善知識而修習正法，就是最好的禮物，就是智者的最愛。」

月王子又說，「聞法可以轉變心性，花費少許力氣就能脫離輪迴。」應該好好體會聽聞正法的利益，其次照著《菩薩地》所說，以「五種想」聽法，(1) 珍寶想，佛陀出興於世極難值遇，佛法同樣稀有珍貴。(2) 眼目想，聞法可以開啓智慧。(3) 光明想，聞法可以分辨善惡，了解勝義諦的如所有性與世俗諦的盡所有性。(4) 大勝利想，聞法可以獲得究竟涅槃果位和一切種智果位。(5) 無罪想，聞法當下可以止息非理作意，去除迷惑，獲得止觀快樂，種下證果的因。

2. 對法及說法師的態度

要發起恭敬承事的心，如《地藏經》說，「專心、恭敬聽聞佛法，不起輕謗心，將說法師當成佛。」視師為佛，以獅子寶座等珍貴物品供養迎請，斷除不恭敬心。依照《菩薩地》所說，聽聞佛法的時候，不要雜染煩惱及尋求上師的過失。離雜染，指遠離高舉和輕蔑，離高舉指該聽法的時候就聽、見到上師要恭敬禮拜、盡力奉侍、不起瞋心、順從、不刻意觀察過失；離輕蔑指真正做到尊重教法和說法上師。尋求過失，指故意觀察上師五種過失，是否違犯戒

律、是否種性低劣、是否外貌醜陋、是否文辭粗鄙、是否聲音不悅耳。刻意挑剔缺點，很容易造成不求法的後果，反而失去聞法的機會。如《本生論》說，「聽法時要心平氣和面帶微笑坐在低位，將上師的法語視為甘露妙味，以恭敬專注、喜悅清淨的動機聽法，像病人聽從醫師囑咐一樣。」

3. 聽法時的態度

首先要斷除器皿的三種過失，倒覆、不淨、穿漏。倒覆，是指將容器倒置瓶口向下，即使天降甘霖也無法盛接。不淨，是指瓶口向上，但瓶子裡不乾淨，盛接到的雨水不能飲用。穿漏，是指瓶子乾淨，但瓶底有破洞，最後水還是會流光。聽法時，人坐在會場卻心不在焉（倒覆過），或者聽進去，但理解錯誤或動機不正（不淨過），或者妄念過多，轉頭就忘（穿漏過），都會造成聞法不能獲得法益的過失。對治這三種過失，必須專心的聽、好好的聽、反覆思惟。如《菩薩地》說，「抱著強烈求法心、好好的張大耳朵注意聽、避免昏沉、態度恭敬。」

其次要思惟六種想。

把自己當成病人：《入行論》說，「連經常生病的人，都要聽醫生的話，更何況久遠劫來受貪等煩惱重病逼迫的眾生，更需長期治療。」煩惱這種病症，就是指時間已經拖了很久，難以治癒的貪瞋癡三毒。迦摩巴說，「不對症下藥，會加速病情惡化，甚至吃錯藥，把錯誤的道拿來修，愈修愈顛倒。眾生長久受到三毒煩惱病的傷害，已經病入膏肓，卻還不知道自己是病人。」

把說法師當成醫生：如果患了嚴重的風膽病，一定會四處尋訪名醫，遇到醫術高明的醫生，自然乖乖聽從指示。對說法的善知識

也應如此，既然歷盡千辛萬苦尋找，遇到善知識以後，不要把善知識當成負擔，應該像穿戴在身上的珠寶愈重愈好，由此依教奉行恭敬承事。《攝德寶》說，「勇猛追求無上菩提的智者，應該降伏我慢；承事善知識，要像病人對待名醫一樣毫不懈怠。」

把教法當成良藥：病人對醫生所開立的藥方視爲珍寶。對上師所講的教授及教誡，也應小心守護，不令忘失，以免損壞正法良藥。

把修行當成治療過程：得到配方卻不服用，不可能望藥痊癒。對聽聞的義理不付諸行動，絕不可能摧伏煩惱等病，應該努力修習，不要把義理束諸高閣，徒然累積文飾藉以自誇。就像痲瘋病末期患者，嚴重到手腳都潰爛脫落，光吃一二包藥，怎麼可能有效？必須持續服用，才可能痊癒。想想眾生從無始劫來就遭受貪等重病侵害，光是依照上師的教授偶爾修修，怎麼可能去除積習深厚的三毒煩惱？唯有努力修習具足一切圓滿的正道，像瀑布一樣不間斷，以觀察慧如理思擇，才能眞正治療無明重病。月官論師在《讚悔》說，「長久被無明迷惑，毫無取捨善惡的能力，嚴重到像是痲瘋病患手腳都快斷了，還只是稍微修習服點藥，又有什麼用？」

要眞正認知自己的病情很嚴重，是很重要的關鍵。有這種想法才會引發第二想、第三想及第四想，否則會流於空言。不想去除煩惱重病，只想多聞，對病情哪有幫助？不吃醫生開的藥方，只是貪愛所配的藥方，怎麼可能痊癒？《三摩地王經》說，「受盡病痛折磨，千辛萬苦找到名醫慈悲配了救命藥方，告訴病人如何服用。如果不按照指示服下珍貴、眾多、上妙的藥方，最後卻因此喪命，這不是醫生的錯，也不是藥方出問題，而是病人自己的錯。追隨佛陀教法出家，聽聞五根、五力、靜慮等解脫要道，卻不精進修行，怎麼可能現證涅槃果位？」又說，「我已經開示各種法要，你們卻聞

而不修，就像病人背著藥袋不服用，怎麼可能拔除煩惱病？」《入行論》也說，「必須身體勵行修習正法，紙上談兵有什麼用？病人把藥方背得滾瓜爛熟，也不會痊癒。」對修行起殷重心，把修行當成治病的過程。殷重是指實踐善知識所傳的法，如理取捨該做與不該做。

修行前要先知道方法，知道要靠聽聞。聞後而知，知後而行，這才是修行。聽聞後考量自己的能力，倘若能力足夠，不懈怠立刻去做；倘若能力不足，也不要棄捨，應該以此為願境，努力累積將來可以做到的資糧。《聽聞集》說有四種聞法人，「一多聞卻不好好守戒，因破戒而被人斥責，這種聽聞不算圓滿。二寡聞卻能好好守戒，因守戒而受人讚歎，這種聽聞會逐漸圓滿。三寡聞卻不好好守戒，二者不具足而被人斥責，這種修行終無所成。四多聞又能好好守戒，二者具足而受人讚歎，這種修行最圓滿。」又說，「雖然知道聞法與禪修扼要，卻因為放逸粗暴，使聽聞及知見不能發揮效果。真正喜歡正法，一定會謹言慎行，這才算具備安忍的功德，才能令同修讚歎。唯有小心守護根門，才能獲得聞知究竟，也就是解脫的利益。」

《勸發增上意樂經》說，「愚癡的人死到臨頭才後悔沒有修，因為快死了，才擔心來生墮入惡趣，產生極大憂惱恐懼，這都是因為生前侈言空話虛耗度日，不好好修的緣故。」又說，「看人演戲，在台下說得頭頭是道，一旦要他上台卻什麼都不會。聽人說書，也學著品論英雄口沫橫飛，其實根本不會舞刀弄槍，光是嘴巴有本領。不身體勵行，只貪愛空言，就會有這些過失。」又說，「雖然甘蔗皮也有一點甜味，還是要去皮，才能真正嚐到美味。嚼甘蔗皮就像貪著言說，無法真正嚐到法的妙味，必須遠離光說不練的過失，不放逸、努力思惟佛法。」

把說法師當成佛：時時憶念佛陀轉法功德，對說法上師起同等恭敬承事的心。

對正法起久住想：思惟如何藉著聽聞佛法的功德，令正法長久住世。

聞法時不斷觀照自心，如果不能與法相應，帶著雜念，或者認為上師講的內容和自己無關，自然不能獲得精髓，應該隨時保持與法相應的覺心。例如檢查臉上有沒有污垢時，要攬鏡自照先看清楚，才能去除污垢。修行也一樣，把法當成鏡子，檢查自己的行為是否如法。如果在法鏡的照射下，一旦察覺過失，就要心生慚愧，這樣才能改過遷善積功累德。在《本生論》殺人魔蘇達薩子向月王子懺悔，「我的行為在法鏡下現出醜陋相貌，令我痛苦萬分，今後誓當趨向正法。」

總之要發願，為了利益一切有情而成佛；為了達到成佛的目標，現在就要修習成佛的因。要想掌握正確的修習方法，必須先聽聞，思惟聞法利益，然後勇猛精進斷除三種器皿過失、起六種想，好好的聽聞正法。

六、說法軌則

1. 思惟說法所有的功德

說法不是為了追求名利，必須發心清淨，才能累積功德。《勸發增上意樂經》說，「彌勒！不追求名聞利養，才算清淨法施，具有二十種功德：成就念（聞所成慧）、成就勝慧（根本位的修所成慧）、成就覺慧（後得位的思所成慧）、成就堅固（見諦）、成就

智慧（資糧道位及加行道位的世間慧）、隨順證慧（見道位及修道位的出世間慧）；減輕貪欲、減輕瞋恚、減輕愚癡、魔不能擾害；諸佛護念、護法守護、天人助發威德、怨敵不能傷害、親友眷屬不離棄、言教威重、心無怖畏、心常喜樂、智者稱讚；生生世世得遇正法。」以上依次說明六種等流果、四種離繫果、九種增上果及一種異熟果。

2. 發心承事佛陀及教法

佛陀說《般若經》時，還自己鋪設法座，表示對法的恭敬；想想諸佛尚且將法視為恭敬的福田，我輩凡夫更該尊重教法，起殷重心，隨時憶念佛陀功德引發虔敬心。

3. 說法的動機及行為

《海慧請問經》說要起五種想，對自己起醫生想、對所說的法起藥想、對聞法者起病人想、對佛陀起善士想、對正法起久住想、對聞法徒眾修慈心。應斷除的六種心態是怕弟子青出於藍而推延懈怠、嫉妒心、不斷重覆而起的厭煩心、自讚毀他的高舉心、惜法的慳心、貪愛衣食財物的貪著心。應具備的心態是為了自他成佛而說法，說法就是安樂的資具。在說法前，應具備的威儀是先沐浴，穿著潔淨衣服，選擇適當悅意的場所。

在法座上先念誦伏魔真言，《海慧請問經》說這個真言可以清淨道場四周一百踰繕那，連魔王與魔眾都無法進入道場，障礙上師與弟子心意相通（或念誦《心經》）。然後和顏悅色廣引譬喻、正理及經教說明法義。《妙法蓮華經》說，「具足德相的說法師，應

該去除嫉妒心；以淺顯易懂的方式，陳說廣大義理；避免今天不說、明天再說的推延心態；不論反覆多少次或講多長時間，也不感到厭煩；又能避免自讚毀他，做出讓智者不高興的事情。對於徒眾，要常懷慈愛心。不分晝夜，正座時努力修法，下座時為人說法。說法時能旁徵博引經論，使聞者心生喜樂。說法師對聞法徒眾沒有非份之想，不盤算著要從弟子身上得到什麼好處，如名聲、飲食、衣服、臥具、醫藥等，唯一的願望就是迴向有情成佛，是為了利益眾生而說法，把說法當成自身安樂的資具。」

4. 說法的條件

哪些情況該說？哪些情況不該說？《毘奈耶經》說，「沒有請法，不應該主動說法。」即使對方來請，還要先觀察根器，如果知道某人根器具足，即使沒有來請，還是可以主動說法。《三摩地王經》說，「基於法施的緣故，他人請法時，說法師應該自謙：『我才學疏淺，如何為你說法？』以此降伏我慢，不要馬上答應。接著觀察來者根器再作決定，如果因緣成熟，即使對方沒有主動請法，也可以說。」

說法威儀方面，《毘奈耶經》說，「站著的人不為坐著的人說法，坐著的人不為躺著的人說法，座位低的人不為座位高的人說法，座椅低劣的人不為座椅珍貴的人說法，走在後面的人不為走在前面的人說法，走在兩側的人不為走在中間的人說法。另外，布蓋在頭上、衣服捲起或搭在肩上、雙手交抱、搭肩或搭頸等，因為態度輕慢，也不應該為他們說法。頭上結髮髻、戴帽子、戴珠寶、纏頭巾、正在騎大象、騎馬、坐轎子或穿鞋子、手上拿著拐杖、傘、武器及披鎧甲等等，都不應該為他們說法。」反之可以說法，例如

高座可以爲低座說法。以上針對正常情況，如果對方生病只能躺著，當然可以爲他說法。

七、結行軌則

講完後，雙方首先要將講法及聞法的善業迴向暫時及究竟果位。能夠如法講說及聽聞，哪怕只是短短一座時間，也能產生經典所說的無量功德，清淨過去犯下不恭敬法師的惡業，甚至斬斷新造惡業的因。由於先賢了解此間意義重大，對於講說及聽聞軌則十分謹愼，道次第傳承上師更是如此。許多人知道這些道理，卻沒辦法產生定解，不能調伏心性，依舊我行我素，這樣就會轉天爲魔，把原本可以自利的正法，變成增長煩惱的助伴。如諺語說，「初一錯，就會錯到十五。」起步很重要，一步錯步步錯，後面愈來愈嚴重。

2 親近善知識

若諸菩薩爲善知識正所攝受，不墮惡趣。若諸菩薩爲善知識所思念者，則不違越菩薩學處，若諸菩薩爲善知識所守護者，勝出世間。若諸菩薩承事供養善知識者，於一切行不忘而行。若諸菩薩爲善知識所攝持者，諸業煩惱難以取勝。

——出自《華嚴經》

引言

如何生起信心和定解？修道的根本是親近善知識，《攝決定心藏》説，「具有成佛種性的補特伽羅，應該親近善知識。」鐸巴譯師在《博朵瓦語錄》也説，「一切教授的源頭，就是不捨離善知識。」想讓行者生起一點功德，滅除一點過失，要知道所有善樂的根本都源於善知識，所以必須了解如何依止上師。《菩薩藏經》説，「要圓滿菩薩一切行誼，要具備一切波羅蜜多乘的十地、忍辱、等持、神通、總持、辯才、迴向等功德，都得依靠上師。尊重上師才能生出種種功德，尊重上師才能增長種種功德。」博朵瓦也説，「修解脫道的人，沒有比尊重上師更重要的法。不要説修習佛法，即使是學世間粗淺的技術及知識，也要靠師長教導，很難無師自通；更何況眾生從無始劫來就在惡趣流轉，現在想要去從來沒有到過的菩薩地、佛地，缺乏上師引導，怎麼可能到達目的地？」

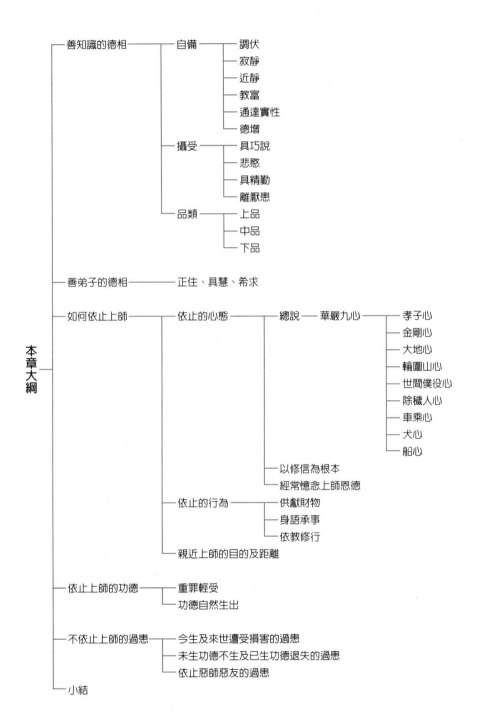

本章大綱

- 善知識的德相
  - 自備
    - 調伏
    - 寂靜
    - 近靜
    - 教富
    - 通達實性
    - 德增
  - 攝受
    - 具巧說
    - 悲愍
    - 具精勤
    - 離厭患
  - 品類
    - 上品
    - 中品
    - 下品
- 善弟子的德相
  - 正住、具慧、希求
- 如何依止上師
  - 依止的心態
    - 總說 — 華嚴九心
      - 孝子心
      - 金剛心
      - 大地心
      - 輪圍山心
      - 世間僕役心
      - 除穢人心
      - 車乘心
      - 犬心
      - 船心
    - 以修信為根本
    - 經常憶念上師恩德
  - 依止的行為
    - 供獻財物
    - 身語承事
    - 依教修行
  - 親近上師的目的及距離
- 依止上師的功德
  - 重罪輕受
  - 功德自然生出
- 不依止上師的過患
  - 今生及來世遭受損害的過患
  - 未生功德不生及已生功德退失的過患
  - 依止惡師惡友的過患
- 小結

一、善知識的德相

　　經典和釋論講過各種善知識類型，這裡講的善知識，特別針對能把三士道當成基礎，引導弟子漸次進入大乘的上師。《經莊嚴論》說，「善知識具有調伏（戒）、靜（定）、近靜（慧）、德增（上師優於弟子）、具勤（精進利他）、教富饒（教的功德）、善達實性（殊勝慧學）、具巧說、悲體、離厭等十種德相，就是應該依止的上師。」我們應該依止具有這十種德相的善知識，為什麼？如果自己沒有調伏，不可能調伏別人。上師引領弟子走向解脫，要先調伏自心煩惱。怎樣才算調伏？如果只是隨便修一修，生起一點相似證量，這不過是假相，根本沒有用。必須依照佛陀教法，以戒定慧三學調伏自心，也就是調伏、靜、近靜三個條件。

1. **調伏**：指增上戒學；《別解脫經》說，「心像野馬奔馳不定難以制伏，如果用帶刺的馬銜，就能加以控制，馬銜就是別解脫戒。」《分別阿笈摩經》說，「戒，是未調伏眾生的馬銜。」馴馬師以上好馬銜駕馭野馬，五根像野馬一樣逐境轉動，完全沒有靜止的時候，造作惡業前，就要立刻制止。以戒律調伏心馬，就能自然趨向正道。

2. **寂靜**：指增上定學；靠著正念正知的功夫進退取捨，隨時思惟善惡差別、觀察心性是否踰越，使心趨向寂靜安住。

3. **近靜**：指增上慧學；由增上定學引發輕安，使身心具堪能性，安住在善所緣不散亂，再藉由思擇慧的功夫觀察真實義理，才能獲得增上慧學的功德。

4. **教富**：指博學多聞，廣泛涉獵三藏經典；僅僅具備三學證德還不夠，必須進一步成就教德。種敦巴說，「大乘善知識講解經論時，能讓弟子生起無量知見；行持時，能讓弟子生起證教功

德，又能應機說法，選擇適合弟子的法類。」

5. **通達實性**：指殊勝慧學；特指通達無我真實義理的智慧，如果不能直接現證空性（現量$_①$證得），至少也要透過正理思惟法義證得空性（比量證得）。

6. **德增**：指具備教證二種功德的上師，如果他的程度和弟子差不多，甚至比弟子差，就不算圓滿，必須優於弟子才行。《親友集》說，「依止比弟子差的上師，弟子反而退步；依止和弟子程度相當的上師，弟子不會進步；依止比弟子好的上師，弟子才會進步，應該依止程度更高的上師。遇到具有三學清淨的上師，又能親近承事，弟子才有青出於藍的機會。」如樸窮瓦$_②$說，「每次聽聞聖者的傳記，我總是以極仰慕的心態向上瞻視。」又如塔乙說，「熱振寺的長老們，都是我學習的目標。」說明師尊要有讓人渴望瞻仰的品德。

　　前面六點是上師本身要具備的德相，其餘四點是為了攝受眾生而要具備的德相。如經說，「佛陀無法像水洗污垢一樣，滌除眾生的罪業；無法像手拔芒刺一樣，根治眾生的痛苦；也不能像左右手交換物品一樣，將自證功德轉移給眾生。只能透過開示法性真諦，引導眾生自己修行，才有解脫的機會。」除了為眾生宣說真實無欺的道理，幫助眾生脫離苦海，哪裡有以水洗罪這等事情？

　　為了攝受弟子，上師要具備四種德相。

1. **具巧說**：知道眾生的根器和因緣，才能按步就班善巧引導，使

---

① 量指正確認識，現量透過無分別方式去認識，比量則透過分別方式去認識。
② 樸窮瓦（1031～1106），種敦巴三大弟子之一，原以阿底峽尊者為師，尊者圓寂後依止種敦巴。

法義深植弟子心中。

2. 悲愍：上師說法的動機要清淨，不是爲了利養恭敬，而是出於慈悲。如博朵瓦告訴懂哦瓦③，「黎摩子！不管說法幾次，我從不奢求一句讚美，每次都是因爲想到眾生痛苦，受悲心驅動而說法。」

3. 具精勤：積極努力實踐利他事業。

4. 離厭患：不管重覆多少次、說幾遍，都不會疲倦厭煩，能忍受說法的辛苦。

具備十種德相，稱爲上品上師。博朵瓦說，「十種德相中，以具備三學、通達實性、悲愍心最重要。我的上師嚮尊滾既不多聞，也不耐勞，又不善言辭，不說應酬話；但是他具有這五項功德，凡是到他面前求法，都可以獲得大利。另一位上師嚀敦也不善言辭，甚至連講些祝願的話，大家都聽不懂，但是他也具備這五項功德，所以他的弟子收獲很大。」具備戒、定、慧、慈悲心、通達實性五種德相，稱爲中品上師。

不應該依止的上師是指自己沒興趣修，只是口頭上稱讚學處的優點，藉以謀取生活資具，這種人根本沒有資格當上師。就像有人讚美檀香具有某種妙用，想賺取生活費，等到真的有人問他是否有貨可賣，他卻回答沒有，前面的讚美等於空話。

《三摩地王經》說，「末法時期大部份比丘不能好好守戒，雖然知道多聞，也知道戒律的優點，甚至會讚美戒律，但流於光說不練。」除了戒學，定慧及解脫等法也是如此。又說，「有人四處推銷某種旃檀妙香，形容它的味道芬芳濃郁。等到有人想向他買，他

---

③ 懂哦瓦（1038～1103），種敦巴三大弟子之一，精通密法具有神通，二十歲在熱振寺依止種敦巴，事師甚勤，人稱懂哦瓦（意爲侍奉），黎摩子是小名。

卻回答，我只是靠讚美檀香謀生，手上也沒有這種檀香。這和末法時期出現許多不精進實修，只會口頭讚美戒律的出家眾一樣。」其餘三種德性也是如此，必須言行合一。

　　上師是成就的根本，想要證得解脫，應該尋訪具格上師，因此要先了解具格上師的條件。至於想要成為他人的依止處，更要掌握十種德行，期勉自己成為具格。由於現在時運不佳，要找到完全具備十種或五種德相的上師已經很難了，遇不到怎麼辦？《妙臂請問經》說，「缺少一個輪子的車，就算有馬也拉不動。缺乏上師指導，絕對不可能成就。善知識的條件，包括具有智慧、形貌端正、品性潔淨、種性高貴、專注正法、辯才無礙、勇猛堅定、五根調順、言語柔和、能布施、有悲心、能忍耐飢渴等苦惱、不侍奉外道、精進善法、知報恩、敬信三寶等。末法時期要找到完美的上師，幾乎很困難，實務上只要有上述二分之一、四分之一或八分之一，就可以依止他。」《博朵瓦語錄》也有類似的講法，不過每個德相難易不同，權數也不同，起碼要達到八分之一。

二、善弟子的德相

　　《四百論》說，「正住、具慧、希求三種德相，稱為聞法的器皿；這樣才不會把說法者的功德看成過失，也不會將自己的優點看成缺點。」月稱論師在《四百論釋》說，「具器弟子不會把上師的優點看成缺點，也不會將聽法的利益看成過失。反之，不具器弟子即使碰到合格上師，因為弟子本身有問題，無法分辨善惡，會執好為壞、執壞為好。」光有具格的善知識還不夠，弟子本身要合格，才能正確觀察上師德行，這裡包括正住、具慧和希求三種心。

　　正住指沒有黨見，一旦墮入宗派見，就看不到功德，領受不到

妙法，產生聞法障礙。《中觀心論》說，「墮黨見則心惱亂，不能證得寂靜。」墮黨見，即貪著自宗、詆毀他宗。應該時時觀察自心，捨去成見。《菩薩別解脫經》說，「要捨棄先入為主的錯誤觀念，敬重有德行的善知識和其他宗派。」

具慧是具備分辨善惡的能力，懂得去惡從善。缺乏分辨善惡的能力，光有正住也不夠。

希求更進一步指出，光有前二項功德就像畫中聞法，不發願，還是不能成為具器，因此要發廣大心願。另外《四百論釋》又加上敬法與師、專注聽法二個德相。這五項可以再簡化成四項，好樂聞法、專心聽法、敬重教法和上師、能捨棄惡說擇取善說。有這四項順緣，就是具慧；不犯四項違緣，就是正住。身為弟子的我們，能不能成為上師引導的法器，要好好自我反省。如果已經具器，應該感到寬慰；如果還未具器，應該從因上著手，現在就努力修持累積將來成為具器的因。要知道，不成材的弟子碰到再好的上師，因為不懂得欣賞上師優點、又不懂得察覺自身過患，很容易白白喪失學習正法的機會。

三、如何依止上師

如何依止，先說明總的親近意樂。如果已經成為具器弟子，應先觀察上師德相，然後在具德上師面前領受法益。至於應該依止多少上師？從種敦巴和桑僕瓦大師的傳記來看，有不同的做法。桑僕瓦大師有很多上師，只要有人說法，他就去聽。當時康地來了一位法師，桑僕瓦正準備去聽，但他的弟子力勸，「您不要去，您去，有損自己的威儀」。他回答，「不要這樣說，聽法可以得到聽聞及隨喜的利益。」相較之下，種敦巴不同，他的上師很少，西藏只有

二位、印度只有三位。博朵瓦和公巴仁勤喇嘛曾就此事討論，他們一致的結論是，初學者的信心不足、分別心重，依止太多，很容易因爲察覺上師的過錯而退失信心，此時應該仿傚種敦巴大師；反之若已調伏煩惱，信心穩固，就可以仿傚善財童子和阿底峽尊者。這個說法很中肯，的確應該這麼做。以下就心態和行爲要如何依止分別說明。

（一）依止的心態

分爲三點，總說意樂、修信爲根本、經常憶念上師恩德，在總說意樂方面有內心要發清淨意樂，《華嚴經》提出孝子心、金剛心、大地心、輪圍山心、世間僕役心、除穢人心、車乘心、犬心、船心，九種親近善知識的意樂，華嚴九心涵蓋所有訣竅，可簡化爲四項，棄自自在（孝子心）、親愛能堅固（金剛心）、荷負上師事業重擔（大地心）、承擔後應如何行（其餘六心）。

1. **棄自自在（孝子心）**：放棄自己的意志，全心順從上師心意；像孝子一樣，不是自己想做什麼就做什麼，而是看父親臉色，順從父親心意。在上師身邊要懂得察顏觀色，不做違逆的事。佛陀在《現證三摩地王經》說，「弟子應該捨棄自己的自由意識，依上師心意轉動。」這裡是指在具德上師前才要有九心，不是盲目做牛做馬，被非具德上師牽著走，自己完全沒有分辨善惡的能力。

2. **親愛能堅固（金剛心）**：不要反覆無常，要像金剛一樣穩固，即使邪魔惡友從中挑撥，也不損及師徒關係。《現證三摩地王經》說，「不要翻臉無常，今天親密，明天疏遠。」

3. **荷負上師事業重擔（大地心）**：要像大地承載萬物不覺勞苦，

弟子幫上師做任何事都不推延懈怠。如博朵瓦告訴懂哦瓦的徒眾，「你們能遇到懂哦瓦這位大菩薩實在很有福報，應該順從上師教導，千萬不要覺得負擔沉重，要將上師當成頭上的莊嚴飾品，即使沉重，也內心歡喜。」

4.承擔後要具備六種心

輪圍山心：像山一樣如如不動，即便碰到痛苦煩惱，也不改變心意。懂哦瓦住在汝巴時，公巴德熾因為天氣寒冷身體虛弱，正考慮是否要離開，依怙童告訴他，「我們曾經多次投生到尊勝天宮，坐擁天人上妙享受，現在好不容易有一次寶貴的機會，可以親近大乘善知識聽聞正法，應該咬緊牙關堅持下去。」

世間僕役心：不論被指派做什麼卑賤的事，都不會認為上師故意找麻煩，能謹遵囑咐。過去後藏有一個譯師集會所，一次阿底峽尊者要去說法，地上有些泥濘，種敦巴大師立刻脫下自身的衣服掃除污穢，再拿乾淨的白土覆蓋，然後才在上師面前獻曼陀羅供養。尊者笑著說，「真是太稀奇了，印度也有你一樣的修行人。」

除穢人心：斷除驕慢與過慢，深深覺得自己不如上師。善知識種敦巴說，「我慢的高坵，無法流出功德水。」懂哦瓦也說，「初春時應該上山觀察，是山頂高峰處，還是溝澗低窪處，先發綠芽。」

車乘心：即使上師指派的工作多到身心無法負荷，還是要高高興興努力完成。

犬心：被上師責罵，也不埋怨。如朵瓏巴每次看到畫師都會斥責他，惹得畫師弟子很不滿，對畫師抱怨，「這位阿闍黎對我們師徒好像特別有意見。」畫師回答，「你們聽到的是辱

罵嗎？我每次接受上師賜教，就好像得到一次嘿嚕迦的加持。」《八千頌》說，「即使說法師對求法者態度惡劣，看似不顧情面的樣子。仍然不能退失信心，應該更尊敬追隨上師，堅定求法決心。」

　　船心：上師交辦的事，不論要來回跑幾趟，也不厭煩。

　　特別說明以修信為根本。《寶炬陀羅尼》說，「信，是一切功德的前導，如同母親孕育、守護、增長一切功德；信，能去除疑惑，超越無明、欲、愛、見四大暴流；信，能獲得三聖妙樂果位；信，可以消除穢濁，清淨內心相續；信，能遠離驕慢，成為眾人尊敬的根本；信，是最珍貴的寶藏、是邁向解脫的雙足、是聚集善業的巧手。」《十法經》也說，「透過什麼方法，可以證得佛果？信心是最好的車乘，可以到達佛境。有智慧的人，應該生起信心；缺乏信心，無法獲得世間與出世間善法，就像被火燒焦的敗種，怎麼可能長出青嫩嫩的苗芽？」這裡從正面說信心的好處，從反面說不信的過失。種敦巴問尊者，「為什麼藏地修行人很多，成就者很少？」尊者回答，「不管想獲得多少大乘功德，都要靠上師。藏人常把上師視為凡夫，起凡庸想，自然容易看到上師的缺點，無法堅固信心；缺乏信心，怎麼可能引生功德？」有人向阿底峽尊者大喊，「請尊者教我。」尊者回答，「哈哈，我耳力很好，所謂教授就是靠信心、信心、信心（連說三次表示重要性），除此之外別無他法。」

　　信心非常重要，信心的種類很多，有對三寶的信心、對業果的信心、對四諦的信心等等，這裡特別強調是弟子對上師的信心。《金剛手灌頂續》說，「金剛手菩薩！弟子應該如何看待軌範師？應該把上師當成佛；必須具備此等信心，才能增長善業，迅速成佛

利益眾生。」許多大乘經典都說到視師如佛，《毘奈耶經》也有同樣的講法，要把親教師和羯磨阿闍黎當成佛。

為什麼要視師如佛？把上師當成佛，就會以對待佛的態度對待上師，不會挖上師瘡疤，只會思念上師的恩德。又說，「應該學習上師的優點，不要斤斤計較某些缺點，前者可以讓自己獲得成就，後者一事無成。」為什麼？即使上師的優點比較多，弟子還是在缺點上打轉，反而障礙自己進步。反之，即使上師的缺點比較多，弟子還是專注在優點上，對上師充滿信心，最終還有機會成就善業。不管上師有多少缺失，應該想想推求過患的下場，努力斷除尋過的惡習。如果因為放逸和煩惱，忍不住又看到上師的過失，就要懺悔已做、防護未做，日後漸漸減少尋過的壞習慣。另外，要經常思惟上師具有持戒清淨、多聞、具信等等功德，多看好的一面，養成欣賞優點的習慣，即使將來不小心看到缺點，也能避免退失信心。這就像一般人看到討厭的人，不管對方有多少優點，都因為被成見蒙蔽，總認為對方一無是處；相較之下，對自己的缺點卻視若無睹，稍稍做得不錯，就自以為了不起。

阿底峽尊者是中觀行者，金洲大師是唯識行者，雖然在見地上有優略之分，中觀見高於唯識見，但尊者從來不看大師的缺點。因為整個道次第及發菩提心教授，都來自於金洲大師的教導，尊者經常憶念大師功德，奉大師為最尊貴的上師。

千萬不要觀察上師的過失，即使是只有一偈之緣的上師，也要心存感念。《寶雲經》說，「既然知道尊重上師可以增長善業、消除惡業，那麼不管這位上師多聞或寡聞、有智或無智、守戒或失戒，都應該視之如佛。對佛的信心與愛樂心有多大，就同等的對待上師恭敬承事。若能這樣做，就能迅速圓滿菩提資糧，迅速斷除煩惱過患。懂得這層道理，才會歡喜奉行。當然這不是鼓勵大家一味

盲從，順從如法的事，不如法的事不要做。」《猛利問經》說，

　　「長者！想要學習聖教的行者，從阿闍黎處聽聞行持六度及積集資糧的偈誦，即使只有短短幾個字，由於恭敬法的緣故，應該恭敬這位阿闍黎。應該恭敬的程度有多少？如果從上師處接受二十句偈的教法，就應該花二十劫，無諂恭敬承事上師；儘管這樣做，都還不算報答聞法之恩，更何況不恭敬上師。」

　　要經常憶念上師的恩德，《十法經》說，「當我迷失在無盡輪迴，是誰張開慈悲之眼尋覓我？當我昏睡在愚癡夢境，是誰發起洪鐘之音醒覺我？當我沉溺在茫茫苦海，是誰伸出有力之槳拯濟我？當我徘徊在三途惡趣，是誰點燃智慧之燈導引我？當我繫縛在三有牢獄，是誰開啟枷鎖之鑰解救我？當我遭逢煩惱重病逼迫，是誰餵施甘露妙藥療癒我？當我身受貪欲猛火燒煮，是誰降下無垢法雨清涼我？從這些痛苦中救護我的，唯有我的上師，要對上師發起如此強烈的感恩、念恩之心。」

　　《華嚴經》說，「善財童子一想到善知識的恩德，就痛哭流涕讚頌：善知識啊！救護我脫離惡趣，使我通達法平等性，了知諸法空性；為我開示安穩正道，教授普賢行願，揭櫫通往佛智的道路，護送我趣入法性大海；為我宣講三世諸佛所知妙法，展現聖眾不可思議妙曼陀羅；能夠增長我一切清淨善法的功德。」在每段文字前都要加上「善知識」，一方面感念恩德，一方面思惟義理。同樣的，前面《十法經》，也可以加這句話。

　　《華嚴經》又說，「善知識，為我（善財）演說正法功德，總示菩提分法，別示菩薩威儀；想到這點，我來到善知識面前。善知識就像母親，使我相續生起慧命；就像乳母，以功德乳哺育我長大；就像父親，為我增長福慧資糧，遮除煩惱惡事侵擾；就像醫王，為我療癒老死疾病；就像天帝釋降下甘露法雨，使我善法日益

茁壯，終如滿月潔白無瑕；就像太陽大放光明，為我照亮涅槃正道；就像山王護樹，使我不起貪瞋散亂；就像大海，使我不受外緣散動；就像船師，使我安全到達彼岸，我就是懷著這樣的心情，來到善知識面前。善知識啟發我學習菩薩的志願，導引我思慕無上佛果。由於善知識具備種種度化眾生的功德，連諸佛都讚歎不已，我就是抱著此等清淨意樂，來到善知識面前。善知識救度世間的心，像戰場勇士無可匹敵，像大商主領導眾生險中求寶，是眾生的依怙，快樂的眼目，我以極恭敬的心承事善知識。」這段話可以帶著調子唱誦，把善財換成自己的名字，一邊唱一邊憶念上師恩德。

（二）依止的行為

親近上師時的行為，就如《事師五十頌》說，「不必多說，只要好好體察上師心意，做上師歡喜如法的事，不做上師不高興的事。金剛持曾說，成就是隨著如理依止上師而來。知道這個道理，就應該奉獻自己。」要努力讓上師高興，避免惹上師生氣。高興的方法有三種，下者供獻財物、中者身語承事、上者依教修行。依教修行，最讓上師歡喜。

1. **供獻財物**：《事師五十頌》說，「連難以棄捨的生命及家人，都可以獻給三昧耶師，更何況一般財富？」又說，「如法供養上師，等於供養一切諸佛，這個道理就是『從積聚福德資糧而獲得成就』。」拉梭瓦說，「有能力做最好的供養卻捨不得，拿較差的物品供養上師，等於違犯三昧耶戒。除非上師喜歡或自己只有粗劣物品，才不算犯戒。」《事師五十頌》也說，「想要得到佛果，把最好的財物供養師長，不要給不喜歡、低劣的東西。」以上就弟子角度來說，上師是可以累積最殊勝資

糧的福田。但就上師角度來說，身為上師不應該貪圖弟子的利
養恭敬。霞惹瓦說，「歡喜修行，不貪財物，才是真正的上
師，否則不算修解脫道的合格上師。」

2. **身語承事**：在身方面，有奉事洗浴、按摩、擦拭及上師生病時
妥善照顧。在語方面，要如實讚揚上師功德，這裡說到「如
實」，是指切切實實，不要為了故意討好而誇大不實。

3. **依教修行**：尊師重道，是最重要的一環。上根器弟子，要做到
獲得道證，成功對治煩惱；中根器弟子，要做到記持宗義，明
瞭言教；下根器弟子，至少要做到謹慎防範，避免造作惡業。
《本生論》說，「報答上師最好的方法，就是依教奉行。」如
果上師的教授不如法或與戒相違，應該怎麼辦？《毘奈耶經》
說，「不如法，就不要照著做。」《寶雲經》也說，「要順從善
法，不要順從惡法。」對上師的教法，要懂得判別應做與不應
做，不做不合理的事。《本生論》講到佛陀某生為婆羅門弟
子，婆羅門為觀察弟子而命令徒眾偷竊，只有佛陀不接受，由
此說明不應做的時候。在這種情況下，雖然弟子不必順從非
法，還是要對上師保持清淨意樂，不要出言不遜、輕蔑不敬或
背後毀謗，如《尊重五十論》說，「如果上師交辦的事不合
理，應該委婉告知不能做的原因。」要訴諸於理婉轉拒絕，不
要盲目順從。

親近上師的目的，《莊嚴經論》說，「親近上師是為了獲得正
法，不是為了貪圖享受。」博朵瓦說，「推舉阿難當佛陀侍者之
初，阿難提出三個條件，一不穿佛穿過的衣服、二不吃佛吃剩的食
物、三任何時候都可見佛。因為信眾供佛的衣食一定是最殊勝的，
享用就會增長五欲貪著，隨時見佛是為了服侍方便。阿難尊者為後

世弟子立下榜樣，可惜我們卻與聖賢相違，從不在乎能從上師身上得到多少教法，只計較上師給我多少茶、多少好處，喜歡我的程度有多少，這些都是內心腐爛的徵兆。」

親近上師的距離，要多遠才算恰當？博朵瓦說，「增加一個弟子是增加我的負擔，減少一二個弟子是減少我的負擔。距離我太遠，得不到成就。弟子應該住在遠近適中的地方，學習教法。」表示不要太近或太遠，也不要造成上師的負擔。這裡的遠近，可以解釋為距離，也可以解釋為時間，不要太久才見上師一面，也不要太常叨擾上師。

四、依止上師的功德

《華嚴經》和《不可思議妙樂經》歸納出依止上師的八個好處，速成佛果、諸佛歡喜、生生世世遇大善知識、不墮惡趣、不被惡業煩惱損害、不違犯菩薩行、時時憶念學處使功德增長資糧具足，漸能成就現前及究竟果位、所念所行不離善品，並做到自他兩利，資糧圓滿。

《華嚴經》說，「善男子！若菩薩被善知識攝受，則不墮惡趣。若菩薩被善知識思念，則不違越菩薩行誼。若菩薩被善知識守護，則超越世間獲得解脫。若菩薩恭敬承事善知識，則不忘失一切善行。若菩薩被善知識護持，則業與煩惱不能擾亂。」又說，「善男子！若菩薩遵循善知識教誡，則諸佛世尊歡喜。若菩薩隨順善知識言教，則與諸佛相應。若菩薩對善知識教授不起疑惑，則生生世世值遇善士。若菩薩時時憶念善知識，則成就一切功德。」

《不可思議秘密經》也說，「善男子、善女人，應該極恭敬依止、親近、承事上師。如此才能由聽聞而生善念，由善念而造善

業，由善業而三門趨善，使善友歡喜。不造惡業，則避免心生憂惱。不犯錯，則避免沾染過失，能成就無上菩提，利益惡道有情。總之，尊重上師是圓滿一切功德的最殊勝資糧。」

1. **重罪輕受**：如理依止善知識，能使原本來世要墮入惡趣受苦的有情，今生只是遭受些微病痛或煩惱，甚至做個惡夢，就可以消除惡趣受報的異熟果。供養上師的功德，遠遠超過供養無量諸佛。《地藏經》說，「尊重供養上師，可以讓投生惡道受無量劫的苦報，轉成今生遭受病痛、饑荒、憂煩等事，或者被人責罵、做惡夢，就可以清除原本的重罪惡報。雖然過去曾在無量諸佛前布施、供養、受學，所累積的善業，還不如一個上午好好供養上師；由此可知，恭敬上師的功德不可思議。」又說，「諸佛能示現無數功德神變，都是因為恭敬上師而來，因此要以事佛的態度親近善知識。」

2. **功德自然生出**：《本生論》說，「不要離善知識太遠，經常親近，即使沒有特別做善事，也會被上師的德香薰染，自然累積功德。」博朵瓦說，「得不到善知識功德，是因為只知道觀察上師過錯，就像身上拖著破衣，所到之處只有雜草黏在衣服上，沾不到金沙。親近善知識，不但沒有被德香潛移默化，反而被過失影響，這就是破衣之過。不過像蜻蜓點水，在上師身邊稍事停留片刻，也不會獲得成就。」

五、不依止上師的過患

1. 今生及來世遭受損害的過患

不好好依止善知識，今生會碰到重大疾病及非人損害，來生會

墮入三惡道受苦。《金剛手灌頂續》中，「金剛手菩薩問佛陀，毀謗阿闍黎的果報是什麼？佛陀回答，金剛手！不要問，若細說異熟果報，恐怕連天都會害怕。我只能略說大概，我曾說過各種無間地獄，就是這些毀謗上師人的去處，他們受苦的時間無量無盡。不管是誰，都要避免犯此重罪。」

《事師五十頌》也說，「毀詆上師是最笨的行為，會使自己遭受瘟疫、傳染病、痲瘋病、魔、毒藥、毒蛇、王法誅戮、水災、火災、盜賊、羅叉、邪神等非時死亡，死後又墮入地獄。有智慧的人千萬不要讓上師心煩，假若因為愚昧而犯戒，那麼地獄之門肯定為此愚人開啟。總之佛陀說過，最可怕的無間地獄，就是謗師人的住所。」寂靜論師在《札那釋難論》也引經說，「僅僅只為自己開示一句話，如果沒有把他當成上師般尊重，就會連續一百世投生為狗，即使之後轉為人道，也是下賤種性。」

2. 未生功德不生、已生功德退失的過患

《現在諸佛現證三摩地經》說，「如果對上師心生嫌恨、忿怨、恚惱，不可能得到些許功德。即使沒有這些惡心，不知視師如佛，也無法生起功德。另外，對自己沒有法緣的上師，例如不恭敬他乘或他派說法比丘，也不必奢望有所成就。不恭敬說法師，就是造成佛法隱沒的原因。」

3. 依止惡師及惡友的過患

親近惡知識或惡友會減損功德，增長惡業，遭遇不如意事，不論碰到什麼情況，都應該遠離惡師及惡友。《念住經》說，「惡友

是貪瞋癡三毒的根源，就像有毒的樹，毒液不只侷限一處，而是遍佈全樹。」

《涅槃經》說，「智者怕惡友的程度，甚於酒醉的大象；醉象只能斷送今生性命，惡友卻能破壞來世善因及善念。」說明醉象和惡友的分別，一個頂多毀壞肉身，一個兼害法身；醉象不能用鼻子將我擲入惡道，惡友卻能。《諦者品》也說，「被惡友之蛇障蔽自心，又拋棄了可以療治蛇毒的善知識，這種人即使聽聞正法，最後也因為放逸的緣故，墮入三惡道。」

《親友集》說，「智者不應該親近對三寶沒有信心、個性慳吝、好說妄語及離間語的人，也不應該和惡人共住。即使自己沒做壞事，結交惡友的下場是品性受人質疑，惡名自然遠播。與惡友相處，久而久之會沾染壞習慣，就像把毒箭放到布袋裡，沒有毒的箭也會變成毒箭。」惡知識是指那些親近他們的人，會讓原先已犯的性罪或遮罪更嚴重，甚至再犯新罪。善知識種敦巴說，「惡人和善人共住，不管多努力，頂多讓惡人變成普通人，但善人很快會變成惡人。」說明學好困難，學壞容易。

六、小結

世人普遍稱讚的「尊長瑜伽教授」，就是前面說的尋找具德善知識，以正確的意樂及加行如理奉持。如果只是隨便修，當然不會有成果；必須誠心、經常、努力親近殊勝善知識。如伽喀巴說，「依止上師的時候，我總是戰戰兢兢，深怕有所閃失。」不知依止方法，不但得不到親近善士的利益，反而招致損害。如理依止善知識是所有道理之首，是一切究竟快樂的根本。之所以廣引經論詳加解釋，就是希望與讀者產生共鳴；若要深入探究，可以廣閱其他經

論。

由於眾生煩惱粗重，多半不知依止道理，知道又不身體勵行；聽聞的結果，不但沒有累積功德，反而招來罪業，事後又不懂得懺悔除罪。應該依著前面的教授，思惟親近善知識的好處及不親近的壞處；對自己累生以來不能如理依止而誠心懺悔，發誓不再犯。聽法者本身，要期勉自己早日成為具器弟子，經常思惟上師圓滿德相，努力積聚資糧，以此清淨善願，希望未證菩提之前，能生生世世值遇具德上師攝受，直至成佛。這樣做，相信在不久的將來，就可以像常啼菩薩和善財童子一樣，精進勇猛追隨善知識而不厭足，最後獲得大成就。

3 修學方法

所言修者，謂令其意成彼體分、或成彼事。

——出自《明顯文句》

引言

　　雖然每天為生活奔波，佛教徒還是會擠出時間修法，上座時照著儀軌念誦經文及咒語，思惟利益眾生，看起來行禮如儀。但下座後呢？以每天修法一個小時計算，就算這一個小時都能維持清淨，但剩下的廿三個小時呢，恐怕多半是在煩惱中度過吧！為了避免這種情況，本章要談座前、座間與座後應該怎麼做，甚至應該如何睡眠，可說完整涵蓋日常生活所有行儀。要記住，這裡談的修學方法，適用於本論每個主題。

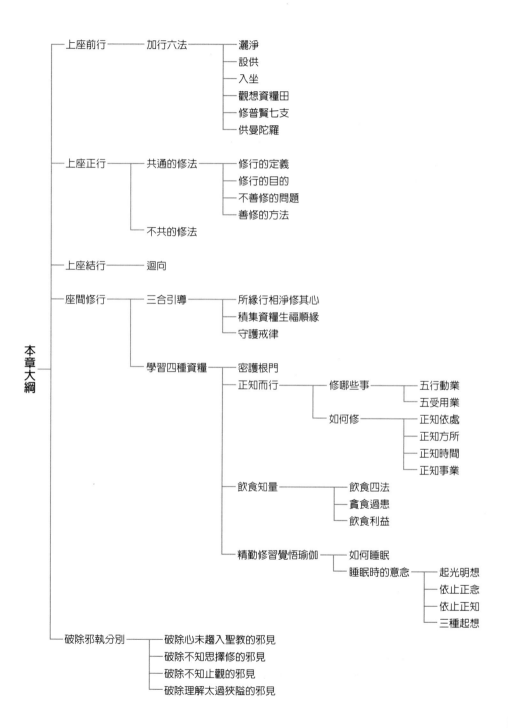

本章大綱

├─ 上座前行 ───── 加行六法 ───── 灑淨
│　　　　　　　　　　　　　　　　├─ 設供
│　　　　　　　　　　　　　　　　├─ 入坐
│　　　　　　　　　　　　　　　　├─ 觀想資糧田
│　　　　　　　　　　　　　　　　├─ 修普賢七支
│　　　　　　　　　　　　　　　　└─ 供曼陀羅
│
├─ 上座正行 ───── 共通的修法 ───── 修行的定義
│　　　　　　　　│　　　　　　　　├─ 修行的目的
│　　　　　　　　│　　　　　　　　├─ 不善修的問題
│　　　　　　　　│　　　　　　　　└─ 善修的方法
│　　　　　　　　│
│　　　　　　　　└─ 不共的修法
│
├─ 上座結行 ───── 迴向
│
├─ 座間修行 ───── 三合引導 ───── 所緣行相淨修其心
│　　　　　　　　│　　　　　　　　├─ 積集資糧生福順緣
│　　　　　　　　│　　　　　　　　└─ 守護戒律
│　　　　　　　　│
│　　　　　　　　└─ 學習四種資糧 ─── 密護根門
│　　　　　　　　　　　　　　　　　├─ 正知而行 ───── 修哪些事 ───── 五行動業
│　　　　　　　　　　　　　　　　　│　　　　　　　│　　　　　　　　└─ 五受用業
│　　　　　　　　　　　　　　　　　│　　　　　　　└─ 如何修 ───── 正知依處
│　　　　　　　　　　　　　　　　　│　　　　　　　　　　　　　　　├─ 正知方所
│　　　　　　　　　　　　　　　　　│　　　　　　　　　　　　　　　├─ 正知時間
│　　　　　　　　　　　　　　　　　│　　　　　　　　　　　　　　　└─ 正知事業
│　　　　　　　　　　　　　　　　　├─ 飲食知量 ───── 飲食四法
│　　　　　　　　　　　　　　　　　│　　　　　　　　├─ 貪食過患
│　　　　　　　　　　　　　　　　　│　　　　　　　　└─ 飲食利益
│　　　　　　　　　　　　　　　　　└─ 精勤修習覺悟瑜伽 ── 如何睡眠
│　　　　　　　　　　　　　　　　　　　　　　　　　　　　└─ 睡眠時的意念 ── 起光明想
│　　　　　　　　　　　　　　　　　　　　　　　　　　　　　　　　　　├─ 依止正念
│　　　　　　　　　　　　　　　　　　　　　　　　　　　　　　　　　　├─ 依止正知
│　　　　　　　　　　　　　　　　　　　　　　　　　　　　　　　　　　└─ 三種起想
│
└─ 破除邪執分別 ───── 破除心未趣入聖教的邪見
　　　　　　　　　　　├─ 破除不知思擇修的邪見
　　　　　　　　　　　├─ 破除不知止觀的邪見
　　　　　　　　　　　└─ 破除理解太過狹隘的邪見

一、上座前行

加行六法出自金洲大師的傳記，分別為：(1) 灑淨，將修行場
所打掃乾淨，如理放置代表佛身的佛像、佛語的經典、佛意的法
器。(2) 設供，以正直無欺的心，按照規矩擺好供品。(3) 入坐，如
《聲聞地》說，「除非昏沉打瞌睡而必須起來走動（經行）或洗
臉，其餘四蓋①現前，均應保持跏趺坐姿，收攝身心避免妄動。」
在舒適的坐具上打直身體，依個人情況結全跏趺或半跏趺坐，以此
安住身心，入坐後念皈依發心儀軌。(4) 觀想資糧田，觀想前面虛
空出現皈依境，雲集著廣行及深見各派傳承上師，無量諸佛、菩
薩、聲聞、緣覺、護法、勇父、空行等聖眾。(5) 修普賢七支，可
以幫助相續生起二種修道助緣，即能引發修道順緣的集資（累積資
糧）及能去除修道違緣的淨障（淨除障礙），否則單靠修習所緣行
相的一個正因，無法獲得證道功德。(6) 供曼陀羅。

普賢七支是累積資糧、淨除障礙的關鍵，以下分別說明禮敬、
供養、懺悔、隨喜、請轉法輪、請佛住世及迴向七支。

1. 禮敬支

分為總說及別說。

總禮敬：「所有十方世界中，三世一切人獅子，我於彼等盡無
餘，清淨三門為頂禮」，不只緣某一方或某一時的佛，而是要緣
東、南、西、北、東北、東南、西南、西北、上、下十個方位，過

---

① 五蓋，蓋是覆蔽、遮蔽，煩惱的異名。雖然每種煩惱都有覆蔽善心的作用，其中五種蓋會
造成特殊障礙，這五種蓋是貪欲蓋、瞋恚蓋、昏睡蓋、掉舉惡作蓋和疑蓋。貪欲蓋及瞋恚
蓋障蔽戒蘊、昏睡蓋障蔽慧蘊、掉舉惡作蓋障蔽定蘊、疑蓋障蔽了解四諦正理的能力。

去、現在、未來三個時間，虔誠禮敬所有諸佛菩薩。智軍阿闍黎說，「僅僅頂禮一尊佛，就能獲得無量無邊的福德，更何況頂禮一切諸佛。」

身禮敬：「普賢行願威神力，以意觀現一切佛，現剎塵身深禮敬，於一切佛深頂禮」，觀想十方三世一切諸佛出現在我們面前，我們也化身無量微塵數到每尊佛面前，以普賢妙行、清淨信心對每一佛禮拜。想想，光是以一個身體向一尊佛禮拜，就能種下極大福報，更何況以無數身體頂禮？如智軍阿闍黎說，功德不可計算。

意禮敬：「於一塵中塵數佛，各處菩薩眾會中，無餘眾法界亦然，深信諸佛皆充滿」，每顆微塵都有一切佛安住、一切菩薩圍繞，以此發起隨念諸佛功德的信心。

語禮敬：「盡出無盡讚頌海，眾音聲海妙音支，盡宣諸佛妙功德，一切善逝我盡讚」，為了讚譽諸佛無量功德及美名，我們化現無數個身體，每個身體有無數個頭，每個頭有無數條舌根，每一舌根發出無量妙音宣揚諸佛功德。音聲，表讚美辭。支，指舌根（這裡和漢譯本不同）。海，形容眾多。

2. 供養支

上供：「最勝妙華勝妙鬘，伎樂塗香與華蓋，最勝油燈勝妙香，於彼諸佛為供養，勝妙衣服最勝香，細末香粉等須彌，至尊最勝莊嚴具，於彼諸佛亦供養」，最勝妙華，將人間和天界最珍貴罕見的花朵，不論是真實或觀想的花，均依不同顏色間雜陳列或貫穿成美麗的花鬘。伎樂，包括所有能彈、能吹、能打、能搖，能發出美妙音韻的樂器。塗香，具有氣味芬芳可供塗抹的香泥。華蓋，精緻珍貴的寶傘。油燈，散發香氣的油燈及能發光的摩尼寶珠等。燒

香，調配各種藥材及香料製成的薰香，或者單獨一味的香料。勝妙衣服，精美巧緻的天衣。最勝香，可以飲用的香水，香氣馥郁遍滿三千大千世界。細末香粉，可以直接施撒、燃燒、堆放或作為顏料繪成壇場的上妙香粉。等須彌，指數量像須彌山一樣，加在這些供品前表示數量龐大、莊嚴、種類繁多。

無上供：「無上廣大諸供養，信解供養一切佛，敬信普賢行願力，頂禮供養諸如來」，前項上供指世間供養物，此處無上供指菩薩神力化現的微妙供物。最後二句是為了補強前面不足的部份，表示整個觀想境界浩瀚廣大（這裡和漢譯本不同）。

3. 懺悔支

「我昔所造諸惡業，皆由無始貪瞋癡，從身語意之所生，一切我今皆懺悔」，過去因為三毒熾盛，不管是親自做、教唆或隨喜他人造惡，我都要照著儀軌深深懺悔；必須包括所有惡業，切實想到造惡的下場，才能真正事前防範、事後追悔、誠心懺除，截斷未來惡業增長的機會，避免新業習氣再度滋生。

4. 隨喜支

「十方諸佛與菩薩，緣覺有學及無學，所有眾生之福德，彼等一切我隨喜」，歡喜讚嘆如來、菩薩、獨覺、聲聞及一切有情所造的善行，就像窮人意外獲得寶藏，感到快樂無比。

5. 請轉法輪支

「十方所有世間燈，菩提道成正覺者，我於一切依怙眾，請轉無上妙法輪」，不論哪個剎土，只要有一佛剛剛現證菩提，得無礙智，我立刻化現到佛面前請求轉法。智軍阿闍黎將這支，解釋為現證菩提支。

6. 請佛住世支

「諸佛若欲示涅槃，利樂一切眾生故，惟願久住剎塵劫，我悉合掌而祈請」，不論哪個剎土，只要有一佛準備示寂，為了一切眾生究竟及現世利益，我立刻化現到佛面前請求長久住世。

7. 迴向支

「禮讚供養及懺悔，隨喜勸請及祈禱，以我所積些許善，為證菩提普迴向」，將前面六支及一切善根所累積的功德，通通懷著強烈的意願迴向眾生，希望眾生因此成就，善根永不枯竭。

　　要先了解七支，再專心念頌偈文如法修行，自能累積無量福報。頂禮、供養、隨喜、請轉法輪、請佛住世，屬於能積聚資糧的修道順緣；懺悔屬於能淨治罪障的去除違緣。隨喜中屬於自己做的部份，可以長養善業。迴向可以積集資糧、淨治罪障，又能長養善業，使善業逐漸長大，使已經感果的善業繼續感果，並無窮無盡。

　　加行六法的最後一項是獻曼陀羅（壇城），在觀想的資糧田面前獻曼陀羅，懇切祈請「希望歷代上師及聖眾加持我，迅速消除從

不恭敬善知識到執著人我二相所有的顛倒錯誤心，迅速發起從恭敬善知識到通達無我空性所有眞實無欺的心；如此才能去除一切內在違緣（如生病等身心障礙）、外在違緣（如天災人禍）、秘密違緣（如心不堪能等）。」

二、上座正行

1. 共通的修法

　　修行就是串習，經常把心安住在善所緣境。爲什麼要這樣做？無始以來，我們被心控制不得自在，被心趨轉無法自主；加上心常受制煩惱等障礙，致使放任三門造作惡業，種下輪迴流轉的因。修行的目的是爲了讓我們有能力控制心，使心安住在善所緣境不妄動。知道要修，還要知道正確修法，才不會徒勞無功。以下先說明不善修的缺點。如果只是隨便修，想到哪個善所緣就去修，一會兒這個，一會兒那個，不停更換善所緣，不但沒有成就，反而會有障礙。因爲開始就沒有好好控制，放任的結果是造成惡習，那麼終生修善的結果，沒有功德只有過失。其次說明善修的優點，修行前先決定好主題和順序，不要任意更動，還要發願沒有產生定解前不再改動。修的時候以正念攝持令心安住，靠正知的力量去覺察，確認心是否還安住在原來的善所緣上，沒有東奔西馳。

2. 不共的修法

　　此處特別針對依止善知識這個議題，先思惟依止的功德及不依止的過患，前者能得到速至成佛等八種利益，後者能引發今生及來

生重大痛苦。接著時時起心防護，避免觀察上師的缺點。然後盡力了解上師在三學上的功德，就功德部份好好思惟，引發清淨信心。最後思惟前面說的義理，發自內心感謝上師對自己現在及未來的恩惠；如果還沒有生起無比的虔敬心，要好好修，直到確立生起為止。

三、上座結行

最後應該把這一座修行的功德，強烈發起如普賢大願及七十願等迴向方式，成就眾生現前及究竟善願。每天分早晨、午前、午後、初夜②四座③修習。剛開始一座修太久，很容易陷入昏沉掉舉，一旦養成習慣就很難矯正，所以初修務必時間短、次數多。如經說，「修到很想修，反而要停止，這樣才會期待下一座。等到不想修才下座，那麼下次上座，一看到座墊就想吐。」待功夫漸漸純熟穩定，才慢慢延長時間，切忌不要急躁、也不要懈怠，要鬆緊適中才能減少障礙，避免昏沉。

四、座間修行

座與座間有許多可做的事，例如禮拜、繞塔、繞佛、讀經等等，這裡主要是說正座已經很努力了，如果一下座就放任自己，那麼能生起的功德也很有限，因此下座需要：(1) 繼續保持正念與正知的功夫，以免散失所緣行相；(2) 閱讀和正修有關的經論，反覆思惟，以各種方法累積資糧，增加修法順緣，去除修法違緣；(3) 戒律是一切根本，應該盡力理解律儀，守護律儀。具備安住所緣、

---

② 夜六時，分為初夜（晚上六點）、中夜（晚上十點）及後夜（凌晨二點）三個時段。
③ 四座，指這四個時間人心清醒，比較容易座上修習，其他時候適合念經及閱讀。

積聚資糧、守護戒律，稱為三合引導；其中第一項是正因，能種下證德的因；後二項是助緣，能長出證德的果。另外要學習四種正因資糧，才能引發奢摩他與毘缽舍那功德，四種資糧是密護根門、正知而行、飲食知量、精勤修習覺悟瑜伽，睡眠中如何修行。

1. 密護根門

首先以什麼防護？要牢牢記住防護根門的法門，經常且慎重修習。護持正念，要先知道防護根門的方法，時時串習避免遺忘，接著想辦法增強正念憶持的能力。

要防護什麼？防護眼、耳、鼻、舌、身、意六根。

從哪裡防護？從喜歡和討厭的對境開始。

如何防護？

分為二種情況，第一是已經接觸後，如何守護？六根接觸六境產生六識，由意識判別喜歡或不喜歡，進而起貪愛心或瞋恨心，這時就要對治六境，不讓貪心瞋心隨境轉動。第二是尚未接觸前，預先防護。對於那些接觸後會產生煩惱的事預先防範，一開始就避免放縱根門去接觸，免得起煩惱。所謂「守護根門」，是指對六境不起分別心（取行相）、不作意喜歡或討厭（取隨好）。如果因為忘失正念或煩惱熾盛而起貪等不善心，必須用第一種方法對治。取行相，是指故意接觸不應該接觸的事、或者六境現前，不小心接觸到。取隨好，是指六識引生貪等煩惱，即使當下沒反應，卻保留在意識裡，日後伺機出現；或者雖未親眼所見，但聽到別人描述，由意識執取而起分別都算。

防護的體性？從雜染的煩惱離開，令心安住在善與無記狀態；無記的體性屬非煩惱，如行住坐臥等，不列入善所緣。

2. 正知而行

隨時覺察正在做的事,《瑜伽師地論》分為二點,修哪些事?及如何修?

修哪些事?包括五行動業和五受用業。五行動業有(1)身事業,指往返村莊、聚落、寺院等地的威儀。(2)眼事業,指眼睛略睹及詳觀,不經意的看,稱為略睹,屬於不自主;先作意再看,稱為詳觀,屬於自主。(3)一切肢節業,指身體、關節彎曲及伸展等動作。(4)衣缽業,指受用及受持三衣及缽等威儀。(5)乞食業,指飲食等威儀。

五受用業指在寺院中的言行舉止,有(1)身事業:分為行走、住、坐。行走,包括往返於經行④處、法友處或為法而走等威儀;住,與法友、親教師、軌範師、上師等共住或面對的威儀;坐,在床鋪及法座上的威儀。(2)語事業,了解已受或未受的十二分教。對於已接受的教法,應如何讀誦、為人解說或為引發精進而與人論議等言語上的威儀。(3)意事業,指靜默時的威儀,包括中夜就寢前、閒靜處思惟義理、九住心修止觀,甚至炎熱或疲倦等非時昏睡蓋現起時,以經行或洗臉排除睡意等威儀。(4)晝業,白天的威儀。(5)夜業,指不該睡覺的初夜、後夜及應該睡覺的中夜,前者有身語意三業、後者只有意業。

要如何修?分為總說及別說。總說,指對前面十件事正知而行,在行動及受用前先安住正念不放逸,應該用什麼態度觀察,應該用什麼方法觀察,就以此覺知根門。別說,指四種態度。

正知依處:應該以什麼行相觀察,就如是觀察。例如往返某

---

④ 經行,指修行人在疲倦或昏沉時,在一定場所來回走動的行為,以調劑身心、恢復精神。

處，應當依照律典先了解往返威儀，按照律典去做。

　　正知方所：應該以什麼行相觀察，就如是觀察。例如行走路線，要避開賣酒、賣身、屠戶、王宮、獵戶等五種不該去的地方。先知道能不能去，才進退有據。

　　正知時間：應該以什麼行相觀察，就如是觀察。例如中午前可以到聚落，中午後不能去，知道了才能如法去做。

　　正知事業：應該以什麼行相觀察，就如是去做。例如去別人家講經，要先起防護心謹慎威儀，包括行進間、到人家的威儀，要注意學處取捨。不管白天或晚上，都要隨時憶念該做與不該做的界線，靠正念正知的力量知所進退，時時反省根門是否違犯學處。若能這樣做，今生不會染著罪業，來生不會墮入惡趣，未獲的道證功德能迅速獲得。秉持正知，就是產生功德的正因資糧。

　　密護根門和正知而行，出於無著菩薩的論著。努力修習這二項正因，就可以增長一切善行，其他方法很難具備這種好處；尤其又有清淨尸羅、能迅速引發止觀所攝無分別三摩地的功德，實在應該好好學習。

3. 飲食知量

　　具有四個要點，不過少、不過多、消化後再吃、不帶著煩惱。不過少，吃太少則身體虛弱，沒有力氣修習善法。日中一食所吃的量，要足以支撐到隔天飲食，不會因為過度飢餓而起煩惱為準。不過多，吃太多則身體沉重，如同身負重擔，造成呼吸不順、睡意濃厚，不能修行善法，也沒有力氣斷除煩惱。消化後再吃適當食物，可以避免舊疾復發、新病滋生。不帶煩惱、適量吃，對食物不起好吃、不好吃，有罪、無罪的想法。

　　貪愛飲食，應該思惟飲食的過患，作爲對治。有三種飲食過患，(1)因受用產生的過患，不管什麼樣的山珍海味，只要經過牙齒咀嚼，混雜著唾液，最後就像嘔吐物一樣。(2)因消化產生的過患，食物進入食道，在中夜或後夜消化，一部份變成身體血肉，一部份變成大小便等不淨物，囤積在身體下半部。每天要上廁所排掉糞穢，甚至可能病從口入。(3)因賺取產生的過患，分爲五種：

　　成辦過患：爲了賺取食物必須忍受寒冷炎熱及心力交瘁的痛苦；賺不到的時候，憂愁苦惱；賺到了以後，又要擔心被搶或遭竊，爲了避免財物喪失，鎮日牽絆辛勤守護，忍受著許多苦惱。

　　親友失壞過患：爲了錢財，即使親如父子也反目成仇。

　　不知滿足過患：由飲食而增長貪愛，小則與人爭吵，大則兩國爭戰，使百姓受苦。

　　不自在過患：爲了僱主或施主，必須勾心鬥角權謀算計，忍受種種痛苦。

　　惡行所生過患：爲了飲食及財富造作三門惡業，臨終才追悔罪惡，擔心死後墮入惡趣。

　　雖然食物有許多過患，但也有些許利益，不能隨便放棄。如果說食物可以維繫生命，光是爲了活命而吃，這樣還不夠。應該更進一步思惟，活著是爲了修習清淨梵行，這些直接或間接爲我成辦飲食的眾生，也希望獲得殊勝果位，他們布施自己的血汗，我應該滿足眾生願望，使他們獲得最大果利。又應該思惟，如《集學論》所說，要利益施主及體內八萬四千隻蟲，我現在以食物爲布施，希望將來以正法攝受他們。又應該思惟，我爲了成就一切有情的利益，現在受用飲食。《親友書》也說，「要把飲食當成醫藥，不要攙雜貪瞋癡三毒，不是爲了驕傲、我慢、身體強壯，而是爲了維繫生命好好學佛，利益眾生。」

4. 精勤修習覺悟瑜伽

　　《親友書》說，「國王！在白天、初夜及後夜要保持清醒，即使睡覺也不虛度，睡前秉持善念，在正念中安睡。」前二句講到白天及初、後夜，在正座及座間如法修行。不論經行或上座，要去除五蓋、淨修自心、不虛耗度日，照著前面的方法去做。修習覺悟瑜伽和密護根門、正知而行三者，都涉及正修和座間修持，這裡主要是談覺悟瑜伽之後，即使在睡眠，也不要白白度過空無善果。

　　如何睡眠？白天及夜晚的初後二分要好好修行，中夜時分要好好睡覺，藉著休息調和地水火風，保持體內四大平衡。若能依法養護身體，對修習攝善法精進及饒益有情精進，將有莫大助益。臨睡前先走出房門洗腳，再進入屋內右脅而臥，將左腳疊放在右腳上，以獅子臥姿睡覺。獅子是力氣最大的動物，心高沉穩，能摧伏其他猛獸。採獅子臥姿修習睡眠瑜伽，具有降伏煩惱怨敵的大勢力及大無畏。其他臥姿遠遠不如獅子臥姿殊勝，如餓鬼屈臥、畜生伏臥、阿修羅仰臥、貪欲重的眾生是左脅，這些臥姿具有懈怠、精進不足的缺點，無法降伏怨敵。或說獅子右脅具有身體自在不鬆散、沉睡不失正念、睡眠不流於濃厚、遠離惡夢四個優點；其他睡姿有鬆散、失念、濃厚、惡夢四個缺點。

　　以什麼意念睡覺？要具備四種心念。(1) 光明想，緣念光明相，使心充滿光亮而睡覺，避免睡時產生黑暗。(2) 正念想，熟睡前還是要串習白天思惟的義理，延續正念的力量，讓心安住在善所緣境，即使睡覺也和清醒一樣。清醒時心隨善法而轉，睡覺時還能繼續修習善法。(3) 正知想，靠著正念的力量，即使睡著也能立刻覺察斷除煩惱，不忍受煩惱作意。(4) 三種起想：

　　不論什麼情況，都不會被睡眠障蔽，能精進攝持輕寐，就像受

傷的鹿,睡得不沉重不逾時,時時保持警覺。

作念「我正在修習佛陀所開許的睡眠瑜伽」,以此心念努力引發修習意樂,遵照佛陀傳下的獅子臥姿,不任意調整。

作念「我今天修習瑜伽及善法,明天也要這麼努力」,由於善念相續,即使偶爾散亂及忘念,仍能保持善品增上的功德。

若能依照上面的說法,如理修習日常生活各種威儀而不違犯,可以避免虛耗度日,白白浪費生命。以上是無著菩薩的解釋。學習本論,從親近善知識到毘缽舍那,除了修的主題不同,屬於不共修法之外,其餘在前行、正行、結行及座間,都要按照前面所說去做,這些是屬於共通的修法。

五、破除邪執分別

(一) 破除心未趨入聖教的邪見

有些心性不成熟,又不懂得趨向經教聖言及論釋教典的愚者,因為沒有通達「一切經論都是教授」的意義,他們主張正修時不應該思惟觀察,應該止住修,不可分別作意;認為觀察修是聞思做的事,分別作意屬於有相執著,會障礙成佛。

這種論調完全不知修道扼要,簡直是胡說八道,以下說明破斥理由。

1. 《莊嚴經論》說,「佛教的修習次第是先聽聞義理,由聞所成慧如理思擇,產生思所成慧,再生起以真實義為對境的修所成慧。」這裡說明思所成慧是從如理作意的聞所成慧而來,修所成慧是從如理作意的思所成慧而來,最後證得空性智慧。聞所成慧,以資糧道為體性;思所成慧,以加行道為體性,靠著止

觀雙運獲得聖解作意，產生世間修所成慧；修所成慧，以見道為體性，靠著現證空性獲得出世間修所成慧。

修習的內容必須先依止上師聽聞義理，由他力產生粗略的瞭解，再根據聖教正理如理思惟，由自力獲得定解。透過聞、思抉擇義理，遠離疑惑，這個串習的過程稱為「修行」。因此屬於觀察體性的「思擇修」和非觀察體性的「止住修」，就像修行的雙翼，缺一不可。由此可知，光是聞思抉擇義理這件事，就有止住修及觀察修二種。如果說修行只有止住修，觀察修不算修行，等於是把全世界的穀物都說成只有手上一種麥子一樣，非常不合邏輯。

2. 聞所成慧要靠聽聞，思所成慧要靠思擇，修所成慧要靠實修。那麼修所成慧的前行是什麼？就是修習「思所成慧」所確定的義理，所以說修慧從思慧而來。聽聞的愈多，聞所成慧就愈多；聞所成慧愈多，能思惟的內容就愈豐富，能成就的思所成慧就愈多；思所成慧愈多，能修習的義理就愈精彩，能成就的修所成慧就愈多。修所成慧愈多，能滅除的過失愈多、能生起的功德愈多，所以經論說「聽聞及思惟對修行相當重要」。

如果說聞思所決定的義理，不是為了修行，而是為了開闢廣大外解，增長外在知識；在正式修行時，還要另外修一些和聞思不相干的東西。這就好像賽馬前先規劃一條路線，等到真正起跑，再跑到另外一條路，和前面講的完全無關，不是很可笑的事嗎？這種邪見完全破壞了聖教建立三種智慧次第成就的道理，不但指鹿為馬，還把不必多聞當成善巧教授。他們自己不通達要道，還四處宣揚學不學經論對修行沒有影響，更惡劣的是把多聞和思擇當成修行障礙。這些邪見勢力在藏地愈來愈堅固，甚至漸漸形成宗派，實在是很危險的事情。

3. 串習聞思所決定的義理，雖然不直接等於修所成慧，卻是修行重要的環節，兩者並不矛盾。如果硬要說相違，那麼凡夫在初禪未到定以前，應該沒有資格談修行。因為欲界眾生，除非是達到第八住心的境界，才可能成辦修所成慧，其他欲界根本沒有修所成慧可言。這個道理，在《阿毘達磨論》曾多次提及。

　　所謂「修」，如《明顯文句》說，「修，是使意念成為所修的法或體性。」例如修慈悲，是讓心生起與慈悲相同的體性；因此許多大譯師把修行翻譯成修道或串習。如《現觀莊嚴論》說，「見及串習諸法道理。」說明修行等於串習。又如至尊彌勒菩薩說，「即使在加行道、見道和修道的階段，仍須再三觀察、再三思擇。」說明連大乘聖者都要反覆觀察義理，我輩凡夫卻把思惟和修行當成相違的事情，不是很可笑嗎？

　　不只如此，修清淨信心、四無量心、菩提心、無常、苦諦，也要靠不斷的觀察和思擇，這個過程就是修行，修行的法門無量無邊，《入行論》和《集學論》也說，「為了自修的緣故，我造這部論。」表示和道次第有關的內容都算修行。《集學論》說，「因此對於身體、受用、福德，要時時修習捨、護、淨、長四法⑤。」說明對身體、財物及善根要分別修習捨護淨長，與此有關都是修行。希望未來談到修行時，不要將定義弄得很狹隘。

---

⑤ 身體的捨，是練習捨身的心，在修行程度還不夠時，不能任意捨棄生命；身體的護，是保護身體，避免受到違緣干擾；身體的淨，是不讓身體造作惡業；身體的長，是藉由身體修集善因，種下來世增上生的因緣。受用的捨，是實際將財物布施出去；受用的護，是尚未碰到殊勝福田時，要保護財物不令散失，不任意浪費；受用的淨，是以正當手段賺取財富；受用的長，是多行布施，種下未來財富增長的因。善根的捨，是將善根迴向給眾生；善根的護，是保護善根不被瞋心破壞；善根的淨，是避免受到世間八法的影響，將善根用於希求短暫人生果位及現世快樂；善根的長，是隨喜自己與他人功德，使善根增長。

（二）破除不知思擇修的邪見

又有人說，一切分別都是有相執著，會障礙成佛，必須捨棄觀察修。

這種說法是最下劣的邪執妄語，前弘時期支那堪布提出這種論調，後來被蓮花戒論師破斥。破斥的理由，後面再詳細說明。執持這種邪見，會造成輕視教典、聖教隱沒的嚴重後果。因為聖教中所有的道理，都要靠觀察慧來思擇；既然實修不必思擇，就不必把經論當成修行指導，就不會尊重經典，直接造成聖教消失。針對這種邪說，自宗認為，修行有思擇修和止住修二種，什麼情況應該思擇？什麼情況應該止住？以下說明。

1. **思擇修**：對善知識有清淨信心，了解暇滿人身意義重大、生死無常、輪迴過患、菩提心等道理，必須靠觀察修。這些議題可以強力轉變心性，產生正確知見，如果不思擇，就無從避免做出與正法相違的舉動，例如不尊重上師、不知人身難得而荒廢時日等等。生起定解，唯有仰賴反覆思惟再三觀察。例如，悅意境出現時，內心不斷強化可愛的一面，引發強烈貪欲；怨敵出現時，內心不斷強化討厭的一面，引發強烈瞋恨。修習善知識、無常等道理，不論初期境相是否明顯、力量是否強大，更重要的是透過這種保任的功夫，讓所思惟義理在心裡逐漸形成堅固定解，這就是思擇修的力量。

2. **止住修**：當心不能安住，就要想辦法讓心穩定，不要東奔西馳，這時候需要止住修；經常起心觀察，自然無法安住，所以要修止。

（三）破除不知止觀的邪見

不懂止住修和觀察修的人說，只有做學問的學者，才要修觀；在深山苦行的孤薩黎[6]，修止就夠了。

這是錯誤的觀念，二者都要止觀雙修。學者也要修止，孤薩黎也要修淨信、四無量心、菩提心等。不管顯密，許多經典都談到雙修止觀的原因，必須「藉由觀察慧修行」。不觀修或少量觀修，絕對無法引發清淨智慧，清淨智慧才是聖道命根。不僅如此，即使是那些已經生出些許智慧的人，不繼續修觀絕不可能輾轉增上，再有進步。

修道的最高境界，如馬鳴菩薩說，「最高的智慧是遍智。」唯有佛陀的遍智，才能無雜染、正確揀擇世俗諦的盡所有性與勝義諦的如所有性。修錯的徵兆，就是修得愈久，妄念愈多、念力愈遲鈍、分辨善惡的取捨能力愈差。修對的徵兆，就是對三寶身語意功德差別了解愈多，信心愈強；對生死過患體悟愈深，出離心愈大；懂得用各種角度去看解脫利益，求證無上果位的願心才會更加寬廣；對菩提心及六度等菩薩學處了解愈透徹，信心才會源源不絕，好樂精進不退轉。要知道，一切善行都要靠觀察慧思擇義理，才能引生功德。有智慧的人，一定要正確了解觀修的道理，不要隨邪知邪見起舞。

（四）破除理解太過狹隘的邪見

一些把修行看得很狹隘的人說，思擇太多會障礙禪修，無法獲

---

⑥ 孤薩黎，意為具善，指遠離人群，獨自在偏遠處專事向內修行的人。

得堅固三摩地定。以下說明，錯誤之處。

1. 如果說修習令心安住某一所緣境時，還沒有獲得三摩地定，又更換新的所緣境，這種經常更換所緣境的人，當然無法生定。此時應該修止，這點我也同意。但是在禪修前，就把思擇修當成禪修障礙，那實在是不了解先賢論師解釋引發三摩地定的道理。

   例如一位技術純熟的煉金師，反覆將金銀丟到火裡燒熔，再放到水裡洗煉，以淨除雜質、使它柔軟，才能隨心所欲塑造所要的耳鐺飾品。同樣的，想要淨除煩惱、隨煩惱及惡行，必須藉著觀察慧思惟惡業果報及輪迴過患的道理，產生恐懼心及厭離心，這個程序就像用火燒金，先讓意念遠離黑法，去除污垢。然後修習親近善士、暇滿人身、三寶、善業、菩提心等，藉著觀察慧思惟各項功德，使相續受善法滋潤，增長淨信，這個程序就像用水洗煉金，令心歡喜趣向白法。經過這些步驟才能隨心所欲，不必花費太大力氣而成辦止觀功德。

   所以說，觀察修不但不會成為修止的障礙，反而有助於獲得修止的無分別定。如無著菩薩說，「就像技術精湛的冶金師徒，淨除金銀內的雜質，必須重覆火燒水洗，才能得到柔軟質純的金銀；再加上善巧的技術及完備的器具，就可以任意打造莊嚴飾品。同理，瑜伽師要避免受貪等煩惱侵擾，必須先厭離煩惱，才能避免趣向惡品；想要趣向善品，必須先愛樂善法，才能好樂行善。當這些基礎都穩固了，心自然安住在止品或觀品，不被外境驅轉，輕鬆達到所要成辦的功德。」

2. 心無法堅固安住在定境上，主要是有二個障礙，沉沒和掉舉。如果能強烈持續的憶念三寶功德，就很容易斷除屬於癡分的沉沒；由功德門觀見三寶功德以策舉自心，是沉沒的對治品，這

是許多具有證量的論師們提出的見解。如果能強烈持續的憶念無常、苦等過患，就很容易斷除屬於貪分的掉舉。掉舉，是貪分所攝的散亂心，經論中常常稱讚厭離心是對治掉舉的最好方法。從修習親近善知識到行菩提心，能思擇的法義愈多，就愈容易成就智者所歡喜的禪定三摩地。不只是止住修，觀察修也要遠離沉掉二種過失。

傳授道次第的先輩們，不管傳授到哪個階段的善所緣，為了讓弟子對該法生起定解，除了舉出很多經論說明，還會引證前賢語錄，環繞在同一個主題，使義理深植弟子心中。如經論說，「真正善於說法的上師，為真正善於聽法的弟子開示法要，在兩相具足的法會中，必定可以生起改變弟子心性的力量，這不是靠弟子自己打坐或閱讀可以做到的。」這個說法非常正確。所以不應該分別這是修的時候要做，那是聞思的時候要做，好像彼此不相干一樣；認為記持義理屬於聞思，與正修無關，就是一種邪分別。能夠理解一切講說都是修行的人，實在很少見了，針對這點可以再作解釋或專書討論。

3. 了解「一切至言現為教授」的關鍵，就在於能不能把握思擇修？姑且不論尚未學習經論的初學者，就連那些顯密修很久的人，也常常把修行當成自己、把經論當成對方，好像修行和經論一點關係也沒有。本想再深入解釋，但限於篇幅只好暫停，接下來談上師如何次第引導已經如理懂得依止善知識的弟子。

4 思惟人身難得

猶如象兒爲貪著，深井邊生數口草，欲得無成墮險坑，願現世樂亦如是。

——出自《弟子書》

引言

　　什麼時候才有機會修習正法？就是獲得寶貴人身的時候。怎樣才算寶貴人身？就是具備暇滿的時候。眾生在無盡輪迴中，從善趣投生到惡趣的數量和從惡趣投生到善趣的數量不成比例，如經典說盲龜入軛、灑豆壁上。現在好不容易獲得了暇滿人身，若不好好善用，把握機會，等於入寶山空手而歸，實在可惜。

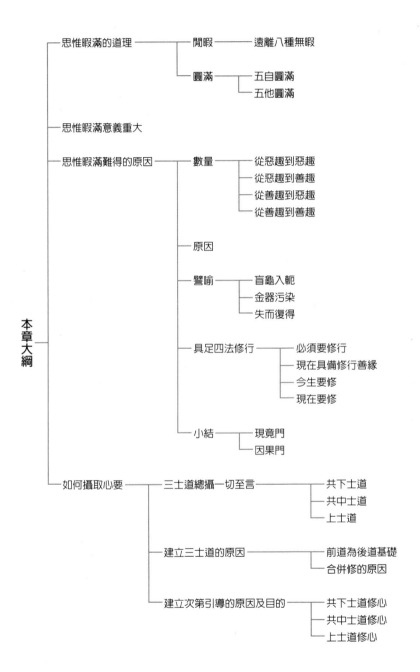

本章大綱
├─ 思惟暇滿的道理 ─┬─ 閒暇 ───── 遠離八種無暇
│   └─ 圓滿 ─┬─ 五自圓滿
│   └─ 五他圓滿
├─ 思惟暇滿意義重大
├─ 思惟暇滿難得的原因 ─┬─ 數量 ─┬─ 從惡趣到惡趣
│   │   ├─ 從惡趣到善趣
│   │   ├─ 從善趣到惡趣
│   │   └─ 從善趣到善趣
│   ├─ 原因
│   ├─ 譬喻 ─┬─ 盲龜入軛
│   │   ├─ 金器污染
│   │   └─ 失而復得
│   ├─ 具足四法修行 ─┬─ 必須要修行
│   │   ├─ 現在具備修行善緣
│   │   ├─ 今生要修
│   │   └─ 現在要修
│   └─ 小結 ─┬─ 現竟門
│   └─ 因果門
└─ 如何攝取心要 ─┬─ 三士道總攝一切至言 ─┬─ 共下士道
                 │   ├─ 共中士道
                 │   └─ 上士道
                 ├─ 建立三士道的原因 ─┬─ 前道為後道基礎
                 │   └─ 合併修的原因
                 └─ 建立次第引導的原因及目的 ─┬─ 共下士道修心
                                              ├─ 共中士道修心
                                              └─ 上士道修心

一、思惟暇滿的道理

何謂閒暇？《攝功德寶》說，「因守戒而避免墮入畜生道，遠離八種無暇，得到有暇人身。」遠離八種無暇，稱爲閒暇。八無暇，如《親友書》說，「邪執顚倒見、畜生、餓鬼、地獄、沒有佛教、邊地蠻族、諸根不具、長壽天。只要符合其中一項，就有八無暇過患。遠離八無暇身，才能獲得可以修習佛法的有暇身，應該把握機會斷除生死輪迴。」

缺乏比丘、比丘尼、優婆塞、優婆夷四眾遊行的地方，稱爲邊地。愚癡、啞巴、耳聾、身體等殘障，稱爲諸根不具。妄執沒有前世後世、沒有業果、沒有三寶等，稱爲邪見。沒有佛出世，稱爲無佛教。前面第一、二、四項，因爲沒人教，無法了解取捨要道，就沒有機會修習正法；第三項雖有人教，卻自我障蔽，不相信就沒有辦法入道。

此外，身處三惡道難起道心，即使暫時生起，也因爲極度強烈的痛苦而放棄忘失。長壽天，《親友書釋》說是無想天和無色天，《八無暇論》說是經常受欲事擾亂的欲界天。《俱舍論》解釋無想天靠近第四靜慮廣果天，就像聚落外的阿蘭若；這些天人只有在初生時想到「我在這理出生」，臨終時想到「我快死了」，中間都處在定境，心和心所不起現行，有時可以長達數劫之久。這裡說的無色天，不是指該天聖者，而是指在該天不能以善根修解脫道的凡夫。另外，經常處於散亂的欲界天也很難生起道心，這些都算無暇過患。如《親友書釋》說，「因爲這八個地方沒有時間修習佛法、造作善業，所以稱爲無暇。」

何謂圓滿？分爲二部份，五自圓滿及五他圓滿。

1.五自圓滿：如經典說，「得人身、生於中土、諸根具全、業不

顛倒、相信佛法。」生於中土，有四眾弟子①遊行的地方。諸根具全，沒有愚癡、啞巴、殘缺等障礙。業不顛倒，沒有親自或教唆他人造作五無間罪。相信佛法，相信經律論三藏是一切善法的依處，這裡不單指律藏，也包括經藏和論藏。前面五個條件屬於自己要具備的修法順緣，稱為自圓滿。

2. **五他圓滿**：如經典說，「佛陀降生、說正法、教法住世、法住隨轉、他悲愍者。」佛陀降生或出世，指菩薩經過三大阿僧祇劫積集資糧，最後在菩提座成道。說正法，指佛陀或聲聞弟子宣說正法。教法住世，指佛陀從成佛到涅槃期間，勝義的證正法還在，人們可以現見修證。法住隨轉，指佛陀證悟後，將證悟的經驗傳授下來，使具器眾生得以追隨佛陀教法努力修行，獲得解脫。他悲愍者，指存在布施財物及衣服的施主，使修行人生活無虞，得以專心修道。這五項屬於他人所提供的修法順緣，稱為他圓滿。《聲聞地》說，前四項特指佛陀在世期間，嚴格說來現在不算圓滿；因週遭還有許多善知識住世講法，說正法、教法住世、法住隨轉三項因緣雖不圓滿，仍算具足。

二、思惟暇滿的意義重大

1. 為了生活而忙碌奔波，不知好好把握機會修習正法，白白浪費暇滿人身，這種行為和畜生有什麼差別？

《弟子書》說，「貪圖現世快樂，就像小象貪著深井邊的幾根嫩草，為逞口腹，不惜讓自己陷入墮險坑的危險。」修習

---

① 四眾弟子，指佛教四種弟子，又稱四輩、四部眾、四部弟子，包括出家的比丘和比丘尼及在家的優婆塞和優婆夷；或者只算出家的比丘、比丘尼、沙彌、沙彌尼。

正法，特別是大乘佛法，不是隨便就可以修的，一定要具備前面說的八無暇、十圓滿功德。如《弟子書》說，「只有人道眾生才能發菩提心，修持殊勝大道，成為眾生導師；連具有大力的天龍、阿修羅、金翅鳥、持明、緊那羅、腹行動物等，都無法發這麼有力的菩提心。」

《入胎經》也說，「儘管人道有無邊痛苦，卻是六道中最殊勝的，即使經過一千萬劫也不易獲得人身。諸天臨死前，其他天人還特地祝願，希望他投生到安樂處；他們說的安樂處，就是指人道。」想想連諸天都把人道當成發願往生的地方，可見得人道有多珍貴！欲界諸天過去世身為人的時候，因為修道習氣濃厚，還有機會證到見道位；投生到欲界天，因耽溺五欲樂事而難獲新證；投生到色界天或無色界天，根本連修習聖道的機會都沒有，所以經典才把天道當成八無暇之一。

2. 真正能修道的寶貴身，就是人身；不過投生到北俱盧洲也沒辦法修道，因此經典讚歎其餘三洲，尤其南贍部洲最殊勝。

懂得這層道理，就要想想「我現在獲得這麼珍貴的上妙人身，怎麼能虛度空無果利？如果白白荒廢這一生，還有什麼比這更自欺、更愚昧的事？我曾經千百次流轉到惡趣等無暇處，現在好不容易獲得人身；卻又空耗此生，來世註定要到惡趣受苦。倘若執迷不悟，豈不是被惡咒蒙蔽，簡直是愚昧至極。」應該以各種方法，反覆思惟暇滿義大的道理好好修習，如馬鳴菩薩說，「得到寶貴人身才能度過生死彼岸，種下成佛的種子，這遠比得到如意寶珠還要珍貴。有智慧的人，哪敢浪費生命？」

《入行論》也說，「得到暇滿人身卻不修善，沒有比這更自欺、更愚蠢的。知道暇滿的道理，卻還放任自己愚蠢懈怠，非得等到臨終才擔心憂惱，害怕墮入惡趣，那有什麼用？既然

害怕被地獄猛火焚燒，又何必生前造惡，死前忍受後悔之火煎熬？好不容易偶然得到寶貴人身，原本可以成就許多利益，我卻放逸虛度以致落入地獄受苦，就像被人下咒。如果還有一點知覺，卻依然故我視若無睹，那到底是什麼魔障蒙蔽我？擾亂我？」種敦巴問懂哦瓦，「有沒有思惟暇滿人身？」懂哦瓦每次修法前，都會先唸《入中論》的偈頌，「能自主修法、具備順緣的時候，卻不好好把握機會；等到墮入惡道無法自主，要靠什麼脫離惡趣深淵？」懂哦瓦的做法，值得我們效法。

3. 必須思惟暇滿具有重大意義，能成就究竟利益與暫時利益。

　　暫時利益是獲得增上生，由持戒得身圓滿、由布施得受用圓滿、由忍辱得眷屬圓滿，有人身才能修習圓滿的因，從獲得增上生與決定勝的角度去思考人身多麼寶貴。不晝夜勤修增上生與決定勝的因，白白壞失人身，入寶山空手而歸，來世必定毫無安樂，更不用奢望再獲寶貴人身。失去人身，等於永遠沒有機會結束痛苦，世間哪有比這更欺誑的事？要好好想想這些道理，如馬鳴菩薩說，「好不容易累積了無量劫的善因，才得到的寶貴人身，卻因為愚昧無知，不知為後世福報造集善業，死後只得墮落惡趣遭受無邊痛苦；就像商主已經到了寶洲還空手而返。不積聚十善業，註定來生無法得人身；失去人身，哪有安樂？得到人身卻不修行，簡直愚蠢至極。」

　　思惟後，應當強烈發願，期許自己攝取修行精要。如《入行論》說，「既然已經付給你（指自己的身體）應有的工資，你就應該好好報答，做對我有利的事，不要老是要我為你做牛做馬白白養活你。如果你不利益我，我也不會再繼續給你好處。」又說，「人身是可以度過生死苦海的船筏，難以獲得，千萬不要被無明愚弄，非時睡眠，浪費時間。」又如博朵瓦在

《喻法》說，「寶貴人身，比長年住在地底的昆蟲探頭出來禮佛還難、比盲人騎野馬還難。不要像後藏人吃魚捨不得吞下去，硬是掐住自己的脖子一樣；也不要像饑荒時小孩子捨不得吃青稞粉，藏在背後卻被狗吃掉一樣，反而白白浪費暇滿人身。」現在就應該發願修習正法。

三、思惟暇滿難得的原因

1. 數量

《律本事》說，不管從惡趣或善趣投生到惡趣的數量，都多得像大地塵土；從惡趣或善趣投生到善趣的數量，都少得像指縫塵土。由此可知，投生人道極為罕見，為什麼？《四百頌》說，「眾生經常造惡、很少行善，註定要投生惡趣。」連善趣眾生都經常造惡墮入惡道，更何況惡趣眾生？光是對菩薩起瞋心，雖然只有短短幾個剎那（一彈指有六十二個剎那），就得花同等剎那的劫數在阿鼻地獄受苦；如果再加上無始劫來，心續裡積存多少尚未成熟的惡業？若不好好對治懺悔，怎麼可能避掉惡趣苦報？

2. 原因

雖然往生善趣的機會很小，還是要努力修習，滌除過去造的惡因，防護今生造的新惡，否則哪有機會？不過，有這種想法的人實在很少。不做，一定會墮入惡趣；到了惡趣不但不能再修善法，整個心都充滿惡念，不管經過多少劫，不要說還想投生到善趣，恐怕連「善趣」這個名稱都聽不到了。《入行論》說，「像我這麼放逸

的人，來生一定無法獲得人身。失去寶貴人身，就只能造惡，不可能行善。趁有機會修善時不修，將來肯定痛苦纏身，那時候還能做什麼？根本無法補救。今生不行善，過去生又累積了無數惡業，即使經過百千萬俱胝劫，再也無法聽到善趣之名。」

3. 譬喻

　　佛陀說人身難得，就像百年才浮出海面的盲龜，要將頭伸進大海漂流的軛木孔，可說機率渺茫。想想僅僅是一剎那的罪業，就要在惡趣遭受無間劫果報，那麼從無始來造了多少重罪，哪有機會往生善趣？

　　如果說在惡趣受完苦，讓惡業感果受報，來世就可以往生善趣。從這個角度看，人身不應該難以獲得？事實並非如此，雖然身處惡趣受報，但在受報的同時，仍然不斷造作新惡，所以經典才說從惡趣往生，最終還是回到惡趣，這種惡性循環無窮無盡。如經說，「不是受報完就可以脫離惡趣，受報的同時還在造惡業，根本沒出離的機會。」

　　思惟難得的意義，就該努力修行，如果繼續讓寶貴人身造惡，簡直是浪費生命，必須以正法度日才是正道。如《親友書》說，「從畜生道投生人道的機率，比盲龜伸進軛木孔的機率還小。大王，應該修習正法獲得果利。在人道造惡，就像將鑲滿寶石、雕工精緻的金器拿來裝嘔吐物，哪有這麼愚蠢的行為！」《弟子書》也說，「已經得到難得人身，就要勤加修證成就菩提的種子。」

　　如大瑜伽師對懂哦瓦說，「應該稍作休息。」懂哦瓦回答，「是應該休息，不過暇滿人身難得，要好好把握。」又如博朵瓦說，「過去坌宇地區有一座精緻的城堡，名叫瑪洽喀，後來被敵人

占領，經過多年逐漸壞損。一位老人心裡感到十分惋惜，後來聽說城堡又回到主人手中，老人因年邁無法行走，只能靠著一根矛拖著殘弱的身軀，歷經千辛萬苦到城堡前。看到城堡被修復，老人高興的說『我是不是在作夢啊？』得到暇滿人身，也應該有失而復得的歡喜心。」

4. 具足四法修行

如果還沒生起想要修法的心，就應該思惟人身難得的道理，為了真正引發修習意樂，應該生起四種思惟。一必須要修行，有情都想快樂不想受苦，快樂的唯一要道就是正法。二有能力修行，修行要具備外緣和內緣，外緣是善知識引導，內緣是暇滿人身。三必須今生修，既然已經得到寶貴人身，今生不修，來世不知何時再有機會。不知道什麼時候會死，現在就要修，以此對治今生不修的懈怠心。四必須現在修，雖然知道今生要修，但常常推拖等有空再修，例如明天再修、下個月再修等等。第三及第四項都強調當下，可以併為一項，改為具足三法；也可以把死亡無常拿來一起修，但限於篇幅過長，後面再解釋。

5. 小結

前面講了這麼多種角度，應該足以轉變行者心性。如果還不能調整心性，可以簡化成三點，一思惟暇滿的體性？二思惟暇滿的利益（現竟門）②？三思惟難得的道理（因果門）？從這三點挑選適

---

② 現竟門指思惟現前和究竟利益。

合自己的方法。在因門方面，觀察投生善趣的可能性，至少要修集一項善因，如戒律清淨等；想要暇滿俱全，必須結合眾多善因，例如以淨戒為根本，其餘五度為助伴，再加上無垢清淨正願等。不過仔細想想，現實生活能如理累積善因的人，可說寥寥無幾，要想得到八無暇、十圓滿善趣身的確稀有。在果門方面，觀察惡趣眾生能投生到善趣的數量，幾乎等於零；再觀察同樣身處善趣，暇滿和不暇滿的數目也是天差地別，由此確立極為難得的道理。如鐸巴格西說，「要努力修暇滿道理，所有的善法都源自於此。」

四、如何攝取心要

知道暇滿後，該怎麼做？分為二部份討論，如何建立道次第的總體及正式修行的扼要，本章先簡單說明道次第軌則，為什麼要區分三士？

1. 三士道總攝一切至言

佛陀從發心、積集資糧，到成等正覺、轉法輪，都是為了利益有情。利益有情有二種方法，一是獲得現前增上生果位，二是獲得究竟決定勝果位。

追求現前和增上生果位，屬於下士（或共下士）[3]的法類；其中又分一般下士和殊勝下士，前者追求今生快樂，後者追求來生快樂，希望來生獲得善趣圓滿，不重視今生，因此今生會積極行善累

---

[3] 下士和共下士（或中士和共中士）的差別，不在於學習的內容，而是在於發心。本論嚴格說起來應該區分為五種，即下士道、共下士道、中士道、共中士道及上士道。

積增上生的因。《道炬論》說，「以各種法門尋求自己來生快樂，稱爲下士。」

決定勝果位有二種，一是想要證得出離輪迴的解脫，二是想要證得一切種智的佛陀果位。前者稱爲聲聞、獨覺，屬於中士（或共中士）的法類。中士厭患輪迴，爲了自己的利益想要脫離三有，修習增上戒學、增上定學、增上慧學等解脫方便道。《道炬論》說，「放棄三有快樂，遮止輪迴流轉的因，尋求自己獲得涅槃寂靜果位，稱爲中士。」

阿底峽尊者在《攝行炬論》說，「佛陀說修習密乘及顯乘可以渡過生死苦海，因此我寫下這些內容。」說明成佛的方便有顯密二乘，均屬上士道。上士由大悲心驅轉，爲了消除一切有情痛苦發願成佛，學習六度及生圓次第等學處。《道炬論》說，「知道自己在輪迴受苦，也想去除其他眾生的痛苦，稱爲殊勝上士。」

《攝決擇分》說，「有三種士夫，下士修十善業、避免十不善業，但缺乏出離心。中士修聲聞律儀，求自利解脫。上士修清淨菩薩戒，求自他解脫。」這裡和前說相同，其他類似的講法如《道炬論》提到建立三士理由，世親菩薩在《俱舍論釋》談到三士德相。下士有二種，一爲今生快樂，一爲來生快樂，這裡談的共下士道屬於後者，教導如何往生善趣。

2. 建立三士道的原因

要知道三士並不是互不相關、彼此獨立的修行方法，修上士道前要先修下士道和中士道，也就是說下士道和中士道是大乘道的分支。

馬鳴菩薩在《修世俗菩提心論》說，「下士道斷除殺生、妄

語、不與取、邪淫，再加上布施，就是往生善趣的因。中士道觀察輪迴過患，斷除業與煩惱，才能成就涅槃寂靜果位。上士要先修下士道和中士道，完備一般出離要道，再加上菩提心、無量善巧方便，以及通達空性義理，才算圓滿殊勝出離要道。」

既然區分為三士，為什麼又要合併修？

區分的目的，不是要導引眾生成為只求三有快樂的下士或只顧自己解脫的中士，而是把共下士道和共中士道當成上士道的前行及支分。想要生起前面說的心要，就應該像《中觀心論》所說，「誰不好好利用這個像芭蕉、泡沫不堅實的身體，去修行如須彌山堅固的菩薩行？上士悲心無盡，把剎那老病死壞的身體轉變成能利益眾生安樂的根源。趁著正法尚存，趕緊斷除八種無暇，修行最珍貴的上士道，才能獲得最殊勝果位。」應該思惟這個身體非實有，不過像芭蕉一樣外實內空、像泡沫一樣虛幻即滅，是眾病的巢穴、老死的依處，應該趣向大乘日夜勤修上士道，避免空耗此生。

又問，如果是為了引導行者成為上士，為什麼不直接修上士道，還要先修共下士道和共中士道？回答，下二道是上士道的前行，以下說明為何建立三士的修行次序。

發殊勝菩提心才能進入大乘門檻，《入行論》說，「發心的剎那，即使是身處輪迴牢獄受苦的凡夫，已經具有被稱為菩薩的資格了。」說明發心後立即獲得佛子或菩薩的稱號，進入大乘行列。同理退失菩提心的當下，立刻退出大乘之門，喪失佛子或菩薩的稱號。想要進入大乘，應該以各種方法策勵自己發菩提心。發心前，要先了解發心功德，增強好樂心與精進力；然後修皈依、七支，淨除罪障、累積資糧，成辦發心方便。開示菩薩道最殊勝的經典，就是《集學論》和《入行論》。

發心的利益有二種，現前和究竟。現前利益，包括不墮惡趣及

往生善趣。發菩提心可以淨除宿世造作往生惡趣的因、斷除新造來世往生惡趣的因，避免墮入惡趣。發菩提心可以增長宿世所造往生善趣的因、新造來世往生善趣的因，透過發心與願力的力量，使善因無窮無盡。

究竟利益，包括解脫及一切種智，這二者都要靠菩提心來成辦。如果沒有深切體認到欲求現前和究竟利益，只是嘴巴上說說，那這種發心只是空話；必須好好內省，了解自己發心的程度到底有多深。真能體會這二種利益，產生務必得到的企圖心，就必須先修共下士和共中士意樂。具備此等企圖心，才能準備趣入大乘要道，此時必須生起慈心和悲心，因為慈心和悲心是菩提心的根本。接著思惟輪迴毫無快樂，只有眾苦逼迫不斷流轉；如果自己都還沒感到害怕汗毛豎立，那麼看到其他眾生也在輪迴煎熬，又怎麼會引發惻隱之心？

《入行論》說，「利益其他有情之前，要先想到利益自己，如果連作夢都沒有想到，怎麼可能真正生起利他心。」道的次第，就是在下士道思惟惡趣受苦的道理，在中士道思惟連善趣也沒有真正的快樂，只有純然的痛苦。接著將心比心，對曾經是自己親眷的有情開展慈心與悲心，真正發起菩提心。

由此可知，共中士道和共下士道是生起菩提心的方便，絕對不是為了引導行者停留在下士和中士階段。修習共中士道和共下士道時，要思惟皈依、業果等道理，以各種方法策勵自心集福淨罪，如修行七支及皈依等，這些都是發菩提心的前行，調伏心性的方便。必須了解，下士道與中士道是發心的方便。既然下二道是發無上菩提心的支分，上師就應該善巧曉喻弟子，使弟子獲得定解。每次修習時，反覆憶念下二道是上士道的前行，引發對下二道的尊敬心。否則把下二道和上士道看成無關的法類，甚至根本還沒有踏進上士

道的門檻，對菩提心也沒有眞實了解，就隨便輕視下二道，不但產生嚴重障礙，更喪失重大義利，這點必須特別小心。

應該如何修？不管修哪一道，都不要忘失菩提心，盡力使它堅固，以不共的大乘要道受願心儀軌，努力精進各個學處，激發想學的心。

想要學什麼？就是六度四攝菩薩萬行。等到眞正發起想學的意願，再受行心儀軌。受律儀後，就要捨命保護維持戒律清淨，不要違犯根本墮，或其他中品纏、下品纏、惡作罪；萬一不小心犯戒，要依照各個還出及還淨儀軌，回復戒律清淨。然後學習六度波羅蜜，特別是令心安住善所緣境，隨修習的主題自在而轉，這就是止品的靜慮度。

《道炬論》說修止引發神通，不過是修止的一項小小功德，更重要的是如阿底峽尊者在其他論典所說，爲了引發勝觀。修止獲得身心輕安後，爲了斷除人我二種執著，要進一步思惟空性義理，修習無錯謬法，通達無我空性正見，最終成就以毘鉢舍那爲體性的智慧。以上所說的方法，可以歸納爲三學。《道炬論釋》說除了修止和修觀，律儀以下的法都是戒學；奢摩他是定學，又稱心學；毘鉢舍是慧學。按照道體區分，奢摩他以下有方便分、福德資糧、世俗諦法，屬於廣行道次。

發起三種殊勝智慧有般若分、智慧資糧、勝義諦法，屬於甚深道次。行者應該了解次第決定和數量決定的道理，光有方便分或智慧分，單單一項不足以成佛，必須二者兼具。要度過諸佛功德大海，身爲佛子的鵝王展開雙翼，以圓滿無缺的世俗諦翅膀，成就廣大方便；以通達無我眞實義的勝義諦翅膀，進入甚深智慧。光靠單方道，就像折翼鳥無法飛越大海。如《入中論》說，「就像鵝王展開潔白的羽翼，帶領鵝群乘著風飛越大海；六地菩薩展開成就世俗

與勝義的雙翅，帶領眾生乘著善業之風，飛向佛德彼岸。」

以共道淨治內心後，還要學習密乘，因為密乘能迅速圓滿二種資糧。如果目前因為能力不足或種性低劣，對密乘還提不起興趣，還是要好好學習道的次第，慢慢累積增廣，以待來日因緣具足再入密乘。想要學密的行者，恭敬承事上師的規矩比顯乘更嚴格，這是密乘特別之處。

其次按照上師教導，接受清淨密續灌頂以成熟身心，灌頂④後遵守三昧耶戒⑤及各種律儀，寧願捨棄生命也不違犯，盡力維持戒律清淨。雖然根本重罪可以重受，但是相續已經損壞，註定今生難以獲得功德，這就是為什麼要小心防護根門，不要沾染根本重罪的原因。不只如此，連其他支分罪也要小心，一沾染立刻悔除避免再犯，保持戒律清淨，因為三昧耶及戒律是修道的根本。有了這些基礎，才可以隨個人因緣修習下部（事部、行部、瑜伽部）有相瑜伽或上部生起次第，待工夫漸漸純熟穩固，再進一步選擇修習下部無相瑜伽或上部圓滿次第。

阿底峽尊者在《道炬論》和其他論著都主張，以顯密雙修建立修行次第的重要性，本書也是如此。《攝修大乘道方便論》說，「想要證得不可思議的無上菩提，唯有仰賴發菩提心，而修習的心要就是意樂。既然已經獲得暇滿人身，來生難再獲得，就應該把握機會，不讓此生空過。」又說，「就像犯人關在監牢，若有機會逃跑，一定放下所有事情立刻跑掉。同樣的，眾生若有機會越渡輪迴苦海，哪裡還有比出逃出火宅更重要的事？」又說，「以大乘皈

---

④ 灌頂，注入之意，密教儀式，上師透過灌頂儀式清淨弟子障礙，以成熟法器。
⑤ 三昧耶，聖燒之意，聖指持守此戒可以得到聖者加持，燒指灌頂後守此戒可以燒毀一切障礙。

依、戒律、願心爲基礎，受持行心儀軌，等到能力逐漸增強堅固，再依次修習六度等一切菩薩學處。」又說，「方便與智慧的心要，就是止觀雙運。」

《禪定資糧品》也說，「先穩固悲心，生起眞實菩提心，不耽著輪迴受用快樂，遠離一切不善品，圓滿信、戒、聞、捨、慚、愧、慧七聖財，尊敬上師如佛，謹守律儀勤加修習。然後在上師處接受四種灌頂，修習能清淨身語意三門的密法，成爲具器弟子。最後修習生起次第與圓滿次第，累積福德與智慧資糧，迅速獲得圓滿成就，這就是密乘軌則。」

3. 建立次第引導的原因及目的

如果說中下士法是上士的前行，爲什麼不直接建立上士道，還要另立二道？區分三士引導有二大目的，一是摧伏增上我慢、二是廣利不同根器眾生。這裡說的增上我慢，是指還沒有發起共下士及共中士意樂，就自詡爲上士而輕視下二士。廣利不同根器眾生，是指不管行者心性如何，都能因此獲利。上士與中士也要修習增上生及解脫法，所以教導上二士學習下二士法，不但沒有過失，反有大利。

對於下士根器的補特伽羅來說，如果只建立上士道，因爲入道之初無法生起上士意樂，又沒有可以學的下士法類，不得不放棄修行，這樣豈不可惜。對具有上士根器的眾生來說，爲他們開示下二共道，透過次第修習的過程，由淺入深，反而能迅速引發已生及未生功德；下層道是上層道的基礎，下層道功德有助於誘發上層道功德，根本不會延後證道的時間。

這種次第引導的方法，在《陀羅尼自在王請問經》中曾舉製造

摩尼寶爲例，爲避免文章過於冗長，這裡不另摘錄。龍樹菩薩說，「先開示增上生的下士道，再教導決定勝的上士道；因爲已經獲得增上生的人天果位，才能修證決定勝的佛果。」說明增上生與決定勝的順序。無著菩薩也說，「菩薩爲了引導有情逐步修習善法，首先觀察有情根器。如果智慧低劣，就開示淺顯道理，粗略講授法要。如果智慧中等，就開示中等道理。如果智慧廣博，就開示甚深道理，詳細說明法要。這就是菩薩利益有情的次第教導方式。」

　　提婆菩薩在《攝行炬論》說，先學顯、再學密，「先修生起次第，再修圓滿次第，最後成佛。佛陀說的方便法，就像拾級而上的階梯，層次分明絕不躐等。」《四百論》也說道的次第很重要，不能任意混亂，「先遮止非福業（下士道），再破除我執（中士

攝政王宮殿全貌　攝於：1948 年

宗喀巴大師於熱振寺，撰寫《廣論》，其寺原貌已在文革期間毀壞。

宗喀巴大師於熱振寺，撰寫《廣論》舊址。

道），最後斷除一切見（上士道），懂得次第，才稱得上善巧。」
馬鳴菩薩也說，「如同染布，先準備乾淨的白布，再用煮好的顏料
上色；修行時，先以布施等福業積集功德、淨治罪障，生起共下士
及共中士意樂，再進入上士道學習空性。」不僅如此，月稱菩薩也
根據這個教授成立道次第法要。修行人看到有關道次第的書籍，應
該感到格外珍貴，要好好思惟，期許自己早日獲得定解。

第二部

共下士道

5 思惟死亡無常

一切耕種之中，秋實第一；一切跡中，象跡第一；一切想中，無常
死想是爲第一，由是諸想能除三界一切貪欲、無明、我慢。

——出自《大般涅槃經》

引言

重視來生的下士，雖然還沒有發起中士及上士意樂，也可以
從共下士道入門，然後步步增上。這章首先說明如何策發下士意
樂、生起的量要達到什麼程度，以及必須要斷除的邪執分別。下
士意樂，分為希求來生快樂的想法和依止來生快樂的方便；為了
養成重視來生的態度，必須思惟死亡無常、了解三惡趣痛苦。

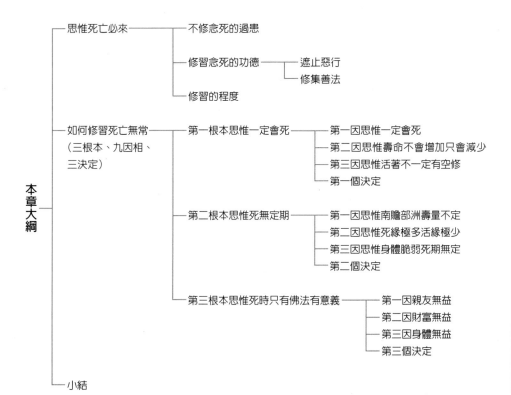

本章大綱

- 思惟死亡必來
  - 不修念死的過患
  - 修習念死的功德
    - 遮止惡行
    - 修集善法
  - 修習的程度

- 如何修習死亡無常（三根本、九因相、三決定）
  - 第一根本思惟一定會死
    - 第一因思惟一定會死
    - 第二因思惟壽命不會增加只會減少
    - 第三因思惟活著不一定有空修
    - 第一個決定
  - 第二根本思惟死無定期
    - 第一因思惟南贍部洲壽量不定
    - 第二因思惟死緣極多活緣極少
    - 第三因思惟身體脆弱死期無定
    - 第二個決定
  - 第三根本思惟死時只有佛法有意義
    - 第一因親友無益
    - 第二因財富無益
    - 第三因身體無益
    - 第三個決定

- 小結

一、思惟死亡必來

1. 不修念死的過患

　　雖然獲得有暇身，卻因為執著常樂我淨四種顛倒①，把無常看成常，產生粗相及細相二種常執，造成第一個損害門。粗相常執是指雖然知道一定會死，但意識經常處在不會死的狀態；或者知道將來某一天會死，但總認為不是今天，日復一日帶著這種想法過日子，甚至連死到臨頭還認為今天不會死，把心安置在不死的一方。

　　一直抱著今天不會死的想法，當然不可能產生對治無常的念頭。這種被無明覆蓋的心，久而久之形成堅固習氣，把活著視為必然，那麼所追求的只有今生快樂，一切只為今生打算，把來生、解脫、成佛等大事拋諸腦後，更不要說還想修習佛法。即使偶然想到要修，也因為貪圖今生眼前利益，使修善力量無法顯現；再加上時時與犯戒等惡行為伍，行善之餘還能避免沾染造惡趣因，實在很不容易。

　　有時緣念要為來生修行，卻又力不從心，經常藉故明天或等一下再修，讓懈怠心伴著睡眠、昏沉、閒談、飲食等瑣事虛耗度日，徒然浪費時間，自然無法發起廣大精進、如理修行的意樂。由於一直被「希望長久活著」的心所蒙蔽，只顧追求今生名聞利養，瞋恨所有可能障礙得到快樂的人事物，對於自己沉溺在貪等過患麻木不仁。因為短視近利引發我慢、嫉妒等煩惱及隨煩惱，心像瀑布一樣整天被煩惱擾動，沒有片刻安寧。於是貪欲漸漸增長，形成一股強

---

① 常樂我淨指四種錯誤的執著，常執是將無常視為常，樂執是將輪迴痛苦視為快樂，我執是將無我視為有我，淨執是將不淨視為清淨。

大的勢力，驅使身語意三門造作十惡業、五無間罪、近五無間罪②、
謗法等不善業；加上原本就放棄了能對治貪欲的正法妙藥、截斷了
能獲得增上生與決定勝快樂的命根，死後的下場，就只有被惡業牽
引，墮落到充滿痛苦、粗暴、猛烈、炎熱、不悅的惡趣。想想，哪
有比這個損害門更愚癡、更惡劣的？

《四百論》說，「閻羅王是三世死主，不管眾生飛天遁地，也
難逃一死；閻羅王不假他人之手、不接受賄賂、親自取人性命；閻
羅王不受教唆斷人命根，其他人根本沒有討價還價的餘地。明明知
道閻羅王的個性，我竟然每天在他的魔掌下高枕無憂，豈不是很愚
蠢？」《入行論》也說，「因為不了解死的時候什麼也帶不走，才
會整天為了親友怨敵造作惡業。」

2. 修習念死的功德

真正發起隨時會死的心，認為今天或明天就會死，那麼稍微對
正法有點了解的人，一定不會貪求親友及財物，能自然斷除世俗貪
愛，透過布施等善行累積堅實果報。看到人們為了名利終日奔波，
像是對空穀揮扇，完全沒有意義，大家不過是被世間法騙了。由此
認知而遮止惡行，精進修習皈依及淨戒等微妙善行，這樣才是以不
堅實的身體換取堅實的功德果利，不但可以讓自己登上妙勝果位，
更可以引導眾生脫離苦海。想想，還有什麼比這件事更有意義？這
就是經典常引喻讚頌念死無常的原因。

---

② 五無間罪，五種罪大惡極，悖於倫理的逆罪，導致墮入無間地獄苦報，有殺父、殺母、殺
阿羅漢、惡心出佛身血、破壞聲聞僧；前三項毀棄恩重福田，後二項破壞功德福田；另有
四種類似五無間罪，稱近五無間罪，有殺害獨覺、邪淫阿羅漢比丘尼僧、侵損三寶財物、
破和合僧。

如《大般涅槃經》說，「所有耕種，以秋收的果實最豐碩；所有腳印，以大象的足跡最紮實；所有念頭，以無常死想最有意義，因為它能去除貪愛、無明、我慢。」又說，憶念死亡就像能瞬間摧壞一切煩惱惡行的鐵鎚，能改變投生處所的勝妙法門。《集法句經》也說，「要知道身體就像瓦器易碎，無法久住；諸法就像陽燄，毫無自性，即使碰到能誘發貪欲的魔劍，也因為憶念死亡的功德，得以出離三界、斬斷魔劍，到達閻羅王管不到的涅槃地。」又說，「看到身體日漸衰老，遭受病苦折磨；看到意識脫離肉體，趨向死亡，勇士知道要當下解開牢獄般的家庭繫縛，凡人卻視若無睹，不知死亡隨時降臨，如此怎麼能奢求遠離欲望枷鎖？」

修習三士道的機會，就是得到暇滿人身的殊勝時期。過去世大半都在惡趣打轉，根本沒有機會修善；現在好不容易暫時投生善趣，獲得珍貴的暇滿人身，若不把握機會如理修習，還抱著姑且不死的想法，攀緣在不死的念頭上，等於為自己開啟一切衰損之門。要關閉衰損門、開啟圓滿門，只有靠憶念死亡無常，修習念死心。有些人認為修習念死這個法很簡單、不重要，因為沒有更深奧的法才要修；或者認為初學者才要修，隨便修修就可以；或者認為不應該花很多時間。這些都是錯誤的觀念，不論修到哪個階段，都要發自內心生起定解，好好修習念死。

3. 修習的程度

要到什麼程度，才算修好？

因為強烈貪愛世間法，害怕死後失去親友失去財產，對此產生恐懼，這並不是我們要修念死無常的目的；這裡所要修的是，了解有漏身是業與煩惱的作用，有生就有死，沒有人可以免除一死。應

該思惟，反正怕死也逃不了，還不如好好想想來生，如何成辦後世利益、避免墮入惡趣。換句話說，死沒什麼好怕，不懂得累積增上生和決定勝的因而墮入惡趣，這才可怕。了解這個道理，就該把握機會修行，換取死亡無懼；活著不修，也躲不掉輪迴命運，臨終才後悔墮入惡趣，恐怕為時已晚。

《本生論》說，「即使想盡辦法活到一百歲，還是免不了一死，死這種病是無藥可醫的，怕死有什麼用？看看世人，活的時候造惡、不行善，死前才後悔憂惱，豈不是很愚蠢？如果生前不造惡，又能淨護善根安住正法，臨終自然沒有什麼好憂悔的？死亡有什麼好怕的？」《四百論》也說，「如果有人對於一定會死產生定解，自然不會對死亡產生恐懼。」應該經常思惟無常，想到身體、受用都是須臾即散的壞滅法，由此斷除對這些事物的貪愛及捨不得，就不會因為害怕失去而產生煩惱痛苦，也就不會對死亡產生恐懼。

二、如何修習死亡無常

由三個根本、九個因相、三個決定修習死亡無常。第一根本是思惟一定會死、第二根是本思惟死無定期、第三根本是思惟除了佛法，其他都沒有意義。

1. 第一根本，思惟一定會死

第一因思惟一定會死，只要有受身就會死。

《無常集》說，「連佛、獨覺、聲聞弟子都要示現捨身，何況凡夫？」不管住在哪都難逃一死，如前經說，「要躲到哪才能免除

一死？根本找不到。不在空中、不在海裡、不在山縫間。」從過去到現在、從現在到未來，沒有例外，如前經說，「不管過去或未來，所有眾生都要捨棄今生，趨往來生；智者通達『有漏身都是壞滅法』的道理，故能安住正法。」

即使施咒用藥，也不能阻退死亡，如《教授勝光大王經》說，「例如有四座大山，上面接天、下面觸地、堅硬穩固、毫無裂縫、沒有損壞、極為緊密，從四面八方逼近，中間所有的草木、樹幹、枝葉、有情都被碾成粉末，儘管跑得快，也逃不掉；儘管力量大，也擋不住；儘管有財富，也無法賄賂；儘管會法術，也無法退阻。大王！同樣有老病死衰四件恐怖的事，不是靠速度、力量、財富、咒術可以避免。老能摧壞強壯、病能摧壞健康、衰能摧壞圓滿、死能摧壞命根。這四件事情一旦來臨，根本沒有辦法阻止它們損害強壯、健康、圓滿、命根。」迦摩巴說，「活的時候就要怕死，死到臨頭才不必怕。我們卻相反，平常不怕、蠻不在乎，臨終才搥胸頓足擔心受怕。」

第二因思惟壽命不會增加，只會減少。

《入胎經》說，「從現在起好好保養身體，頂多活到一百多歲。」活得再久，還是有個限度；即使超過一百歲，還是有個盡頭。十二個月過完，就是一年；三十天過完，就是一個月；一晝夜過完，就是一天；十二小時過完，就是一個白日，時間每分每秒不停，生命也是這樣流逝。算算現在已經過完大半輩子，所剩的日子不多了；想要增壽，即使只求一剎那也很難，倒是減壽這件事，隨著時間流逝從不停止。《入行論》說，「晝夜不暫停，壽命有減無增，我怎麼可能不死？」可以用各種譬喻增強信念，例如壽命就像織布，雖然每次只織一縷，終有織完的一天。壽命就像待宰的牛羊，每一步都趨向死亡。壽命就像湍急的江河，向前奔流不返。壽

命就像險崖上的瀑布，迅速宣洩不止。壽命就像被牧童執杖驅趕的牲畜，只能乖乖回到欄圈；眾生面對死亡，毫無招架能力。如《集法句經》說，「就像織布，經線隨著緯線逐漸減少，壽命也是如此。就像被牽到屠宰場的牲畜，步步逼近死亡，壽命也是如此。就像瀑布流水，流下去就不再回頭，壽命也是有減無增。即使費盡千辛萬苦增加了一點壽命，還是很短促，又充滿痛苦迅速壞滅。就像執杖畫水，水過無痕。又像牧童驅趕牲畜，終歸來處。壽命也是被老病摧趕，回到死主面前。」

　　傳說阿底峽尊者在水邊說，「看著流水淅瀝淅瀝，很適合用來觀修無常。」說完之後，尊者立即修習念死。《大遊戲經》也引述各種譬喻，「三有就像秋天的雲彩，變化無常；輪迴就像演戲的角色，轉換不定；壽量就像空中的閃電，快速消逝；生命就像險崖的瀑布，奔洩不止。」又說，「這些道理只要稍稍自省，就會瞭解有為法都是壞滅無常。」好好思惟這些例子，一定可以引生定解；光是浮空掠影隨便想想，然後藉口無法生起定解，這樣對自己一點好處也沒有。如迦摩巴說，「說什麼已經思惟，卻沒有定解？那就要問問，你是怎麼做的？白天散亂、晚上昏睡，不要打妄語了！」不是在臨死前，死主才來討命；活著的時候，行住坐臥，生命都在減損當中。打從入胎開始，時間就沒有停過，每分每秒都被老病使者牽向死主。千萬不要抱著僥倖的態度，認為現在活著很滿足，完全不想來生；眼看掉落山谷就要粉身碎骨，在還沒碰到地以前，誰能享受片刻歡愉？如《四百頌釋》引經論說，「國王！從在母胎結生的第二個剎那，壽命就沒有一刻休息，時時向死亡邁進。」《破四倒論》也說，「例如從險峰墜落即將喪命，哪有人在未著地前，享受空中片刻安樂？結生到死亡也是一樣，既然知道每天都在快速逼近死亡，在尚未死亡的空隙，哪有短暫快樂可言？」以上說明快速

死亡的道理。

第三因思惟活的時候不一定有時間修習妙法，還是得死。

就像前面說的，即使活到一百歲，也不要認爲時間還很充裕，以後再修。扣掉沒有意義的事，已經耗費多年，再扣掉睡眠、懶惰、散亂的時間，年輕力壯轉眼老邁枯朽，就算想修，也力不從心，所以說眞正能修的時間實在少之又少。《入胎經》說，「以一百歲計算，一半花在睡眠，一到十歲年幼無知，不知修行；八十到一百歲年老體衰，一想到死亡逼迫，就憂愁苦嘆、怨恨煩惱，也沒辦法修；再加上疾病纏身、閒談放逸，能修行的時間所剩無幾。」《破四倒論》說，「就算可以活到一百歲長壽，年輕幼稚、老年無力，再扣掉睡眠病痛等，能快樂安住正法的時間有多少？非常少。」伽喀巴也說，「以西藏人平均年齡六十歲計算，扣掉吃飯睡覺、生病等等，能修的日子頂多不到五年。」

由前面三個因，產生第一個決定：就算此生幸福美滿，死前也只剩下夢般的回憶。

既然知道死亡這個敵人註定會來，逃也逃不掉，爲什麼還要貪愛今生？必須當機立斷，發誓修習正法。如《本生論》說，「唉！這些迷惑眾生的事，既不堅實、也不值得高興，就像歡喜參加姑姆達盛會，最後只能空留回憶。因爲對法性愚昧無知，才會不怕死；眞是奇怪，死主已經阻斷所有生路，不管往哪走都難逃一死，你們竟然不怕，還興高采烈參加盛會。眼前就有傷害生命的老病死大敵，把我們趕到來世苦趣，無路可逃。聰明的人，哪有心思貪愛姑姆達盛會？」馬鳴菩薩在《迦尼迦書》說，「閻羅王沒有同情心，無緣無故殺害眾生，眼看他就要來了。智者哪敢放逸度日？趕快在閻羅王放出毒箭，取人性命前，修習能夠圓滿自利的正法吧。」

2. 第二根本，思惟死無定期

　　從現在開始往後算一百年，一定會死，但不確定什麼時候，不要說以後了，連今天死不死都沒有把握。所以，要學著把心安住在「會死」的念頭，思惟今天就要死了。如果一直想著今天大概不會死，就表示心執持在「不會死」，每天忙著計劃許多長遠目標，好像有把握這輩子可以活很久。這麼一來，自然會忘記為來生打算。萬一還沒心裡準備，死亡就突然降臨，內心必定懷憂忿恚、苦惱不已。反之，隨時想著今天會死，卻有助於成就來生利益。即使當天沒死，因為念死之心催促，每天造作善業也很好；萬一不幸真的死了，更顯出及時行善的迫切性。這就像自己有個仇家，不知哪天會找上門，在仇家尚未出現以前，每天小心防範。如果每天都能提起「今天一定會死」的念頭或者至少想想「一定會死」，就懂得把握機會為來生打算，不會短視近利只顧今生；缺乏念死的想法，總覺得往後還有很長的日子要過，自然會花心思計劃，把來生拋在腦後。例如準備長久住下來，為了住得舒服，肯定會大肆裝璜；不想久住，反而會把心思花在下一個住所。

　　第一因思惟南贍部洲壽量不定。

　　在四大部洲裡，北俱盧洲的壽量最固定，可以活滿一千歲；東勝身洲及西牛貨洲雖然不確定，也多半能活到歲數的極限，其中只有南贍部洲不確定。南贍部洲的人，劫初有八萬四千歲，劫末只剩十歲。不要說劫初劫末，就看現在，隨時有人死掉。如《俱舍論》說，「南贍部洲壽命不定，劫末只有十歲，劫初無量歲。」《集法句經》說，「有些人上午還看得到，下午就死了；或者下午還看得到，隔天早上就死了。」又說，「不論男女老幼、身強體健，誰敢保證年輕一定活著？有的人在母胎就死了，有的剛出生、剛會爬、

剛會走就死掉；有的人可以活很久，有的人像落地熟果突然夭折。」要多想想平常所見所聞，如果上師、親屬、朋友年輕時，就因為內外死緣和合，心願未滿之際突然喪命，那就更應該仔細思惟死亡無常，絕對要發起必死的心。

第二因思惟死緣極多，活緣極少。

死緣極多，危害生命的原因有很多，包括蓄意及非蓄意傷害，如魔、人、非人、毒蛇、猛獸等等，身體內部的疾病、四大，外在的災害等等。這個身體是由地水火風組成，四大有時互相傷害；四大不調會引發疾病，甚至喪命，由於死因與肉體併存，活著哪有安樂可言？如《大涅槃經》說，「死想是指想到命根常被眾多怨敵包圍，每個剎那都面臨被毀滅的危險，根本沒有活命的機會。」《寶鬘論》也說，「人命與死緣，就像風中燭火岌岌可危。」《親友書》也說，「壽命遭受眾多死緣傷害，比水泡還脆弱；只是靠著出入息維繫生命而已，一覺還能睡醒，還真是很稀有。」《四百論》也說，「四大均衡不相危害時，還可以僥倖活著；四大不調時，卻說舒服快樂，實在很不合理。」

活緣極少，現在正是五濁③惡世，能夠造集放生、護身、施藥等善因，獲得長壽久住的機會已經很少了；加上飲食養份不足、醫藥療效不佳，削弱治病的力量；原本供給體內養分而受用的食物，因為四大不調而難以消化，即使消化，對身體的滋養又有限。加上善業力小、惡行重大，想要靠著修行念誦，累積延年益壽的資糧實在很困難。

有時候活緣又會變成死緣，原本為了避免死亡而成辦的飲食、

---

③ 五濁，從人壽二萬歲起，面臨五種不清淨，劫濁、見濁、煩惱濁、眾生濁、命濁；隨著時間，混濁的程度愈來愈嚴重，稱為五濁增時。

房舍、友伴，卻因爲飲食過量、不足或不適宜，房屋倒塌，親友反目，轉變成致命原因。換句話說，只要因緣聚合，活緣也會變成死緣。活著終歸趣向死亡，即使活緣多，也不能憑恃自欺。《寶鬘論》說，「死緣極多，活緣極少，活緣又變成死緣，才要常常修習善法。」

第三因思惟身體脆弱，死期無定。

身體像水泡一樣，不必太用力傷害，光是被芒草割也可能喪命。死緣奪取性命的方法，實在很容易。《親友書》說，「劫末同時出現七個太陽，連堅固的大地、須彌山、大海都燒爲灰燼，何況脆弱的人身？」

由此產生第二個決斷：透過前面的思惟，雖然沒有能力預知死期，也不要以爲還有很多時間，應該立刻發起誓願，決定當下修習正法。

如《迦尼迦書》說，「死主不講情面突然出現，千萬不要拖到明天，現在就要修。那些說明天後天再修的人，絕非賢者。你什麼時候死？誰知道有沒有明天？」大瑜伽師吉祥勝逝友也說，「國王！向四大借來的身體，現在正值無病無痛的安樂時期，應該把握機會做有意義的事，修習不怕老病死衰的無死心要，不要等到被病痛折磨，死到臨頭才想修，那有什麼用？」三根本最重要的是思惟死無定期，唯有這個可以改變懶散拖延的心態。

3. 第三根本，思惟死時只有佛法有意義

第一因思惟親友無益，眼看即將捨世，前往來生，平日恩愛的親友萬般不捨圍繞在我身邊，又有什麼用？沒有人可以與我同行，沒有人可以替我死掉。第二因思惟財富無益，生前坐擁家財萬貫，

死後什麼也帶不走。第三因思惟身體無益，連一起出生的肉體也要丟棄，何況其他身外物。從這三個因產生第三個決定，縱使此生親眷受用、身體相貌一切圓滿，最終還是離我而去，我也會捨棄它們獨自往生。反正今天就要死了，死前只能依靠佛法，佛法才是真實究竟的道理。《迦尼迦書》說，「臨終，代表引生此世異熟的業力快要窮盡，即將和引生來世異熟的新業為伴。這時只有業隨身，其他什麼都帶不走，所以生前就要修習妙行。」吉祥勝逝友也說，「國王！您生前享受榮華富貴，死的時候就像獨自在曠野遭遇敵軍，身邊沒有兒女、妃子、衣食、親友為伴，沒有王宮王位庇佑。即使生前手握千軍，那時候看不到也聽不到；即使生前萬民擁戴，那時候也無人隨行。不要說這些了，光是生前虛幻的赫赫威名都沒用，更何況其他東西？」

三、小結

從各種角度思惟有暇身的意義，難得又容易壞損，因此要隨時憶念死亡無常，真正為後世打算，才能獲得究竟解脫。單求今生快樂，恐怕連畜生也做得比人還好。要超越畜生，就不要只看今生；不然好不容易得到善趣人身，和沒得到又有什麼差別？

如《入行論》說，「畜生也能為自己獲取小小利益，得到暫時快樂；光是為了蠅頭小利終日奔波，等於讓寶貴的暇滿人身被惡業糟蹋。」雖然現在還沒能真正生起定解，因為憶念死亡是所有道的基礎，還是要努力修持。博朵瓦說，「憶念死亡無常，才能去除今生的榮耀。因為死亡會放棄親屬、財物、名譽，孑然往赴來世；除了佛法，其他都沒有幫助。唯有憶念死亡無常，才不會貪圖現世，強烈求法。如果不能生起定解，等於自我斷絕一切善道。」鐸巴也

說，「能積集資糧、淨治罪障，祈請本尊及上師加持，又能愼重思考死亡無常的道理；雖然覺得修一百年也沒有多少定解，但事實上一定會有進步，因爲修行本身就是有爲法，不會一直停留在原點。眞正能體會到有困難，才會生起念死心；只有那些覺得很容易的人，才不會生起念死心。」迦瑪巴的弟子想換法門來修，上師總是開示死亡無常。他再次向上師請求，上師回答，如果修不好死亡無常，就沒有其他的法可修。

　　有能力的人，現在就要依照前面的次第好好觀修；能力不足，可以取三根本、九因相，觀察身邊的人事物來修。必須具備即使被押到刑場，也要把念死心當成身上莊嚴的氣魄，不管碰到多大的障礙絕不放棄，直到眞正生起念死心爲止。學習任何一個善所緣，都要把該法當成核心廣引相關經典譬喻，直到生起定解爲止，這樣才能迅速獲得諸佛密意。

6 思惟三惡趣苦

日日恆應念極寒熱地獄，亦應念飢渴憔悴諸餓鬼，應觀念極多愚苦諸旁生。斷彼因行善，贍部洲人身，難得今得時，勵斷惡趣因。

——出自龍樹菩薩

引言

下士首先想到死亡無常，接著想到死了以後去哪裡，惡趣或善趣？痛苦或快樂？既然確定會死，今生不能久住；死，不是油盡燈滅，什麼都沒有，還是得繼續受生，而且只有善趣惡趣二種選擇。加上投生到哪裡，不是由自己決定，而是由業力決定，造善業投生善趣，造惡業投生惡趣。為了避免墮落惡趣，就要知道惡趣有多恐怖，這樣才會小心防護三門避免造作惡業。惡趣，是指地獄道、餓鬼道及畜生道。

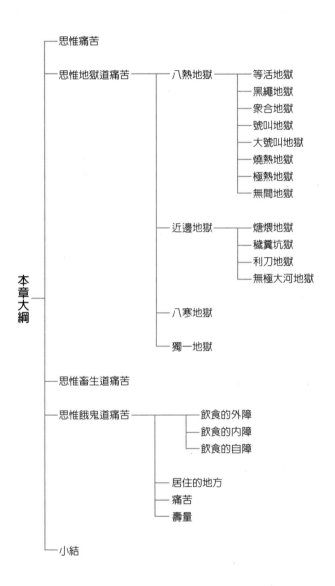

本章大綱
├─ 思惟痛苦
├─ 思惟地獄道痛苦
│   ├─ 八熱地獄
│   │   ├─ 等活地獄
│   │   ├─ 黑繩地獄
│   │   ├─ 衆合地獄
│   │   ├─ 號叫地獄
│   │   ├─ 大號叫地獄
│   │   ├─ 燒熱地獄
│   │   ├─ 極熱地獄
│   │   └─ 無間地獄
│   ├─ 近邊地獄
│   │   ├─ 煻煨地獄
│   │   ├─ 穢糞坑獄
│   │   ├─ 利刀地獄
│   │   └─ 無極大河地獄
│   ├─ 八寒地獄
│   └─ 獨一地獄
├─ 思惟畜生道痛苦
├─ 思惟餓鬼道痛苦
│   ├─ 飲食的外障
│   ├─ 飲食的內障
│   ├─ 飲食的自障
│   ├─ 居住的地方
│   ├─ 痛苦
│   └─ 壽量
└─ 小結

一、思惟痛苦

龍樹菩薩說，「每天都要思惟極寒極熱的地獄道，飢渴憔悴的餓鬼道，並且觀察及思惟身邊愚癡痛苦的畜生道，藉此斬斷惡趣因及時行善，南贍部洲人身難得，現在好不容易得到了，要把握機會斷除往生惡趣的因。」其實整個輪迴都充滿痛苦，只是惡趣的苦更嚴重，這點認知很重要。想到墮惡趣要忍受無邊痛苦，對惡趣就會產生厭離心，降伏我慢；想到造惡業往生惡趣，對惡業就會產生羞恥心，謹慎防範；想到造善業往生善趣，獲得安樂果報，對善法就會產生歡喜心。將心比心推己及人，才懂得悲愍眾生。由厭惡輪迴、希求解脫、害怕惡趣，產生強烈的皈依等善心。這就是從思惟三惡趣痛苦，引發眾多功德的修行要訣。如《入行論》說，「不思惟惡趣痛苦，就沒有出離心，所以要忍耐修行上的辛苦。」又說，「苦有引發厭離心、去除驕慢、悲愍眾生、羞愧造惡、好樂善行五項功德。」又說，「由於害怕受苦，我將身心獻給普賢菩薩，效法普賢菩薩十大願行。」《入行論》主張以自己的經驗為出發點，思惟苦本具的功德，由此揣想來生可能還要受苦，時時警惕自己小心防範。

二、思惟地獄道痛苦

1. 八熱地獄

八熱地獄，即大有情地獄。從金剛座向下三萬二千由旬為等活地獄，各向下四千由旬，共有七座地獄，合稱八熱地獄。

等活地獄：獄中有情聚在一起，因為業力的緣故，身邊自然出

現各種武器，眾生隨手抓取武器互相砍殺，被殺的一方氣絕倒地，空中再發出聲音「你們可以再活」，原本死掉的眾生繼續爬起來戰鬥，受無盡砍殺之苦。

黑繩地獄：獄卒拿黑繩在眾生身上描繪四格、八格或各種紋路，再沿線用刀切割或斬剁成塊。

眾合地獄：當有情聚在一起的時候，獄卒將他們趕到狀似羊頭的兩座鐵山中間，然後兩山緊密結合，將眾生磨成粉碎；其他還有牛頭、馬頭、獅頭、虎頭不同的山形，突然密合擠壓眾生致七孔流血。或者獄卒將他們逐入鐵槽，然後像榨甘蔗一樣，把眾生碾成血水。或者大鐵山突然從天上掉到鐵地上，把眾生擣碎、剖開、砍殺、撕裂，到處血流成河。

號叫地獄：獄中有情為了尋找棲身之所，躲到大鐵屋裡，才一進屋，外面燃起熊熊烈火，使眾生在鐵屋內忍受火烤之苦，淒慘號叫聲此起彼落。

大號叫地獄：和前面差不多，只是這座鐵屋有內外二層，原本眾生以為逃出鐵屋，沒想到還是陷在另一層鐵屋裡，忍受比前面更劇烈的燒灼痛苦，發出更淒厲的叫聲。

燒熱地獄：獄卒將有情丟到好幾由旬的大鐵鏊上，然後像煎魚一樣，翻來翻去二面燒烤；又把眾生拋到空中，等到下墜時，由下而上用一隻燒燙的單叉戟從頭頂貫穿出去，由於單叉戟火熱通紅，從嘴巴、眼睛、鼻孔、耳朵、一切毛孔噴出猛烈火燄。又把眾生放在熾熱的鐵板上，正面背面用炎熱的鐵椎搗爛，鐵板上黏著焦皮爛肉，慘不忍睹。

極熱地獄：獄卒用三叉鐵串從下體往上插，鋒利的鐵尖從左右二肩與腦門貫穿，每個孔竅都噴出猛火。又用極熱的薄鐵片包裹眾生，倒入盛滿滾沸鹼水的大鐵鑊，隨著鹼水滾動浮浮沉沉，一直到

皮肉盡爛，只剩骷髏；再將骨頭撈到鐵地上，這時皮肉血脈復合，眾生繼續回到鐵鑊受不斷燒煮之苦。

無間地獄：熊熊大火從東方好幾百由旬燒來，所到之處眾生的皮肉、筋骨、脊髓充滿火燄，就像油脂碰到大火立即融化。同時南方、西方、北方也有大火聚合，眾生根本沒有逃命喘息的機會，只有不間斷的痛苦；在這麼劇烈的猛火中什麼都看不到，只聽見悽慘叫聲，才曉得原來火裡有眾生。其他還有各種不同的苦報，如將眾生丟進裝滿燒熱鐵炭的大鐵箕內煎炒，或將眾生在熱鐵地及熱鐵山來回爬行；或將眾生的舌頭拉出來，釘入幾百支鐵橛，像張牛皮一樣毫無皺褶；或將眾生仰臥在鐵地上，用大鐵鉗將嘴巴掰開，丟入火紅的熱鐵丸或倒入滾燙的銅汁，銅汁從嘴巴、喉嚨流入，五臟六腑焦爛從下體流出。其他還有數不清，極熱難忍的無量劇苦。以上只是概說，真正恐怖的情形無法細說。關於大有情地獄的地點、面積及受苦情形，摘自《本地分》。

至於受苦的時間有多久？如《親友書》說，「地獄痛苦粗暴難忍，即使經過十億年，只要業報未盡就會繼續。地獄眾生死而復生，生而復死，一直在地獄裡受罪。」

另外要說明時間的長短，人間五十歲等於四天王的一日夜，以此三十天為一個月，十二個月為一年，四天王可以活到五百歲。以四天王的五百歲（約人間 900 萬年）當成一天計算，三十天為一個月，十二個月為一年，等活地獄可以活到五百歲（約人間 16200 億年）。人間一百歲、二百歲、四百歲、八百歲、一千六百歲，依次為三十三天到他化自在天的一日夜，由此壽量推算諸天壽命有一千歲、二千歲、四千歲、八千歲、一萬六千歲。

與諸天壽命相對應，不過是黑繩地獄到燒熱地獄的一日夜而

已，每向下一個地獄，壽命就相對向上增加。《俱舍論》說，「人壽五十歲等於欲界天最下界的四天王天一日夜，每向上則加倍欲界天的壽命。」又說，「等活到燒熱六個地獄的一天，分別等於六個欲天的壽量，雖然絕對數字相同，但實際內容差距甚大。極熱地獄的壽量爲三萬六千歲，等於半個中劫；無間地獄爲七萬二千歲，等於一個中劫。」《本地分》採同樣的說法。

2. 近邊地獄

　　近邊地獄，靠近八熱地獄。八熱地獄各有四面牆、四扇門，外面有鐵城圍繞，每一城有四門，每扇門外又有四座地獄；每一個熱地獄附近有十六個近邊地獄，共計一百二十八座近邊地獄。有佈滿屍糞臭泥、骯髒糞穢、腐屍惡臭的煻煨地獄、穢糞地獄，還有利刀、劍葉、鐵刺地獄及無極大河地獄。

　　煻煨地獄：有情爲了尋找棲身之所，一到此雙腳陷入煻煨大河深及膝蓋，頓時血肉潰爛；抬起腳又回復無缺，不斷遭受燒煮之苦。

　　穢糞坑獄：和前獄相連，臭如腐屍。有情爲了尋找棲身之所，一到此整個人陷入糞泥，裡面有很多蟲啃食骨肉，尤其是能穿破皮肉囓噬筋骨的利嘴蟲，專門吸人骨髓。

　　利刀地獄：和前獄相連，佈滿上仰利刀。有情爲了尋找棲身之所，才一走到利刀道地獄，就被利刃刺穿，腳上筋骨盡斷，抬起腳又回復完好，不斷遭受割刺之苦。

　　劍葉地獄：和前獄相連，當有情爲了尋找棲身之所來到此地，想要在樹蔭下稍作休息，才一坐下，葉狀利劍從樹上落下，把身體割截成片；有情痛苦昏倒在地，又被紫紅色野狗啃噬背脊。

　　鐵刺林地獄：和前獄相連，當有情為了尋找棲身之所來到此地，爬上樹時，被樹上鐵刺倒插，想爬下來，鐵刺轉為上仰，穿入身體每個肢節。樹上還有鐵嘴鳥盤旋，張著鐵喙伺機啄食眼珠。利刀、劍葉林及鐵刺林地獄都有刀劍之苦，所以合為一獄。

　　無極大河地獄：和前獄相連，河中充滿沸騰鹼水。有情為了尋找棲身之所，一到此立刻墮入無極大河，被鹼水熬煮，就像豆子在滾水裡。岸邊站滿獄卒，手持鐵杖鐵索戳刺眾生避免脫逃；或者手持鐵鍊鐵網，將眾生撈到鐵地上，然後詢問要什麼？當眾生回答：我已經餓得失去知覺了，請給我食物。獄卒馬上拿起熾熱的鐵丸銅汁，灌入口中。以上出自《本地分》，裡面還提到近邊地獄與獨一地獄壽命不一定，只要業報未盡，就一直待在裡面受苦。

3. 八寒地獄

　　八寒地獄，靠近八熱地獄旁一萬由旬，有八寒地獄；向下三萬二千由旬，有寒皰地獄，其次每隔二千由旬各有一獄，共計八座寒冷地獄。寒皰地獄，指眾生遭受嚴峻的寒觸，身體和皮膚捲縮成團，像瘡皰一樣。皰裂地獄，指身體捲成皺褶，全身潰爛。阿叱叱、阿波波、虎虎波是因為寒冷，由嘴唇顫抖所發出的聲音而命名。青蓮花地獄，指眾生被嚴寒侵襲到全身發青，皮膚皸裂成五、六塊，像青蓮花一樣。紅蓮花地獄，指身體由青轉紅，皮膚皸裂成十塊或更多。大紅蓮花地獄，身體異常通紅，皮膚皸裂成百塊或更多。由寒皰地獄向下所受的痛苦程度依次倍增，所經歷時間也依次倍增。以上出自《本地分》。

　　《本生論》說，「持斷滅見、不信因果的眾生，會投生到寒風呼嘯的黑暗地獄，冷風吹過，身體任何肢節都無法承受。試問如此

劇苦，誰還會為了此生短暫的小利，自願到那種地方去？」這裡的黑暗地獄，就是八寒地獄。《弟子書》也說，「無比嚴寒刺骨，全身顫抖縮成一團，上百個瘡皰裂開流膿長蛆，被蟲子啃囓腐肉骨髓，饑寒交迫、牙齒打顫、毛髮豎立，眼睛、耳朵、喉嚨等器官失去知覺，身心痲痺，在寒冷地獄忍受劇烈痛苦。」

　　至於受苦的時間要多久？只要惡業未盡，就不會停止，如《本地分》說，「八寒地獄與八熱地獄相較，前者壽量各為後者一半。」《俱舍論釋》引經說，「諸位比丘！例如摩揭陀國有可以容納八十斛芝麻的巨大容器，在裡面裝滿芝麻，每隔一百年有一人從容器取出一粒芝麻。各位比丘！以這個速度拿光芝麻，還算很快；相較之下，寒皰地獄的壽量更久遠無盡。諸位比丘！寒皰地獄的壽量乘以二十，等於皰裂地獄的壽量，以此類推，紅蓮花地獄的壽量乘以二十，等於大紅蓮花地獄的壽量，後獄為前獄的二十倍。」說明八寒地獄受苦的時間極其久遠。

4. 獨一地獄

　　獨一地獄，靠近寒熱地獄，《本地分》說在人間也有獨一地獄；《事阿笈摩經》說靠近大海，如《僧護傳記》記載。《俱舍論釋》也說，「八寒及八熱地獄是因為有情的共業造成，獨一地獄是因為一位、二位或多位眾生的別業造成。它沒有固定場所，或者在海邊山林曠野，或者在地底。」感生獨一地獄的原因，是沒有好好守護三門，每天造點惡，加上累世積聚，積少成多，最後成為無量。所以不要整天安穩，要好好思惟地獄的可怕，人間和地獄不過是呼吸間的距離。

　　如《入行論》說，「既然已經造作許多往赴地獄的惡因，怎麼

可能每天安穩度日？」《親友書》也說，「造惡者與地獄不過是一口氣沒斷的距離，聽到地獄的慘狀，還像金剛一樣頑固。光是看到、聽到或想到有關地獄的描述，就怕得要命，又眼看造惡眾生惡業即將成熟，怎麼能視若無睹。」輪迴有很多痛苦，最難忍、最粗暴、最恐怖的就是地獄。《親友書》說，「最究竟的快樂，就是斷除愛結獲得解脫。最殘暴的痛苦，就是無間地獄。每天拿三百支矛用力刺自己，這種痛苦和地獄比起來，根本微不足道。」感生地獄的因，就是三門造惡；既然已經知道，就要自我策勉，連小小惡業都不要犯。《親友書》說，「投生到地獄惡果的種子，就是放任身語意三門造惡，要努力防護根門，即使微塵許的惡業也不要去做。」

三、思惟畜生道痛苦

畜生道眾生的痛苦是弱肉強食，力氣大的畜生殺害力氣小的畜生；又是人天生活所需，毫無自主能力，只能被奴役驅使，忍受鞭打、殺害、勞役等痛苦。《本地分》說畜生道與人道、天道共住，沒有特別的處所。《俱舍論釋》說，「畜生在水裡、陸地及空中，以大海為主要居所，其餘散居各地。」《親友書》也說，「畜生道眾生經常遭受殘殺、綑綁、踢打等痛苦，又遠離能夠獲得寂滅的清淨善法，只有不斷互相吞噉或被殘忍殺害。眾生被殺害的原因不同，蚌因珠死、貂因毛死、象因牙死、豬因肉死，哪有自主的能力？不但手腳被鐵鍊鉤住，還要忍受驅役及棒打的痛苦。」前文先說總苦，後說各別苦。打等諸苦，包括被驅趕、穿鼻等人與非人的虐殺。互相吞噉，指畜生彼此攻擊傷害。寂滅淨法，指能證得涅槃果位的善法。遠離能夠獲得寂滅的清淨善法，是因為極度愚癡，無

法成為學法器皿的緣故。從被腳踢到被棒打，依次說明馬、水牛、驢、象、黃牛等受奴役的情形。以上摘自《親友書釋》。

還有終生住在不見天日的暗處或深水，或者被迫馱負重物、耕作、剃毛等，遭受殘忍殺害，遭受饑渴寒熱，再加上獵人捕殺而驚惶恐懼，有各種各樣的苦受。以此思惟畜生道痛苦，生起厭患心、出離心。畜生道的壽量，《俱舍論》說，「最久長達一劫。」最短則不一定，有的朝生暮死。

四、思惟餓鬼道痛苦

個性慳吝的眾生死後投生為餓鬼，時常遭受飢渴之苦，皮膚血肉乾得像火炭，披頭散髮、嘴唇乾裂，連用自己的舌頭舔嘴，也無法稍解口渴的痛苦。這裡有三重障礙：

1. **飲食的外障**：餓鬼好不容易來到有水的地方，卻老是碰到手持槍矛利劍的鬼卒，不准他們靠近水源；或者即使可以靠近，原本乾淨的泉海池沼立刻變成不淨的膿血，使他們無法飲用。

2. **飲食的內障**：有的餓鬼喉嚨細小如針，有的口中出火，有的食道長滿肉瘤，都會阻礙吞嚥；有的肚子特別大，永遠填不飽，時時處於飢餓的狀態。因為這二個障礙，儘管有些餓鬼可以得到食物，卻無法受用。

3. **飲食的自障**：有一種燄鬘鬼，東西一入口，就變成猛火；另外一種食穢鬼，只能吃到糞便、尿液、涕唾、嘔吐物等不淨、惡臭、噁心的東西，無法取得乾淨飲食；或者只能吃自己身上的肉，不能飲用淨妙食物。

居住的地方，如《俱舍論釋》說，「閻魔鬼王與餓鬼眾生住在

閻魔國，位於南贍部洲下方五百由旬，以此向各地散居。」《親友書》說，「總的來說，餓鬼一靠近飲食，馬上會有求不得的痛苦，沒辦法解飢止渴、袪寒避熱，又要擔心鬼卒持劍傷害，有各種痛苦。各別來說，有的咽細如針、有的腹如須彌，經常遭受飢餓逼迫。有的連一點下劣、被丟棄、不淨的食物也找不到。像是多羅樹飄下的枯葉，瘦成皮包骨。有的到了晚上口吐火燄，食物一放到嘴裡都變成猛火。有的專門在污穢處揀拾膿涕糞污，還是揀不到。有的為了搶食互相爭奪，甚至弄破對方脖子上的膿包來飲用。連夏天的月光，都讓餓鬼感覺炎熱；連冬天的太陽，都讓餓鬼感覺寒冷。眼見的樹木，總是空無花果，眼見的江海，總是一片乾涸。」前文先說總體痛苦，後文說明各別痛苦。

　　《弟子書》也說，「極度口渴的餓鬼，遠遠看到乾淨的河水，匆忙趕赴水邊，只見眼前遍滿雜草、頭髮、青苔、膿爛、臭泥、糞血等不淨物。極度炎熱的餓鬼，遠遠看到涼風吹過、浪花拍打岸邊的青山，山裡有檀香樹蔭十分清涼，匆忙趕赴山腳，眼前樹林頓起猛火，將所有的草木燒毀，只剩一片狼藉東倒西歪。極度飢渴的餓鬼，遠遠看到波濤洶湧、海浪奔騰濺起水花，海面散布著五顏六色的氣泡，匆忙趕赴岸邊，只見強風捲起熱沙飛舞，曠野中瀰漫著紫黑色的沙塵。乾渴炎熱的餓鬼，仰望空中烏雲密佈，眼看就要降下雨水，那知從雲端落下的竟是鐵劍，還夾雜著灰煙與灼熱的金剛石，像金色閃電劃破空際直擊在餓鬼身上。因為重罪感生，所見所聞都是顛倒的形相；炎熱時碰到降雪，仍然感到酷熱；寒冷時走到火邊，仍然感到炎寒。喉嚨比針尖細，肚子比須彌山大，即使飲用大海水，水還沒到喉嚨，也被口內毒火燒乾到一滴不剩。」

　　餓鬼的壽量，有不同的說法。《本地分》及《俱舍論》說，人間一個月等於餓鬼一天，餓鬼可以活五百歲。《親友書》說，「經

常、不間斷遭受眾苦，慳吝成性的有情，被惡業繩索繫縛長達五千年，甚至一萬年。」《親友書釋》說，有些可以活五千歲，有些可以活一萬歲。

五、小結

《本地分》說，惡趣眾生體形不一，受惡業影響有大有小。應該如何思惟惡趣痛苦？想想把手放到火坑裡一天，或者裸身待在嚴寒的冰窟裡，或者幾天不吃東西，或者讓蚊蟲叮咬，光是這些小苦就受不了，更別說要忍受寒熱地獄、餓鬼、畜生的痛苦，怎麼可能忍受？將心比心，去感受三惡趣的痛苦，改變「只求今生快樂」的想法，對惡趣生起大怖畏，好好修習正法。如果明知故犯，隨便亂修甚至不修，對自己一點好處也沒有。

如《事阿笈摩》說，阿難尊者的二位外甥出家卻不努力學習，才念幾天經就偷懶。阿難只好將外甥交給神通第一的目犍連，他們還是我行我素。阿難請目犍連顯現神通，激發厭離心。某日，目犍連在二人行經的路上幻化有情大地獄。他們聽到裡面傳來斬截聲，好奇進入獄中，見到地獄眾生受種種惡具虐殺，旁邊還有二個煮沸的大鐵鍋，便問，「為什麼鍋內空空？」獄卒回答，「阿難尊者的二位外甥出家卻荒廢道業，死後就會在這二個鐵鍋受燒煮果報。」二人驚恐萬分，深怕獄卒發現他們就是尊者的外甥，趕忙回去告訴目犍連。目犍連聽後告誡，「二位沙彌！一切過患來自懈怠，應該勇猛精進。」回到住處後，每天努力修行；但一想到地獄的恐怖，就食不下嚥。

目犍連觀察後，又在二人經行的路上化現天宮。二人聽到絲竹管樂美妙音律，於是走進宮殿，見到無數曼妙天女，卻沒有天子，

便問，「為什麼這裡沒有天子？」天女回答，「阿難尊者的二位外甥出家能精進學道，死後就會投生來當天子，享受無量妙樂。」二人高高興興回去稟告目犍連。目犍連回答，「二位沙彌！一切功德來自精進，應該勇猛精進。」二人回到住處後，比往常更加精進。一日看到經典說，「許多眾生從善趣又投生到惡趣。」便請目犍連回答疑惑，「我們從天道死後，還會到三惡趣嗎？」尊者回答，「賢者！只要煩惱未斷，就會在五道輪轉，像水車上上下下，不停轉動。」二人想到天道不是究竟的快樂處，這時候才真正生起厭離心，便稟告尊者，「今後不再以煩惱造業，請尊者教導獲得解脫的正法。」最後二人都證得阿羅漢果。由此可知，想要斷除懈怠，策發精進修習正道，希求解脫及證得佛果的願望，最重要的根本就是思惟惡趣痛苦。即使佛陀住世，也會開示相同的教授，沒有比思惟惡趣痛苦更珍貴的要訣；唯有如此才能引發共下士及共中士的意樂。我們應該觀察自心，是不是確實生起思惟惡趣痛苦的定解，還沒有，就要努力。

生起的量要有多少？內鄔蘇巴說，「先觀察投生到惡趣的因，哪些以前做過？哪些沒做過？哪些正在做？哪些以後會做？如果以前已做、現在正做、未來將做，那麼來生一定會到惡趣受苦。真的投生到惡趣怎麼辦？自己能忍受嗎？要仔細推敲，想想惡趣恐怖。要生起多少定解才算合格？要到頭皮發麻、慌張害怕、手足無措、坐立不安，才算真正對惡趣生起怖畏心。」這是很重要、很確實的講法。

現在已經得到暇滿人身，應該把握機會淨除過去的惡業，遮止未來的惡業。對已作的善行起歡喜心，發心讓善業輾轉增上。每天努力行善，才不枉此生，讓這個暇滿人身獲得重大果利。如果現在不想想三惡道痛苦，等到墮入惡趣，還能到哪尋求救護？身處惡

趣，不是要不要找的問題，而是失去了取捨善惡的智慧，根本沒有辦法找到依處。如《入行論》說，「趁有能力行善時不做，等到被惡趣痛苦蒙蔽，那時除了受苦，還有什麼可補救？」又說，「誰能拯救我脫離恐怖的惡趣？張開驚嚇的雙眼環顧四周，想要找一位能依止的怙主卻找不到。心中痛苦萬分、鬱結不安、沮喪失望，原來這裡根本沒有救度怙主。真到那個時候，該怎麼辦？現在就要皈依釋迦牟尼佛，只有世尊才是依怙，只有世尊才能度脫眾生，只有世尊才能去除恐懼。」以上簡單說明三惡趣苦，詳細可參閱《念住經》，必須好好研讀，反覆思惟。

7 皈依三寶

佛法及僧伽,是求脫者依。

—— 出自《皈依七十頌》

引言

　　皈依三寶和深信業果,才能獲得來世安樂,前者是進入聖教最殊勝的方便,後者是一切善樂的根本。今生無法久住,來生何去何從,只有隨業力漂泊無法自主。業力如《入行論》所說,「在烏雲密佈的夜晚,偶然一道閃電劃過,只有剎那明亮。千百次輪迴,好不容易有一次機會可以藉著佛陀加持獲得修行福慧,但行善的力量實在太小,總是經常造作重惡。」善業力量太弱,惡業力量太強,終歸墮入惡趣,因為害怕而尋求救怙。如陳那菩薩說,「眾生沉溺輪迴苦海無邊際,煩惱就像鯨魚張口追逐眾生,我能依怙誰呢?」皈依有二大原因,一是害怕墮入惡趣受苦,二是相信只有三寶能解救自己。不了解二個因相,卻嚷著皈依,那不過是沒有意義的假話。

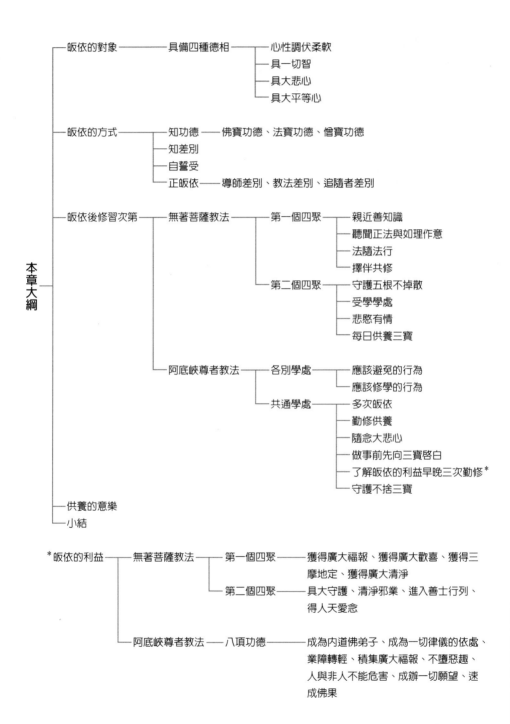

本章大綱

├─ 皈依的對象 ──── 具備四種德相 ──── 心性調伏柔軟
│   ├─ 具一切智
│   ├─ 具大悲心
│   └─ 具大平等心
│
├─ 皈依的方式 ──── 知功德 ──── 佛寶功德、法寶功德、僧寶功德
│   ├─ 知差別
│   ├─ 自誓受
│   └─ 正皈依 ──── 導師差別、教法差別、追隨者差別
│
├─ 皈依後修習次第 ──── 無著菩薩教法 ──── 第一個四聚 ──── 親近善知識
│   ├─ 聽聞正法與如理作意
│   ├─ 法隨法行
│   └─ 擇伴共修
│   └─ 第二個四聚 ──── 守護五根不掉散
│   ├─ 受學學處
│   ├─ 悲愍有情
│   └─ 每日供養三寶
│   │
│   └─ 阿底峽尊者教法 ──── 各別學處 ──── 應該避免的行為
│   └─ 應該修學的行為
│   └─ 共通學處 ──── 多次皈依
│   ├─ 勤修供養
│   ├─ 隨念大悲心
│   ├─ 做事前先向三寶啟白
│   ├─ 了解皈依的利益早晚三次勤修*
│   └─ 守護不捨三寶
│
├─ 供養的意樂
└─ 小結

*皈依的利益 ──── 無著菩薩教法 ──── 第一個四聚 ──── 獲得廣大福報、獲得廣大歡喜、獲得三
                │   摩地定、獲得廣大清淨
                │   └─ 第二個四聚 ──── 具大守護、清淨邪業、進入善士行列、
                │   得人天愛念
                │
                └─ 阿底峽尊者教法 ──── 八項功德 ──── 成為內道佛弟子、成為一切律儀的依處、
                                              業障轉輕、積集廣大福報、不墮惡趣、
                                              人與非人不能危害、成辦一切願望、速
                                              成佛果

一、皈依的對象

如《一百五十頌》說，「誰具備斷除一切煩惱的德相，誰就是眾生依止的對象。善知取捨的人應該皈依、讚頌、恭敬、依止他的聖教。」能夠正確揀擇是非善惡的智者，應該懂得去皈依真實無欺的佛，及代表佛的法寶和僧寶，如《皈依七十頌》說，「想要求取解脫，唯有佛法僧三寶才是究竟的皈依處①。」

皈依的對象要具備四種德相：

1. **心性調伏柔軟**：具備一切善良品性，並且證得無畏果位；如果缺乏這點，就會變成顛倒眾生請顛倒師父救度，根本無法解救眾生脫離苦海。

2. **具一切智**：具備善知眾生品類及根性的能力，才能隨機度化善巧方便；如果缺乏這點，即使去皈依他，他也沒有能力成辦救度事業。

3. **具大悲心**：具備不辭勞苦利益眾生的耐力；如果缺乏這點，即使去皈依他，他也不會辛苦救護。

4. **具大平等心**：不貪圖利養，好好修習正法才會令他歡喜，供養廣大珍寶不會令他歡喜；如果缺乏這點，就會區分供養的豐厚與多寡，無法成為所有眾生的皈依處。

總之要想到自己已經脫離輪迴怖畏，又知善巧度化的方便，因為大悲心驅使而不辭勞苦救度有情；又能普利一切有恩無恩眾生，做到怨親平等，沒有親疏之分。想想誰才符合這四個條件？連神通廣大的大自在天等神祇也做不到，只有佛才是

---

① 聲聞乘重皈依僧，修四向四果；緣覺乘重皈依法，修十二緣起；菩薩乘重皈依佛，修六度四攝；金剛乘重皈依上師，因為上師是三寶的總集。

究竟的皈依處。不只佛，包括佛說的法，佛的弟子，都是我們皈依的對象。以上引用《攝決擇分》，希望行者生起定解，誠心皈依三寶，才能得到救護。

脫離輪迴必須具足外因和內因，皈依三寶表示外因具足，剩下的是內因，也就是自己的問題；由於遲遲無法真心皈依，才會被煩惱逼迫。要知道，雖然我們沒有主動要求，因為佛陀大悲無量，一直在我們身邊從不懈怠厭倦，只是眾生愚昧無知看不到、感受不到，放任自己在輪迴中沉浮。有這麼殊勝的皈依處，真真實實安住面前，我們實在應該好好皈依。《讚應讚》說，「佛陀曾經說過，我是無怙眾生的助伴，懷著大悲心誓願為眾生拔苦與樂。佛陀具有無量悲心、廣大悲願，能哀愍眾生、勤苦不倦，還有誰比佛陀更尊貴？佛陀啊！您是一切有情的總依怙主，是一切有情的最勝親眷，因為眾生盲目，不知道要皈依您，以至於在生死苦海中沉溺。如果能接受您的正法，即使是鈍根眾生也能獲得大利；更何況利根眾生，一定能成就自他兩利。這麼殊勝的妙法，只有佛陀您才知道，外道怎麼可能瞭解？能夠獲得解脫的外因，因您的存在而具足，內因就要靠自己努力。可惜愚癡的眾生遲遲不能圓滿內因，才會一直待在輪迴受苦。」

二、皈依的方式

皈依的道理是什麼？《攝決擇分》說，要知功德、知差別、自誓受、正皈依，以下分別說明。

（一）知功德

先憶念皈依處的功德，了解佛寶功德、法寶功德、僧寶功德，然後再皈依。

1. 佛寶功德

身功德

憶念佛身具有三十二相、八十隨好等莊嚴，並思惟《讚應讚》所說，「佛陀身相尊貴莊嚴、殊勝美妙，如甘露般清澈的眼睛，像無雲秋空下眾星拱月。佛陀法相金色晃耀，身披端嚴法衣，像金黃色峰頂霞雲裊繞。佛陀面容光滑圓滿，雖然沒有綴以種種嚴飾，連滿月皎潔的光華也頓形失色。佛陀蓮口宣說妙音，像日光照射蓮花綻放，連蜜蜂都無法分辨真偽，紛紛旋舞在側。佛陀臉色金光燦爛，牙齒潔白端整，像秋月從金山隙縫散發萬丈光芒。佛陀以輪相自顯的右手撫慰輪迴眾生，去除生死怖畏。佛陀妙足遊化世間，蓮幅足印就是大地最尊貴的繪飾，使三界蓮花相形見絀。」

語功德

佛陀能在同一剎那以智慧相應，解答一切有情心中疑惑。雖然只出一聲，只發一語，就能攝受眾生隨類各解、自然開悟。這麼稀有的道理，就像《寶積經諦者品》說，「即使三千大千世界所有眾生，在同一時間向佛陀提出各種問題，佛陀也能在一剎那間遍知，只出一聲就能酬答所問，頓除眾生所有疑惑。要知道佛陀是三界最殊勝的導師，以梵音宣說法要，善巧轉動法輪，六道眾生因為佛陀的慈悲願力，才能脫離苦海邊際。」

又如《一百五十頌》說，「應該觀察世尊悅耳動聽的音聲，從溫良和善的容顏宣流，如同月宮降下甘露妙藥。世尊耿直爽朗的音聲，能止息眾生貪愛，如同雲露滌淨大地欲塵；世尊鏗鏘有力的音聲，能拔除眾生瞋恚，如同金翅鳥搏攫瞋害毒蛇；世尊洞澈事理的音聲，能摧壞眾生顛倒愚癡，如同陽光療癒無明眼翳；世尊豁達灑落的音聲，能降伏眾生我慢，如同金剛杵擊碎驕慢高山。世尊現證世間與出世間的智慧，故能無所欺誑；世尊持守戒律毫無缺失，故能隨順眾生；世尊善於詮釋深奧義理，故能應機開解。世尊柔和的聲音能吸引眾生注意，只要放下萬緣品味法語甘露，就能去除煩惱毒害。世尊關懷的聲音時時縈繞耳際，能安慰匱乏貧苦的眾生、喚醒放逸懶散的眾生、出離貪愛輪迴的眾生。世尊諦實的聲音能讓上智歡喜、中智增慧、下智除翳，利益不同品類的眾生。」應該如此思惟。

意功德

分為智慧功德和大悲功德，在智慧功德部份，對於世間法的盡所有性、出世間法的如所有性，就像低頭看手中的菴摩羅果，清清楚楚了了分明，毫無障礙剎那現證。除了遍知的佛陀具有如此寬廣的智慧功德，其他外道和聖者因為智量狹小，不可能同時觀見如所有智和盡所有智。如《讚應讚》說，「只有世尊能剎那遍知，一切世俗諦與勝義諦的道理，只有世尊的智慧廣闊無邊，非其他眾生所及。」又說，「世尊能知三時一切法，能知所有種性本際，如同觀看手中菴摩羅果，這是世尊獨有的意功德境界。不論有情世間或器世間，所有法類的共相或別相，世尊都能通達無礙，如同風在虛空任意穿梭，毫無窒礙。」

在大悲功德部份，有情受煩惱繫縛不得自在，世尊受悲心繫縛

也不得自在；世尊看到眾生受苦，經常起大悲心懸念眾生。如《一百五十頌》說，「凡夫被煩惱障和所知障影響，無法脫離輪迴痛苦；世尊被大悲心驅轉，放不下解救眾生的誓願。因此向世尊頂禮前，先向大悲心頂禮。雖然世尊深知輪迴過患，卻因悲心，自願久住輪迴拯濟眾生。」《寶積經諦者品》也說，「世尊看到眾生被愚癡覆蓋，遮住了本然清淨的自性，以致於在生死中輪轉不盡，所以世尊發起無盡悲心。」又說，「見到眾生被欲望牽引，貪執外境而墮入苦際，於是世尊發起強烈悲心。見到眾生被煩惱迷惑，心意煩憂而起病苦，為了拔除眾生苦痛，於是世尊生起十力悲心。世尊經常繫念眾生，無時無刻不住在悲心，以眾生的快樂為自己的快樂，以眾生的痛苦為自己的痛苦，這就是世尊沒有絲毫過失的理由。」

事業功德

世尊身語意三門能無功用任運而轉，能無間斷隨時起念，時時饒益有情。由於所要教化的眾生因緣不同，對於因緣成熟者，世尊能無餘化導，令他們遠離一切惡作衰損，好樂修習正法。如《一百五十頌》說，「世尊宣說摧伏煩惱的法門，揭露魔王迷惑眾生的技倆，闡述生死輪迴的過患，開示遠離怖畏的大道。世尊繫念眾生的悲心從未斷過，若說還有能利益眾生的事，世尊還沒做還沒完成，這是不可能的。」《讚應讚》說，「若說世尊還有應度而未度的眾生，還有應遠離而未遠離的衰損，還有應證得而未證得的圓滿，哪有這種事？」以上簡單說明佛寶功德。

修習時要透過不同的角度，才能引發清淨信念；經常不斷思惟，才能策勵勇猛信心；然後以同樣的方法思惟法寶及僧寶功德，唯有如此才能了解「所有經論都是宣說三寶功德、都是指導修行要訣」的道理。把觀察修當成邪分別，認為修行應該捨棄；有這種觀

念的人，等於自斷積聚資糧、懺悔業障的眾妙法門。既然暫時獲得暇滿人身，也準備要好好修行，攝取佛語最真實的心要，就該知道錯誤觀念會引發多大的障礙。

反覆思惟三寶功德，有助於調整心性趨向善法。當然一開始就想獲得定解，也很困難；必須經過不斷串習，才能任運而轉。經常憶念三寶所產生的信心，經常誓願證得佛陀果位所引發的悲心，等到信心清淨、惡業清淨、煩惱清淨，就能日夜見佛；即使臨終面對解肢的痛苦，也不會忘記三寶。《三摩地王經》說，「應該這樣理解所開示的教法：透過不斷觀察思惟，心自然趨向所觀察的事理。隨時憶念佛身具有無量的功德和智慧，心自然趨向佛陀，不論行住坐臥，時時懷著欣慕仰望之心，發願生生世世都要修證無上佛果。」又說，「以清淨的身語意經常讚頌佛陀功德，能夠持續下去，就可以日夜親見佛陀。到了那個時候，即使身處病痛、心處不安，甚至瀕臨死亡，也不會退失念佛心。總之不管遭受多大痛苦，都不要會阻斷信心。」

博朵瓦說，「一開始經常思惟就能慢慢增加信仰，開展清淨信心，最後獲得佛陀加持。對佛功德產生定解才會至心皈依，然後修習佛陀開示的教法，最終成就一切世間及出世間圓滿。可惜眾生對佛陀的妙智信心不足，才會事事占卜，反而忘記正法。」又說，「例如一位很準的算命師說『你今年沒有災患、諸事吉祥』，這個人一定整年心意泰然。如果算命說『你今年災禍連連，哪些事該做，哪些事不該做』，這個人一定會小心謹慎遵照指示，一旦犯忌則忐忑不安，害怕沒有依卦行事，會招致損害。同樣的，佛陀也制定了一些戒律，說這些可以做，那些不可以做，但是我們會把戒律放在心上嗎？違背戒律會忐忑不安嗎？不但不擔心，還自我安慰『雖然戒律是這樣訂的，但時代不同了，已經不適用了』，於是任

意妄為輕棄佛語，照自己的意思去做。」不好好觀察，隨自己高興，就會胡說八道。

要避免這些行為，應該向內檢視自心。經常思惟佛寶功德，努力引發定解及清淨信。有清淨信，才會對佛陀說的法寶及依教奉行的僧寶，產生同等信心。以上就是皈依的真正要訣，缺乏這些基礎，不但無法藉著皈依轉變心性，更不要說妄想獲得什麼成就了。

2. 法寶功德

因為尊敬佛陀，就想到佛陀具有的無邊功德，都是因為親證了滅諦和道諦，而能淨除業障、圓滿功德，所以對佛陀開示的教法及證法，自然產生同等信心。如《正攝法經》說，「諸佛世尊擁有的無量功德，都出自於正法。一開始要聽聞無漏法所化現的教正法，然後依照教正法開示的戒律修習定慧二學，最後依靠證正法成辦修行事業，說明不論初期、中期或後期，都要依賴正法。」

3. 僧寶功德

這裡講的僧寶，特別指獲得見道位②以上的三乘聖者。和前面一樣，從思惟法寶功德開始，想到僧寶因為如理修習正法而獲得聖位。《正攝法經》說，「想想僧伽所具的德行，包括身體勵行正法、言語宣說正法、意念觀修正法。僧伽是孕育正法的良田，能受

---

② 見道位，和修道位、無學道位共稱三道，說明修道位階，由見道位區分凡夫或聖者。小乘佛教修習七種方便，獲得無漏智稱為見道；大乘初地菩薩才算獲得見道，由二地到九地為修道，十地到佛地為無學道。

持正法、依止正法、供養正法，以善行護持佛陀事業，成為正法的實踐者。僧伽能捨棄世間財物受用，專注緣念正法，趣向圓滿要道。僧伽能自性正直無諂無誑，能自性清淨斷除煩惱；以慈悲心為體性救度眾生，成就利生事業；又能遠離世間八法，常在靜處觀修，遮止惡業，使心趣向白淨善法。」

（二）知差別

由知差別而皈依，如《攝決擇分》說，先知道三寶的差異再如理皈依，分為六部份說明。(1) 性相差別，佛寶的性相是「現證正等正覺菩提果位」，法寶的性相是「由佛傳授證果的要道」，僧寶的性相是「從他聽聞修習佛陀教法」。(2) 事業差別，三寶先後次序不同，先有佛寶轉動法輪，繼有法寶開示斷除業與煩惱的修行訣竅，後有僧寶精進修證正法，證明正法可修可證。(3) 信解差別，如前面的次序，先建立親近承事佛寶的信解，再建立希求證德法寶的信解，最後建立與僧寶同修共住的信解。(4) 修行差別，如前面的次序，先修習供養承事的佛寶，再修習止觀方便的法寶，最後與僧寶共同受用資財與正法。(5) 隨念差別，分別憶念三寶功德不同，如經說「這是佛法、這是僧寶、這是法寶」。(6) 生福差別，依賴補特伽羅③及法，產生殊勝的福報，這裡的補特伽羅是指佛寶和僧寶，佛寶是「一位」，僧寶是「多位」。另外在戒律也講到，至少要依止四位僧伽，才能增長福德。

---

③補特伽羅，就是人、眾生、數取趣的意思，因為佛教主張無我，不承認有生死主體之真實補特伽羅，但為了解說方便，不得不將人假名為補特伽羅；數取趣，是指數度往返五趣的輪迴者。

（三）自誓受

發誓以佛為修行導師，以涅槃法為修行要道，以僧伽為修行助伴，這種發願才算皈依正確，以上出自《毘奈耶廣釋》。

（四）正皈依

皈依三寶後，不可以再說還有其他可以皈依的對象。內道和外道有很大的差別，因為導師、教法及和追隨者優劣不同，必須深信只有三寶才是真實究竟的皈依處，不能再皈依和佛陀相違的外道。

1. **導師差別**：佛陀盡斷所有過失、圓滿無邊功德，證得究竟解脫，其他外道師父不具備這些優點。《殊勝讚》說，「為什麼要捨棄外道師父？為什麼只能皈依佛陀？因為只有佛陀才能毫無過失圓滿一切功德。」又說，「把外道經典拿來研究，愈深入了解，對佛陀愈有信心。因為外道教法不具備一切智，不能遍知，其宗義本身就含有過失，帶著煩惱修外道法，修半天還是充滿垢染。可惜眾生被煩惱損害，不能了解真實無過的導師，具有此等功德。」

2. **教法差別**：佛陀傳下的聖教，是從安穩道獲得的安樂果，能息滅生死流轉，避免三毒欺誑。對於想要究竟解脫的人來說，唯有佛法才能去除罪業、獲致涅槃。外道教法與此相違，不具備這些優點。如《殊勝讚》說，「修習佛陀教法才能獲得究竟安樂的果位，因此尊稱佛陀轉法為『獅子吼』，具有廣大利益眾生的功德。」《讚應讚》也說，「要善於分辨這是應該修的內道，那是應該捨的外道；這是對治煩惱的清淨聖語，那是引發煩惱的雜染邪語；這是顯示空性的真如聖語，那是執無為有的

欺誑邪語。光是這些，就足以分出優劣。這是累積善業的妙善聖語，那是障礙善業的虛妄邪語。光是這些，就足以分出高下。外道帶著錯誤知見，唯有內道才能清淨外道的邪分別，這就是內道與外道的差別。」

3.追隨者差別：由前述推知教法有優劣的差別，那麼隨著教法的修行者自然也有優劣之分。

三、無著菩薩傳授的皈依後修習次第

（一）第一個四聚

1.親近善知識：前文說過善知識是一切功德的依處，看到具有德相的上師，應該把握機會親近承事。皈依佛就是皈依開示聖教的大師，遵循善知識教導就等於隨順皈依佛。

2.聽聞正法與如理作意：依止上師聽聞教法，然後如理思惟，就像親自從佛陀及其聲聞弟子得到教法一樣，選擇適合自己根器的法去修，才能滅除煩惱。透過皈依法而現證教法與證法，就是隨順皈依法。

3.法隨法行：依止能夠獲得究竟涅槃的教法努力修行，就是隨順涅槃法。

4.擇伴共修：皈依僧後，把想要證得涅槃的眾生當成助伴，選擇志向相同的同修，共同修習解脫要道，就是隨順皈依僧。

（二）第二個四聚

1.守護五根不掉散：放任五根逐境散亂，意識也會跟著散亂，貪

執可愛境、瞋恚不可愛境，然後造作種種惡業。要深切思惟根門散亂具有重大過失，對此產生厭患。

2. 受學學處：依照自己的能力，修證佛陀所制定的學處。

3. 悲愍有情：佛陀聖教和外道最大的差別在於悲心，因為悲心，才要皈依佛陀聖教。對有情要心懷悲愍，不要傷害損惱。

4. 每日供養三寶：每天精勤供養三寶。

四、阿底峽尊者傳授的皈依後修習次第

（一）各別學處

1. 應該避免的行為

如《涅槃經》說，「皈依三寶，成為優婆塞。皈依佛後，就不再皈依其他天神；皈依法後，要遠離傷害眾生的心；皈依僧後，不要與外道共住。」這裡說到不歸餘天、不損有情、不與外道共住。第一點說明，連具有廣大神通的大自在、遍入天等高層次天神，都無法脫離輪迴苦際，還算六道眾生，不能作為皈依對象；更何況那些低層次的鬼、山神、龍等神祇。如果只是把他們當成修行上暫時的助伴或護法，幫忙去除修法違緣，不算違犯皈依根本戒；這就像為了延續慧命而仰賴施主供養，為了療治疾病而倚靠醫生診療。第二點說明，不能傷害其他眾生，不能鞭打、綑縛、囚禁、穿鼻、強迫負重，不只行動，也要避免念頭，連傷害的想法都要斷除。第三點說明，不能和不信三寶，甚至毀謗三寶的人共住，以免動搖信心，影響道業。這點對初學者很重要，因為道心還不堅固，很容易被錯誤的觀念左右，除非是信心堅固具有證量的行者，為了攝受外

道，可以與他們共住。

2. 應該修學的行為

不管雕塑、繪畫的佛像是否莊嚴，都不能譏毀或放在不乾淨、有灰塵、危險的地方，或典當變換財物、做出輕慢不敬的舉動。要把佛像當成尊敬的福田，就像佛陀親臨一樣。如《親友書》說，「不論工匠的手藝善巧或拙劣，智者都要好好供奉佛像。」

《分辨阿笈摩經》說，古代一位劫比羅摩納婆比丘，辯經時用十八種畜生的名字漫罵有學位④和無學位僧眾，死後得到惡果。例如他說，「你們這些象頭，哪裡懂得什麼是正法？什麼是非法？」因為這個緣故死後墮入惡道，成為一隻身上有十八種畜生頭的大摩羯陀魚。從迦葉佛到釋迦牟尼佛這麼長的劫數，都無法脫離身為畜生的痛苦。

《雜事經》說，拘留孫佛涅槃後，端妙大王為供養舍利而建造佛塔，當時一位工人曾經二次以譏諷的口吻說，「要蓋這麼大的塔，不知哪天才能完工」。等到佛塔興建完畢，工人看到莊嚴精緻的佛塔，心中深感懊悔，把全部工資打造成金鈴掛在佛塔，隨風發出美妙的聲音。因為譏毀佛塔，來生獲得相貌醜陋、身形矮小的果報；因為供養金鈴，來生獲得聲音柔美的果報，就是後來的善和比丘。所以不要任意批評佛像，也不要對他人造的佛像、唐卡等隨便譏毀。

---

④ 有學，為了斷除煩惱修習正法的佛弟子，雖然已經知道佛教真理，因為還沒有斷除迷惑，還要修習，稱為有學。相對有學，無學是指已經證道，不再有迷惑可斷的行者，在聲聞乘的四果中，前三果屬於有學，第四果阿羅漢果屬於無學。

大瑜伽師將文殊菩薩像拿到阿底峽尊者面前，請尊者評論。他問尊者，「這尊文殊菩薩如何，如果好的話，我就用絨巴迦格瓦供養的四錢金幣買這尊佛像。」阿底峽尊者回答，「至尊妙音的身相無不莊嚴善妙，但這位工匠手藝平平。」說完後，將佛像恭敬放在頭頂，以示尊重。對於佛像，應該效法尊者的行誼。對於法，雖然只是四句偈的經文，也要避免做出不敬的舉動，例如將經卷拿去抵押換取財貨，或放在地上、充滿灰塵、不乾淨、危險的地方，或與鞋襪併持，或跨越等等。應該恭敬，視如珍寶。

據說懂哦瓦大師只要看到有人持經典路過，立刻起身合掌，表示尊敬法寶；老了以後，雖然行動不便無法起身，仍虔敬在位上合掌。傳說阿底峽尊者在阿里傳法時，一位咒師態度驕慢，從來不去聽尊者說法。一次尊者看到咒師作筆記，以沾有齒垢的手翻閱經典，深感不忍，十分憐愍的說，「不可以！不可以！」咒師聽到後，對尊者生起無比信心，之後成為尊者的弟子。霞惹瓦也說，「我們常對法帶著嬉鬧的態度，做出輕慢不敬的舉動；要知道對法及說法師不尊重，等於自壞智慧根本。本身已經夠笨了，還淨做些蠢事，累積愚昧的因，哪有比繼續造惡更愚蠢的行為？」

對僧伽或出家眾不要辱罵詆毀，破壞僧團和諧；或者區分黨派，將其他宗派的僧眾視為仇敵；應該尊重出家行者，就像尊重聖僧一樣。《勸發增上意樂經》說，「希望快樂的住在功德林，就不要觀察他人過失，不要認為自己總是高人一等。驕慢是放逸的根本，千萬不要輕視能力差的比丘；輕視的後果，就是即使努力修一劫，也無法獲得解脫。原本按照教法好好修，即使根性低劣也能慢慢成就，若犯下輕視比丘的惡業則無法成就。」敦巴仁波切與大瑜伽師在路上看到黃碎布（代表法衣的顏色），還小心翼翼不敢跨越，甚至會撿起來拍掉灰塵，再放到乾淨的地方，我們應該效法大

師。恭敬三寶的程度有多少，就是將來眾生恭敬自己的程度，如《三摩地王經》說，「造什麼業，得什麼果。」

（二）共通學處

以下說明六種共通學處，摘自《道炬釋論》。各別學處中前三項不應做的部份，摘自《經藏》；後三項應做的部份，摘自《皈依六支論》。該論說，「對代表佛的佛像、代表法的偈頌、代表僧的黃碎布及法衣，要視爲大師親臨、大師親口說的法，不要毀謗，要恭敬頂戴。不管是守戒清淨或不清淨的出家眾，都要視爲善士。」《攝決擇分》說，在迦摩跋的道次第書中，沒有特別說明各別及共通學處；但在迦摩跋傳給跋瓦的道次第書有提到，迦摩跋曾說，「這些學處是內鄔蘇跋說的，我們是從阿蘭若大師處得到的教法。」

1. **隨時憶念三寶功德差別而多次皈依**：依照前文所說，經常思惟內外道的優劣，與三寶各自的功德、差別。

2. **隨時憶念三寶恩德而勤修供養**：尤其在飲食前要先供養，如《三摩地王經》說，「因爲過去供養佛的福報，今生得以受用飲食，凡夫愚昧不知道要報佛恩。」不只飲食，自身所擁有的一切快樂，都是三寶的恩賜。應該懷著報恩心供養，以下說明供養的對象及供養的意樂。

   供養的對象分爲二類，供養身和供養塔，前者指佛陀住世時，親自供養佛陀色身；後者指佛陀涅槃後，建立塔寺等。供養的意樂有十種分別，如下所說：

   現前供養：親自在佛及佛塔面前供養。

   不現前供養：沒有親自在佛及佛塔前供養，而是採用觀想的方式陳設供養；或者佛涅槃後，爲了紀念佛而建造一座或多

座佛像及塔寺。

俱現俱不現供養：不現前供養時，能同時思惟法性平等，現前與不現前供養一切佛及佛塔，二者法性沒有差別，不現前供養也涵攝了三世諸佛及無量佛塔，稱為俱現俱不現供養。論典說，現前供養的福報很大，不現前供養的福報更大，俱現俱不現供養的福報最大。供養一尊佛或佛像時，若能察覺法性無差別，供養一尊佛等於供養一切佛；供養前，先觀想遍及法界諸佛及佛塔是很重要的。

自作供養：不因為懈怠、懶惰、放逸而教別人供養，能親力親為自己供養。

教他供養：想到自己還有少許資財可以供養，其他有情卻貧苦福薄不知供養，又沒有能力供養，為了讓眾生獲得安樂因，基於悲心而引導他人供養，稱為教他供養。

自他俱共同供養：勸別人供養的同時，自己也一起供養，稱為自他俱共同供養。這三種福報大小如前所說，自作福報大、教他作福報更大、自他共作福報最大。

財敬供養：供養各種衣服、飲食、臥具、坐具、醫藥、薰香、末香、塗香、花鬘、音樂、燈燭等等；或禮拜問訊、合掌迎請、唱頌讚偈、五體頂禮、向右旋繞、供養田地等供品；或供養摩尼寶珠、耳環、手環、臂環等莊嚴飾品；甚至以鈴鐺、樂器、奇珍異寶、金絲銀線等供養佛及塔廟。

廣大供養：經常恭敬供養具足七個條件的供養物，又能確實了解供養意義，並將善根迴向法界眾生獲得無上菩提，稱為殊勝廣大供養。七個條件指眾多、微妙、現前、不現前、自作、教他作、至心歡喜。

非染污供養：(1) 不因為輕蔑、放逸、懈怠等理由，自己

不供養，卻叫別人做；(2) 能親手、慎重；(3) 不散亂供養；(4) 不因為貪等煩惱，想與人競爭；(5) 或屈於王威，或覬覦好處才做；(6) 能供養隨順物，以上稱為非染污供養。隨順物指乾淨，如不塗雌黃、不用酥油浴佛、不薰黑香、不用帶毒刺的白艾花；另外要避免供具不潔或非法取得。如果貧窮無法供養，也不必強求。這個世界上有很多東西可以供養，只要帶著歡喜心、勝解心，隨喜法界有情的善行而不嫉妒，就等於花費少許力氣，修習無量廣大供養，累積無量菩提資糧；應該經常發自內心，以善心、歡喜心隨喜他人行善。如《寶雲經》及《建立三三昧耶經》說「無主供養」，就是觀想三界沒有主人的花鬘、果實、珍寶等作為供養物。

正行供養：特指法供養，是最殊勝的供養，即使只有擠牛奶這麼短的時間，也要把握機會勤修四無量心（慈、悲、喜、捨）、四法印（諸行無常、有漏皆苦、諸法無我、涅槃寂靜）、三寶功德，實踐六波羅蜜多，了解及現證空性義理，安住無分別念；淨護尸羅，防護根門，修習三十七菩提分、六度四攝等學處。

具足十法供養，稱為圓滿供養。

3. **隨念大悲心**：時時刻刻心繫眾生。不是自己皈依就好了，還要想辦法引導眾生皈依，希望他們也獲得究竟及暫時快樂。

4. **隨時做如法的事**：不管做什麼決定、有什麼願望，應該先向三寶祈請，不要用世間方法。這個意思是重大決策前，先供養三寶及出家眾，不要依止不信三寶的外道，訴諸奇怪的儀式；不管碰到什麼事，都要至心皈依祈請三寶。

5. **了解皈依的利益**：白天三次、晚上三次勤修皈依，思惟無著論師《攝決擇分》及阿底峽尊者的教授，詳見後說明。

6.守護不捨三寶：不論是輕謔的玩笑或嚴重危害生命的脅迫，都不要捨棄三寶。死的時候，連身體受用都要捨，現在為了短暫利益而放棄三寶，那麼生生世世註定要遭受無盡痛苦折磨。所以不管碰到什麼情況，都要守護皈依戒。發誓即使是開玩笑，也不要輕易說出「我要捨棄皈依」這種話。有些人說，要到哪一方佛國淨土，就要皈依哪一尊佛，例如想到西方極樂世界，就要皈依阿彌陀佛；想到東方琉璃淨土，就要皈依藥師佛等等，這些講法沒有經典依據。

五、供養的意樂

分為六項，光是選擇三寶其中之一略略思惟，就能感生無量廣大果利；因為三寶是無上的功德田、對眾生具有無比恩惠、是有情中最尊貴的、像烏巴拉花一樣珍貴難遇、是三千大千世界中獨一無二、是一切世間及出世間圓滿的根本。如《菩薩地》說，以這六種意念施設供養。除了每天不斷供養，遇到重大節慶或吉祥日，例如佛陀成道日、涅槃日、神變日等，更要準備豐盛的供品。每天吃東西以前，先供養三寶再吃，這樣也可以花少許力氣，圓滿廣大福德資糧。即使只是喝一點乾淨水，也要先慎重供養。要選擇新鮮、美味、上妙的部份，不要拿腐壞的糕點、發黃的蔬菜供養。供茶時，有些人只是用手指向空中輕彈，像除灰塵一樣，霞惹瓦大師說這樣不成敬意。

不供養，就像一塊肥沃的良田，在該播種時不播種任它荒蕪，最後變成廢田，實在讓人於心不忍。在我們眼前就有一塊能長出今生及來生快樂的殊勝福田，一年四季都可以播種都可以豐收，若能經常灑下善業種子，就能累積廣大福報。如經說，「要以信心之

犁，耕種福德之田。」如果連這點都做不到，豈不可惜。如《讚應讚》說，「能像佛陀一樣長出廣大果利的福田，世間絕無僅有。佛陀三門清淨遠離惡作，光是坐在法座上，就能去除眾生的障礙。佛陀的功德事業如虛空廣大無邊，眾生對佛陀造善或造惡，其果報不可計算。」凡夫只看到世間庸俗田的果實，卻看不到出世間殊勝田的果實，這是因爲沒有福報、賢善不足的緣故。應該分分秒秒把握機會勤修供養，懂得依教奉行，自然可以藉著殊勝田的力量次第增上，由資糧道、加行道、見道、修道，達到無學道的境界，逐漸增長空性正見的智慧。

聽聞佛法卻不能憶持，思惟義理卻不能融會，修習正法卻不能證道，都是因爲智慧羸弱的緣故，這種人更要仰仗三寶的福田力。正確的做法就是如前面所說，勤修供養。馬鳴菩薩說，「我之所以具備作詩論著的六大善緣（自在、美聲、吉祥、聲名、智慧、精進），就是因爲依止佛陀而獲得智慧。夏季江河水量雖小，卻能迅速暴漲。」又說，「供養圓滿與否，不在財物多寡，而在信心」。信心具足，也可以用曼陀羅及淨水，甚至無主物供養。當然在缺乏財物的情況下，可以這麼做。如果確實有能力，卻因爲慳吝捨不得，還故意引用《入行論》說「我沒有福德極爲貧窮，沒有能力準備供品」。這就等於博朵瓦講的，用白螺杯裝點髒水，隨意丟進幾撮香草，還煞有其事的念著「這是栴檀冰片泡的妙香水」，簡直是瞎子欺騙明眼人的行爲。應該像樸窮瓦一樣無諂供養，「剛開始因爲缺乏資財，所以拿氣味辛辣的香草供養；過了一段時間，靠著供養的福報漸漸累積了一點財富，便改用氣味甘美的四合長香供養；現在有能力了，可以用氣味濃郁的沉香和安春香來供養。」

因爲供養微薄而不做，那只好一輩子窮下去；如果現在能力不夠，還是要慎重供養，這樣才有好轉的機會。應該好好學習大師的

行誼，聽說後來樸窮瓦每次都花廿二兩金子，購買上好的香供養。不過，即使這樣做也不夠，連已經獲得資具自在的初地菩薩，還要化現俱胝身相，每一身化現百千支手，以無量劫的時間前往無邊剎土供養諸佛。我們不過做了一點，便沾沾自喜說，「我不用靠供養諸佛獲得無上佛果，我只要靠自己的力量，修習禪定就夠了。」顯然這種人對正法缺乏知見，才會胡言亂語。此外，要按照《寶雲經》所說，「多閱讀天人及聖者廣大供養的故事，激發殊勝真實的善心，以增上意樂迴向諸佛及菩薩。」

六、皈依的利益

首先說明無著論師的見地，分為二個四聚。第一個四聚，(1) 獲得廣大福報，如《無死鼓音陀羅尼》說，「佛陀不可思議、正法不可思議、聖僧不可思議、信心不可思議、異熟果報不可思議。」《攝波羅蜜多論》也說，「皈依三寶的福報，如果有質量可以衡量，把三千大千世界合成一個容器也裝不下；就像要測知大海的水量，不可能用手去舀。」(2) 獲得廣大歡喜，如《念集經》說，「晝夜經常隨念佛寶功德，如法皈依佛，必能獲得廣大歡喜。」同樣的，對於法寶及僧寶也可以說「我今天有機會依止三寶，實在是一生最大的成就，也不枉此生了」。這樣思惟，不斷增長心中喜樂。(3) 獲得三摩地定。(4) 獲得廣大清淨，由增上定學及增上慧學獲得解脫。

第二個四聚，(1) 具大守護，人與非人無法造成傷害。(2) 清淨邪業，能部份減少或全部斷除邪勝解等產生的障礙，邪勝解是指相信惡師、惡法、惡友，以不正當的方式修行，如殺生血祭、自殘等；這些惡作果報，可以藉由皈依三寶的力量化解，甚至完全淨

除。進入善士行列。(3) 得人天愛念，由於進入正法林而得到佛陀、法友、信奉聖教的諸天愛護。(4) 因為成為善士使聖眾歡喜，至於天人如何高興？他們會唱，「過去我們就是由皈依而得到成就，從人道轉生為天道。現在你們皈依三寶，將來也會成為我們的友伴，在天道享受無比妙樂。」

其次說明阿底峽尊者的見地，分為八項功德。

1. **成為內道佛弟子**：區別內外道的方法有很多，以見地或行持區分；阿底峽尊者與寂靜論師共同主張，以皈依為準。皈依三寶，不捨皈依戒，才算內道弟子。想加入內道，必須誠心以佛為大師、以法為正皈依、以僧為助伴，而不是以做多少善事來衡量。

2. **成為一切律儀的依處**：如《俱舍論釋》說，「皈依是接受一切律儀的大門。」《皈依七十論》說，「雖然優婆塞是所有佛弟子中持戒最少的，因為皈依了三寶，而能具足成就八種別解脫戒的根本。」說明皈依可以堅固出離心，有出離心，才有戒律。

3. **業障轉輕**：皈依可以減輕過去所造的惡業，甚至淨除惡業。《集學論》說皈依能淨治罪障，「例如原本應該投生為豬的天人，因為皈依而獲得增上生。」過去一位三十三天的天子在五衰相現時，因為宿世惡業應該投生到豬頭羅剎女的胎裡，經由帝釋天勸說皈依佛陀，反而投生到更高的兜率陀天⑤，說明皈依可以清淨轉生的罪障。當時帝釋天說，「凡能皈依佛，就可以避免墮入惡道，在壽命終了時捨棄此生，轉為天人。」皈依

---

⑤ 兜率陀天，位於欲界六天的第四天，又稱知足天、喜足天、喜樂天。有內外兩院，內院是補處菩薩的住所，現在有彌勒菩薩在此宣說佛法，預計四千歲後下生人間，在龍華樹下成佛。外院是欲界天的住所，天眾在此享受欲樂，修習八正道。天人的天壽四千歲，換算為人間的五億七千六百萬歲。

法和僧伽，具有同等功德，能使先世惡業變輕或完全淨除。

4. 積集廣大福報：如前面所說。

5. 不墮惡趣：如前面所說。

6. 人與非人不能危害：如《聽聞集》說，「心懷恐懼的外道，有的跑去皈依山神，有的跑去皈依樹神，有的跑去皈依花神，他們皈依的對象都不正確，即使找鬼神救，也不能斷除痛苦。唯有佛法僧三寶，才是究竟的皈依處，了解苦諦集諦，超越痛苦；修習八正道，趣入涅槃，以智慧觀見四聖諦。三寶才是最殊勝的皈依處、最究竟的皈依處，能獲得真實解脫，能遠離各種痛苦。」經典提到外道練風索的故事，雖然風索可以化現龍捲風傷害眾生，卻傷害不了三寶弟子。

7. 成辦一切願望：做事及修法前，先供養三寶皈依祈請，就很容易成功。

8. 速成佛果：如《師子請問經》說，「相信三寶，可以斷除八種無暇。具深忍信，能淨治惡業，不墮惡趣，避免三種無暇；具希求信，能知輪迴過患，求證無上菩提，不墮邪見，不生長壽天；具清淨信，能知三寶功德，避免其餘三種無暇。」既然獲得寶貴的暇滿人身，又知道要皈依三寶，精進修習殊勝要道，相信不久就能成就佛果。要經常思惟三寶功德，每天早上三次、晚上三次勤修皈依。

七、小結

違犯皈依學處，等於虧損或捨棄戒律。有六種嚴重的犯行足以構成捨戒，包括各別學處三種不應做的事，即皈依外道、傷損眾生、與外道共住；及捨棄三項應做的事，即經常修習皈依、寧願捨

失性命不捨皈依、供養三寶。有些人認為有九種行為，除了上述六種，再加上違反各別學處中三項應做的事，即不恭敬代表佛的佛像、代表法的經典、代表僧的法衣。除此之外，違犯其他學處只算虧損，不算捨戒。如果遭逢危及生命的事而捨棄三寶，的確算捨戒。不捨棄三寶，卻貪愛與三寶相違的外道上師、典籍與教徒，儘管嘴巴沒說「要捨棄三寶」，事實上已經失去信心，就構成捨戒。除了這二種情況，其他違犯皈依學處不算捨戒，只算戒律有所虧損。皈依是進入佛教的大門，不是口頭說說就行，必須靠殊勝力量去除修法上的內外違緣。對三寶信心強烈，自然容易引發、倍增皈依的功德，並且不易退失。因此要照前面所說，由害怕輪迴痛苦、憶念三寶功德而接受皈依，努力修習學處，避免違犯戒律，這是很重要的關鍵。

為什麼三寶可以救護我們？只要想到死亡及來生可能墮入惡趣，對輪迴就會產生恐懼，要避免怖畏、獲得救拔，唯有藉助三寶之力。為什麼皈依三寶有這麼大的作用？如《集法句經》說，「能拔斷三有毒箭的教法，我已經告訴你們了；如來是開示教法的大師，僧伽是修習教法的友伴，應該立誓努力實踐。」佛是皈依的導師，僧是皈依正行的助伴；法，是正皈依。唯有身體勵行實踐法寶，才能真正脫離怖畏。

如何得到最究竟的法寶，斷除煩惱障及所知障？就是在初修時，一點一點遠離過失，一點一點累積功德，靠著斷、證功德輾轉增上，慢慢走向成佛果位。這是唯一的道，除此之外別無他法，不要妄想從天上忽然飛進一個東西、或者靠著神通加持的力量，使我們解脫；一定要親力親為。皈依後，不是把功課推給佛菩薩，透過加持輕鬆成佛。這種念頭只會助長自己的三毒煩惱，對解脫一點幫助也沒有。

8 深信業果

假使經百劫，諸業無失亡，若得緣會時，有情自受果。

——出自《毘奈耶阿笈摩》

引言

　　皈依後要懂得分辨善業及惡業，才能斷惡修善。不了解業果，就不知取捨，任意妄為造作惡業，種下墮入惡趣的因，自食惡果。皈依是為了去除害怕墮入惡趣的恐懼，但是不了解因果，怎麼可能脫離輪迴？要避免投生惡趣的果報，必須早早在因地就整治內心去除不善；不要等到果報成熟才痛哭流涕，恐怕為時已晚。認識業果，對業果具有深忍信，是引發一切善樂的根本。這章要講的是業、業的作用、種類和差別。

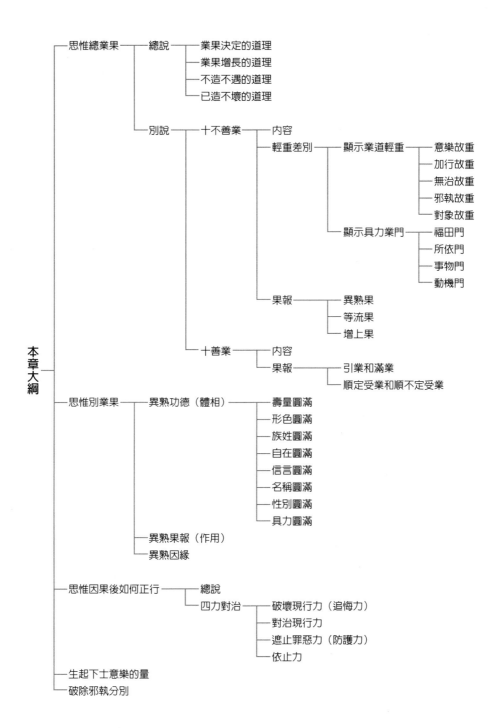

本章大綱

- 思惟總業果
  - 總說
    - 業果決定的道理
    - 業果增長的道理
    - 不造不遇的道理
    - 已造不壞的道理
  - 別說
    - 十不善業
      - 內容
      - 輕重差別
        - 顯示業道輕重
          - 意樂故重
          - 加行故重
          - 無治故重
          - 邪執故重
          - 對象故重
        - 顯示具力業門
          - 福田門
          - 所依門
          - 事物門
          - 動機門
      - 果報
        - 異熟果
        - 等流果
        - 增上果
    - 十善業
      - 內容
      - 果報
        - 引業和滿業
        - 順定受業和順不定受業
- 思惟別業果
  - 異熟功德（體相）
    - 壽量圓滿
    - 形色圓滿
    - 族姓圓滿
    - 自在圓滿
    - 信言圓滿
    - 名稱圓滿
    - 性別圓滿
    - 具力圓滿
  - 異熟果報（作用）
  - 異熟因緣
- 思惟因果後如何正行
  - 總說
  - 四力對治
    - 破壞現行力（追悔力）
    - 對治現行力
    - 遮止罪惡力（防護力）
    - 依止力
- 生起下士意樂的量
- 破除邪執分別

一、思惟總業果

（一）總說

　　業果如何運作？以下說明業果決定、增長、不造不遇、已造不壞的道理。

1. **業果決定的道理**：不管凡夫或聖者，心情愉悅時，會有快樂的覺受；不只如此，甚至連最痛苦的炎熱地獄，也偶有涼風吹過，使地獄眾生暫時去除惱熱，這是因為先世善業感生善果的緣故。想從惡業種子結出快樂的果實，是不可能的。反之不只惡趣眾生，甚至連阿羅漢也有被煩惱逼迫的時候，由心續產生苦受，這是因為先世惡業感生惡果的緣故；同理，善業種子不可能長出苦果。《寶鬘論》說，「造惡業往生惡趣，得到痛苦的果報；造善業往生善趣，得到安樂的果報。」快樂和痛苦不是沒有原因，不是無因生，不是自性所致，更不是自在天或其他不順因造成的；而是從善業或不善業出生。為什麼有快樂和痛苦？業因不同，種善因得快樂的善果、種惡因得痛苦的惡果，這個規則明確而不紊亂。身為佛弟子，必須對業果的決定性與真實性產生定解，這是最重要的世間正見，是一切善法的根本。

2. **業果增長的道理**：微小的善業，可能引發廣大樂果；微小的惡業，可能引發廣大苦果。佛教因果論有許多業果增長的例子，相較於一般世間法的外因果（如由稻的種子可以長出稻穀），反而沒有這麼懸殊的差距。如《集法句經》說，「雖然只造了極小的惡業，卻已種下來世墮入惡趣的重大禍根，遭受百般痛苦，就像只吃一點毒藥而能致命。雖然只造了極小的善業，卻

已種下來世往生善趣的妙因，享受種種快樂，就像豐收衍生往後更大利益。」

經典上有許多解釋小業生大果的道理，例如《阿笈摩經》記載田蛙天人、水鵝、魚龜、餓鬼、農夫、牛的故事；《賢愚經》也記載金天、寶天、象護的故事。要深入了解因果，應該廣閱《阿笈摩經》、《賢愚經》、《百喻經》等，由此引發定解。如果尸羅、軌則、正命、正見四項，只有第四項清淨，前三項略有虧損，來世會投生到龍族。《海龍王請問經》說，「世尊！我從劫初就在大海，當時正值拘留孫佛住世，海中龍族、龍子龍女的數量一直減少，我的眷屬也愈來愈少，現在卻多到無法計算，是什麼因緣造成的？世尊回答，凡是依毘奈耶出家，出家後卻持戒不淨，軌則、正命有所缺損，因為還秉持著正見，這些眾生死後雖未墮入地獄，但投生龍族，成為你的眷屬。」

經典又說，賢劫第一佛拘留孫如來時期，有九十八俱胝人出家；第二佛金仙如來時期，有六十四俱胝人出家；第三佛迦葉如來時期，有八十俱胝人出家；現在第四佛釋迦如來時期，有九十九俱胝人出家。這些出家眾都因為尸羅、軌則、淨命不清淨，有的已經成為龍族，有的即將成為龍族。釋迦牟尼佛涅槃後，所有行惡毀犯尸羅的四眾弟子，都會轉生龍族。雖然這些人加行不清淨，但總算沒有退失正念，對佛法仍然保有強烈深忍信心，結束龍身業報後，再投生到人道或天道；然後在賢劫千佛相繼出世期間，除了大乘行者為了救度眾生不入涅槃以外，其餘弟子都能證得阿羅漢果位脫離輪迴。

想想不論多麼微小的業，都會如影隨行感生廣大苦受及樂受。由此產生堅固勝解，千萬不要輕視業因微小，即使是小善

也要努力去修，即使是小惡也要盡力避免。如《集法句經》說，「為善為惡的果報，隨逐眾生輪轉不停，就像鳥在空中飛翔，影子隨行不去。缺乏善業隨行，只能投往惡趣，就像缺乏糧食的行者一路痛苦。經常積聚善業，可以投往善趣，就像行囊飽滿的行者一路快樂。」又說，「不要輕忽小小惡業，以為無傷大雅，要知道滴水成淵、聚沙成塔的道理。」又說，「不要認為小小惡業不會遭受苦果，水滴雖小，漸能充滿大器；少許惡業也能聚少成多，釀成大害，千萬不要造作惡業。不要認為小小善業不會帶來樂果，水滴雖小，漸能充滿大器；少許善業也能聚少成多，結滿大果，應該勇猛精進修集善業。」

《本生論》也說，「經常修習善業或造作惡業，久而久之會養成習慣，即使不必用力策發，來世也能自然出現，就像作夢一樣。不修布施、持戒等善行，即使今生種性高貴、相貌姣好、身強體健、才華洋溢、富有財勢、位高權重，來世必定不得安樂。時常修布施、持戒等善行，即使今生種性低劣，因為累積善業的緣故，最終也能像夏日江河奔流大海，增長廣大來生安樂。所以要懂得取捨善惡，分辨引生後世苦樂的原因，努力斷惡修善。不相信業果，哪能隨心所欲去做自利利他的事情？」

3. **不造不遇的道理**：沒有造作感生苦受或樂受的因，絕對不會遭逢苦受或樂受的果。雖然我們現在所受用的，都是佛陀圓滿廣大資糧所生的上妙果實，不算全靠自己成就一切善因，但其中也要有自己累積的一分善因才可能受用得到。

4. **已造不壞的道理**：過去已經造作的善業及惡業，將來一定會產生快樂及痛苦果報。如《超勝讚》說，「印度教婆羅門說業可以交換，可以取捨，把不好的轉嫁，好的留給自己；佛陀則說

已造的業不會壞失，未造的業不會降臨，更不可能移轉他人。」《三摩地王經》也說，「已造的業一定會受報，只是時間早晚問題。別人造的業，絕對無法強加在自己身上，只有自作自受。」《毘奈耶阿笈摩》也說，「即使經過百千劫，造的業也不會自動壞損或消失，一旦因緣成熟，就要自受果報。」

（二）別說

最重要的是十業道。了解前面說的四種道理後，應當先對哪些業發起定解及取捨？總的來說，由身口意三門決定善行及惡行。雖然十業道無法盡攝所有業行，但最粗重、明顯、根本的業，就是這十種。世尊扼要舉出應該斷除的「十黑業道」及應該累積的「十白業道」，前者可以引生重大惡果、後者可以引生重大利益。《俱舍論》說，「將善惡法中粗重而明顯的部份，歸納為十業道。」《分辨阿笈摩經》說，「如理守護身語意業，避免造作惡行，清淨三業道，才能成辦世尊說的無上佛果。」

正確了解十黑業，謹慎護守心念，避免三門有所沾染。時時串習十白業，是成辦三乘及一切士夫暫時究竟利樂不可或缺的根本，因此佛陀常以各種美喻稱讚十白業道功德。如《海龍王請問經》說，「善法，是人道及天道眾生圓滿的根本依處，是獲得聲聞、獨覺果位的根本依處，是獲得無上正等菩提的根本依處。何謂根本依處？就是十善業。」又說，「龍王！例如所有聚落、村莊、城鎮、區域、王宮、草木、藥樹、事業及種子的聚集生長，不論犁地、播種、施肥等，都依附大地而生，大地是萬物的依處。龍王！十善業道也是如此，是人、天、有學阿羅漢、無學阿羅漢、獨覺菩提，各種果位的依處、一切妙行的依處、一切佛法的依處。」所以《十地

經》經常稱讚遠離十不善律儀。

《入中論》也說，「凡夫、聲聞、獨覺、菩薩能獲得決定勝及增上生，就因為戒律的緣故，失去戒律什麼功德也沒有。」不知修習戒律、守護戒律，卻自詡為大乘行者不必拘泥小乘別解脫戒，這種人理應受到譴責。《地藏經》說，「好好守護十善業道，就能獲得佛果。如果連一條戒律都守不住，還大言不慚說『我是追求無上菩提的大乘人』；這些眾生經常往返五道，性情狡詐，口出妄語，簡直是在諸佛面前欺騙世人。由於極度愚癡而犯下斷滅語重罪，卻還不知來生就要到顛倒墮落處受苦。」所謂顛倒墮落處，就是指惡趣。

二、說明十不善業

以下根據《攝決擇分》的講法，將每一業道分別就事情、想法、意樂、煩惱、究竟說明，或者可以把中間三項併為意樂一項，再加上「加行」，成為事情、意樂、加行、究竟四項，這樣比較容易解釋，又不致違背原有義理。

1. 殺生

事情：指讓自己以外的其他有情喪命，如果是自殺，屬加行罪，不算究竟罪。《瑜伽師地論》特別指出是自己以外的其他有情。

意樂：包括想法、煩惱和等起。(1) 想法，分為四種，對有情起有情想或非有情想，對非有情起非有情想或有情想，前者一三為正確，二四為錯誤。殺生時，有沒有置人於死的打算，其中有很大

的差別；例如原本想殺天授，卻錯殺祠授，不算根本罪，以此說明要符合「無錯想」的條件。如果想殺害眾生，不管誰來都殺，不論有沒有錯想，就構成根本罪；這個原則適用其他九項黑業。(2) 煩惱，因貪瞋癡三毒中任何一種念頭而起，例如因為覬覦他人財富、瞋恨或無明而殺害眾生，就符合這個條件。(3) 等起，產生殺的念頭。

加行：不管殺者是親自做或教唆他人，都算殺生罪；殺生的方法包括利用刀杖、兵器、木棍、毒藥、咒術等，凡是能取眾生性命的器具或手段都算。

究竟：由於加行的因，使對方立即或之後喪命，就算完成殺業。《俱舍論》提到，「如果殺者比被殺者早死，不算根本罪，因為殺者已經進入下一世結生階段。」

2. 不與取

事情：指任何一種他人物品。

意樂：(1) 想法和 (2) 煩惱同前面所說。(3) 等起，指不與取的欲望，在未經許可的情況下，動念讓物品離開主人。

加行：同前面所說，不管親自做或教唆他人，都算不與取罪。加行的體包括暴力搶奪或暗地偷竊。如果因為債務或他人暫時寄存己處的東西，以詐術欺瞞據為己有，或者為了自己或某人利益，使他人財物受到減損都算。

究竟：《攝決擇分》說，「使物品離開原位，就是不與取。」把東西移往他處只是一個講法，連土地等不可移動的東西，也可以成立「究竟」這個條件，例如起盜心，想到「這些東西屬於我的」，就算不與取。作念教唆他人搶劫或偷盜，也算不與取。例如

派人殺害對方，雖然不知道殺手何時行動，也不知道結果，只要對方因此喪命，教唆者就犯殺生根本罪。

3. 邪淫

事情：包括不應做的對象、部位、地點及時間。

不應做的對象：男人除了自己的妻子、女人除了自己的丈夫，和其他女人、男人或非男非女都算邪淫。《攝決擇分》說，經典將被父母保護的女子，列入不應邪淫的對象。如馬鳴菩薩解釋，「不應行的對象包括他攝、具法幢、種性護、王護、他已娶娼妓，以及一切親戚眷屬。」他攝，指別人的妻妾。具法幢，指出家女。種性護，指受父母等親眷、守衛、公婆保護的未婚女子，其實不受保護的也算。王護，指國王敕令看護，例如受刑罰治罪而被監禁者。他已娶娼妓，指強佔別人已付錢的妓女，如果自己出錢就不算。以上通用男女雙方，阿底峽尊者持相同看法。

不應做的部位：除了陰道，其他部位都算。如馬鳴菩薩說，「何謂非支？包括口、肛門、孩童的身體、腿部、手淫。」阿底峽尊者說，「非部位指口、肛門、未成年男女的前後部位及自己的手。」這個說法和前面一樣。

不應做的地點：指師長們集會的地方，包括佛塔、寺廟、大眾面前；或者有妨礙的地方，例如凹凸不平、堅硬處等。馬鳴菩薩說，「在佛經、佛塔、佛像等面前，菩薩居所，親教師、軌範師的住處、父母面前，都是不應行的地點。」阿底峽尊者持相同看法。

不應做的時間：月事、懷孕、哺乳，及齋戒、罹患不應行房的疾病等都不可以做；即使可以做，最多不能超過五次。馬鳴菩薩說，「非時包括月經、懷孕、哺乳、憂煩及受八關齋戒等期間。」

阿底峽尊者的看法大致相同，唯一差在白天也列入。以上不該做的部位、地點及時間，即使對象是自己的妻子也不行，更何況是不應該的對象。

　　意樂：(1) 想法，《攝決擇分》說「無錯想」才算邪淫，《毘奈耶經》則說，不論是否「錯想」都算。《俱舍論釋》說，把別人的妻子誤認為自己的妻子，不算邪淫；如果把他人妻子，當成另一人妻子，就算邪淫。(2) 煩惱，因任何一項三毒煩惱而動念。(3) 等起，想要行淫的欲望。

　　加行：《攝決擇分》說教唆他人，教唆者本身也犯邪淫根本罪。《俱舍論釋》則說雖有罪，但不算邪淫根本罪，因為沒有親自做。

　　究竟：實際完成和合之事。

4. 妄語

　　事情：將所見所聞所覺所知的事情，故意用反話誤導他人。

　　意樂：(1) 想法，把見到的說成沒見到，把沒見到的說成見到。同理推論聞、覺、知三項。(2) 煩惱，因任何一項三毒煩惱而動念。(3) 等起，想要隱瞞說謊的欲望。

　　加行：不論說出來或默認，以動作表達或暗示，不管是為了自己或某人利益，都構成妄語罪。另外，教他人說妄語、離間語或粗惡語都算，《俱舍論釋》還加上綺語及教唆者本身，《毘奈耶經》則說，要親自犯四種語業才算根本罪。

　　究竟：要對方理解妄語的內容，才算完成究竟。《俱舍論釋》說，如果對方聽不懂，只算綺語；其餘離間語及粗惡語，也要視對方理解而定。

5. 離間語

事情：破壞有情原本和睦的關係。

意樂：(1) 想法和 (2) 煩惱同前面所說。(3) 等起，希望看到原本和睦的有情分手，或者原本不和的關係惡化。

加行：不論實話或謊話，不論言辭是否優雅悅耳，不論直接或間接修飾，不論是為了自己或他人利益，任何一項都算離間語。

究竟：《攝決擇分》說，「只要對方了解意思，就完成離間的目的。」說明讓人理解才算。

6. 粗惡語

事情：使有情生氣或起煩惱的話。

意樂：(1) 想法和 (2) 煩惱同前面所說。(3) 等起，言語粗暴，具有攻擊他人的念頭。

加行：不論實話或謊話，凡針對種性、身體殘缺、業報、犯戒過失、行為等不中聽的話，都算粗惡語。

究竟：《攝決擇分》說，「只要有辱罵，不管對方是否了解，就算完成粗惡語業。」《俱舍論釋》說，必須對方了解被罵的意思，才算完成究竟。

7. 綺語

事情：沒有好處、沒有意義的話。

意樂：(1) 想法，雖然沒有講清楚，說者本身當然希望對方了解；不過在綺語部份，不論對方是否了解都算。(2) 煩惱，因任何

一項三毒煩惱而動念。(3) 等起，想隨口說些無關痛癢的話。

加行：喜歡說沒有意義的話。

究竟：說出綺語。另外有七件事列入綺語，(1) 與爭鬥、訴訟、競爭有關的話。(2) 喜歡念誦外道或婆羅門典籍及咒語。(3) 經常發出痛苦等感傷、嘆息的聲音或話。(4) 與嬉笑、遊樂、玩耍、享樂有關的話。(5) 喜歡聚眾議論國王、大臣、國家、盜賊等事。(6) 酒後胡言亂語、顛三倒四的話。(7) 以不正當手段獲取財物的邪命語。所謂語無繫屬、無法相應、非義相應，是指說話沒有連貫性。雜染，是指觀賞歌舞或嬉戲時講的話。至於妄語、離間語及粗惡語是否屬於綺語，有二種說法，這裡偏向前者，主張四種語業都算綺語。

8. 貪欲

事情：屬於他人的財產。

意樂：(1) 想法，認為他人財產物應該歸於自己。(2) 煩惱，因任何一項三毒煩惱而動念。(3) 等起，想要將他人財產據為己有的企圖。

加行：再三盤算，想辦法取得。

究竟：確定必須得到，希望據為己有。貪心圓滿要具備五個條件，(1) 耽著心，耽著自己的財物。(2) 貪婪心，喜歡積聚財物。(3) 饕餮心，覬覦他人財物，常覺得別人的東西比較好。(4) 謀略心，策劃如何付諸行動。(5) 覆蔽心，被貪欲蒙蔽不知羞恥、不知過患，不願出離。具備這五項，才算貪心圓滿。《瑜伽師地論》說，即使是意業也有加行罪。以貪欲不圓滿為例有幾種情況：希望別人成為我的奴僕，受我驅使；希望佔據別人的妻子、飲食等；希望別

人知道我有少欲知足、勇猛精進、具足多聞等美德，以便獲得更多名聞利養；希望得到國王、商主、四眾弟子的恭敬，以便獲得更多美妙衣食；希望轉生天道，成為大自在天、他化自在天、遍入天，享受五欲妙樂。另外，覬覦父母、妻子、奴僕、同修道友的資具，都屬於貪欲的內容。

9. 瞋恚

　　事情：瞋恚的對象與粗惡語相同。

　　意樂：(1) 想法和 (2) 煩惱與粗惡語相同。(3) 等起，希望打罵他人，希望他人被殺害傷害綑綁，或碰到生意失敗、財產虧損等不幸。

　　加行：再三動念。

　　究竟：下決心打罵及傷害他人。瞋心圓滿也有五個條件，(1) 憎惡心，認為對方是傷害自己的主因。(2) 不堪忍心，不能原諒及忍受對方傷害。(3) 怨恨心，經常回顧過去的不愉快，增長內心恨意。(4) 謀略心，計劃如何傷害，甚至殺害對方。(5) 覆蔽心，對於瞋恚完全不覺羞恥、不知過患、不願放棄。缺乏上述任何一項只算損害心，屬於瞋心不圓滿；例如想到對方曾經或者將來可能會傷害我，所以要先下手。類似的想法不論深淺，都算損害心。另外，希望他人今生妻離子散、家破人亡、財產散盡、失去接觸善法的機會，或者來生墮入惡趣，都算損害心。

10. 邪見

　　事情：把有意義的事當成無意義，這裡特別指斷見，如否定因

果、前後世等。

　　意樂：(1) 想法，將自己的邪見視爲眞理。(2) 煩惱，因任何一項三毒而動念。(3) 等起，生起想要毀謗的欲望。

　　加行：經常串習邪見內容，其中謗因、謗果、謗作用、謗有事爲四種最嚴重的惡行。(1) 謗因，否定善惡業因。(2) 謗果，否定善惡果報，認爲造善或造惡沒有異熟果報。(3) 謗作用，分爲三種，一是毀謗殖種持種作用，認爲胎兒不是父精母血和合而成。二是毀謗往來作用，認爲沒有前後世。三是毀謗受生作用，認爲化生不存在。(4) 謗有事，認爲阿羅漢不存在。

　　究竟：確定邪見的義理。邪見圓滿也有五個條件，(1) 愚昧心，不能如實了解眞實義理。(2) 暴酷心，喜歡造惡，故意否認因果，以便爲所欲爲。(3) 越流行心，喜歡思惟不正確、不如法、不合理的事，漸漸形成堅固邪解。(4) 失壞心，缺乏正知正見，否定布施、火供、祭祀、善行等功德。(5) 覆蔽心，對於懷有邪見不覺羞恥、不知過患、不願出離，缺乏任何一心都不算邪見圓滿。雖然邪見的內容很多，這裡特別舉出能斬斷一切善根，誘人任意造作惡業，最嚴重的邪見惡行。

三、輕重差別

（一）顯示業道輕重

　　十業道有的輕、有的重，殺生、粗惡語、瞋恚都是由三毒而起，最後由瞋恚完成。不與取、邪淫、貪欲都是由三毒而起，最後由貪欲完成。妄語、離間語、綺語都是由三毒而起及最後由三毒完成。邪見，是由三毒而起，最後由愚癡完成。「想要」造作身語七

業，是思心所的作用，屬於業，不屬於業道。身語七業先由思心所策發，然後做出不善的行為，屬於業及業道。三毒，是與思心所相應的煩惱，必須進一步由行動引發造業，屬於業道，不屬於業。

以殺生為例，分五點討論。

1. 意樂故重：由強烈三毒煩惱而造作殺業。

2. 加行故重：對於已經殺、正在殺、準備殺等事，懷著強烈歡喜心。不論親自下手、勸他人殺、稱讚他人殺，或者見到類似的行為感到高興，都會加重殺業。另外長期蘊釀，由怨恨心引動殺機；或者經常造作；或者以殘暴的手段；或者同時殺害大量的生命；或者先虐再殺；或者先使對方恐懼，做不該做的事再殺；或者無視於對方貧窮受苦、哭泣哀求，毫無同情心，都屬於加行重罪。

3. 無治故重：不能每天持續，甚至花很短的時間謹守學處；沒有在六齋日受戒；不知及時行善布施修福；不知向有德者問訊、禮拜、迎送、恭敬；缺乏慚愧羞恥心；不知如何修世間離欲，觀下界過患、上界利益，避免煩惱現行；不知出世間道，無法現證無我智慧。由於自己完全不懂累積善業，對治惡業，才會使所造的惡業更嚴重。

4. 邪執故重：由於錯誤知見造作殺生等邪行祭祀，還自認為是正法；例如婆羅門認為畜生是大梵天變給人使用的，殺害無罪，依止這種邪見而殺生祭祀。

5. 對象故重：殺害體形大的畜生，或者殺人，殺胎兒、父母兄弟、上師、相信自己的人、有學位菩薩、無學位阿羅漢及獨覺，或者明知不能殺佛，卻懷著惡心出佛身血，這些罪業都非常嚴重。

　　除了以上五種情況，其他的殺業較輕。其他九種惡業，都可以比照這個原則判定輕重，以下就對象故重為例，分別說明輕重差別：

1. **不與取較重**：搶大量貴重的東西、相信自己的人、孤苦貧窮人、修行人、特別是內道修行人。或者到村裡搶劫，尤其是搶三乘有學羅漢、獨覺、僧團或佛塔財物。

2. **邪淫較重**：對象是自己的母親、母輩、或信任自己的人妻、比丘尼、正學女、勤策女。不應行的部位包括手、腳、便道、臉，其中以臉最嚴重。不應行的時間，如齋戒、懷孕、重病。不應行的地點，如佛塔附近或寺院。

3. **妄語較重**：貪圖他人財物多次欺騙，對象包括父母、上師、同修、聲聞、獨覺，甚至佛。向品性高潔的善士或好友說謊，進而產生殺等三惡業。其中，又以破壞僧團和諧最嚴重。

4. **離間語較重**：破壞他人長久友好關係，破壞善知識師徒關係、破壞父母子女關係，破和合僧，若再引發身三業，則罪加一等。

5. **粗惡語較重**：當面頂撞父母師長等，或以妄語當面批評、辱罵、指責、喝斥。

6. **綺語較重**：由妄語、離間語、惡語轉成的綺語，依前面的標準判定輕重。為了爭執或訴訟，故意指責對方過失；或基於貪心，讀誦外道典籍。或戲弄嘲笑試探父母、親友、上師等，說一些不合理的話。

7. **貪欲較重**：覬覦僧伽及佛塔財寶，對自己的優點起慢心；或者想從國王或同修身上，得到利養恭敬。

8. **瞋恚較重**：對父母、親友、上師、無過失的人及應該憐愍的貧苦對象，或者曾經冒犯過我，現在已經誠心懺悔的人產生損害

心。

9. **邪見較重**：能造成毀謗一切事的邪見最嚴重，例如謗因、謗果、謗有事、謗作用。

除上述所舉情況，所犯的惡業較輕。另外，《本地分》說具備六種行相，也會加重業報。

1. **加行故重**：受強烈三毒煩惱驅使的惡業及帶著強烈清淨動機的善業。
2. **串習故重**：日夜修習，經常不斷串習的善惡業。
3. **自性故重**：因業本身就有輕重之分，如身語七業的前者重於後者、意三業的後者重於前者。
4. **對象故重**：對象是佛法僧及上師等功德田。
5. **無治故重**：不間斷造惡，從不行善，無法積聚能對治惡業的善業。
6. **所治損害故重**：善業能對治惡業，若能徹底斷除惡行，修習離欲清淨善法，就能增加善業的力量。

《親友書》說，「不間斷、貪著、無對治、功德田、福德田五項，屬於重大業行，應該努力斷惡修善。」其中，三寶和上師是對我有德的功德田，父母是對我有恩的福德田。

（二）顯示具力業門

簡單說明具有力量的業門，分為四點討論。

1. 福田門

　　對三寶、上師及似尊（和上師具有同等功德的人）、父母等對象，雖然企圖心不強烈，即使略微行善也會得到大福報，即使略微行惡也會得到大惡報。如《念住經》說，「盜取佛法僧少許財物，會轉成大罪。不與取三寶財物，事後雖等值奉還，其中盜取佛法物的部份，奉還時就算清淨；盜取僧伽物比較嚴重，必須等到僧伽受用後才算清淨，因為福田重大的緣故。盜取僧伽食物，會墮入有情地獄；即使不是食物，也會投生到無間地獄旁的近邊地獄。」《日藏經》說，以犯戒身受用僧伽財物，即使只有一葉一花一果，也會墮入炎熱地獄長達久劫；即使轉生，再投胎到沒吃沒喝的曠野或尸陀林，變成缺手缺腳、眼睛盲目的畜生或餓鬼，遭受極大痛苦。

　　已經布施給僧伽的東西，雖然價值不高，如鮮花等，也不應該自己受用或轉贈在家眾，因為在家眾受用出家物罪業更重。《日藏經》說，「寧願以利劍割斷自己的四肢，也不要將已布施給僧伽的東西轉送在家人。寧願吞食猛烈燒灼的鐵丸，也不在僧團裡受用僧伽物。寧願吃下量等須彌的火球，也不願以在家身享用出家物。寧願穿腸破肚掛在三叉戟上，也不願以在家身受用出家物。寧願進入充滿火炭的鐵屋，也不願以在家身夜宿僧伽房舍。」

　　僧伽中，以大乘出家人最尊貴。《能入發生信力契印經》說，「若有人因為忿怒，將十方有情關在黑暗的牢獄，和有人因為忿怒，背對一位菩薩說，『我不要看到這個討厭的人』。輕毀一位菩薩，罪業遠遠超過前面無量倍。又如搶奪南贍部洲所有眾生的財物，和輕毀一位菩薩相較，後罪遠遠大於前罪。又如燒毀恆河沙數所有佛塔廟宇，和對一位勝解大乘的菩薩起損害心、瞋恚心，後罪遠遠勝於前罪。」《能入定不定契印經》說，「若有惡人把十方有

情的眼睛剜出，另一善人因慈心將之復原；若有惡人將所有眾生關入牢獄，另一善人將所有眾生救出，使他們享受轉輪王及梵天王無比快樂；和仰望一位勝解作意的大乘菩薩，發出清淨信、愛樂心、稱揚讚嘆，後者福報是前二者的無量倍。」《極善寂靜決定神變經》說，「殺害南贍部洲一切有情或劫奪他們的財物，和障礙菩薩行善相較，即使菩薩只是要施給畜生一點食物，後罪遠遠大於前罪。」應該特別小心防護。

2. 所依門

智愚有別：鐵丸雖小，丟到水裡立刻沉沒。智者已經成為器皿，體積雖大，還是會浮在水面。說明智者和愚者造的罪輕重不同，即使智者不小心造重罪，也會轉輕；即使愚者造輕罪，也會轉重。如《涅槃經》說，愚人作惡就像蒼蠅黏到鼻涕，鼻涕雖小卻無法脫身。因為愚人不知追悔，不知對治，再加上隱瞞過失等惡行，即使曾經做過善業，也會被惡業染污；使原本應該在今生略受異熟果報的輕罪，變成來生墮入地獄的重罪。就像在少量的水丟入一把鹽，根本無法飲用。又像之前只欠一文錢，因為身無分文不能還債，日積月累被逼上絕路，受種種苦惱。

有五個原因使輕業轉為重業，原本今生輕微的異熟果報，轉為來生墮入地獄的重大果報，這五個原因是愚癡重、善根薄弱、惡業重、不知追悔、先無善行。相較之下，這裡說的智者是指懂得後悔前過、防護後過、不覆藏已過、勤修善法等對治方法。若自作聰明、輕視惡業果報或明知故犯，都會使惡業轉加深重。

守戒有別：《寶蘊經》說，「三千世界中，所有已入大乘轉輪王位的在家菩薩一起供養佛塔，供養量如大海的燈燭、量如須彌的

火炬，這個功德還不及一位大乘出家菩薩，手持一盞塗著薄脂的小油燈，供養佛塔百分之一的功德。」前面二者意樂相同，都是發菩提心的菩薩；福田也相同，都是供養佛塔；供物有極大差別，前者燃燒數量龐大的燈油，後者只是一抹燈油，為什麼功德反而懸殊有別？

　　因為所依身不同，前者是在家身，後者是出家身。有沒有受持律儀，或者受幾項律儀，受得愈多愈殊勝。例如在家眾修施等六度，有律儀和沒有律儀所得的善根差別極大；或者在家眾受一日夜八關齋戒再布施，功德比沒有受齋戒的時候多。《制罰犯戒經》說，就算一個普通人百年不斷造作十不善業，所累積的惡業，遠遠不如一個身穿法衣，受信眾布施一日夜的犯戒比丘來得嚴重，這也是所依門較重的緣故。《分辨阿笈摩經》說，「寧願吞食熱鐵丸，忍受可怕的猛火，也不要以犯戒身受用國人食物。」這裡包括積極的違犯與消極的懈怠。種敦巴仁波切說，「出家人與在家人同樣造作十惡業，相較之下，後者顯得微不足道。」

3. 事物門

　　布施分為財施、法施和無畏施，以法施最殊勝。供佛有財物供養、承事供養和依教修行，以依教修行最殊勝，餘自行類推。

4. 動機門

　　《寶蘊經》說，例如三千世界有情為了自身利益，各自建立量等須彌的佛塔；又在諸佛塔前，以無量劫時間，供養無數珍寶。另外有一位不捨菩提心的菩薩，只是在塔前供養一朵花，他的福報遠

遠超過前者。同樣的，以所證功德區分小乘果位或大乘果位，自利或利他，動機不同，也會造成果報差別。動機強弱、時間長短也有影響。如果因為煩惱猛烈，經常串習，那麼所犯的惡業力量較大。

三毒中，以瞋業最嚴重。《入行論》說，「千劫行布施、供佛等累積的功德，只要一念瞋心就能毀之殆盡。」同樣的，瞋恚同修和菩薩，後者較嚴重。《三摩地王經》，「同修互相瞋恨，這個異熟果報不是靠持戒、多聞、禪定、住寂靜處、供佛可以補救的。」以此說明嚴重性。《入行論》又說，「菩薩是一切有情的施主，對菩薩起暴惡心，世尊說起心有多少剎那，就會在地獄長住多少劫。」

（三）果報

十黑業道果報，分為異熟果、等流果和增上果。

1. **異熟果**：十業道的異熟果報，依照對象、三毒強弱，各自區分為上品、中品及下品。《本地分》說，上品十惡業感生地獄道，中品十惡業感生餓鬼道，下品十惡業感生畜生道。《十地經》則說，中品惡業感生畜生道，下品惡業感生餓鬼道，與前說略有不同。

2. **等流果**：說明業因未斷，繼續感果的情形。即使脫離惡趣轉生為人，因為等流果的緣故，只能得到不善人身，例如殺生則短命早夭、不與取則貧窮匱乏、邪淫則妻不貞潔、妄語則常遭誹謗、離間語則親友分離、惡語則受人忤逆、綺語則言不威重，三毒造惡則經常處於強烈煩惱。

《諦者品》及《十地經》說，十惡業各自引發二種等流果，「如果投生人道，殺生則短命、多病；不與取則資財匱

乏、他人共用己財；邪淫則親屬品性不良、不值得信賴、妻子紅杏出牆；妄語則常遭毀謗、誣陷、欺騙；離間語則親友不和睦、性格暴惡；惡語則常聽到忤逆的話、說話容易引發事端；綺語則言無威信、沒人理會、辯才不穩定；貪欲則貪心重大、永不滿足；瞋恚容易造成判斷錯誤，原本要追求自利的事，卻變成追求對自己沒有好處，甚至有損的事，或者害人反害己；邪見則見解鄙劣、諂媚矯詐。」

　　先輩大師說，雖然生為人，因為前世喜歡造作殺生等惡業的習氣還在，這一生還是會造作相同惡業，稱為造作等流果（因等流）。前面舉的例子，稱為領受等流果（果等流）。

3. 增上果或主上果：指感生外在器世間的環境，不是報在自己身上。殺生則投生到飲食、醫藥、果實等養份不足，藥效不足，難以消化，容易生病早夭、非時死亡的地方。不與取則投生到種的或吃的果物營養不良、汁少味劣、果肉傷損，容易遭遇旱災水災，使農作乾枯腐爛的地方。邪淫則投生在骯髒污穢、臭氣恆生、狹小逼迫等不舒服的地方。妄語則不論從事農務、行船或各種行業都無法獲利，工作夥伴不和諧、互相欺騙，整天提心弔膽。離間語則投生到高低崎嶇、險隘難行，讓人恐懼害怕的地方。惡語則投生到充滿荊棘、瓦礫土石，沒有水源或鹽份過高的山谷丘陵，致使土地貧瘠無法耕作，讓人怖畏的地方。綺語則投生到果樹非時結果，所結果實外熟內澀無法食用，樹根不牢無法存活，缺乏綠意盎然、園林池泉的地方。貪欲則投生到一切世間美好事物逐漸消失的地方，年復一年，月復一月，日復一日有減無增。瞋恚則投生到多疾病、傳染病、戰爭、獅子、老虎、毒蛇、蜈蚣、藥叉、盜賊侵害等危險的地方。邪見則投生到金銀等世間上珍妙寶礦隱沒不現，不乾淨的

東西看起來很乾淨，令人煩惱的東西看起來很可愛等顛倒的地方。一旦投生到這些地方，就不可能遠離輪迴、得到快樂、免於煩惱。

四、說明十善業

《本地分》說了解殺生、不與取、邪淫的過患，才能心起勝解修習善品、遠離身三惡業，就是身三善業；語善業及意善業同理可推。前面談過業的事情、意樂、加行和究竟，如何配合語業和意業行持？例如遠離殺生，事情是指不應該殺害有情眾生；意樂是指先知道殺生果報，引發不殺的念頭；加行是指時時防護心，避免傷害有情；究竟是指經由修行，根本斷除殺生行為。其他九種善業，可以依照這個原則自行推論。

善業的果報有異熟果、等流果和增上果。異熟果依善業輕重，下品投生人道，中品投生欲界天，上品投生色界和無色界。等流果和增上果剛好和惡業相反，如前面所說。《十地經》說明聲聞、獨覺、佛如何成就十善業。若能奉行十善，厭惡輪迴，雖然還沒有生起利他悲心，也能隨順他人教授修習無我道理，最終獲得聲聞果位。若能奉行十善，厭惡輪迴，雖然還沒有生起利他的悲心，也能不依靠他人，由觀察十二緣起流轉法門自覺覺悟，最終獲得獨覺果位。若心量廣大、悲心具足，又能發願善巧方便拯濟眾生脫離苦海，不捨有情，希望獲得諸佛一切種智，最終自能成就菩薩六波羅蜜多。由此可知，十善業道是三乘共道的根本，成辦一切佛法的基礎。詳細內容，可參閱《本地分》及《攝決擇分》。

其他餘業差別，分為引業和滿業、定業和不定業。

1.引業和滿業：引業是指造善業確定會投生到善趣、造惡業確定

會投生到惡趣。滿業則不一定，雖然投生到善趣，也可能面臨斷手斷腳、肢體殘缺、相貌醜陋、短命多病、資財匱乏等不善業引起的不如意事，稱為引業善、滿業不善。或者投生到畜生或餓鬼，卻受用富饒的例子，如大象戴纓絡，稱為引業不善、滿業善。

引業滿業加起來共有四種可能，引業善、滿業善；引業善、滿業不善；引業不善、滿業善；引業不善、滿業不善。《集論》說，「要知道善惡業是能牽引、能圓滿所受的業，會影響投生到善趣或惡趣，也會影響在善趣或惡趣所感受到圓滿或不圓滿的果報。牽引，指能引的異熟果，決定投生到善趣或惡趣。圓滿，指在既定的趣道，領受如意或不如意的事。」

《俱舍論》說，「一個引業決定一次受生，滿業則有多種可能。」說明一個引業只能影響一次受生，不能影響多生，也不能由多個引業影響一次受生；滿業則有各種可能性，可以一影響多，也可以多影響一。《集學論》則說，有的引業只能牽動一生、有的引業可以牽動多生，或由多個引業牽動一生、多個引業牽動多生。《集論釋》說，「有的剎那業只能長養一世異熟種子，有的剎那業可以長養多世異熟種子；有時需要許多業共同完成一世異熟種子，有時需要許多業輾轉潤發多世異熟種子。」

2. **定業和不定業**：《本地分》說，「考慮以後故意做，做了以後繼續增長，屬於一定會受報的業（順定受業）。考慮以後不去做，又能避免繼續增長，屬於不一定受報的業（順不定受業）。」造作業和增長業的差別，如前論說，「造作業是指想了以後，由身業和語業完成。」又說，「增長業就是十種不增長業以外的情形，十種不增長業指夢中、不知道、不小心、不

強烈不持續、喪失心智、忘失正念、非自願、無記、懺悔、有所防護所造的業。」

《攝決擇分》也提到四種情況，以殺生為例：(1) 做而不增長，是指無意識、夢中、不小心、受人脅迫非自願等情況，做了以後就厭惡後悔，願意接受正法護持律儀，使造惡勢力漸趨薄弱，在異熟果報尚未熟以前，遠離世間貪欲，破壞感果的能力，進一步修習出世聖道，斷除惡業種子。(2) 不做而增長，是指想殺害眾生的念頭經常盤旋，雖然最終沒有下手，卻因意業深厚而加重。(3) 做而增長，是指排除前面二種情況，具備殺前準備、殺的行為、殺後不知對治三個條件。(4) 不做不增長，是指排除前面三種情況。身業和語業各有四種可能，意業沒有第二種，也沒有第一種的無意識及非自願。

3. **受報的時間**：一旦決定受報內容，何時受報有三種可能。

今生受報：在造業的當生就成熟，《本地分》說善惡業各有四種情況，帶著強烈的意念，貪著自身享受，以不當手法取得，就會在今生受惡報。相反的，受強烈出離心驅使，完全不顧自身享受，行持種種善法，也會在今生受善報。對有情起強烈損害心或慈悲心、對三寶及上師起強烈損害心或信心、對父母及恩人忘恩負義或知恩圖報，所造善惡業也會在今生受報。

順生受報：下一世果報成熟。

順後受報：第三世或未來世果報才成熟。要知道，我們歷經無數次的輪迴，在心續早已累積了數不清的善惡業種子，至於哪些先成熟？哪些後成熟？重業先感果，輕業後感果，先看業的輕重。如果勢力均等，則臨終前的最後一念先感果；如果同時出現，則生前串習深的先感果；如果串習力相同，則先做的先感果。如《俱舍論釋》說，「業因成熟的次序是隨業重、隨近

業、隨串習、隨先造。」

五、思惟別業果

　　思惟業果的利益，思惟各別業果作用，雖然可以遠離十種不善、獲得善妙身，但是若能具備一切種智、三十二相、八十種好的圓滿佛身，那麼依靠這個殊勝身修習所得的進展，遠遠大於其他身所得，以此說明必須修證廣大善業的原因，以下解釋異熟功德、異熟果報、異熟因緣。

1. 異熟功德（體相）

　　壽量圓滿：由過去生的引業獲得長壽果報，今生長壽久住。

　　形色圓滿：由和顏悅色得容貌殊妙，由五根具足得人緣，由體態均勻得舉止端莊。

　　族姓圓滿：出生到人人稱羨的高貴家族。

　　自在圓滿：財力雄厚，得到眾多親朋好友隨從部屬擁護。

　　信言圓滿：言出必行，容易獲得他人信任，又能公平裁決諍訟糾紛，使人心服口服。

　　名稱圓滿：具有廣行布施周濟貧孤，勇悍精進修持善法的美德，名稱遍揚四方，成為眾生供養的福田。

　　性別圓滿：具有丈夫種性，生為男身。

　　具力圓滿：因為宿世善業力大，今生身體健康，咸少或從不生病，又因體力充沛，能勇猛精進修習正法。這八種德相，依次稱為住於樂趣圓滿、身圓滿、生圓滿、財位眷屬圓滿、世間量則圓滿、所有名稱圓滿、一切功德器圓滿、具大力成辦事業圓滿。

2. 異熟果報（作用）：由八種功德引生八種果報

壽量圓滿果報：能長時間積聚善業，增長無量善根，成就利人利己的事業。

形色圓滿果報：能令眾生見貌歡喜、聽音信仰。

族姓圓滿果報：能教化眾生行善，順從不違逆。

自在圓滿果報：能以財施法施無畏施，成熟有情根器。

信言圓滿果報：能以愛語、利行、同事攝受有情，引導眾生早成具器。

名稱圓滿果報：能幫助眾生經營事業，由布施恩德使受恩者銜念恩惠接受勸說，行善去惡。

性別圓滿果報：能成就所有殊勝功德，能勇猛精進成辦一切事業，能智慧廣博善知世出世法；能在大眾面前無所畏懼，能與有情和諧共處、共議佛法、共享受用；獨居靜處時，自在無罣礙。

具力圓滿果報：能心無厭倦、勇猛堅定追求自他利益事，獲得神通智慧。

3. 異熟因緣：由八種因緣得八種功德

壽量圓滿的因：依止善法不傷害眾生，更不起傷害的念頭。如說，「遇到即將喪命的眾生，想辦法救護放生，保護眾生免於受到傷害，就能獲得長壽果報。妥善照顧病人，施以藥物及診治，不要拿木石土塊等物欺擾眾生，就能獲得無病果報。」

形色圓滿的因：布施照明器具及乾淨衣服。又說，「以無瞋心布施、供養色相莊嚴的佛，可以獲得形色圓滿果報。不嫉妒他人，則來世受人愛戴。」

族姓圓滿的因：降伏我慢，恭敬承事禮拜上師及父母等尊長，對待他人就像奴僕事主，常懷謙卑心。

自在圓滿的因：對上門乞討者不慳吝，有求必應。即使沒有上門乞討，也要想辦法利益貧苦無依人。對苦惱、缺乏資具的上師父母等福田，能親自到他們的處所關心問候，提供資具。

信言圓滿的因：遠離四種語不善業。

名稱圓滿的因：發願將自己已得及未得功德，全部供養三寶、父母、聲聞、獨覺、親教師、軌範師及所有上師。

性別圓滿的因：對男身所具有的功德起歡喜心，對女身所具有的過患起厭離心。對喜歡當女人的，說明女人的過患，去除她想做女人的念頭；對已轉男身的人，讚揚男身的功德，使他心喜男身。

具力圓滿的因：不但自己行善惠施，也幫助沒辦法親自行善的眾生，代替他們行善；如果需要他人合力完成，能從旁輔助不驕矜居功。

這八個因，再加上下列三個緣，就能成就最殊勝異熟因。

發心清淨：觀待自己的部份有二個，一是把所有善業全部迴向證得無上菩提，二是不求其他願望，由意念清淨產生無比力量。觀待他人的部份有二個，一是不嫉妒能力強的同修，不與能力相當的同修較勁，不輕視能力差的同修；能精勤修習，隨喜他人功德。二是對於還做不到的部份，以他人為借鏡，每天觀察模仿優點，警惕缺點。

加行清淨：觀待自己的部份是長時間、不間斷、努力修行。觀待他人的部份是多讚美，讓做不到的眾生保持向善信心，讓已經做到的眾生歡喜不懈怠。

田清淨：由發心清淨和加行清淨，獲得眾多甜美的果實，就像在肥沃的田地裡耕作，果報自然豐盛。以上根據《菩薩地》補充說

明。

六、思惟因果後如何正行

　　如《入行論》說，「痛苦來自於惡因，要如何脫離痛苦？應該日夜思惟出離法要。」又說，「對世尊所講說的業果道理產生殊勝定解，是一切善法的根本，應該依照這個根本修習異熟善果。」光知道業果運作，不代表惡業會自動停止、善業會自動累積，唯有時時勤修。業果運作的道理極為隱密，一般人根本無法用現量觀察業果如何運作，只能靠對佛的信心產生定解，仰賴佛陀真實語。《三摩地王經》說，「日月星辰終有下墜的一天，城市聚落終有崩壞的一天，虛空終有改變的一天，唯有世尊，絕不可能說虛妄不實的話。」對於佛陀的教誨，要有深忍信。如果對佛陀聖言缺乏真實知見，對佛陀說的業果缺乏決定勝解，絕不可能成就任何法；唯有了解業果，才能讓智者歡喜。

　　如果有人宣稱了解空性，卻完全不敬畏業果，把業果當成空無所有，不努力行善去惡，等於對空性持顛倒邪見。真正善解空性的人，知道緣起性空的道理，了解業果雖無自性卻有作用，反而有助於認識業果；以空性為助伴，對業果懷有正見，才算真正解空。《三摩地王經》說，「諸法如水中月影、如夢幻、如水泡、如陽燄、如閃電似有非真、快速遷滅。眾生命盡投往他趣，並不是恆常不變，真實存在的。雖然我不是實有，業果作用也不會失壞，善惡業引生善惡果的道理極為深奧、微妙難測，只有佛陀的遍知才能覺察。」應該對緣起、善惡業及因果產生定解，日夜觀察身語意，從因地截斷通往惡趣之路。如果不通達因果差別，即使略知佛法，也不可能如理守護三門，任意造作惡業，豈不是為自己開啟通往惡趣

之路。《海慧問經》說，「龍王！菩薩單靠一法，就能避免墮入惡道，這個『一法』就是思擇善法度日。」要時時反躬自省，觀察相續。

前輩大師們談因果時說過，要以法爲鏡，校正自己的行爲，如果與法相違，一定是自己的錯，將來解脫無望；以業果校正自心，發現差距甚大，又能確實反省警覺，才是智者的表現。可惜一般人不但不知以法爲鏡，還拼命找與法相應的事，做了點好事就沾沾自喜，認爲了不起，其實正是愚者的表現。《集法句經》說，「知道自己愚蠢有過失，才是眞正的智者。」明明與法相違，還把缺點當成優點，自作聰明、自認清淨，就像身上背著死屍充滿惡臭，這才是最愚蠢的人。《集法句經》說，「自以爲聰明無過失，才是眞正的愚人。」最起碼不要認爲自己很懂佛法。

又博朵瓦大師引《本生論》說明如何觀察相續，「虛空和大地相隔遙遠，大海兩岸也相隔遙遠，東西兩山相隔更遠，凡夫心與正法的距離遠遠大於這些。」顯示凡夫與正法天差地遠，這段話是月菩薩以千兩黃金，向一位善說婆羅門換取的法要。朵瓏巴也說，「具有觀察慧的智者，以法校正自心時，就像看到線球從陡坡滾下去，覺得自己與正法愈來愈遠。」凡夫則不同，愈觀察愈覺得自己與佛菩薩無異。

以法爲鏡校正自心後，應該如何遮止惡行？《諦者品》說，「大王！千萬不要殺生，一切眾生都愛惜生命，希望長壽，光是想到這一點，就不應該起殺的念頭。」除了殺生，其餘九種不善也要像前面所說，不但不做，更要避免惡念。不管在動機、加行或正行階段都要常常修習、小心防範。如果不能在意念及行爲斷除惡行，造惡後即使不願意受苦也得受，即使想辦法逃也逃不出業力的枷鎖。如果有一種業在做的當下，好像得到一點快樂；做了以後，果

報成熟時，即使百般不願意，也只能痛哭流涕忍受報應，那就是不應做的惡業。如果有一種業在做的當下，要犧牲享受忍受辛苦；做了以後，果報成熟時，卻能感受無罪的喜樂，那就是應該做的善業。

《集法句經》中，佛陀教化漁夫說，「如果你也害怕痛苦、討厭痛苦，那麼不管在明處或暗處都不要造惡。造惡後，一定會有報應，雖然你急著逃也躲不掉，雖然你潛身入海、隱身虛空、藏身山林，不管在什麼地方，業力無所不到。」又說，「愚人傷害自己的行為，像是仇人一樣。現在放任三門造惡，將來一定會感受到猛烈苦報。究竟是造了什麼孽，讓我憂傷痛苦淚流滿面，承受種種報應？還是不要做這類事情吧！究竟是做了什麼事，讓我無憂無慮歡欣悅意，享受種種快樂？趕快去做這類事情吧！原想追求快樂，卻因為放逸掉舉，造作種種惡業，那只好一邊哭一邊承受惡果。」又說，「惡業現前不像被刀砍，能立刻察覺痛楚。惡業不一定在此生受報，往往要等到來生才受報。眾生必須等到來生才會遭受異熟果報，才會知道因果道理。這就像鐵生鏽不是一朝一夕，而是逐漸腐蝕；造惡的人，總是要到最後才曉得自作自受。不如理觀察業果，來生只好墮入惡趣深淵。」

康瓏巴告訴樸窮瓦，「善知識種敦巴說，只有業果最重要，現在的人講授修習訣要，從來不把業果當成重點，我個人認為業果很難。」樸窮瓦贊同，「的確是這樣。」種敦巴又說，「仁者！不要不在意，業果是很微細的。」樸窮瓦說，「等我老的時候，要靠專講業果的《賢愚經》來修持。」霞惹瓦說，「不管碰到什麼問題，佛陀絕對不會說，這是地方出了問題！房子出了問題！而是說這是之前做了某某業，才會遭逢不順。」

雖然盡量避免染犯惡行，還是因為煩惱不小心造惡，對此不要

放任不在乎，應該努力修習世尊說的還出方便。違犯墮罪，要依照三種律儀還淨；違犯惡罪，要靠四力懺悔。《開示四法經》說，「彌勒菩薩！大菩薩有四種方便避免罪業繼續增長，哪四種方便？破壞現行力、對治現行力、遮止罪惡力、依止力。」連未來一定會受報的作已增長業，都能經由四力使種子不起現行、不受報，更何況其他不定業。

1. 破壞現行力（追悔力）

無始劫來我們造作了許多不善業，雖然不清楚內容，還是要起追悔心。懺悔的方法是先了解三惡道痛苦，多思惟與異熟果、等流果、增上果相關的道理，按照《勝金光明懺》或《三十五佛懺》儀軌悔除罪業。

2. 對治現行力

依止甚深經典： 受持讀誦《般若波羅蜜多經》等。

依止勝解空性： 以聞思修趣入無我空性，了解自性光明本具清淨，煩惱只是客塵。

依止念誦： 念誦百字明咒等殊勝陀羅尼淨除罪業，如《妙臂請問經》說，「像春天森林大火一發不可收拾，輕輕鬆鬆就能燒掉所有草木；以戒為風吹動念誦的火燄，勇猛精進就能焚毀所有惡業。像陽光照射在雪山頂，積雪深厚耐不住熾熱的光線而消融；以戒為日散發念誦的強光，能迅速消融所有罪惡。像在暗處點燈，即使光線微弱也能完全驅除黑暗；碰到累積千年的惡事，能以念誦之燈趕走黑暗。」在念誦過程，出現罪業清淨的徵兆，還是要繼續下去。

如《準提陀羅尼》說,「顯現的徵兆,例如夢到口吐惡食、飲乳喝酪、口吐酪乳、日月升起、飛行虛空、大火燃燒、水牛、降伏惡人、出家眾、紅白檀香樹等出乳樹、騎象、騎牛、登山、坐獅子寶座、身處妙宮聽聞妙法。」

依止形象:以清淨信心塑造佛像、唐卡等物品。

依止供養:對佛像、佛塔、寺廟等供養上妙物品。

依止名號:聽聞受持諸佛及菩薩聖號。

以上摘自《集學論》,其他還有很多對治方法,如普賢十大願的七支。

3. 遮止罪惡力(防護力)

就是防護相續,止息十不善業。《日藏經》說遮止力可以摧破一切自作惡、教他作惡、隨喜作惡及所有三門不善、煩惱障、正法障。《毘奈耶廣釋》說,不誠心防護,那麼前面的懺悔等於空話。《阿笈摩經》常附加詢問,「以後能不能防護?」顯示避免再造惡的防護心很重要;防護心的關鍵是懺悔力,內心愈後悔,防護力愈強。

4. 依止力

就是皈依和發菩提心。造業的對象不外乎三寶和眾生,對三寶要皈依,對眾生要發菩提心。

總之,佛陀為初發業有情說了許多淨除罪業的法門,唯有具足四力對治,才是圓滿的對治。

罪惡清淨的徵兆有二種,一是原本應該在惡道承受劇烈苦報,

變成輕微苦受。或者投生惡道，卻沒有受到痛苦逼迫，就像綵球入水，球輕輕接觸水面立即彈起，墮入地獄後馬上脫離，完全沒有受到燒煮之苦。或者此生遭受一點不適或挫折，如頭痛等，就能清淨罪業。二是原本應該長期受苦變成短期，甚至完全不受。藉著四力懺悔能清淨的程度有多大，要看行者的心量、發心、受戒等，及對治力量清不清淨、強不強大、猛不猛烈、圓不圓滿、持不持續，此間並沒有一定的標準。

許多經典和毗奈耶都講到，「無論經過幾百劫，業也不會壞失。」這是指不修四力對治的結果，業不會因為時間久而損壞消失。反之，懂得四力對治，連定業都有轉寰餘地。《八千頌大疏》提出論證，「任何一法靠近它的對治品，一定會逐漸損減；靠近強力的對治品，一定會完全消除。例如黃金中的雜質可以去除乾淨，使黃金恢復光彩。十惡業、煩惱等正法障礙，都可以藉著對治品減弱或盡除。根據這個原則，妄執心造的墮罪也可以淨除。經典說『業經百劫不壞』，是指沒有對治的情況；如果不這樣解釋，就有違正理與經典。原本一定感果的定業，因對治而成為不定業；不定業是不對治，也不一定感果，二者差別極大。」

1. 斷諍一

既然定業會轉成不定業，為什麼要區分定業與不定業？

由四力損害種子感招異熟果的功能，雖然種子仍存，卻因為破壞感果能力，將來時機成熟也不會萌發。不只是惡業種子，善業種子也會被邪見、瞋恚損害，障礙善果成熟。《分別熾然論》說，「瞋等能損害善業，四力能對治惡業，破壞種子感果的能力，將來即使眾緣和合，也因為功能受損無法長出善惡果。以此說明因位對

治的道理，一旦種子喪失發芽能力，時間再久也不會結果，這個效果等於從根本拔除業因。經典說修持正法，可以使來生確定墮入惡趣的順定受報，轉成今生輕微果報。例如來生墮入地獄，由四力對治轉成今生頭痛果報。或許有人認為頭痛也算果報，並非完全不受，和根本拔除不同。要知道，『無餘圓滿』是指應該承受多少，就受多少果報。原本應到有情地獄，現在不但免除地獄重罪及在地獄受微苦的輕罪，不過在人道略起頭痛，這不是等於根本拔除嗎？略起頭痛，表示仍有果報；根本拔除，是指到惡趣受重苦的果報。」雖然不算真正消滅種子，但是破壞種子感果能力，確定不再生果。

不要說佛教的內因果，世間的外因果也是如此；例如將麥種炒過，種到肥沃的土地、施以充足的水份和陽光，也長不出麥子。勤修善法卻不防範瞋心及邪見，等於從根本破壞善法，必須努力保護善業種子，避免被瞋等惡因破壞；必須努力破壞惡業種子，修習各種還出還淨儀軌，對治惡業。

2. 斷諍二

如果連有力的業都能清淨，為什麼要說「已感果的業除外」？

眼盲等業報一旦成熟，再對治也不能改變現狀。前面所說是針對因位階段，種子尚未成熟，還有機會改變，進入感果的果位階段就不可能再改變，這樣解釋才不會有過失。

《分別熾然論》說，「既然連最厲害的四力對治都可以完全淨除罪業，為什麼要剔除先業異熟的情況？因為殘缺盲聾的因果已經成熟，不可能透過四力對治挽回。由於業因已經轉成異熟果的體性，使人失去手足、眼見耳聞的功能，不可能回頭改變業因。在因

位階段，不管起意或正在做，同時四力對治，當然有機會改變。例如經典記載，殺九百九十九人的指鬘、弒父的阿闍世王、弒母的娑迦、暴怒的阿育王都是靠著佛陀開示的教法對治，最終證得見道位。或者有人問，阿育王等造作惡業後，能積極懺悔對治，為什麼還是墮入無間地獄？回答，之所以感生地獄，並不是沒有能力完全淨除罪障，而是為了讓眾生信解業果，確定業果無欺的道理而示現。更何況他們投生到地獄的情況不同，就像綵球觸水，一到無間地獄立刻脫離，根本沒有遭受燒煮苦報。這是為了說明拔除惡業根本的最勝法門，而不是為了否定因果作用。」

補特伽羅清淨惡業的程度，如《三摩地王經》說，「勇授大王殺害華月嚴菩薩後起追悔，大舉興建佛塔廟，在長達九十五俱胝①千歲的時間，每日三時廣修供養、懺悔惡業、守護戒律，死後仍投生無間地獄達六十二阿庾他②俱胝劫，之後又投生眼盲等殘疾眾生受無邊痛苦。」這個例子和前面有很大的差異，但要知道勇授大王懺悔的功德並未白白浪費，不這樣做，他會受更重更久的痛苦。

知道四力懺悔可以完全清淨罪業，也不能肆無忌憚；必須一開始就不犯，因為二者有很大的差別。如《菩薩地》說，犯根本罪可以重受，回復律儀清淨，但此生確定無法獲得初地果位。《攝研摩經》也說，「世尊！若交友不慎，造作毀謗正法重罪，應該如何脫免？文殊菩薩請問後，佛陀告訴妙吉祥童子：曼殊師利！此人若能持續七年，每天三時不斷追悔，確實可以清淨罪業；但以後必須多

---

① 俱胝，印度計量單位，一俱胝為十兆，一千俱胝等於一個阿庾他。
② 阿庾他，印度計量單位，在經典上有各種說法，一千萬、一億、十億，甚至有到百兆的說法。

花十劫以上的時間，才能獲得忍位。」說明雖然可以清淨罪業不感果，卻因先前造業的緣故，不管多麼努力要證得加行道忍位，還不如一開始就不犯，以免多花十劫以上時間。由此可知，即使無餘清淨可以破壞惡業感果的能力，同樣也會延緩證道時間，這就是為什麼聖者面對微小的罪業，寧願捨棄性命，也不明知故犯。以下進一步解釋：

1. 懺悔後清淨和一開始不犯有很大的差別，如果沒差，就不用守護根門。這很容易理解，日常生活有很多類似的例子，例如斷掉的手腳接回去，遠比不上沒受過傷的手腳來得方便。如《集法論》說，「若生前作惡不修福，錯失正法補救的機會，這個惡人臨死前一定會恐懼害怕，就像乘著破船越渡大海；若生前修福不作惡，依教行善，這個善士臨死前一定會毫無畏懼，就像乘著堅固大船越渡大海。」千萬不要學惡人，要學善士。

2. 有些人博學多聞，講起話來頭頭是道，做起事來放逸無度，多聞對他只有小小利益；有些人知道的法義不多，卻能如理取捨，反而可以獲得大利。《集法句經》說，提婆達多殺害蓮花色後，心中毫無悔意，依舊對眾講解佛理，佛陀舉喻教化，「說道時口若懸河，本身卻放逸不知取捨，就像牧人替主人數牛，不管數多少，對自己都沒好處，只能得到微薄工資。」說一套做一套的法師，絕不可能獲得沙門果位。知道的不多，口才也不好，卻能行持正法遠離三毒，反而能獲得沙門果位。謹慎防護三門的比丘，一開始像大象費盡力氣從淤泥爬出來，久而久之就像秋風吹落枯葉，可以自然遠離惡事侵擾。」說明起步困難，一旦串習力增強，就能自在而轉。

3. 《親友書》說，「想要得到善趣生，想要解脫，必須經常修習正見；心懷邪見，不信業果不知緣起，即使行善，還是得感受

異熟苦報。」唯有正確了解緣起和業果，才能成就三乘一切功德、成辦一切利益，這就是現世與究竟快樂的根本依處。應該多讀《念住經》、《賢愚經》、《百業經》、《百喻經》、《毘奈耶經》、《阿笈摩經》等解釋業果的經典，勤加思考獲得定解，這點很重要。

七、生起下士意樂的量

過去我們把追求今生快樂，當成目標，把來生快樂，當成空話，重視今生、輕視來生；現在應該交換位置，以來生利益為主。光了解還不夠，必須堅定信念，現在就努力行善去惡、積功累德，才能換取來生安樂果報，這就是下士意樂。

八、破除邪執分別

有些人認為佛經說「應當厭離輪迴盛事」，將追求身體受用等世間圓滿德相、來生增上，當成耽溺輪迴的表現，不值得我們發願追求。這是錯誤的觀念，追求的目標分為二種，暫時及究竟的利益。雖然獲得身體受用等世間圓滿，只算暫時利益，但對一個追求究竟解脫的人來說，更是不可或缺的重要因素；有了暇滿人身，才能透過不斷的修行輾轉增上，最後獲得決定勝果位。

不能說身圓滿、受用圓滿、眷屬圓滿等增上生，都是耽溺輪迴、不求解脫的表現。身圓滿的究竟體現，就是成就佛陀色身圓滿；受用圓滿的究竟體現，就是成就佛土莊嚴；眷屬圓滿的究竟體現，就是成就佛國眷屬圓滿。因此《莊嚴經論》解釋，「殊勝增上生的體性就是身體、受用、眷屬、事業四者圓滿。」這四項分別由

持戒、布施、忍辱、精進成辦。想要修證佛陀一切種智，必須在因地久修眾多殊勝法門，如布施、持戒等六度萬行，通過善因生妙果、極善因生究竟果，才能達到最殊勝身的終極目標，也就是佛身。

　　想要獲得究竟決定勝，如《入行論》說，「唯有靠著暇滿人身這艘寶船，才能渡過生死大苦海。」唯有依賴善趣人身才能越過苦海，獲得佛陀妙智。不要以為暇滿人身很簡單，這要經過多生勤修，累積持戒的殊勝因才能獲得，由此說明戒律是一切道的根本。光有善趣身而缺乏其他圓滿德相，進步的速度緩慢，只能成就少許功德。要獲得最圓滿德相，必須努力修證所有學處。要成就佛果，除了完整守護沙彌戒，還要守護比丘戒等學處。

　　又有人說，持小乘別解脫戒可以獲得善趣生，在家居士守八關戒也可以獲得善趣生，為什麼非得出家，守困難又利益小的比丘戒？又有人說，持別解脫戒可以證得阿羅漢，必須年滿二十歲才能受比丘戒；在家居士守近住戒就可以證得阿羅漢，既容易又利益大，為什麼不鼓勵在家身，反而鼓勵出家身？以上都是不了解聖教的胡言亂語，修行必須圓滿「一切」學處，才能達到究竟，如果只是部份圓滿，斷不可能成就佛果。以下層律儀為上層律儀的基礎，慎重修習圓滿次第，先學居士戒，再學沙彌戒，最後圓滿比丘戒、菩薩戒等學處，這就是究竟的道。以上說明，共下士道修習內容。

第三部

共中士道

9 思惟苦諦

積集皆銷散，崇高必墮落，合會終別離，有命咸歸死。

　　　　　　　　　　　　　——出自《調伏阿笈摩經》

引言

　　本章開始進入共中士道課程，首先向具有殊勝大悲心的上師及聖眾頂禮。前面已經從思惟死亡無常及三惡道痛苦，引導下士由貪圖當生利益轉為希求來生善趣；帶著出離心接受皈依，對業果產生深忍性，以強化斷惡修善的決心，確定來生獲得人天增上妙果。光有這些還不夠，應該進一步增上尋求中士意樂，誓願捨棄輪迴一切盛事；最後再以自己解脫出發，誓願救度一切眾生，成為具有菩提心的上士。這就是以共下士道和共中士道為基礎，使行者趣入上士道的做法，千萬別把下二道當成最終目標。

本章大綱
├─ 希求解說的中士意樂
├─ 苦諦為第一諦的原因
├─ 思惟生死總苦
│ ├─ 八苦
│ │ ├─ 生苦
│ │ │ ├─ 由出生伴隨的痛苦
│ │ │ │ ├─ 由煩惱伴隨的痛苦
│ │ │ │ ├─ 身體是眾苦的依處
│ │ │ │ ├─ 身體是煩惱的依處
│ │ │ │ └─ 不由自主走向死亡的痛苦
│ │ │ ├─ 住胎受苦
│ │ │ ├─ 臨產受苦
│ │ │ └─ 出生的痛苦
│ │ ├─ 老苦 ── 姿色衰退、氣力衰退、五根衰退、受用衰退、壽量衰退
│ │ ├─ 病苦
│ │ │ ├─ 身體變壞的痛苦
│ │ │ ├─ 生病本身的痛苦
│ │ │ ├─ 不能受用悅意境的痛苦
│ │ │ ├─ 被迫受用非悅意境的痛苦
│ │ │ └─ 速離命根的痛苦
│ │ ├─ 死苦
│ │ ├─ 怨憎會苦
│ │ │ ├─ 害怕遇到怨敵而身心不安
│ │ │ ├─ 害怕遭受怨敵刑罰
│ │ │ ├─ 害怕被怨敵惡名誣陷
│ │ │ ├─ 害怕因怨敵喪命
│ │ │ └─ 害怕因怨敵而違背正法墮入惡趣
│ │ ├─ 愛別離苦 ── 與至親分離而憂慼不安、言語愁悵、捶胸頓足、思念成疾、煩惱受用不足
│ │ ├─ 求不得苦
│ │ └─ 五蘊熾盛苦 ── 能產生眾苦的器皿、已經成為眾苦的器皿、已經成為苦苦的器皿、已經成為壞苦的器皿、已經成為行苦的器皿
│ ├─ 六苦 ── 無定過患、不滿足過患、數數捨身過患、數數結生過患、數數高下過患、無伴過患
│ └─ 三苦 ── 壞苦、苦苦、行苦
│   ├─ 依唯識宗講法
│   └─ 依中觀宗講法
└─ 分別思惟六道痛苦
   ├─ 三惡趣痛苦（第六章）
   ├─ 人道痛苦
   ├─ 修羅道痛苦
   └─ 天道痛苦
      ├─ 欲界天痛苦
      └─ 上二界痛苦
         ├─ 色界
         └─ 無色界

一、希求解脱的中士意樂

說明爲什麼不能以下士道爲滿足的理由，即使獲得人天妙位，還是無法避免行苦①損害，眾生執苦爲樂，不過是一種顛倒錯亂。正確來說，人天只算是暫時的安樂趣，並非眞實恆久不變，光是沉浸在善趣快樂，等到福報窮盡，又回到惡趣受苦，那麼先前的短暫享受，又有什麼好留戀的；這就像即將墜落懸崖的人，不會把臨時棲身的險崖或樹枝，當成永久安樂處。《入行論》說，「雖然多次投生善趣享受快樂，死後也常墮入惡趣遭受劇苦。」《弟子書》也說，「眾生經常上下流轉，有時在善趣，有時在惡趣。好不容易到善趣，卻將短暫快樂當成究竟安樂，不肯把握機會修習佛法，最後只得身不由己隨業飄流，繼續在善惡趣打轉，無窮無盡。」說明不論善趣或惡趣，都是輪迴，都不是眞正究竟的安樂，即使身處善趣，也要視同惡趣，激發出離心。

《四百論》說，「智者看到善趣，就像看到地獄一樣心懷恐懼。如果說輪迴裡有個安樂處，能讓智者歡喜，恐怕找不到。」《攝功德寶》也說，「凡對生死有貪著，必定無法脱離輪迴。」《弟子書》也說，「把善趣當成快樂，會增長無明；把善趣當成痛苦，會減損無明。經常串習輪迴悅意的一面，耽著短暫快樂，則貪欲煩惱更旺盛；經常串習輪迴不悅意的一面，畏懼輪迴過患，則貪欲煩惱逐漸息滅。」說明眾生執著三有快樂，不斷在心中強化悅意境的可愛，由無明及貪欲造作不善業，才會沉溺輪迴出離無期。對治這

---

① 行苦，與苦苦、壞苦統稱三苦，欲界受三苦逼迫，色界受壞苦和行苦逼迫，無色界只受行苦逼迫。顯示行苦遍及一切，是苦苦和壞苦的根本，只要取蘊存在，即使當下沒有感到苦，將來遇緣就會產生苦受。

些妄執必須真正瞭解輪迴本質，只有純然的痛苦與不淨，唯有認清真相，才能對治妄念。否則放任愚癡及貪愛勢力增長，將來哪有機會脫離苦海？修習輪迴過患，相當重要。

　　如何正修中士意樂？

　　解脫，就是脫離束縛。業與煩惱是繫縛眾生的兩股力量，透過業與煩惱的作用，形成欲界、色界、無色界；或以趣區分的五道和六趣（阿修羅與天道可以合一，稱為五道）；或以出生方法區分的溼卵胎化四生。輪迴就是藉由業與煩惱的力量，將前後相續連結起來，成為不可掙脫的束縛。逃離束縛，稱為解脫；想要逃離的心，稱為希求解脫心。這種解脫和業與煩惱的行蘊不同，因此不會在第一剎那生起，第二剎那息滅。因為不會自動息滅，所以才要努力修證。不努力對付業與煩惱，兩股力量在結生時產生作用，形成後有；唯有強力對治，才能終止業與煩惱繼續運作。

　　如何引發解脫心？

　　想解除口渴，必須先知道「口渴」是一種令人不舒服的狀態，然後有不想經歷的心。同理，想寂滅取蘊中的苦，必須先觀察取蘊有什麼過失。不修三有過患，就沒有出離心，更別想離苦得樂。《四百論》說，「不厭患生死輪迴，怎麼可能喜歡涅槃寂靜？就像貪著親人恩愛，不想離開家庭一樣；對世間盛事懷有強烈欲望，自然不願出離三有。」有二個方法可以引發希求解脫心，就是思惟苦諦、集諦，與思惟十二緣起流轉的四聖諦。以下說明如何修習苦諦，分為思惟生死總苦及生死別苦，首先說明四聖諦，為什麼苦諦是第一諦？

二、苦諦為第一諦的原因

集諦是輪迴的因，苦諦是輪迴的果。先因後果，應該先說集諦、再說苦諦，為什麼世尊卻說「各位比丘！這是苦諦，這是集諦？」之所以不照先因後果的次序，是為了直接開示修行要道，並沒有過失。

如果眾生不知道輪迴是苦，從來沒想過要解脫、要根本斷除輪迴，佛陀不可能導引他們來修道。因為眾生無明，誤將輪迴痛苦執為快樂，被顛倒妄想迷惑，以致於看不清楚輪迴的本質。如《四百論》說，「輪迴大苦海，完全沒有快樂的岸邊，沉溺在大苦海的愚人啊！為什麼不害怕？」所以世尊先告訴眾生輪迴的本質。知道苦才會引發厭離心，想到要解脫，再看看有什麼方法，因此佛陀先說苦諦。

眾生知道苦諦，才恍然大悟原來自己身陷苦海而不自知，想脫離苦海滅除痛苦；接著知道，若不從因地著手，無法除苦。從因地推敲苦的原因，稱為集諦，因此集諦排在苦諦後面。痛苦來自有漏業，有漏業來自煩惱，我執是煩惱的根本，這就是集諦闡釋的內容。

知道有辦法滅除我執，因而誓願現證涅槃，拔除根本痛苦，所以集諦後開示滅諦。講到這裡也許有人會問，既然知道苦諦，也引發希求解脫心，為什麼不直接開示滅諦，以求早日覺悟，為何要在中間插入集諦？回答，這樣做沒有過失。雖然已經由苦諦生起希求解脫心，欣慕涅槃寂靜快樂，但是不了解苦因，不可能對症下藥去除苦果，不可能確定滅諦可證。唯有知道滅諦可證、解脫可得，才能引導眾生去修證解脫要道，所以最後開示道諦。

這個環環相扣的道理，就如《寶性論》說，「生病時先診斷病

因，才能對症下藥，按照指示服藥，才能讓身體康復。想要脫離輪迴，應知苦諦、應斷集諦、應證滅諦、應修道諦。」大小乘許多經典都談到四聖諦，這是佛陀總攝輪迴流轉及還滅的扼要，是解脫的重要關鍵，身為上師應該次第引導弟子修學。不能真正體悟苦諦、真正厭離輪迴，卻妄稱自己想解脫，這不過是空話而已；這種人的一舉一動，終將淪為輪迴的因。不知集諦，則不知業與煩惱是生死根本，就像射箭沒有目標；既然自我阻礙修行，卻妄想脫離三有，那不過是無的放矢、徒勞無功的行徑。不知應斷的苦諦與集諦，不可能通達寂靜的解脫要道，卻妄稱修解脫道，那不過是自我慢心的吹噓。

三、思惟生死總苦

（一）八苦

如《親友書》說，「大王啊！必須修習厭離生死輪迴，因為那是求不得、死、病、老等無量眾苦的出生處。」應該這樣做。修習厭離生死，就是思惟眾苦的根源。這裡提到四種苦，「等」字還包括另外四種，總共有八苦。

八苦，就是佛陀在許多經典開示的苦諦。正式談八苦以前，再次提醒，修共中士道不要忘了納入前面共下士道的內容。在不共的部份，如果慧力足夠，就修習共中士道所有法類；如果還不行，可以暫時擱置經文，重點觀修章節大綱。雖然修習道次第是採用觀修的方式，仍然要有止的功夫，每堂課專注於所說的善所緣，不要跑到其他善、不善或無記的主題，避免散亂；同時要斷除昏沉掉舉，在清醒明覺的狀態下修習。《入行論》說，「雖然日以繼夜念誦苦

行，如果帶著散亂心，世尊說毫無利益。」以散亂心行善，效果不彰。又《修信大乘經》說，「善男子！由這個特殊法門宣說菩薩之所以信解大乘，生出大乘，就是因為心不散亂、正思惟法義。」所謂心不散亂，是指專注在正修的主題，沒有跑到其他地方，即使是其他善所緣也不行，更別說要把心散亂在惡所緣了。

所謂法與義，是指佛法內容及義理。所謂正思惟，是指以觀察慧思擇法義。不管修什麼，都要靠不散亂與思擇修的力量，成辦一切功德。因此說引發三乘一切功德有賴止觀，先有心不散亂的止，專注在正修的善所緣，才能獲得真實或隨順（相似）奢摩他；然後透過觀，善巧觀察善所緣的如所有性與盡所有性，才能獲得真實或隨順毘鉢舍那。如《解深密經》說，「彌勒菩薩！不論聲聞、菩薩或如來，所有世間及出世間善法，都來自於止觀的功德。」

1. 生苦

八苦中第一個是生苦，有五種苦相，(1) 由出生伴隨的痛苦，不管是地獄、餓鬼、胎生或卵生，出生時都伴隨著猛烈的痛苦。(2) 由煩惱伴隨的痛苦，一切有情都被粗重的煩惱控制不得自在。前面說過業與煩惱形成三界六道，沉溺此間的眾生只能隨逐煩惱種子受生，當煩惱習氣增強的時候，不可能隨心所欲行善。(3) 身體是眾苦的依處，只要受生三界，就擺脫不了生老病死等無邊痛苦的糾纏。(4) 身體是煩惱的依處，只要身處輪迴，就會因外境引發三毒，擾亂身心；因為煩惱會以各種方式逼迫身心，毫無片刻安寧。(5) 不由自主走向死亡的痛苦，有生就有死，生命的終點就是死亡，不管喜不喜歡、願不願意，都無法免除一死，死時徬徨無助、遭受神識剝離的痛苦。

從這五點思惟生命充滿痛苦，生的時候與痛苦俱生、活的時候與煩惱俱生，然後被衰病老等折磨至死，這就是生苦。

住胎受苦的情形？

如《弟子書》說，「擠在狹小黑暗的空間，泡在極度惡臭與污穢，住胎就像身處地獄受盡難以忍受的重苦，所以才有胎獄的這個稱呼。」如《入胎經》說，有數不清的骯髒穢物、萬蟲鑽動，臭惡難忍，令人無法想像；全身骨穴孔竅流出便尿、腦髓等污穢汁液，上下被五臟六腑壓迫，面對脊椎背對肚皮，以母親的經血滋養身體。

母親吃東西時，經過咀嚼嚥下的食物，混著口水就像嘔吐物一樣噁心。食物經由臍帶輸送，使胎兒歷經不同階段發育，在第一個七日形成凝脂般的羯羅藍位（意為凝脂、雜穢），第二個七日形成乳酪般的安頁部陀位（意為皰、皰結），第三個七日形成柔軟肉胞的閉尸位（意為凝結、肉段），第四個七日形成血肉逐漸堅實的健南位（意為凝厚、硬肉）。之後長出手腳可以微動，身體部位漸趨成熟，粗具形態的缽羅奢佉位。全身裹著胎衣，如置身在不淨臭穢黑暗的糞坑，與腐爛穢泥上下浮轉。母親吃下苦酸粗鹹辣淡等滋味，透過臍帶進入胎兒體內，就像碰到火炭渾身灼熱難耐。香噴噴的食物進入體內早已腐敗不堪，使胎兒像蒼蠅啜飲著糞便。又像掉入惡臭不淨的爛泥沼，命若懸絲。

母體內散發的熱氣，使胎兒像被放在鐵鍋煎煮，以熱、極熱、最極熱的大火翻燒，備受猛烈痛苦，令人難以忍受。

當母親轉動身體，胎兒像被五花大綁天旋地轉，又像被投擲到煻煨地獄，承受不可言語的劇痛。如果母親吃得太多、太少、太油、太乾、太冷、太熱、太鹹、太淡、太苦、太酸、太辣，或者母親行房、急走、跑跳、倒立、站在火前、蹲坐，都對胎兒造成嚴重

痛楚。有時上面的器官往下墜，下面的器官往上擠，像是插在鎗尖一樣。

臨產受苦的情形？如《弟子書》說，「胎兒柔軟嬌嫩的身體，要穿過狹小的產道出胎，就像被榨油機擠出來一樣，要承受強大的痛苦，有的胎兒忍不住，在生產過程中夭亡，有的因業力強大而存活，被左右骨盆強烈擠壓，在骯髒的子宮裡翻轉，最後裹著濕漉臭穢的胎衣全身瘀青呱呱落地。強烈逼迫的痛苦，就像潰爛的惡瘡，又像宿醉吐出的東西，氣味強烈令人作嘔。」

又如《入胎經》說，「胎兒經過五位逐漸長出四肢，然後從產道出來；產道裡面像糞坑一樣，滴下各種不淨物，裡面黑漆一片，攙雜著血水流入胎兒的每一個孔竅。等到業果成熟，業風吹來，胎兒頭下腳上旋轉兩手彎屈，從母親的骨盤狹縫擠出，受到猛烈粗暴的苦楚，渾身瘀青，像被毒瘡侵害一樣，輕輕一碰全身刺痛難耐。骯髒的胎衣包覆身體，因體內缺水而嘴唇、喉嚨、心臟乾燥，胎兒就是處在如此迫迮的環境。當痛苦力量增強，宿業成熟吹動業風，使胎兒經歷千辛萬苦出生。一接觸外在器世間，即使微風吹過，也像千刀萬剮，被人抱在懷裡穿上衣服，又像利刃割身，時時承受著粗暴的痛苦。」

經典用各種譬喻形容出生的痛苦，就像活生生被剝皮的牛全身血淋淋，還要遭受萬蟲啃食；就像全身潰爛的痲瘋病患，還要被鞭打虐待。出生後不停的被人抱來抱去，身體忽冷忽熱劇烈難當。八苦中，以生苦和五蘊苦最重要，應該好好用智慧思擇法義。

2. 老苦

分為五點談，(1) 姿色衰退，年輕貌美轉為衰老，腰彎如弓、

鬢髮霜白、滿臉皺紋像用久的砧板，種種老態令人厭惡。(2) 氣力衰退，年輕力壯轉爲無力，坐下來像斷了線的袋子，再也提不起；站起來像拔樹，費盡力氣才能站起；加上口齒不清、反應遲鈍、行動緩慢等等。(3) 五根衰退，老眼昏花不能視物，癡呆、記憶衰退等根識功能逐漸喪失。(4) 受用衰退，因爲器官老化不能盡情享受五欲妙塵，山珍海味擺在眼前也無法消化，每天還有許多禁忌。(5) 壽量衰退，眼看體力一日日衰弱，生命一天天減少，好像隨時會死掉，內心不時遭受恐懼折磨。

應當思惟年老的痛苦，《廣大遊戲經》說，「老能毀壞少壯之軀，就像粗壯的樹幹被雷擊而應聲倒地；老能讓住破屋的人感到害怕，隨時面臨崩塌危險。仁者，請快說出避免老死的妙法吧！年輕貌美的男女，被老磨到相貌枯槁，像狂風掃過娑羅林一片狼藉；身強力壯的勇士，被老奪去精進勇氣，像置身泥沼無可奈何。老，把妙色變爲醜陋，劫奪威德與權勢，使快樂成爲笑柄，讓生命光彩褪色，最終走向死亡。」懂哦瓦說，「死苦雖然劇烈，但歷時較短；相較之下，被老苦折磨的時間較長，老苦比死苦更嚴重。」迦瑪瓦說，「還好老是在不知不覺中慢慢形成，可以稍微忍耐，如果老苦和死苦一樣快速，一定無法忍受。」

3. 病苦

分爲五點談，(1) 身體變壞的痛苦，虛弱消瘦，皮膚乾枯等。(2) 生病本身的痛苦，身體受苦導致心情煩燥，時時處在煩惱。體內地水火風四大不調失去平衡，致使身心錯亂，晝夜憂惱。(3) 不能受用悅意境的痛苦，爲了避免病情惡化而有禁忌，連平常喜歡的東西都不能盡情享用，加上身體虛弱，無法自在行動，連行住坐臥

都有問題。(4) 被迫受用非悅意境的痛苦，為了治病勉強服用難以下嚥的飲食藥物，甚至用開刀針灸等粗暴、不舒服的方式治療。(5) 速離命根的痛苦，一旦病入膏肓藥石罔效，知道死期不遠，心裡產生極大恐懼。

應當思惟種種病苦，如《廣大遊戲經》說，「幾百種病及病苦，就像獵人追逐鹿群，應該觀察老病如何逼擾眾生。仁者，請快說出離苦的妙法吧！冬天大雪吹過，花草樹木失去嫩綠的光澤，疾病就是這樣摧殘，使眾生顏色衰損、氣力衰損、根識衰損。即使散盡家財，也抵擋不了百病恣意侵擾，就像烈日傷害草木完全不講情面。」

4. 死苦

死亡來臨時，縱使千般不捨百般憂惱，最終仍得捨棄可愛的財富、親戚、友伴、肉體，遭遇四大分離的痛苦，應當經常思惟死苦。因為放不下，強烈貪執財富、親戚、友伴、身體，加劇死苦。《廣大遊戲經》說，「死讓最親愛的眷屬無法再相聚，就像樹葉脫離枝幹不能復原，江水逝去不再回頭。死讓手握大權的國王失去權勢，不得自在，就像木頭在湍流裡隨波逐流。死的時候孑然獨行，沒有人能隨侍，唯一相伴的只有業風，任憑業風擺佈飄流六道，一點自主能力都沒有。三界哪有可以免除死苦的安樂處？海裡有巨鯨吞食魚蝦、空中有金翅鳥噉食龍族、陸地有獅子襲擊大象，連非情草木都要遭受野火焚燒。一切含靈蠢動、情與非情，都被死苦逼迫著。」

5. 怨憎會苦

分為五點談，害怕遇到怨敵而身心不安、害怕遭受怨敵刑罰、害怕被怨敵惡名誣陷、害怕因怨敵而喪命、害怕因怨敵而違背正法墮入惡趣，應當經常思惟怨憎會苦。

6. 愛別離苦

分為五點談，與至親分離而憂慼不安、言語愁悵、捶胸頓足、思念成疾，或煩惱受用不足，應當經常思惟愛別離苦。

7. 求不得苦

求不得苦的五種現象和愛別離一樣，例如務農收成不好、經商獲利不豐等等，凡是努力追求卻未達目標，致使心灰意冷憂愁苦惱，都算求不得苦。

8. 五蘊熾盛苦

分為五點談，五蘊是能產生眾苦的器皿、已經成為眾苦的器皿、已經成為苦苦的器皿、已經成為壞苦的器皿、已經成為行苦的器皿，應當思惟這五種苦。第一是指因受生而得到充滿痛苦的蘊身，由煩惱粗重造作惡業，轉為後世受苦的果報。第二是指這個蘊身註定要遭受老病死折磨，沒有蘊身就不會被老病死依附，產生危害。第三和第四是指蘊身受粗重煩惱影響，產生苦苦和壞苦。第五是指蘊身形成後，便以行苦為自性，受業與煩惱支配不得自在。

苦苦、壞苦和行苦，後面會詳細說明。如果不了解取蘊的本質，沒有發起真實出離心，絕不可能真正有希求解脫心；那麼對於同樣在輪迴受苦的其他眾生，自然沒有想拯濟的悲心。不管就自利或他利、小乘或大乘來看，都應該深切思惟輪迴過患。

想要發起厭離心，應該先尋求清淨的論釋，正確了解聖言；其次經過長時間串習，以觀察慧思擇法義，轉變根深蒂固的錯誤觀念。佛陀為了讓眾生知道輪迴過患，特別開示八苦，無著菩薩也造論闡述八苦。如博朵瓦說，「不論投生到哪裡，都要面臨各種痛苦，看到人們生病的生病、死掉的死掉，要知道這些痛苦都不是無因生、突然降臨，而是輪迴的本質，出生註定要遭受眾苦。所以要厭離『生』，立誓截斷出生的因，才能得到究竟安樂。」應該再三思惟生苦、老苦、病苦、死苦等過患。

（二）六苦

《親友書釋》說有七苦，最後一項是六趣個別痛苦，這裡只談前六苦。

1. 無定過患

我們經歷過無數次受生，今世的親眷成為來世的仇敵，今世的仇敵變成來世的親眷。有時候父轉子、子轉父、母轉妻、妻轉母，受業力牽引流轉不定，哪有每一世都可靠的親眷？《親友書》說，「父親變兒子、兒子變父親、母親變妻子、妻子變母親、怨敵變親眷，等到這生結束，來生是什麼關係，完全不確定。」不要說來生

才會改變關係，在現實生活中經常可以看到親轉仇、仇轉親，人與人之間反覆無常的事情。如《妙臂請問經》說，「有時候仇家變成好朋友，好友之間反目，甚至變成陌生人，之後又互相怨恨。所以智者應該止息貪愛親眷、分別敵友的心，安住正法。」仔細找找輪迴中，哪有眞實安樂的地方，哪有永恆不變的關係，以此滅除貪愛親友及瞋恨怨敵的想法。

2. 不滿足過患

　　經典說，「我們在過去無數次受生，喝過的母乳比四大海水還多。如果現在還不好好修，將來變成畜生所要喝的母乳遠遠超過前面的量。」不知悔改，從錯誤的經驗得到教訓，不肯好好修，到底還想投胎多少次？應該想想過去受生幾次，根本數都數不盡，哪有不曾享受的快樂？不曾遭遇的痛苦？繼續貪圖眼前小利，豈不是爲自己開啓輪迴無盡的大門。

　　如果有人說讓我享受到滿意爲止，就可以斷除貪愛。這是不可能的，快樂哪有盡頭？不管領受多少快樂，不但不滿足，反而助長貪愛煩惱，使我們繼續在輪迴經無量劫受無量苦。將短暫的現世快樂和長遠的輪迴痛苦比較，前者實在微不足道。如《親友書》說，「就像痲瘋病人被蟲咬，爲了止癢把身體靠在火邊；不但不能止癢，反而燙傷身體，貪等欲望也一樣，永遠沒有飽足的時候。」《弟子書》也說，「在過去無盡的生死中，我們曾在有頂天享樂、也曾在無間地獄受苦，早已不下幾百次，什麼樣的快樂沒享受過？多少次享用天人妙樂的結果是什麼？貪欲不斷增長，最終墮入惡趣吃盡苦頭。什麼樣的痛苦沒領教過？多少次追逐短暫快樂不知滿足的下場是什麼？到每位有情的肚子裡不斷受生。爲什麼不害怕？唯

有去除貪欲，才能脫離輪迴。」

應思惟《除憂經》的內容，要激發強烈厭離心，「過去在地獄道喝過的烊銅鐵汁，比海水還多；在畜生道身為豬狗吃下的穢食，比須彌山還高；在人道為了親友分離流下的淚水，比四大海還深；在阿修羅道戰鬥所砍下的首級，從地面堆到梵天也不夠。又投生為虫蛆，因饑餓而啖食的糞土，足足可以填滿無數個大海。」

又如《華嚴經》說，「應該憶念往事！過去無數生為了貪欲而虛耗度日，白白遭受許多痛苦；現在為了求證菩提而修行禁戒，息滅貪欲，才能截斷生死之流。應該憶念往事！過去無數生為了貪欲而虛耗度日，明明遇到諸佛出世，卻從來不親事供養、不聽聞佛語、不如法修行，白白浪費暇滿人身。」說明三界盛事都是欺誑不實、沒有意義的，為了追求短暫快樂，終將遭受無量眾苦。既然已經虛度無數寶貴人身，現在應該好好反省：執迷不悟、不發奮圖強修習解脫，將來註定要繼續受苦。想想這些，真正引發出離心。懂哦瓦對種敦巴說，「不管以前受什麼身，從來沒有像今生一樣，還有機會修習大乘佛法，一定要把握千載難逢的機會。」又桑樸瓦說，「一會兒上升善趣，一會兒下墮惡趣，一想到上下轉來轉去，心中極度不安。」如果尚未生起猛烈出離心，也該思惟前面的道理，早日轉入正道。

3. 數數捨身過患

如《親友書》說，「把每次死掉的屍骨堆起來，比好幾座須彌山還高。」說明每位有情受生的骨頭，如果不腐爛，數量甚於須彌。

4. 數數結生過患

　　如經說，「將大地所有泥土搓成柏子大小的土丸，一顆顆數母親的數目，也數不盡。」以前有人認為這句話是比喻同一位有情身為自己母親的次數，其實這是不對的。依《親友書釋》說，「各位比丘！如果有人取大地土搓成柏樹果實小的丸子，然後數著『這是我的母親、這是我母親的母親……』，一直向前數，即使用光丸子也數不完。」說明即使往前追溯，無法到達最初邊際，以此引發厭離心，如《四百論》說，「想要追溯一個果的最初因，並非明顯可見。每個因背後都有數不清的『因的因』，光是想到因沒有邊際，怎麼不令人對輪迴感到害怕？」《四百論釋》也說，「無明相續就像茂密的森林，根本無法計算裡面的類種到底有多少；有情走在充滿痛苦的生死曠野，也應該對此經常感到厭惡。」應該順著這個道理好好思惟。

5. 數數高下過患

　　如經說，「前世身為帝釋天受用最好的供養，因為福報窮盡，來生墮入低賤種性。前世享受轉輪聖王福報，因為福報窮盡，來生作人奴僕。前世身為天子經常撫摸天女細緻的肌膚，享受美妙柔滑的觸感，死後墮入鐵輪地獄，受粗糙刑具碓磨、切割、撕裂之苦。前世住在須彌山頂踩著柔軟土地，舉足向下地面自動凹陷，舉足向上地面自動平復，死後墮入煻煨地獄，全身陷在火炭屍泥河，雙腳受燒灼難忍之苦。前世與天女追逐嬉遊，在天宮歡喜妙園玩耍享樂，死後墮入近邊地獄，受劍葉林割截之苦。前世與妙如金蓮的天女，在天界水流緩慢的七寶池裡共浴，死後墮入灰河地獄，受鹼水

腐蝕身體之苦。即使到欲界天享受大欲樂、到色界天享受離欲樂，死後還是得墮入無間地獄，不斷被火燒。雖然獲得能照耀世間的日月身光，死後還是得投生到伸手不見五指的極黑暗處。」

　　前文說的碓磨、切割、撕裂三種鐵輪是指眾合地獄、黑繩地獄及燒熱地獄的刑罰。天女隨逐，是指身邊有許多天女相伴。天界欲樂，是指享受忉利天以上的欲界天快樂。日月身光，可以指陽光月光，包括能依的有情世間和所依的器世間，也可以指日月宮殿的光。以上特別舉高處下墮的譬喻，由此引發厭患三有。當然有些人自認為現在過得還不錯，沒有太大的痛苦，只要想到三界快樂終歸壞滅，又有什麼好執著的。如《調伏阿笈摩》說，「積聚的，終有消散的一天；居高的，終有下墜的一天；相聚的，終有分離的一天；活著的，終有死亡的一天。」

6. 無伴過患

　　如經說，「既然知道死亡過患，寧願點燃三福業火炬，照亮未來的投生路。獨自走向死亡，雖有日月光，也不能掃除無邊黑暗。」要知道過患，知道一定會死，知道什麼都帶不走。三福業是指身口意三門行善，或由施戒修三門累積的善業。無邊黑暗，指無明。無伴趣往後世，如《入行論》說，「生時，只有一具光溜溜的身體；死時，連這個臭皮囊也帶不走，更何況沒有一同出生的親友，生時獨自生，死時獨自死。既然至親好友不能為我分擔死亡痛苦，我何必為了他們障礙自己解脫？」

　　六苦又歸納為三類，說明輪迴具有不可信賴、不知滿足、無邊際的特性。第一不可信賴是指，自己的身體，因為有數數捨生的過

患；今生親友，因為有無定過患；有漏盛事，因為有數數高下過患；共住的親友，因為有無伴過患。第二不知滿足過患；第三數數結生過患，受生的次數沒有盡頭。

（三）三苦

依唯識宗講法

1. 壞苦

就像在熱癰灑冷水，痛苦暫時舒緩，好像是一種快樂。輪迴中所有樂受都是如此，一旦樂受壞滅或消退，就轉為苦受，這就是壞苦的本性。不只樂受，與樂受相應的心、心所及所緣的有漏境，都是壞苦。

2. 苦苦

就像在熱癰澆熱水，會產生劇烈刺痛，加重原本痛楚。苦受一出現，當下觸惱身心，像得腎臟病一樣，這就是苦苦的本性。和前面一樣，不只苦受，也包括與苦受相應的心、心所及所緣的有漏境，都是苦苦。

3. 行苦

就像在熱癰沒有受熱水或冷水刺激，沒有苦受也沒有樂受，是不苦不樂的捨受；雖然沒有苦樂，卻有煩惱隨逐，這就是行苦的本性。和前面一樣，不只捨受，也包括與捨受相應的心、心所及所緣的有漏境，都是行苦。

行苦被過去的業與煩惱控制，引發將來煩惱和痛苦的種子隨

行，稱為遍行粗重所隨。樂受出現時，貪欲增長；苦受出現時，瞋恚增長；捨受出現時，愚癡增長，雖然此時沒有苦受與樂受，卻有煩惱種子隨逐的習氣，將無常執為常等邪見。進一步來說，貪欲的結果是造作善不善業，形成將來投生到善趣惡趣的結果，遭遇生老病死等眾苦折磨。瞋恚的結果是當下感到憂慼不悅，來生墮入惡趣受苦。愚癡的結果是執著前面二種煩惱，認為苦苦和壞苦實有存在。

如何遮止三苦？應該思惟，樂受只是大苦轉小苦、痛苦暫時減輕，並非真正的快樂，本質仍然是苦，以此滅除貪欲。對於苦受，應該想想業與煩惱產生取蘊，這個蘊身原來就是眾苦的器皿、眾苦的因緣；像長癰瘡會痛，是天經地義的事，為什麼要瞋恨？真要追根究柢，造成痛苦的原因是蘊身，應該瞋恨這個蘊身，而不是瞋恨眾生，以此滅除瞋恚。對於捨受引發的行苦，應該觀察諸法無我、諸行無常，以此滅除根本我執。不要讓三種苦受成為三毒的因，這是照唯識宗《瑜伽師地論》及《攝決擇分》所說。

依中觀宗講法

1.行苦遍攝二苦

行苦就像身負重擔，不放下，痛苦會一直存在。眾生背著由業與煩惱產生的五取蘊，取蘊不斷，行苦就不會消失。從一開始有取蘊，就註定會受苦。取蘊的本質就是苦，煩惱種子在蘊體，伺機產生行苦。苦受未出現前，甚至會有樂的感受，不過遇緣還是會產生痛苦。行苦遍及一切苦，是苦苦和壞苦的根本；愈了解行苦，愈有厭離心，應該多思惟行苦。

2. 樂受的本質是苦

能增長貪欲現前的樂受，其實只是先前的痛苦減輕，被誤認為是快樂。例如走太久稍微坐下來，會覺得舒服。這是因為走太久的苦受暫時停止，獲得舒緩而產生快樂，本質並非快樂；如果一直坐著不起來，也會產生新的痛苦，坐太久不舒服。

真正能帶來快樂的因，應該和苦因一樣，愈接近、愈持續就愈快樂。想想行住坐臥、飲食、曬太陽、樹下乘涼，這些我們認為快樂的因，做得愈久愈痛苦，由此證明這些都不是真正的樂因，充其量只算大苦轉小苦。如《入胎經》說，「難陀！要知道行住坐臥都是苦，禪修者應該各別觀察它們的本質。例如整天行走，不停、不坐、不躺，走路這件事就會帶來巨大痛苦。其他動作也一樣，深入去想就能領略極強烈、粗暴、無法忍耐、不舒服的感受。日後若再想到行走，自然不會起安樂想。」

接著佛陀又說，「難陀！因為暫時停止某個行為的苦受，將新產生的苦受妄執為樂，不知道那也是苦，不過程度較輕而已。難陀！第一剎那有漏樂受生起，不過是體性為苦的樂受生起（生唯苦生）；第二剎那有漏樂受消失，不過是體性為苦的樂受消失（滅唯苦滅）。第一剎那有漏樂受生起，不過是體性為苦的行苦生起（生唯行生）；第二剎那有漏樂受消失，不過是體性為苦的行苦消失（滅唯行滅）。」由此可知，有漏樂受的產生和壞滅，等於苦生和苦滅，而不是樂生和樂滅。《四百論》也說，「過度靠近有漏樂受，會產生苦受；過度靠近有漏苦受，還是苦受，不會轉為樂受。」

四、分別思惟六道痛苦

　　六道各別痛苦有六種，共下士道已經講過三惡趣，現在談人道、阿修羅道及天道的痛苦。

　　人道痛苦有饑渴的痛苦、寒熱的痛苦、辛苦追求的痛苦、生老病死等七種痛苦。如《資糧論》說，「惡趣痛苦聽起來很恐怖，不要以為那些離我們很遙遠，其實人道就有。受逼迫時感覺置身地獄，貧窮時感覺置身餓鬼，受欺凌時感覺不如畜生，加上弱肉強食、處罰傷害等各種痛苦。有的來自於匱乏，有的來自於不知足，不但要勞心勞力，還可能招來殺身之禍。」《四百論》說，「地位高，承擔的責任大，又害怕失去權勢，經常處於意苦；地位低，生活資具不足，必須靠勞力謀生，經常處於身苦。意苦與身苦，隨時摧殘人道眾生。」

　　非天痛苦，如《親友書》說，「阿修羅生性好瞋、嫉妒天道，以意苦為主，因為這些與生俱來的障礙，使他們空有智慧不能證道。」阿修羅嫉妒天道富樂，經常發動戰爭，使身體受兵器割裂之苦，一受傷又比天道容易喪命。雖然有智慧，卻因趣性障不能證得聖諦。《念住經》說阿修羅是畜生道，《瑜伽師地論》說是天道。

　　天道痛苦，分為欲界天痛苦及上二界痛苦，欲界天有三種痛苦：

1. **死墮苦**：分為死歿苦和墮下苦。死歿苦，如《親友書》說，「天人生前享受極大富樂，死前遭遇極大痛苦，智者不應貪愛有限的天趣快樂。」說明天人死前的苦受，遠遠大於生前的樂受。諸天臨死前有五死相，如《親友書》說，「失去身光、不樂本座、佩花枯萎、衣沾污垢，以前身體不流汗，現在會流汗。天空自然發出聲音宣告死訊，其他諸天紛紛走避；就像某

人病危，消息迅速在鄉里傳開。」墮下苦，因為天人具宿世通能知三世，死前就知道自己墮往何趣。如《親友書》說，「天人在生前只顧享樂，消耗宿世累積的善業，加上活著的時候沒時間行善，死後一定會被業力牽到三惡趣。」

2. 悚慄苦：福報大的天子一出生，伴著廣大資糧及上妙五欲，福薄天子看到福厚天子自然恐懼、憂感、苦惱，擔心被排擠。

3. 斫裂殺害等苦：包括斫裂殺害苦、驅擯苦和散亂苦。斫裂殺害苦，諸天和非天戰鬥，身體四肢、手足指節被砍傷或割裂，只要頭沒斷就不會死，其他部位受傷可以復原。驅擯苦，力量強大的天人一不高興，就把地位低的天人趕出宮殿，由此產生恐懼。散亂苦，如《資糧論》說，「看似享受五欲妙樂的天人，其實從未真正享受快樂；因為一直處在不滿足的狀態，貪欲之火猛烈燃燒，沒有片刻安寧。經常處於散亂，怎麼可能自在？散亂擾動的體性，就是無法寂靜，木柴被大火燃燒，再加上風勢助長，火燄只會更加猛烈。」又說，「就像大病剛剛初癒，就吃到不該吃的東西，身體更虛弱。」

色界和無色界諸天，雖然沒有欲界天的痛苦，但煩惱種子未斷，只是暫時不起現行，以隨眠的方式存在，最終還是會受業與煩惱的控制產生行苦。又如《資糧論》說，「雖然上二界沒有苦苦，以禪定喜樂為體性，可以在定境安住久劫。但這種有漏定不算究竟解脫，一出定就會向下墮落。由於禪定的時間極長，使上二界天人誤以為已經脫離輪迴，不再進入惡趣暴流。其實不管入定多久，長達多少劫，上二界的壽量和整個輪迴比起來，不過是個小小的剎那，不可能長久安住。就像鳥在空中飛，不管飛多久，一旦體力耗盡終歸要降落；不管箭射多遠，終歸要落地，總有邊際和盡頭。看

似一直燃燒的燈火，其實只是
剎那遷滅的連續。因爲業與煩
惱，諸天註定要遭受行苦損
害。」

由上述道理思惟五道六趣
的總苦和別苦，對輪迴眞正生
起厭離；並觀察輪迴的因，想
想生死如何產生，下一章將闡
述集諦的道理。

熱振寺壁畫

10 思惟集諦

若有愛，仍當出生故。

——出自《釋量論》

引言

輪迴的形成要靠業與煩惱共同作用，以煩惱為主；沒有煩惱，即使宿業種子深重，缺乏雨水潤澤及土地孕育等助因，種子也不會發芽，業因也不會長出業果。業種沒有得到俱生緣（煩惱）的幫助，就無法長出苦芽。反之沒有宿業，只要有煩惱，就能立即造集新業，由「愛取支」生「有支」，完成每次受生。如《釋量論》說，「雖然阿羅漢的宿業未清，因為斷除煩惱，那些宿業也不會再讓他們墮入輪迴。因為去除了煩惱的俱生緣，沒有我執，就沒有後有，不再輪迴。」又說，「只要具備十二因緣的愛支和取支，絕對會結生。」想善巧對治煩惱，先要認清煩惱這個敵人，這章將說明煩惱及煩惱產生的原因。

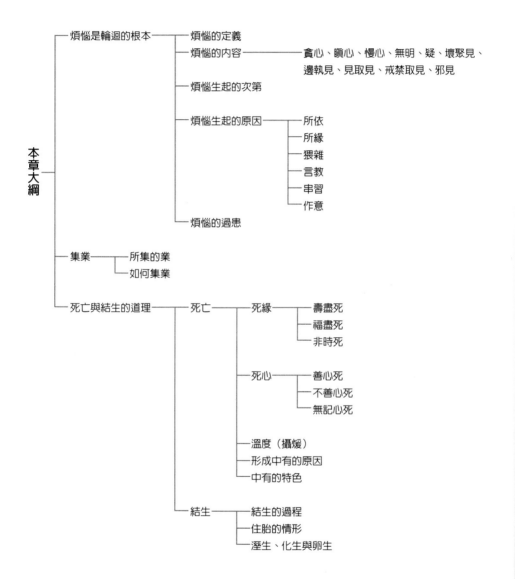

本章大綱 ─┬─ 煩惱是輪迴的根本 ─┬─ 煩惱的定義
         │   ├─ 煩惱的內容 ─── 貪心、瞋心、慢心、無明、疑、壞聚見、
         │   │   邊執見、見取見、戒禁取見、邪見
         │   ├─ 煩惱生起的次第
         │   ├─ 煩惱生起的原因 ─┬─ 所依
         │   │   ├─ 所緣
         │   │   ├─ 猥雜
         │   │   ├─ 言教
         │   │   ├─ 串習
         │   │   └─ 作意
         │   └─ 煩惱的過患
         │
         ├─ 集業 ─┬─ 所集的業
         │   └─ 如何集業
         │
         └─ 死亡與結生的道理 ─┬─ 死亡 ─┬─ 死緣 ─┬─ 壽盡死
                             │   │   ├─ 福盡死
                             │   │   └─ 非時死
                             │   ├─ 死心 ─┬─ 善心死
                             │   │   ├─ 不善心死
                             │   │   └─ 無記心死
                             │   ├─ 溫度（攝煖）
                             │   ├─ 形成中有的原因
                             │   └─ 中有的特色
                             └─ 結生 ─┬─ 結生的過程
                                     ├─ 住胎的情形
                                     └─ 溼生、化生與卵生

一、煩惱是輪迴的根本

1. 煩惱的定義

如《集論》說，「某法一出現，內心極度不平靜，由這個不平靜持續增強的作用，稱為煩惱的總相。」煩惱一生起，心立刻處在不寂靜狀態，以下各別說明十種煩惱。

2. 煩惱的內容

貪心：心耽著、隨逐內在或外在的悅意境，像布沾到油漬不易清除，貪戀某個所緣境，心和所緣境產生難分難捨的念頭。

瞋心：瞋心所緣的對境包括其他有情、痛苦及令人產生痛苦的器具，如刀杖、荊刺等。對所緣境產生強烈恚惱，希望傷害他們。

慢心：由薩迦耶見執著自身實有，進而對內在的相貌、外在的財富權勢分辨高下、美醜、好壞，認為自己在這些方面高人一等。

無明：對四諦、業果、三寶等自性不了解，帶著煩惱污染的見地（染慧）看待事理。

疑：懷疑四諦、業果、三寶是否存在？是真是假？

壞聚見：即薩迦耶見，執著五取蘊是我和我所，以染慧為體性。壞指無常、聚指眾多，說明我和我所是無常、眾多因緣的和合法，不是常、一、自性所成的補特伽羅，因此稱為壞聚見。

邊執見：指常見和斷見，持薩迦耶見的人認為，我是永遠存在的恆常（常見）或死後灰飛煙滅的斷滅（斷見），以染慧為體性。

見取見：把薩迦耶見、邊見、邪見及持有這些邪見的蘊體，當成最殊勝的解脫因，以染慧為體性。

戒禁取見：將錯誤的戒律認為正確，將應捨的戒律認為應持，或依照各種顛倒的衣著（如披人皮、戴骷髏……）、行為（如整天倒立、單腳站立、直視太陽……）、聲音（如學豬叫、狗吠……）修持，認為這些戒律及所依的五蘊可以淨除罪惡、消除障礙、解脫煩惱、出離生死，以染慧為體性。

邪見：包括損減見和增益見。前者執有為無，主張沒有前後世及業果；後者執無為有，相信勝論師說的大自在天創造世間；或者相信數論師說的世間是自性所成，以染慧為體性。凡持有這些被煩惱染污的見地，都是邪見。

以上十種煩惱，出自《集論》、《瑜伽師地論》、《釋五蘊論》。

3. 煩惱生起的次第

首先說明煩惱的根本，依宗派見解分為二類，一是主張薩迦耶見和無明不同的唯識見，一是主張兩者相同的中觀見。

唯識宗主張薩迦耶見和無明不同，無明是薩迦耶見的因，由薩迦耶見產生煩惱。例如在暗室看到盤繞的繩子（五蘊），由於對繩子的體性不了解而誤執為蛇。或者雖有清楚識物的能力，卻受到黑暗（無明）的影響，把繩子當成蛇（薩迦耶見）。眾生就是這樣被無明所遮蔽，錯將五蘊執為實有的自我，由我執產生種種煩惱。

中觀宗主張薩迦耶見等於無明，只是名稱不同，薩迦耶見是煩惱的根本。由於薩迦耶見執著我是真實存在的，起自他分別心；由分別心區分黨派，產生愛己排他的想法及作為；看到自己的優點產生慢心，認為自己高人一等；看不到未來、前後世，便主張生命是常或斷的壞聚見；將惡見地及惡戒律執為上乘解脫道，產生見取及

戒禁取；懷疑或否定佛陀開示的無我真理，對業果、四諦、三寶產生邪見及疑。如《釋量論》說，「由於我執而產生自他分別，貪愛同黨、瞋恚異黨，其結果是造作一切惡業。」

4.煩惱生起的原因

《菩薩地》提出六種原因：所依，指煩惱種子。所緣，指能引發煩惱現起的所緣境相。猥雜，指親近惡友等不善者。言教，指聽聞邪法。串習，指能增長煩惱的過去習性。作意，指心中不斷虛構的可愛及不可愛境相，或妄執無常爲常等不合道理的想法。

5.煩惱的過患

煩惱的過患是煩惱一出現，心情立刻雜染不安，對所緣境相顛倒執著，使煩惱種子更堅固、同類煩惱更強大。不但傷害自己及他人，還禍延今生及來生，今生要忍受憂慼逼惱的痛苦，來生要忍受惡業成熟感招苦果的痛苦；又遠離了解脫正道，致使善法退失、受用減損；擔心惡名隨行，被上師、護法、聖眾斥責，被眷屬責罵、被眾人恥笑。死前才憂傷後悔，害怕墮入惡趣，再無法獲得利益自己的機會。《莊嚴經論》說，「煩惱會傷害自己、傷害他人、傷害戒律。因爲戒律毀損，無法繼續在僧團享受聞法的快樂，又失去了恭敬利養的機會；怕被本尊及護法神責備，惡名流布，來世無法投生善趣聽聞佛法，不但喪失已證功德、又無法獲得未證功德，總之煩惱會帶來許多重大憂苦。」

《入行論》也說，「瞋愛等煩惱是沒手沒腳的敵人，又沒有過人的英勇才智，怎麼會把我變成僕奴，讓它們安住在我心中，隨它

們高興來傷害我。我竟能忍受這種情況不生氣，實在應該被狠狠的責罵。應該想想即使是擁有神通大力的天人或非天與我爲敵，也不可能將我推入無間地獄；只有煩惱這個大仇家，能把須彌山化爲灰燼，刹那將我擲入無間地獄。世間敵人不管多厲害，也不可能生生世世與我爲敵、生生世世傷害我，只有煩惱能超越生死不斷傷害我。順從世間仇家巴結他，還有可能放我一馬，給我點好處；只有煩惱這個大仇家，對它愈好，下場愈慘，每次都恩將仇報。」要詳細思惟煩惱的過患，小心被煩惱驅使奴役。

又如阿蘭若師說，「想斷除煩惱，就必須知道煩惱的過患、體性、對治方法和原因。知道過患，才會視煩惱爲怨敵，小心防範。不了解禍害有多大，就不會視煩惱爲怨敵，所以要依照《莊嚴經論》及《入行論》說的方法詳加思惟。」又說，「想知道煩惱的體性，必須聽《俱舍論》，或者至少要聽《五蘊差別論》，才能了解根本煩惱與隨煩惱。貪等不善心一出現，要馬上認出敵人，知道煩惱敵已經來了，趕快提起精神與煩惱敵作戰。」必須立刻起身對抗，不能忍氣吞聲，讓煩惱敵有機可乘。

二、集業

1. 所集的業，包括思業和思已業

思業，如《集論》說，「何謂思？思能驅使心去造作意業，包括善、不善、無記業。」說明思使心隨境轉，產生意業。思已業，由思發動身語業。《俱舍論》說，「業，就是思業和思所引起的業，前者是指意業，後者是指身語業。」身語業又分爲有表業和無表業。小乘有部主張①，身語表現出來的有表業才算思已業。世親

論師破斥有部說法，主張不管身語業有沒有表現出來，只要與身語業共同俱轉的思，都算思已業。

業分為善業、惡業、無記業三種；集諦說的業，是指善業和惡業。善業，分為有漏善業（擾雜煩惱）和無漏善業（遠離煩惱），這裡是指有漏善業；有漏善業又分聖者和凡夫的有漏善業，當現證空性的智慧不起現行，聖者也會造作有漏善業；當現證空性的智慧起現行，聖者只有無漏善業。只是聖者已經證得見道位，不再受業與煩惱進入輪迴，這裡所談的對象是凡夫。不善業，指非福業；善業，包括欲界所攝的福業和上二界所攝的不動業。累積福業可以投生到欲界善趣，累積不動業可以投生到色界或無色界。如《俱舍論》說，「福業，能感生欲界善趣；不動業，能感生上二界。」為什麼叫不動業？欲界善業的異熟果報，原本應該在欲天成熟，也有可能轉到其他道，果報會改變，稱為動業。上二界的善業只會在上二界成熟，不會轉到他界，稱為不動業。《俱舍論》說，「不動業只在上二界成熟，不在其他界成熟。」

2. 如何集業

聖者也會造作增長善業，預流果和一來果也會造不善業，但聖者不會累積再度受生的業。《中觀論》說，「輪迴的根本是行業，現證空性的聖者，不會再造行業；凡夫缺乏聖者的智慧，所以會造

---

① 有部主張只有身語有有表業和無表業，有表業是外在可見的業，身業以形色為體，語業以聲音為體，無表業以法所攝為體性，二者都屬於實法。意業沒有有表業和無表業。但唯識宗主張，意業也可以在內心自我表示，成立有表業；以意業為體的表業或無表業，屬於假有法。

行業。」世親論師說，「唯有現證空性見諦的聖者不造能引業。」換句話說，只要補特伽羅我執存在，就會造引生輪迴的業。聖者現證無我眞實義理，雖因宿世業力與煩惱繼續受生，但不會造新的能引業。預流果和一來果雖然不能盡斷我執，但我執缺乏力量，只要我執出現，智慧立刻察覺降伏，如同強者制伏弱者，使我執失去引發的力量，以上見《瑜伽師地論》。由此可知，能造集新業引生輪迴的人，是指大乘加行道②中世第一法以下的凡夫。

3. 由無明和薩迦耶見產生煩惱

造作三門惡業，累積非福業；由布施持戒等欲界善法，累積福業；由修習色界及無色界所攝禪定，累積不動業。那麼看到輪迴盛事的過患，希望獲得解脫，帶著出離心修善；或者如理觀察無我眞實義理，以無我慧相應的思造集善業，是不是也屬於能引輪迴的集諦？

在資糧道和加行道的凡夫，一方面會累積庸常的能引業，另一方面透過出離心和無我慧觀察，造作相應的清淨善業，也可以累積非庸常的能引業（稱爲隨順集諦），因爲這些業還是會隨順引生後有，因此歸爲集諦。其中，出離心是後有愛的對治品；無我慧是輪迴根本行相的對治品，能對治人我執和法我執。如《攝決擇分》說，「既然修加行道以下的世間善法，能破壞後有的因，引生出世

---

② 加行道，又稱方便道，指爲了斷除煩惱而加功用行，修習這個方便加行，能引發之後趣向涅槃的無間道。大小乘都有資糧道、加行道、見道、修道和無學道。《成唯識論》說，加行道是修習大乘的順決擇分，包括煖、頂、忍、世第一法四個位階。煖位是智火未見，已得煖相；頂位是觀行轉明，就像登上山頂能清楚看到遠方事物；忍位是能安忍四聖諦；世第一法是雖然還沒有證道，但在世間已算第一殊勝。

間道，為什麼還算集諦？回答，雖然這些善法的自性是出於厭患後有，可以當成未來的解脫因；但三門善業還是屬於有漏業，還是會引生後有，因此歸入集諦。」

應該好好思惟生死過患，引發出離心，修出世間道。因為這是非庸常集諦，屬於隨順集諦，能種下將來解脫的因，所以要努力引發出離心及無我慧。若不多方面修習生死過患，破除貪愛輪迴樂事，又不能如理觀察無我慧真實義，不好好修願菩提心及行菩提心，那麼一切善行，除了少數仰賴殊勝福田的力量，其他只算庸常凡夫的集諦，不可能成為脫離輪迴的因。

4. 作已增長的業

分為二種，由樂受或捨受增長。樂受增長的業，分為追求受用色聲等五欲妙塵所造的業及厭患五欲追求禪定所造的業，前者又分為希求今生快樂所造的非福業和希求來生快樂所造的福業；後者能累積往生色界初禪天、二禪天、三禪天的不動業。再進一步厭患前面所說的五欲妙樂及禪定快樂，不貪戀樂受、不造作樂受增長的業，能專心修習捨受，可以累積往生色界四禪天，甚至無色界有頂天的不動業。這是世親論師的想法。總之，唯有全然厭患輪迴，為了追求解脫而三門行善，才能逐漸遠離生死、趨近涅槃。

三、死亡

1. 死緣

死有很多種，包括壽終死、福盡死、非時死。壽終死，由過去

宿業累積，確定今生能活的歲數，時間一到就死，稱為時死。福盡死，今生福報享完後死，例如缺乏獲得食物的福報，因饑荒而死。非時死，如經說壽終前遇到死緣，稱為未捨不平等死；共有九種死緣，飲食無度、吃到不適當的食物、舊食尚未消化又吃新食、吃後消化不良囤積在腹部、消化管道阻塞無法排洩、食物混用產生毒素、做不自量力的事、在不適當的時節做某事、做非梵行事。

2. 死心

臨死前的心念有三種，善心死、不善心死、無記心死。

善心死，臨終前由自己憶念或他人助念，當死心停留在粗想位時，緣念過去對三寶、業果等信心所造作的善業，稱為善心死。不論前生行善多或造惡多，眾生臨死前靠著自力或他力，究竟會生起善心所或惡心所？要看過去哪個串習力較深，臨終前一念就專注在串習力強者，忘記其他事情。如果串習力差不多，就看先想起哪一法，由該法佔據心念，忘記其他事情。生前行善的人好像走入光明，臨終前恍如置身夢境，看見許多快樂的景象，平靜安祥的辭世。死的時候，身體沒有遭受太多粗重的痛苦。經常行善，神識脫離肉體時的解肢節苦較輕微。

不善心死，臨終前，由自己憶念或親人哭喊吵鬧，當死心停留在粗想位時，追念種種貪等不善，使身心處於嚴重痛苦。經常造惡的人，臨死前會承受惡報現前的徵兆，如置身夢境看見許多恐怖奇怪的東西，好像走入黑暗。造作上品惡業，看到各種可怕的境相而驚恐萬分，出現汗毛豎立、手腳亂動、大小便失禁、雙手亂抓、兩眼翻白、口吐白沫等惡相。造作中品惡業，前面講的生理現象有些有，有些沒有。除了天道和地獄道之外，其他眾生都會經歷解肢節

苦，其中以造惡者最爲嚴重。臨終還沒進入細想位時，長久串習的「我愛」起現行，使亡者想到「我會死」，對自身產生強烈貪著，形成中有的因。當然預流果和一來果的阿羅漢也會「我愛」現行，因爲「我愛」的力量薄弱，能立刻被強有力的智慧覺察予以制伏，就像強者對弱者。至於不還果的阿羅漢，已經不會「我愛」現行。

無記心死，臨終時自己沒有想到善事惡事，也沒有他人助念或干擾，心念處於無記狀態，死前沒有明顯苦樂。在粗想位階段，不論善心死、不善心死或無記心死，到了細想位階段統統轉爲無記。因爲這個時候，能執持善惡的心力變得很微弱，不但自己無法生起善念，他人也無法以助念的方式讓亡者起善心，當然哭鬧也不會讓亡者起不善心。一旦斷氣進入細想位，所有的死心都處於無記狀態。《俱舍論釋》說，「善心和不善心的行相都很明顯，最細死心的行相則不明顯，兩者行相不同；因此善心和不善心無法進入細想位階段，這時候死心都是無記的。」

3. 溫度（攝煖）

溫度如何消失？

經常造惡的人，神識從上半身往下降，溫度從頭頂開始冷卻，最後到心間。經常行善的人，神識從下半身往上升，溫度從腳底開始冷卻，最後到心間。二者的神識，都從肉團心離開。這和入胎一樣，入胎時神識進入父精母血，最初形成肉團心；神識離開肉體的地方，就是最初託胎的地方。前面談到上半身或下半身先冷，然後收攝心間，雖然沒有明說後半段過程，可以推論下半身與上半身的溫度也會逐漸收攝於心。

4. 形成中有的原因

神識從心間離開肉體，只要死心一結束，立刻在該處形成中有，連一刹那間隔也沒有；死心和中有的關係，猶如秤錘兩端，一邊向下，另一邊就向上。由於過去貪執自身我愛及樂著戲論的習氣而產生中有，然後依照善業、惡業先後成熟的次序投生。中有俱備眼等五根能力，一旦決定投生處所，立刻顯現來生的身形；還沒受生以前，五根具有神通，眼睛像天眼一樣目識千里，身體能穿牆走壁通行無礙。如《俱舍論》說，「中有是指死有之後、生有之前的階段；所顯現的身形，是未來生本有的樣子。這時只有同趣中有可以互看，或者修煉得到的天眼通可以看到。中有五根具全、具有神通，不受有形的物質阻礙；一旦形成某趣的中有，就不會轉入他道；中有靠香氣為食。」前面說只有即將投生到同一趣的眾生，或者因為修得離垢淨眼，才能見到這個中有。

雖說中有不會轉入他道，但《集論》說藉由聖者力量還有機會改變。《俱舍論》說到四有，死亡後到未結生的中有、結生第一刹那的生有、結生第二刹那到死前最後刹那間的本有、臨終最後刹那的死有。文中「本有形」是指未來受生的第二刹那到死有前最後刹那的那個本有，因此有人誤以為這句話解釋中有是依照前生的身形，或者有人採折衷的方法說，前三天半是前生身形、後三天半是來生身形。這些講法缺乏正確依據，只是以無為有的增益執。《瑜伽師地論》說「識不住」，是指由於神識已經離開肉體，與前生不再發生關聯，所以不會再對前生的身體產生貪著。有些人認為中有看到前世的屍體腐敗，心中會憂感苦惱，這也是沒有根據的增益執。

5. 中有的特色

覺受：造惡者的中有，感覺置身在黑色毛氈或夜晚漆黑的暗處；造善者的中有，感覺置身在白色衣服或月光照射的亮處。

識物：中有可以看到同類中有，和即將投生的地方。

顏色：《入胎經》說，「地獄中有的顏色像燒焦的木頭，畜生中有的顏色像煙霧灰白，餓鬼中有的顏色像水，人及欲界天中有的顏色像黃金，色界天中有的顏色潔白無瑕。」以上說明顏色差別。

存在：從無色界投生到下二界，中有存在。從下二界投生到無色界，中有不存在；只是在命終形成無色蘊，直接投生到無色界。這是唯一有根據的說法，雖然有人主張「欲界和色界到無色界、無色界到欲界或色界，這兩種情況都沒有中有」，這個說法不合理。

姿勢：經典又說，轉生天道的中有，頭朝上；轉生人道的中有，橫著走；造惡者的中有，眼睛朝下倒著走；這裡說的造惡者，通指投生到三惡趣的中有。另外《俱舍論》說，人道、餓鬼道、畜生道的中有，依照各自的方式移動。

壽命：如果結生的因緣未到，中有最多可以活七天，中間遇到生緣就會投生，不一定要滿七天。如果一直沒有碰到生緣，中有的身形會改變，每次七天，最多有七次機會，四十九天內一定會結生。經典並沒有提到超過四十九天的例子，有些人認為中有可以活很久的講法不合理。原本應該投生天道的中有，經過七天還沒有受生，可能轉到人道或其他道，這是因為其他業力後來居上，改變中有種子的緣故，其他道也是如此。

四、結生

　　生有結生的特色是貪愛與同類相聚而起顛倒見，如果是胎生，中有會在要受生的地方看到同類，想和他們嬉戲玩耍，產生希望投生到那裡的欲望；受胎時，看到父精母血起顛倒想，即使當時父母沒有行房，仍然出現行房的幻相而產生貪愛。如果來生是女胎，就希望母親離開，與父親會合；如果來生是男胎，就希望父親離開，與母親會合。《瑜伽師地論》說，中有並沒有真正見到父母的長相，而是錯將精血認作父母，以為雙方正在行房。

1. 結生的過程

　　中有因錯誤的妄想而漸漸靠近，看不到父母其他部位，只見到男女根相，因瞋心而脫離中有，進入結生。或者當父母達到高潮各出一滴濃厚精血，就像乳酪在母胎融合凝結，這時候中有消滅。在消滅的同時，由阿賴耶識的力量，使無根精血和能生五根的四大結合，產生有根精血，就像種滅芽生的道理。由阿賴耶識入胎，稱為結生；不承認有阿賴耶識的宗派，說是第六意識入胎結生。

　　福報不足的中有投胎到卑劣種性，在死亡及入胎時聽到吵雜的聲音，妄見自身處在蘆草密林。造善業者投生到尊貴種性，會聽到悅耳的聲音，妄見自身處在高廣閣樓或宮殿裡。

2. 住胎的情形

　　胎兒在母體經過三十八週逐漸成形，長出器官與肢節，再經過四天出生。如《入胎經》說，「住胎九個月或超過九個月最圓滿。

八個月算足月，不是十分圓滿。六或七個月不圓滿，甚至可能出現肢體殘缺的情況。」詳細可參閱《入胎經》。如果對投生處不滿意，甚至不想去，就不會在該處結生。前生造作引生地獄的業，如屠夫宰殺羊雞豬等違背律儀的事；投胎時，好像在夢中看到成群牛羊，因爲過去業力串習的緣故，一看到牛羊就想追捕牠們。接著對牛羊產生瞋恚心，在瞋恚心生起的同時，中有消滅、生有出現，投胎爲畜生道。

假設地獄道的餓鬼，原本要到地獄，因爲先前串習力而轉入其他惡道，受生的道理也一樣。投生爲畜生、餓鬼、人、欲界天、色界天，都會看到同類合意的眾生，興起想要在一起的欲望而前往，最後因爲瞋心結束中有，進入來生，以上出自《瑜伽師地論》。如果不是造作殺業，其他違背戒律而投生到地獄的轉生方式，和前面所說相同。

3. 溼生、化生與卵生

《俱舍論》說，「因爲尋找香氣或房舍而投生。」說明即將受生爲溼生的中有，因爲貪求香氣而投生；即將受生爲化生的中有，因爲想找棲身之所而投生。又如《俱舍論釋》說，

如果即將投生炎熱地獄，中有會感覺寒冷，想到溫暖的地方，於是趨近炎熱地獄；如果即將投生寒冷地獄，中有會感覺酷熱，想到涼爽的地方，於是趨近寒冷地獄。《俱舍論》說，卵生受生的方式和胎生相同。上述死亡和結生的道理，除了幾個特殊地方，其他都是按照《本地分》所說。

黃教六大寺之布達拉宮（西藏）

11 十二因緣

善見緣起，則能遮除緣前後際，及緣現在一切惡見。

——出自《稻稈經》

引言

　　十二因緣依次為無明、行、識、名色、六處、觸、受、愛、取、有、生、老死十二支，觀察十二因緣如何流轉，可以了解生死輪迴的運作，觀察十二因緣如何還滅，可以斬斷生死輪迴的根本，十二因緣是對治無明的最佳法門。凡是想要從痛苦的輪迴中獲得真正解脫，都必須好好思惟十二因緣。

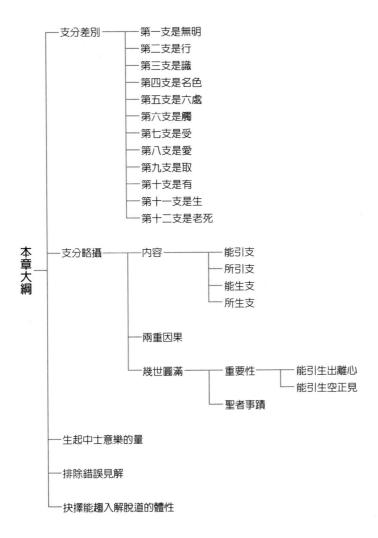

本章大綱

支分差別 ── 第一支是無明
 ── 第二支是行
 ── 第三支是識
 ── 第四支是名色
 ── 第五支是六處
 ── 第六支是觸
 ── 第七支是受
 ── 第八支是愛
 ── 第九支是取
 ── 第十支是有
 ── 第十一支是生
 ── 第十二支是老死

支分略攝 ── 內容 ── 能引支
 ── 所引支
 ── 能生支
 ── 所生支

 ── 兩重因果

 ── 幾世圓滿 ── 重要性 ── 能引生出離心
 ── 能引生空正見
 ── 聖者事蹟

生起中士意樂的量

排除錯誤見解

抉擇能趣入解脫道的體性

一、支分差別

第一支是無明，如《俱舍論》說，「無明就是非親、非實等。」

無明就像怨敵、虛誑不實的事。無明不是遮蓋親友、諦實，和親友、諦實不同的東西，而是與親友、諦實完全相反的違逆品。無明不是「非明」，明以外的東西，也不是「沒有明」；無明和明，是正相違的對治品。法稱論師說，薩迦耶見等於無明，能對治無明的明，就是了解補特伽羅無我的智慧；與明相違的無明，就是有補特伽羅我執①的薩迦耶見。

無著與世親論師都主張，無明不等於薩迦耶見，薩迦耶見是對真實義的倒執邪解，無明是對真實義的愚昧無知，無知才算無明。不管對無明的解釋為何，基本上他們都同意無我智慧是對治無明的關鍵。《集論》說無明屬於無知，分為業果愚和真實義愚。業果愚是不知有業果，不知善有善報、惡有惡報，因此恣意造作惡業，累積墮入惡趣的行支。真實義愚是不了解空性，不知諸法實相，因為對空性無知，即使行善，也只能累積往生善趣的行支，無法成為究竟的解脫道。

第二支是行，就是造業，分別為引生惡趣的非福業、引生欲界善趣的福業、引生上二界的不動業。

第三支是識，經典說有六識，最重要的是阿賴耶識，不承認阿賴耶識的宗派可以稱為意識。對業果無知，不知道惡業會導致苦苦的果報，於是任意造作增長惡業，由這個業果愚的習氣薰染今生的

---

① 補特伽羅我執又稱人我執，以補特伽羅為所緣，執著自性實有；薩迦耶見又稱壞聚見，緣有薩迦耶見的自己為實有，若緣他人則為補特伽羅我執。

識，稱爲因位識；然後這個因位識轉成投生到惡趣的識，稱爲果位識。對無我眞實義無知，錯將善趣的苦受當成樂受，於是造集福業及不動業，由這個眞實義愚的習氣薰染今生的識，稱爲因位識；然後這個因位識轉成投生到欲界及上二界善趣的識，稱爲果位識。

　　第四支是名色，受蘊、想蘊、行蘊、識蘊是名，屬於非色；色蘊是色。無色界的眾生只有色的種子，沒有實際形色，等到將來受生他界，色的種子才會萌發產生實際形色；除此之外，其他界道在胎生的第一階段羯羅藍位就形成色蘊。

　　第五支是六處，胎生結生時，識進入精血形成羯羅藍，產生身根和意根，之後與名色形成眼耳鼻舌四根。化生結生時，諸根一起成長，沒有先後次序。卵生或濕生的成長過程與胎生相同，只是住胎的情形不同，卵生住卵、濕生住濕氣，如《本地分》所說。名色一形成，就完成了身體的主體；六根一形成，就完成了身體的支分。換句話說，在六處階段，身體機能幾近完備，成爲能受用者，六根可以受用六塵；但不算受用圓滿，因爲後面還有境界受用（觸）及異熟受用（受）二個階段。無色界只有意根，沒有其他五根。

　　第六支是觸，由根境識三者會遇和合假名爲觸，產生喜歡、討厭、中庸三種境界。雖然說「以六根爲緣」的生觸，其實包含了六境和六識。

　　第七支是受，由觸執取三種境界分別產生樂受、苦受和捨受。

　　第八支是愛，包括不想失去樂受的「不離愛」及想避免苦受的「乖離愛」。由受生愛，是指無明存在的情況下，由觸起受、由受起愛；沒有無明，即使有感受，也不會再生愛支。觸屬於境界受用、受屬於異熟受用，同時具備才算受用圓滿。在欲界、色界、無色界，分別有欲界愛、色界愛、無色界愛。

第九支是取，對四種境界起四種意欲和貪念。欲取，對色聲等外在五欲塵。見取，薩迦耶見以外的惡見。戒禁取，惡戒和惡禁。我語取，即薩迦耶見。

第十支是有，過去行支在識支薰染習氣，然後透過愛支和取支潤發，成為引生後有的強大力量。雖然現在還處於因位階段，為了顯示這一支有能力引生來世，特別在因位假立一個果的名字。

第十一支是生，指識在濕卵胎化最初結生的第一剎那。

第十二支是老死，老是諸蘊成熟後轉為衰老的過程，死是諸蘊分散、息滅和捨棄。

二、支分略攝

如《集論》說，「何謂支分略攝？就是能引支、所引支、能生支、所生支。其中，無明、行、識為能引支；名色、六處、觸、受為所引支；愛、取、有為能生支；生、老死為所生支。」由四個支分產生二重因果關係，能引是所引的因、所引是能引的果，能生是所生的因、所生是能生的果。

若問，建立四個支分是為了顯示一重受生因果？還是二重受生因果？如果是一重受生，那麼把無明和行當成因，引生出果位的識、名色、六處、觸、受；就無法再起愛、取、有、生、老死等支。如果是二重受生，那麼第二重因果缺乏無明、行及因位識，第一重因果缺乏愛、取、有，如何成立受生？

回答，二重受生因果沒有過失。因為能引因所引的法，和能生因所生的法相同。中有在因位識受生，必須借助愛取潤發，才能形成果位的後有，在第一重因果就包括愛取有三支；所引的果位識、名色、六處、觸、受是指來生果，在第二重因果就包含生和老死。

由二重因果講述受生道理，並沒有過失。

又問，既然能引和所引也包括能生和所生，爲什麼要安立二重因果？

回答，是爲了說明所引果的苦諦和所生果的苦諦，二者性相不同、原因不同。所引果的苦諦最初含藏在種子中，體性還沒形成，顯示未來苦；所生果的苦諦已經成熟，是現在苦，屬於果位。另外要說明果受生的原因，一是能引因，二是能生因。如《本地分》說，「若問，既然果位識到受、生到老死互相雜染，爲什麼要區分二種性相？回答，爲了顯示二種不同的苦，一個是種子位，一是個果位；其次也說明二者原因不同。」又說，「在十二支，哪些屬於當生苦諦所攝？回答，生和老死。哪些屬於來生苦諦所攝？回答，果位識、名色、六處、觸、受等具有業性質的種子，在未來生起惑造業時，才會感受到苦果。」由此可知，能生的愛支與能引發愛的受支，不是一重緣起，而是另一重緣起的果位關係。從愛支到有支和從愛支到愛支，這二個愛支不同，前者發生在臨終前，因爲看到自己的身體將要消失，對身體產生愛取，發動過去的業成熟而引發後有；後者隨處可見，平常一看到喜歡的事物，就會產生愛執。

從四相了解能引和所引，何謂所引？從果位識到受，共有四支半，識分爲因位識和果位識，各占半支，前者屬於能引支，後者屬於所引支。以什麼引？由無明、行、因位識二支半來引。如何引？由於因位識含藏業力的習氣，透過習氣薰染引起作用。引的過程？能引支遇到愛取有，使業成爲有能力執取來世的後有，將種子位的果轉爲果位的果。

從三相了解能生和所生，以什麼生？以愛爲緣的取支來生。生出什麼？生出生支和老死支的果。生的過程？過去造業的時候，在因位識種下業和習氣的種子，經過愛取的潤發，使業具備引發來世

的力量。若按《緣起經釋》，生屬於所生支，老死屬於所生支的過患。

　　整體說明引生道理。因爲業果愚而造作的惡業，在因位識沾染惡業習氣，種下來生在惡趣結生的果位識種子、名色種子、六處種子、觸種子、受種子；然後在某一世臨終前，因爲愛取潤發，使這個種子發芽覺醒，透過業與習氣力量轉強形成後有，於是墮入惡趣感受生和老死。因爲眞實義愚而造作的有漏善業，累積欲界所攝福業或上二界所攝不動業，前者包括持戒、忍辱、精進等善行，後者包括禪定等善行。在因位識沾染妙業習氣，種下來生在欲界善趣或上二界結生的果位識種子、名色種子、六處種子、觸種子、受種子。然後在某一世臨終前，因爲愛取潤發，使這個種子發芽覺醒，透過業與習氣力量轉強形成後有，於是進入善趣感受生和老死。龍樹菩薩以煩惱、業、苦三支，涵蓋十二支。如說，「第一支、第八支、第九支屬於煩惱，第二支和第十支屬於業，其餘七支屬於苦。」《稻稈經》說，「十二支可以歸納爲四因，無明是農夫、業是田、識是種子、愛是水，具足這四個因，最後在母胎長出名色的芽。」

三、幾世圓滿

　　能引支和所引支之間，最久可以相隔無量劫，最快可以在前後世就圓滿？

　　能生支和所生支沒有間隔，最快來生就圓滿，稱爲順生受業。舉例來說，今生新造來生投胎天道善趣的業，就是在今生圓滿能引的二支半，臨終前圓滿能生的三支，來生圓滿所引的四支半及所生的二支。整個過程不超過三世，即能生、所生、能引各一世，而所

引包括在所生裡面。雖然能引和能生之間可能有無量間隔，但那些間隔不是同一個業引發，不算同一個十二緣起。

十二因緣最快二世圓滿，最慢三世圓滿，中有不算。事實上已經形成果的支，沒有實際的造業者、沒有實際的受果者、沒有實際的補特伽羅我。十二緣起的運作，是從法的角度談因果，根本沒有一個從頭到尾貫穿不變的補特伽羅我，因為不知道十二緣起而妄執有我，為此生及來生安樂造作善不善業，形成有漏業，這就是輪迴受生的因。從無明、愛、取三支煩惱造作行支和有支業，由業產生識、名色、六處、觸、受、生、老死七苦，再由七苦產生煩惱，周而復始。龍樹菩薩說，「從三惑引發二業，從二業引發七苦，從七苦再引發三惑，輪迴就是這樣不停轉動。」

了解十二緣起的重要性。

十二緣起說明流轉生死的原因，如理思惟十二緣起，就是引發厭離心的最殊勝法門。無量劫來，我們造集了無數能引的種子，如果不趕快想辦法對治，那些尚未成熟的異熟果報，終有一天會因為愛取的滋養，使種子發芽形成後有，不斷受生。阿羅漢在凡夫位時，也造了無數的能引業，現在因為斷除煩惱而獲得解脫。我們也應該把煩惱當成主要敵人，務必消滅煩惱，絕不罷休。要知道業不是啟動輪迴的關鍵，煩惱才是。大善知識樸窮瓦專門以十二緣起修心，觀察因緣流轉還滅，並撰寫修行次第的論著。這個意思是說，下士想追求來生快樂，避免墮入惡趣，應該思惟惡業流轉及還滅的道理。中士不僅要脫離惡道，也要脫離善道，應該進一步思惟二種善業流轉及還滅的道理，既不累積欲界福業，也不累積上二界不動業。上士將心比心推及如母眾生還在六道受苦，更須觀察十二緣起流轉及還滅的道理，引發慈悲心，為了究竟利益眾生，勢必成佛度眾。

　　了解業與煩惱如何增上產生苦蘊和輪迴，特別是十二緣起如何驅動三有，才能破除一切衰損的根本，也就是無明黑暗；才能滅除妄執內外諸行從無因生、邪因生等一切邪見；才能增長進入佛語寶庫的法財。唯有正確掌握輪迴體性，才能激發最強烈的厭離心，對解脫道產生最勇猛的好樂心與精進心；才能喚醒過去修行的習氣，獲得成熟聖者微妙習氣的殊勝方便。如《妙臂請問經》說，「對輪迴流轉無知的眾生宣說十二緣起，才能根本對治愚癡。」《稻稈經》說，「善巧觀察十二緣起，才能遮除過去、現在、未來種種邪見。」龍樹菩薩說，「十二緣起是甚深法，是佛語寶藏。」

　　《毘奈耶經》說，佛陀二大弟子智慧第一的舍利弗與神通第一的目犍連，經常以神通遊觀五趣，再回到南贍部洲告訴四眾弟子五趣受苦的情形。凡是同住或鄰近寮房中，若有不喜歡修行、懈怠拖延的弟子，就被帶到二位聖者面前特別指導。經過聖者開示，弟子多能精進修習，證得殊勝果位。佛陀知道後告訴阿難尊者，不是隨時隨地都可以得到二大弟子的教導，可以在門上畫十二輪迴圖，中間一圈是五道，旁邊一圈是十二緣起流轉還滅，日後大家遵照佛陀指示，廣為流傳十二緣起圖，這就是在寺廟看到輪迴圖的由來。另外經典上記載，仙道大王一收到影勝王的緣起圖，在宮中思惟流轉還滅的道理，才到天明就證得了聖果。

四、生起中士意樂的量

　　由苦集二諦及十二緣起了解輪迴體性，生起想脫離輪迴、證得寂滅果位的意樂。光有這種略略生起的出離心還不夠，不算中士意樂，應該像《六十正理論釋》說，「要像不小心走進火宅，急著逃出。眾生也是這樣身處三界無常大火，受到煩惱猛烈的燃燒痛

苦。」又說，「要像被關在監獄的死刑犯，急著逃脫。」必須有誤入火宅及墮入死獄的同理心，根本不願意繼續受苦，有幾分想逃的決心，就有幾分精進，由此增長厭離心。

如霞惹瓦大師說，有些人只會口頭說說，就像在青稞酒上灑些麵粉，麵粉通通浮在表面上。要說這些人對造成輪迴因的集諦，能生起多大捨心，恐怕不過爾爾；對想要去除輪迴痛苦的滅諦，能生起多大希求心，恐怕也很薄弱；即使他們表明要修解脫道，恐怕只是空言；即使他們看到眾生受苦，恐怕也不會真正激發難忍悲心。缺乏悲心，不可能生起利益眾生的無上菩提心。缺乏真實菩提心，卻自稱大乘行者，充其量只是跟著大乘的名詞走，根本什麼都不是。身為大乘行者，應該認真學習中士的出離心教授。

五、排除錯誤見解

有人說，修習厭患輪迴、脫離生死束縛的出離心，會墮入聲聞不願住世的滅邊。這種法對小乘行者來說，還算殊勝；但對大乘行者，實在不值得鼓勵。如《不可思議秘密經》說，「大乘菩薩要攝受有情、度化眾生，必須把輪迴當成可以成辦利益的地方，自求涅槃，反而無法幫助眾生。」又說，「害怕在輪迴受生，不是菩薩應有的行徑。」又說，「世尊！聲聞可以害怕生死，菩薩應該不辭勞苦，高高興興待在輪迴受無量生，這樣才能度化眾生。」雖然他們引經據典，實際上這是錯誤理解。

1. 所謂不應厭離生死，並非不要厭離業與煩惱所造成的輪迴痛苦；而是顯示菩薩為了利益眾生，在輪迴未空、眾生未盡之前，應該披著精進鎧甲，圓滿一切學處。儘管所有眾生受的苦，每一剎那都加在自己身上，菩薩也不會恐懼，繼續對廣大

學處發起精進。這才是正確的解釋。如月稱論師說，「即使眾生所有的痛苦全部降臨，在輪迴未盡的每個剎那，以各種恐怖的身形來損惱自己，菩薩也不會感到畏懼。即使眾生所有的痛苦同時落到自身，在輪迴未盡的每個剎那，菩薩依然發起勇猛精進的大願，希望代替眾生受無量苦。因為菩薩知道精進可以累積珍貴資糧，成辦眾生證得一切種智的因，所以願意在輪迴不斷受生。」

2. 所謂觀察輪迴有大利益，如《不可思議秘密經》說，菩薩為了利益眾生發起精進，內心因此獲得安樂。不厭患三有是指在輪迴利益眾生這件事，不但不厭患，反而歡喜承受，並非菩薩貪圖輪迴盛事。如果因為業與煩惱而飽受痛苦折磨，連自己的利益都顧不了，怎麼能奢望利益眾生？因為業與煩惱而受生是一切衰損的根源，身為大乘應該比小乘更痛恨輪迴、更積極消滅輪迴。只是受到大悲願力的驅使，菩薩自願在輪迴受生，利益眾生，那麼對於受生這件事，自然感到無限歡喜。這二種情況截然不同，如果沒有詳細區分願力受生與業力受生，就會犯了前面的邪分別；萬一此人還受過菩薩戒，等於違犯《菩薩地》說的惡作罪，屬於有染違犯的輕罪。

雖然菩薩深知輪迴過患，極度厭惡三有，卻受到大悲心的牽引，誓言幫助眾生解脫，縱使自己有能力不再受生，也不進入涅槃，這種胸襟實在偉大。相反的有些人貪愛三有盛事，卻假借利益眾生之名，對外宣稱不捨眾生、不入涅槃，這種行為怎麼可能讓智者歡喜？《中觀心論》也說，「菩薩強烈厭患輪迴，根本不願繼續受生；另一方面又被悲心趨轉，遲遲不願進入涅槃，這種智不住三有、悲不住涅槃，能斷有邊及寂邊的行為，都是為了利益眾生、護守戒律而安處輪迴。」又《菩薩

地》說，看到眾生受一百一十種苦逼迫，就是菩薩大悲的由來。看到眾生受無邊痛苦，強烈的悲心經常處於不忍。如果說菩薩一點也不討厭輪迴，簡直是曲解菩薩本意。

3. 先從輪迴過患引發出離心，再將有情視爲自己的親眷起利他心，願意不斷受生，這個次第和《菩薩現行四百論》的旨意相符。月稱論師在該論注釋說，「佛陀宣說生死過患，使有情畏懼輪迴希求解脫，其用意是在引導眾生趨入大乘。世尊說，『諸位比丘！在長久輪迴中，找不到任何一位有情不曾是你們的父親、母親、兒女或親族。』菩薩聽了佛陀聖言，紛紛發願以大乘道爲船筏，忍受各種痛苦跳入輪迴激流，度脫無依無靠的眾生，因爲所有的眾生都曾經是我們的父母至親。」不僅大乘，無上密乘更要修苦想和厭離心。如《攝行炬論》說，「以這個次第爲基礎，修習無戲論的密宗正行，這個次第就是先思惟輪迴眾苦，然後發起希求解脫心，遍捨一切世間猥雜誘惑，即使面對如國王般的權勢誘惑，也要修苦想。」

六、抉擇能趨入解脫道的體性

如印度班智達室利勝逝友說，「沉溺在漫無邊際的三有苦海，竟然還歡喜掉舉、心無厭患，是什麼在我的心裡作祟？每分每秒受到貧窮、求不得、辛勤守護、壞滅離散、生老衰敗等痛苦煎熬，就像被人丟進熊熊烈火，竟然還樂不思蜀，我是不是瘋了？」又說，「唉！無明眾生就像瞎子，輪迴痛苦近在眼前，卻視若無睹，不好好思惟有漏過患，固執的心像金剛一樣硬。」應該策勵自己修生死過患。如《七童女因緣論》說，「看到情器世間刹那變遷，就像水中月影晃動不已。看到眾生貪求五欲，就像貪圖涼快躲在毒蛇下

格魯派六大寺的色拉寺（西藏）壁畫。

面，讓自己陷入險境。看到五道眾生受輪迴的苦苦、行苦、壞苦之火煎熬，無法自拔。父王！我們寧願離開王宮，高高興興的到尸陀林修行。」

　　上文說的世間，是指正（有情）世間與依（器）世間都是剎那

遷滅，如同水中月影被風吹動，搖晃不堅實。欲塵，指利小而害大，如同貪愛毒蛇身影下的涼快，卻不知道隨時有被吞的危險。看到五趣被三苦大火焚燒，沒有一處清涼，應該生起北方孩童心，唯有歡喜修習解脫道別無其他。所謂北方孩童心，是指藏北五穀不生的地方，小孩想吃珍貴的青稞粉，每天只能吃到低級的蔓菁，小孩向母親哭吵，母親只好給生蔓菁，小孩繼續哭鬧；母親改給乾蔓菁，還是無法滿足心願；母親又給剛煮好的蔓菁或者冰過的蔓菁，小孩不高興的說，「不管是生的、乾的、熱的、冷的，這些都是蔓菁，我都不要。」

同樣的道理，不管看到、聽到或想到世間快樂，應該想「這是輪迴，那也是輪迴，通通都是輪迴，都不能解除輪迴痛苦，一看到就想吐」。無始劫來漂流到現在，每次都耽溺在追求輪迴快樂，卻從來沒有真正快樂，由此產生出離心；不僅如此，再想到以後還得繼續受生，這才讓人害怕，絕對不能說說而已。如《親友書》說，「要知道輪迴就是這樣，不管在天道、人道、地獄道、餓鬼道或畜生道，每一道都是輪迴，沒有一處安樂，全是數不盡的痛苦。」

12 解脫正道

見住世動搖，如水中月影；觀欲如瞋蛇，盤身舉頭影；見此諸眾生，苦火遍燒燃，大王我等樂，出離往尸林。

——出自《七童女因緣經》

引言

受生輪迴是一切損害的根本，要斷除這個根本，不能光靠出離心，必須斷除業與煩惱。只要煩惱不斷，即使沒有過去的宿業，也會立刻造集新業引發受生。這章將告訴我們如何修習圓滿、正確的解脫道，才能真正摧毀煩惱種子，確實脫離輪迴痛苦。

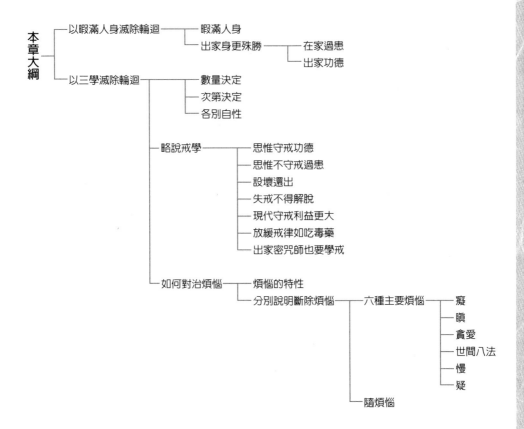

本章大綱
├─ 以暇滿人身滅除輪迴 ── 暇滿人身
│   └─ 出家身更殊勝 ── 在家過患
│   └─ 出家功德
└─ 以三學滅除輪迴 ─┬─ 數量決定
                    │   次第決定
                    │   各別自性
                    │
                    ├─ 略說戒學 ── 思惟守戒功德
                    │   思惟不守戒過患
                    │   設壞還出
                    │   失戒不得解脫
                    │   現代守戒利益更大
                    │   放緩戒律如吃毒藥
                    │   出家密咒師也要學戒
                    │
                    └─ 如何對治煩惱 ── 煩惱的特性
                                      └─ 分別說明斷除煩惱 ─┬─ 六種主要煩惱 ─┬─ 癡
                                                            │   │   瞋
                                                            │   │   貪愛
                                                            │   │   世間八法
                                                            │   │   慢
                                                            │   └─ 疑
                                                            └─ 隨煩惱

一、以暇滿人身滅除輪迴

《親友書》說，「凡是投生爲邪見、旁生、餓鬼、地獄、沒有佛法、蠻荒邊地、癡啞等五根不具、長壽天，就稱八無暇過失；遠離八種過失才能獲得暇滿人身，應該把握機會修解脫道。」現在好不容易獲得暇滿人身，正是斷除生死的機會，一旦身處八無暇，就沒有機會解脫。下士道已經說明暇滿人身的道理，大瑜伽師說，「現在正是異於畜生的時候。」博朵瓦說，「過去在輪迴漂流了很久，遲遲無法解脫，將來也不會自動解脫，一定要靠修行。趁現在獲得暇滿人身的大好時機，趕快斷除輪迴。」

在家修習正法，容易遇到許多家人留難和造惡的機會，出家就沒有這些問題，因此斷除生死最殊勝的是出家身，智者應該高高興興出家。要經常思惟在家過患與出家功德，讓已經出家的人信心更加堅固，沒有出家的人，也能在相續種下歡喜出家的妙善習氣，以下解釋原因。

1. 在家人，有錢的時候辛苦守護財產，沒錢的時候想盡辦法溫飽，不管有錢沒錢都無法獲得眞正安樂，可惜眾生愚昧將財富執爲快樂的泉源，要知道這種愚昧也是惡業果報的示現。《本生論》說，「居家就像身處牢獄，永遠不要認爲裡面有什麼樂趣，不論富裕或貧窮都是大病苦。富者有守護的煩惱，貧者有追求的煩惱，兩者都是煩惱、不是安樂；繼續執苦爲樂，實在是過去惡業成熟的果報。」

   貪得無厭追求豐厚資具，不是出家人應有的行爲，否則出家和在家有什麼區別？另外，在家很容易做出與法相違的事，不能好好修習正法。《本生論》說，「爲了顧守家業，有時要打妄語，要處罰他人。眞要修行佛法，則家業難成；眞要護持

家業，則佛法難成。佛法事業重在消除煩惱，講的是寂靜平和；家庭事業重在累積財富，手段往往粗暴猛烈。既然家業與道業容易產生衝突，想要獲得究竟利益，怎麼可能貪戀在家？」又說，「家就像充滿憍慢愚癡的蛇窟，會破壞寂靜喜樂，是眾苦的依處，誰敢住在蛇窟裡？」應該經常思惟在家過患，發願出家。

2. 出家就該知足，過著粗劣簡陋的乞食生活，住在遠離聚落的阿蘭若，專心淨除煩惱，真正成為人天供養的對象。如《七童女因緣經》說，「什麼時候才能剃除鬚髮，穿著垃圾堆裡撿來的糞掃衣，在阿蘭若裡快樂修行？什麼時候才能以目視軛木的距離，不東張西望，止息心中貪欲？什麼時候才能手持粗糙的瓦鉢，不怕譏毀挨家乞食？什麼時候才能不貪恭敬利養，拔除煩惱棘刺，受村民供施？」應該發願以草為座，睡在地上，任由露水沾濕衣服；以粗食維生，仍然知足喜樂；坐在樹下，以法滋養生命。「什麼時候才能從草地上起來，看著衣服被霜露浸濕？什麼時候才能吃剩菜剩飯，對自身毫無貪著？什麼時候才能躺在綠蔭樹下，享受現法喜樂？」某天晚上屋頂降下霜雪，隔天博朵瓦醒來說，「昨天晚上就像《七童女因緣經》所說，心裡充滿歡喜，就是要這樣修行去除貪欲，除此之外別無其他。」

接著發願住在藥草岸邊，看著浪花起滅，思惟生命無常，以妙觀察慧破除我執這個輪迴的根本及一切惡見因，遠離三有快樂，通達情器世間幻化不實。「什麼時候才可以住在水邊充滿藥草的地方，觀察水波生滅，體會眾生與世間無常，破除薩迦耶見一切惡見之母。什麼時候才可以不再耽著三有受用，體悟情器世間虛妄無實，如夢、如陽燄、如雲、如海市蜃樓。」

這些都是發願出家後要做的事，如伽喀巴大師說，「若能效法世尊到山林苦修，才有資格成為真正的佛子。」

霞惹瓦也說，「世人農忙時，應該穿著莊嚴法衣到田間，使忙碌的在家人欣羨出家人安樂，種下希望出家的習氣。」《勇猛長者請問經》也說，「什麼時候才能遠離家庭束縛，過著出家生活？什麼時候才能受出家戒、長淨戒、解制戒、敬信戒？在家人應該歡喜出家。」說明在家菩薩應該以此為願境，滋養心中欣慕出家律儀的習氣。《莊嚴經論》說，「應該要知道，出家菩薩的所依身遠遠勝過持戒精進的在家菩薩，出家具有今生及來世無量功德，在家菩薩不管多努力持戒也比不上。」不只小乘應該讚歎，連修習一切種智的大乘和密乘，也應該讚歎最殊勝的出家身。出家律儀，即別解脫律儀，是聖教的根本，應該特別敬重。

二、以三學滅除輪迴

如《親友書》說，「即使頭頂或衣服突然著火，還必須捨棄滅火行為，專心修道，哪有比去除後有還重要、還迫切的事？要以戒定慧三學證得寂靜①、調柔、無垢涅槃，到達無老死、無老死盡，遠離外道地水火風日月的境界。」

---

① 寂靜涅槃（無餘涅槃），有漏的取蘊已盡，能當生證得阿羅漢果報。調柔涅槃，有漏的取蘊還在，尚未捨報，來生可成為阿羅漢。無垢涅槃，已無煩惱所染污。

1. 數量決定

戒、定、慧三學，數量就是三，不是二也不是四，以下說明三個觀待原因。(1) 觀待調心次第，心不散亂要靠戒學，心入定要靠定學，心解脫要靠慧學。瑜伽師修的內容只有三學，三學才能獲得圓滿。(2) 觀待證果次第，戒學清淨可以往生欲界人天善趣，毀犯戒律則墮入三惡趣；定學清淨可以往生色界及無色界善趣；慧學清淨可以獲得解脫。三學通通圓滿，才能獲得增上生和決定勝。增上生，包括上界及下界善趣，《本地分》主張上下界分別由戒學及定學所攝。決定勝，包括聲聞緣覺的解脫和佛的一切種智，由慧學所攝。(3) 觀待所斷次第，先賢大德說戒學使煩惱減輕，定學使煩惱不起現行，慧學則根本斷除煩惱種子；從所斷煩惱來看，也必須修習三學。

2. 次第決定

不只數量確定，次序也固定。《本地分》引用《梵問經》說，「先依戒學善住根本，再依定學心樂寂靜，後依慧學遠離惡見，這樣才能與聖見相應。」其中戒學是根本，定學和慧學從這個根本出生。有戒學作基礎，才能得到好樂寂靜的定心。心安定，才能見到諸法實相，現證無我聖見，遠離人我二執惡見。

3. 各別自性

如《梵問經》說，「應該圓滿六支戒學，成就四心安住定學，了解四諦十六行相②慧學，使智慧獲得清淨。」六支戒學包括清淨

尸羅（不違犯戒律）和守護別解脫律儀（指比丘戒），以此獲得解脫出離的機會；圓滿軌則（威儀、遠離、善品）和所行（不應親近的五個場所），則戒律清淨不會被人譏毀；見小罪而怖畏，則謹守戒律不會缺損；受學學處，則正確了解不會顛倒解釋。定學就是心學，四心住是四禪定、四靜慮，可以當生獲得安樂，稱爲樂成就。慧學指通達四諦十六種行相，分別爲苦諦的無常、苦、空、無我；集諦的因、集、生、緣；滅諦的滅、靜、妙、離；道諦的道、如、行、出。

三、略說戒學

一般中士道的書都會廣釋三學，因爲本論主要在引導學者進入上士道，這裡只談戒學，在上士道止觀部份才會談定學和慧學。

1.思惟守戒功德

首先經常思惟守戒功德，讓內心歡喜，如《大涅槃經》說，「戒是一切善法的階梯，能次第登上究竟果位；戒是一切善法的根本，如大地負載萬物；戒是一切善法的前導，如商主領航尋寶；戒是一切善法的勝幢，如帝釋勝幢摧破魔軍，畢竟斷除一切惡因惡

---

② 四諦十六行相，指觀察四諦各有四種差別，共計十六種行相。根據《俱舍論》記載，苦諦具有無常、苦、空、無我四種行相，即萬法沒有恆常性，沒有自性實存，是衆苦的依處，假有存在。集諦有因、集、生、緣四種行相，即貪愛執著是苦的因，集聚是苦生起的助緣。滅諦有滅、靜、妙、離四種行相，即苦諦息滅後，可以得到滅繫縛、靜煩惱、殊妙境及離災禍的境界。道諦有道、如、行、出四種行相，即實踐聖者的正道，可以合於正理、趨向涅槃、超越迷妄的輪迴。

果；戒是療癒眾病的藥樹、漂流險道的資糧、摧壞煩惱怨敵的寶劍、解除煩惱毒蛇的咒語、越度罪惡大河的橋樑。」

龍樹菩薩也說，「戒是一切功德的依處，就像有情世間與器世間依賴大地才能安住。」《妙臂請問經》說，「農作物要靠土地，在沒有天然災害侵襲下，才能結實纍纍；同理，一切善法依戒而生，再澆灌大悲水，才能成長茁壯。」

2. 思惟不守戒過患

受戒後不好好守護，會導致嚴重後果，如《比丘珍愛經》說，「戒可以帶來快樂，也可以帶來痛苦，守戒的人得到安樂，毀戒的人得到苦報。」說明守戒功德與失戒過患，仔細思惟，尊重戒律學處。

犯戒的原因有四種，無知、放逸、不敬、煩惱，四墮各有對治的方法。對治無知，要多聽聞了解戒律學處。對治放逸，要以正念正知覺察三門行相是善？是惡？如果起惡念，為了自己或佛法應該感到羞恥（知慚）、擔心同修或世人譏毀（知愧）、害怕將來惡業異熟果報等等，時時警覺守護。對治不敬，要恭敬佛、重視佛制定的律儀及同修。對治煩惱熾盛，先找出什麼煩惱，再以特定的對治品對治。

如果不按照方法守護，輕視小罪，對佛制定的戒律掉以輕心、恣意放縱，未來只有純苦果報。如《分別阿笈摩》說，「輕視佛陀因大悲心而宣說的教法，認為只是小小違犯無所謂，將來一定會遭受劇烈痛苦。就像籬笆壞了不趕快修，野獸入侵踏壞或吃掉作物。違背國王制定的法律，在沒人發現前，還可能逃過一劫。但是違背佛陀教法，根本不可能逃過因果報應的制裁，如經典記載比丘砍

樹，死後墮入畜生道，成為醫缽龍的故事。」應該好好警惕，不要
染犯。

3. 設壞還出

　　萬一不小心，不要不當一回事，要依照佛陀說的還出儀軌，回
復戒律清淨，好好四力悔除。《梵問經》說，「絕對不要隨便捨
戒，即使面臨危難，也不要虧損戒律，應當依照律典安住正行。」
《成就真實尸羅經》說，「各位比丘！寧願失去生命，也不要毀壞
戒律。為什麼？失去生命，不過此生結束壽命；毀壞戒律，在數不
盡的受生中都無法獲得學佛種性，甚至墮入惡趣，永遠不得安
樂。」這裡一併說明不犯的原因，必須捨命護戒。即使做不到，也
要仔細想，既然剃除了鬚髮穿壞色衣出家，如果連戒都守不住，出
家有什麼意義！如《三摩地王經》說，「已經在佛陀的聖教出家，
卻造作惡業，把虛幻不實的財富穀物當成真實無價，貪著各種車
乘。如果無法慎重修行，當初何必剃頭？」

4. 失戒不得解脫

　　想要逃出輪迴牢獄，卻失去戒律雙腳，不但無法達成目的，反
而造下繼續流轉的惡業，被眾苦逼惱，永不解脫。如《三摩地王
經》說，「就像被盜賊追殺，唯有逃跑才能活命，可是這個人雙腳
殘廢不能行走，最後一定受盡凌虐。愚蠢的人違犯戒律，還妄想脫
離輪迴，既然已經自毀戒律雙足，只好等著被老病死無情折磨。」

5. 現代守戒利益更大

　　守戒，在這個時代利益更大，如《三摩地王經》說，「佛陀住世時，為在家居士說五戒；現在五濁惡世，連比丘都不太守戒了。」說明佛陀時代，在家居士大多能圓滿守護五種學處，現在的比丘遠遠不如當時的居士。如果現在能精進修持戒學，果報更大，實在值得我們好好努力。又說，「如果花上俱胝恆河沙劫時間，以清淨心恭敬承事百億俱胝佛，供養種種上妙飲食、傘蓋、幢幡、燈、花鬘。如果身處正法極度沒落、聖教將隱之際，光是以短短一日夜時間，好好守護一個學處，後者所造的福德遠遠勝於前者無量倍。」

6. 放緩戒律如吃毒藥

　　有人認為犯戒可以悔過還淨，於是放逸戒律，任由三門造作惡業，還大言不慚說「反正可以還出」，這種人就像自食毒藥。如《彌勒獅子吼經》說，「彌勒菩薩！末法時期後五百年，在家菩薩和出家菩薩說，『只要悔除惡業就能完全清淨，不管造多少罪，事後老老實實懺悔就行了，根本不用事前防範。』我說，他們是在造死業。為什麼？就像吃毒必死無疑，勇於犯戒的結果，就是死後墮入惡趣。」又說，「彌勒菩薩！在殊勝的律典裡，凡是提到『毒』這個字，就是指那些違背戒律，還自認為無所謂的人，千萬不要自尋死路去吃毒藥。」

7. 出家密咒師也要學戒

不只受別解脫戒的出家師要守戒，密乘修行人更不例外。如
《妙臂請問經》說，「佛陀制定的別解脫戒，除了外相、儀軌及少
數專為出家眾設的遮罪，其餘有關調伏自性的戒律，在家密咒師也
要學。」說明在家密咒師，除了外相（如剃髮及三衣）和一些特定
的軌則（如僧團規矩）不同，也應該守戒；出家密咒師更不用說，
因為戒律是密咒成就的根本。如《妙臂請問經》說，「修密的第一
根本是戒律，其次為精進、忍辱、信心、菩提心、密咒、不懈怠。
這七樣聖物就像轉輪王七寶，能統領天下心悅臣服；密咒師具足七
聖財，才能調伏罪障獲得成就。」

《曼殊室利根本續》說，「持咒不守戒，不可能獲得最殊勝的
成就，也沒有中等成就，甚至連下等成就都沒有。世尊從沒說過，
毀戒還能修成密咒，更不要說進入涅槃獲得解脫這種殊勝果報。造
惡的愚人啊，哪有可以成就的咒語？毀戒的有情，連人天善趣都到
不了，更何況要修成佛說的咒語。」康巴也說，「饑荒的時候，食
物是唯一重要的事，所有事情都繞著食物打轉。修行也一樣，應該
以戒律為核心，不要超出這個範圍。想要清淨戒律，就得了解業
果；思惟業果，才是最真切的教授。」

霞惹巴也說，「一切禍福依法而生，懂得依止《毘奈耶經》，
不必刻意調伏，內心自然清淨；懂得觀察三門，心意自然安泰，獲
得最極善妙。」善知識種敦巴說，「有些人守戒卻毀謗密咒，有些
人持咒卻輕視戒律。只有我的上師阿底峽尊者能談論四方道，讓人
了解戒律和密咒互為助伴的道理。」阿底峽尊者也說，「在印度的
時候，凡是遇到重大或突發事件，我都會召集精通三藏的法師，了
解三藏經典對這件事情如何遮止再做決定。在超岩寺，我還會進一

步詢問法師意見，有沒有違背菩薩戒？總之，一切決定都要依照三藏經典和菩薩戒行事。」

三、如何對治煩惱

如內鄔蘇巴說，「現在要向內與煩惱戰鬥，這是唯一要緊的事；不對抗煩惱，無法清淨戒律。持戒不清淨，無法生出制伏煩惱的定學與斷除煩惱的慧學功德。缺乏定慧二學，註定要在輪迴繼續漂流。」應該依照前面說的內容認清煩惱，思惟煩惱過患及對治功德，提起正念正知小心防護。煩惱敵一出現，立刻舉起長矛擊退，盯緊起心動念，把煩惱當成仇敵絕不妥協、不拖延。如果不這麼做，一開始冒出頭的時候不採取行動，忍受煩惱非理作意，等到煩惱勢力所向無敵，最後只好雙手投降任憑擺佈。雖然沒辦法一開始就不出現，也要阻止煩惱繼續作意，避免趁機坐大。

1. **煩惱如畫水**：煩惱生起要像在水面作畫，一動念即採取行動，讓煩惱水過無痕；不要像在石頭上作畫，讓煩惱根深柢固，烙印在心中揮之不去，養成不可磨滅的習氣。如《親友書》說，「心像畫師，能畫水、畫土、畫石。煩惱心如畫水，樂法心如畫石，無記心如畫土。」說明面對煩惱和佛法的態度相反。《入行論》也說，「必須牢牢記住煩惱對我的傷害，必須瞋恨煩惱、與煩惱戰鬥；雖然瞋恨本身不值得鼓勵，但是瞋恨煩惱卻可以斷除煩惱。我寧願被燒死、殺死、砍頭，也不願向煩惱敵屈服。」善知識樸窮瓦也說，「雖然被煩惱暫時制伏，還是要咬緊牙關繼續奮戰。」博朵瓦聽到後說，「真的這麼做，當下就能阻退煩惱。」

2. **煩惱與世間怨敵的差別**：世間敵人被放逐，還會等待時機報

仇。煩惱敵就不同了，一旦從根本上被智慧剷除，就無處可去，毫無機會，可惜我們從來不知勇猛對付煩惱，以致於受它擺佈墮入惡趣。《入行論》說，「把世間仇敵趕走，他會躲起來，養精蓄銳伺機報復。煩惱敵不一樣，一被智慧眼鏟除，從我的內心趕出去，哪裡還有棲身之所？更不要說以後還想報仇；可惜我意志薄弱，總是不肯勇敢戰鬥。」涅絨巴說，「煩惱出現不要懈怠，應該立刻對治，如果一時對付不了，就馬上設置壇城準備供具，向本尊及上師祈禱。接著以煩惱為所緣，念誦忿怒咒語，這樣就可以折伏煩惱。」朗日塘巴也說，「涅絨巴還講到其他方法，不要待在原地，站起來走動走動，轉轉脖子，提振精神面對煩惱，與它戰鬥。」又應該如阿蘭若師所說，「日夜觀察自心，除此之外，哪有其他的事。」據說不管同一天見到阿底峽尊者幾次，每次碰面他都問，「有沒有生起善心？」因為善心可以對治煩惱。

四、分別說明斷除煩惱

1. 斷除六種主要煩惱

愚癡是很嚴重、難以避免的罪，是所有煩惱的根本。對治愚癡要觀察緣起，了解輪迴流轉及還滅的道理。懂得依法修習，就不會犯其他五種惡見，壞聚見、邊執見、見取見、戒禁取見、邪見。

瞋恚會引發今生及後世重大痛苦，毀壞善根種子感果的能力，是善業的仇家。如《入行論》說，「沒有比瞋恚更嚴重的罪。」無論什麼情況都不要瞋恚，要修忍辱；不起瞋心，當生就能獲得安樂。如《入行論》說，「努力避免瞋心，今生及來世才能安樂。」

　　貪愛能增長過去所造的善惡業勢力，成爲繼續受生的因。欲界衆生由根境識和合產生觸，再以觸爲緣產生受，由受產生愛，應該經常修習不淨觀及貪愛欲塵的過患。世親論師說，「蛾鹿蠅魚象分別被色聲香味觸吸引，一步步走向死亡。光是一塵就可以傷害衆生，更何況經常親近五欲塵，怎麼可能免於傷害？」

　　面對世間八法，貪圖利益聲譽稱讚享樂，害怕失去毀謗侮辱痛苦，應該總修生死過患，特別是死亡無常，去除世間八法影響。

　　我慢會障礙今生可能生起的道業，來世轉爲卑賤種性，必須斷除我慢，對治的方法，如《親友書》說，「應該經常思惟老病死、愛別離等八苦，沒有人可以逃離自作自受果報，由此平息驕慢。」

　　疑是懷疑四諦、三寶、業果，對佛法有正確知見及信心，才不會播下疑惑的種子。

2. 斷除隨煩惱

　　睡眠、昏沉、掉舉、懈怠、放逸、無慚、無愧、忘念、不正知等二十種隨煩惱容易出現，又會障礙修道善品。必須了解各別過患，隨煩惱一出現，立刻阻止它們作意。

　　隨煩惱的過患，如《親友書》說，「掉悔、瞋恚、昏沉及睡眠、貪欲、疑惑等五蓋，是劫奪善法財的盜賊。」《勸發增上意樂經》說，「嗜睡及昏沉容易引發痰病、風病、膽病，四大不調；容易造成食物污垢囤積在腹部難以消化，使身體沉重不堪能、面無光澤、口齒不清。」又說，「喜歡睡覺昏沉的人比較笨，像不懂事的幼童，沒有分辨善惡的能力，沒有修習正法的欲望，最後功德盡失、遠離善法、走向黑暗。」《念住經》說，「煩惱靠懈怠存在，懈怠的人沒有正法。」《集法句經》說，「行爲放逸是愚癡凡夫的

行徑,應該像商人保護財貨,具備智慧,謹慎不放逸。」《本生論》說,「要我拋棄慚心,換取四天王享樂,我寧願持瓦缽到仇家門前乞討,看著怨敵享受富樂,也不願意造這種罪。」

《親友書》說,「大王,正念就是三世諸佛說的唯一要道,應該勵力守護正念,失去正念會毀壞善法。」《入行論》說,「雖然具足多聞,對三寶也有信心,又能精進修行,但是缺乏正知很容易犯戒。」如果不能依照這些方法斷除煩惱和隨煩惱,至少不要隨之起舞、執著煩惱。把煩惱當成頭號敵人,實在是刻不容緩的事。應該努力學習各種對治品,破除煩惱,維持戒律清淨。

阿底峽尊者的大弟子阿蘭若師對內鄔蘇巴說,「智然!以後有人問你的弟子,什麼是修持重心?他們肯定回答是神通和親見本尊。事實上,漸漸信解業果、戒律清淨才是正確答案。」修行成就的徵兆,是煩惱愈來愈輕。

能夠感受今生及來世重大痛苦,就是與人鬥爭;打鬥時,雖然身體遭受極大痛苦,還拼命忍耐,甚至把身上的疤拿去炫耀,告訴別人自己多勇敢,這是當時的戰果。如果能把這種勇氣拿來斷除煩惱,忍受極大苦行,才是真正的勇士。《入行論》說,「為了世間沒有意義的打鬥受傷,尚且把疤痕當成戰利品;還不如為了廣大自利及他利而與煩惱奮戰,受點小苦,怎麼能算傷害?」誓死戰勝煩惱,才算真勇士;與世間敵人作戰,就像割死屍。因為世間敵人終究會死,最終不過是一具屍體。《入行論》說,「不在乎身上痛苦,繼續與煩惱作戰,才是真勇士;世間勇士與人作戰,只是在割屍體。」又說,「即使住在煩惱遍佈的聚落,仍然處之泰然,就像獅子被狐狸包圍無所畏懼。面對煩惱也是如此,不要怕。」要勇敢對治,不怕被傷害,更要戰勝煩惱。以上說明共中士道內容。

第四部

上士道

13 發菩提心

菩提心福德，假設若有色，遍滿虛空界，福尤過於彼。

——出自《勇授問經》

引言

　　正式進入上士道前，首先禮敬具有大悲心的殊勝士夫。前面已經說過，身為中士的聲聞緣覺經常思惟生死過患，看到輪迴像火坑一樣沒有一處清涼；想要證得能息滅業與煩惱痛苦的解脫道，鞭策自己努力修習增上三學，避免再度受生。雖然阿羅漢的這種解脫功德不會退失，不像善趣有漏功德，福報一旦窮盡就墮落下界，但這只算斷除部份過失、證得部份功德，不能獲得佛陀果位；連自利都不算圓滿，更何況利他，在阿羅漢入滅盡定後一萬劫，佛陀還要放光勸說，希望這些阿羅漢能進一步發菩提心，以進入大乘行列。

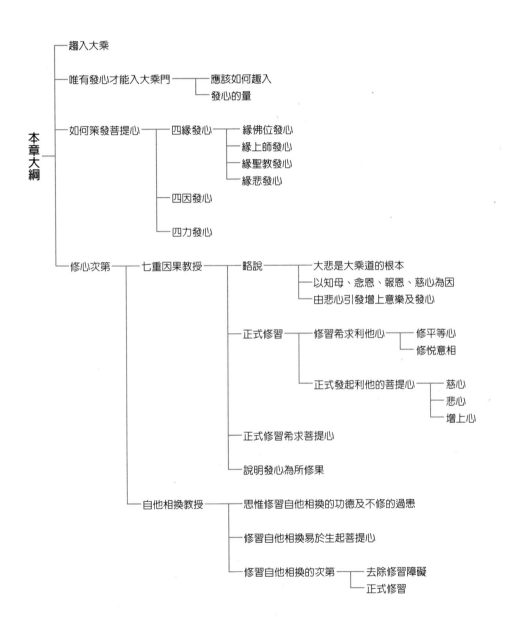

本章大綱

├─ 趣入大乘

├─ 唯有發心才能入大乘門 ──┬─ 應該如何趣入
│   └─ 發心的量

├─ 如何策發菩提心 ──┬─ 四緣發心 ──┬─ 緣佛位發心
│   │   ├─ 緣上師發心
│   │   ├─ 緣聖教發心
│   │   └─ 緣悲發心
│   ├─ 四因發心
│   └─ 四力發心

└─ 修心次第 ──┬─ 七重因果教授 ──┬─ 略說 ──┬─ 大悲是大乘道的根本
              │   │   ├─ 以知母、念恩、報恩、慈心為因
              │   │   └─ 由悲心引發增上意樂及發心
              │   │
              │   ├─ 正式修習 ──┬─ 修習希求利他心 ──┬─ 修平等心
              │   │   │   └─ 修悅意相
              │   │   │
              │   │   └─ 正式發起利他的菩提心 ──┬─ 慈心
              │   │   ├─ 悲心
              │   │   └─ 增上心
              │   │
              │   ├─ 正式修習希求菩提心
              │   │
              │   └─ 說明發心為所修果
              │
              └─ 自他相換教授 ──┬─ 思惟修習自他相換的功德及不修的過患
                                │
                                ├─ 修習自他相換易於生起菩提心
                                │
                                └─ 修習自他相換的次第 ──┬─ 去除修習障礙
                                                        └─ 正式修習

一、趨入大乘

　　具有智慧的行者，應該一開始就趨入大乘。如《攝波羅蜜多論》說，「聲聞緣覺沒有能力成辦一切眾生的利益，應該捨棄小乘，直接趣入以大悲心為體性的大乘。」又說，「大乘菩薩視輪迴苦樂像夢一樣虛幻無自性，又看到無明愚癡如何逼惱眾生，怎麼可能捨棄利他事業，只顧自利解脫。」看到眾生也在苦海漂墮，又盲目閉起能分辨善惡的慧眼，舉步蹣跚趨向險道。具有大乘種性的菩薩，既然了解眾生是無始劫來的母親，怎麼可能不起悲心、不努力救度，這根本就沒有道理。如《攝波羅蜜多論》說，「看到眾生緊閉慧眼向險境蹎蹶，立誓要利益眾生的大乘菩薩們，誰能不起悲心？不努力幫助眾生去除愚癡？」

　　要知道上士的安樂、上士的氣度、上士的力量，就是靠著擔負起眾生事業，以他人利益為前提而來；如果只緣自利，和畜生有什麼區別？身為大士夫，應該專心謀求他人暫時及究竟利樂。《弟子書》說，「有一點草可以吃、有一點水可以喝，就感到滿足快樂，這是畜生的本性；大士夫整天勤行利他，正顯出與眾不同的氣度、安樂及力量。如同太陽駕馭七馬遊巡四洲，驅除黑暗；大地承載萬物一視同仁，無所揀擇。大士夫無私的本性也是如此，一味利他成辦眾生安樂。」

　　看到眾生被痛苦逼惱，能不辭勞苦利益眾生，才稱得上是大士夫、大智者。如《弟子書》說，「見到眾生被無明黑雲遮蔽慧眼，被煩惱蠱惑迷墮火坑；菩薩就像自己頭上著火，急急忙忙趕去救度，這才是大士夫、大智者的行為。」進入大乘，是產生一切自他利樂的本源、是消除一切煩惱衰損的妙藥、是智者前往菩提果位的要道，不管眼見、耳聞、心念、身觸，都能長養眾生利樂；雖然一

味實踐利他，卻能圓滿自利無虞匱乏，具足所有善巧方便。有這麼
殊勝的大乘法門，眞是稀有奇妙！我可以學習這個妙道，實在獲益
匪淺！我應該竭盡所能修習大乘要道。如《攝波羅蜜多論》說，
「最清淨的智慧，才能引發最殊勝的大乘法，這是諸佛遍智的出生
處，如同世間眼目可以清楚視物，如同日光可以照亮黑暗。」從各
種角度思惟大乘功德，引發修習意樂及恭敬心，使行者眞正趨入大
乘。

二、唯有發心才能入大乘門

應該如何趣入？

佛說有二種大乘，因位的波羅蜜多乘及果位的密乘，除此之外
沒有第三種。無論進入哪一乘，都要從菩提心這扇門開始。什麼時
候生起菩提心，即使還沒有累積其他功德，就算大乘行者；什麼時
候退失菩提心，即使已經具備通達空性的智慧，也只算聲聞緣覺
乘，不算大乘行者。許多大乘經典都持相同的見解，這一點可以用
正理證明。最初進入大乘的條件，就是以發菩提心來安立；退出大
乘的條件，也是以退失菩提心來判定。是不是大乘行者，要看有沒
有菩提心。如《入行論》說，「發菩提心的刹那，即使仍然繫縛在
輪迴裡受苦，這個凡夫已經具備稱爲善逝子的資格了。」又說，
「今天發菩提心，今天就成爲佛子。」說明一發心，立刻成爲菩
薩。

《聖彌勒解脫經》說，「善男子，即使是碎掉的金剛石，還是
比其他寶石貴重，還是叫做金剛石，名稱並沒有改變，一樣可以去
除貧窮。善男子！發起成佛利他的菩提心，就像金剛石一樣珍貴，
只要發心，即使還沒有修六度，他的功德遠遠超越聲聞緣覺；只要

發心，就具備菩薩之名，能消除輪迴中的匱乏。」說明雖然還沒有學習殊勝的菩薩行，光有菩提心就算菩薩。龍樹菩薩說，「不論自己或其他眾生，想要證得無上果位，其根本就是發堅固如山的菩提心。」

《金剛手灌頂續》說，「各位大菩薩！這是非常廣大、甚深、難測、秘密、極密的大陀羅尼壇城，不應該公開教導惡性有情。文殊菩薩問：『金剛手菩薩！這個稀有、前所未聞的密法，應該對那種有情宣講？』金剛手菩薩回答：『文殊菩薩！已經進入菩提心正行且獲得成就的人，才能聽聞。文殊菩薩！修習學處及密乘灌頂的菩薩，應該進入此大智灌頂陀羅尼壇城。菩提心不圓滿，就不能進入壇城，不能觀看曼陀羅，也不能向他施展咒語及手印。』」由此可知光有大乘法還不夠，必須真正發心才行。

發心的量要達到多少？

由菩提心安立大乘人，如果發心的量只是口頭上粗淺了解，不過徒具虛名；要達到真實圓滿的量，才算名符其實，應該好好修菩提心。如《華嚴經》說，「善男子！菩提心是一切佛法的種子。」有菩提心才有菩薩，有菩薩才有佛，這句話很重要，必須具備這種定解。進一步解釋，例如水、肥料、溫度、土壤與稻種和合，就會長出稻芽；與麥種和合，就會長出麥芽。其中，水、肥料等是共因；稻種和麥種是不共因，因為稻種不會長出麥芽，麥種不會長出稻芽。同樣的道理，無上菩提心是種子，是長出佛芽的不共因；解空智慧是水、肥料等，是聲聞、緣覺、佛三種菩提的共因，所以《寶性論》說，「信解大乘（菩提心）是決定種性的父親，空性智慧是生出佛法的母親。」說明菩提心是父親，空性智慧是母親。如果父親是藏人，生出的孩子不會成為漢人或胡人，由父親決定子女種性的因；母親雖是藏人，卻能生出不同種族的小孩，只算共因。

龍樹菩薩說，「佛、辟支佛、聲聞阿羅漢都要靠般若波羅蜜多才能解脫，除此之外別無他法。」此處稱讚般若波羅蜜多是聲聞、緣覺共通的解脫道，所以說智慧如母，智慧是大小乘共同的母親。

　　單靠智慧，無法判分大乘或小乘。唯有以菩提心及廣大行，才能區別。《寶鬘論》說，「聲聞乘不講菩薩誓願、廣行及迴向，怎麼可能成為菩薩？」這裡強調不能以見解判別大小，應該以願行判別大小。前面說到連證得空性的智慧都不算大乘不共道，更何況其他法門？如果不把菩提心當成主修，只是跟著儀軌隨便唸唸，將主力放在其他支分上，顯然是對法的知見過於膚淺。就像生小孩，必須同時具備父親和母親二個因；要圓滿道的主體與支分，也要同時具備方便品和智慧品；方便品以發菩提心為主，智慧品以通達空性為主。

　　前面談到自求解脫的小乘，如果是大乘行者，就必須修菩提心。如彌勒菩薩說，「智不住三有，悲不住寂滅。」智慧可以破除我執，避免墮入輪迴的有邊；悲心可以利益眾生，避免墮入輪迴的滅邊；但是智慧無法遮除滅邊，例如聲聞緣覺進入涅槃寂靜。雖然小乘也有不落輪迴的法門，但是身為大乘菩薩，更應該追求避免墮入輪迴的滅邊。具有證量，又能正確解釋佛陀思想的大菩薩們，一看到有人生起菩提心，一定會異口同聲讚歎菩提心稀有珍貴；只有那些愛好神通的凡夫，才會把微不足道的神通歎為稀有，從來不把菩提心當一回事。

　　《入行論》說，「不顧自己追求自利，只想利他的這個菩提心，真是稀有的寶貝！過去我不曾發起，現在終於生起了。」又說，「哪有比菩提心更珍貴的善行？哪有比菩提心更珍貴的善知識？哪有比菩提心更珍貴的福報？」又說，「誰能發菩提心寶，我就恭恭敬敬向他禮拜。」又說，「攪動正法乳汁，才能提煉出醍醐

妙味。」菩提心就是醍醐妙味、佛語精髓。

　　舉例來說，阿底峽尊者持中觀見，金洲大師持唯識見，在見地上中觀見比唯識見高。但每次有人提到其他上師的名字，阿底峽尊者都會雙手當胸合掌；若提到金洲大師的名字，阿底峽尊者一定雙手放在頭頂上合掌，顯示最尊貴。這是因為阿底峽尊者的菩提心教授來自金洲大師，因此特別尊金洲大師為恩德最大上師。相信真正通達聖教核心的人，看過這段傳記，就能品味出道的關鍵。真正懂得勤修菩提心，即使只是布施一點食物給烏鴉，也因為攝持菩提心而列入菩薩行列，種下未來成佛的因；反之不能發心，即使供養三千世界無數珍寶，也不算菩薩。不只布施，其餘五度也一樣，光是修本尊、氣脈明點等密法，不算菩薩。不修菩提心，先修本尊，不管多努力，進展也有限；就像世人割草，拿著生鏽的鎌刀，費工而沒有效果。修菩提心，就像放下割草工作先去磨刀，等刀子鋒利後再割，反而一下子可以除掉很多雜草。

　　真正生起菩提心之後，每一剎那都能淨除許多障礙，累積龐大資糧，即使小善也能增長廣大，即使將要窮盡的善業也能繼續感果。《入行論》說，「只有大菩提心才能淨治惡性重大的罪，除此之外其他善業都無法遮蔽重罪。」又說，「菩提心就像劫末大火，一下子可以燒毀所有罪惡。」又說，「光是在心裡作念，願以自己的頭痛代替眾生的頭痛，這顆利他心就已種下無量福報。更何況誓願要消除所有眾生的所有痛苦，必定會成就無量功德。」又說，「其餘的善行就像芭蕉，生果後立即枯萎，果報終有窮盡的一天；只有菩提心這棵樹永遠不會枯萎，果報沒有窮盡的一天。」

三、如何策發菩提心

1.四緣發心

　　親自看到諸佛菩薩不可思議的神通力，或從上師處聽聞相關事蹟，想到佛所安住的菩提、菩薩所修習的菩提，具有這麼大的威力，進而發起菩提心。或者雖然沒有親自看到或聽到，但從修證無上菩提的大乘經典裡，由信解佛陀智慧而生起菩提心。或者雖然沒有聞法，但是看到大乘正法將滅，想到大乘正法若能長久住世，就可以消除無量眾生的痛苦，爲了讓大乘正法繼續住世而發心。或者沒有看到正法將滅，但是看到五濁惡世充滿極度愚癡、不知慚愧、慳吝嫉妒的眾生，想到此時若能發起聲聞、緣覺的出離心已經很難得了，更何況要發無上菩提心；接著思惟，應該策發自己生起難得菩提心，讓他人效法。前面講到四種情況，論典說不只要發心，還要發大菩提心，才能證得無上菩提。有哪些方式可以證得？

　　緣佛位發心：首先見到或聽到諸佛菩薩希有神變極爲難得，自己也要獲得同等成就，因此發菩提心。

　　緣上師發心：從說法上師聽聞佛陀傳記，產生清淨信心，發起要證得佛陀功德的希求心。

　　緣聖教發心：由於不忍大乘聖教衰滅，發起要證得佛陀妙智的誓願。唯有聖教不滅，才能去除眾生痛苦，雖然這也算緣除苦的悲心而發心，不過主要是緣聖教，不算直接緣念有情，在對象上有所區別。這樣解釋，才能避免重覆。

　　緣悲發心：知道悲心具有廣大利益，極爲殊勝難得，由悲心策動發起證得佛果的心。以上四種發心，特別針對證得佛果所說。

　　對佛功德缺乏信心，就沒有想要證得佛果的希求心，當然無法

避免「成辦自利寂靜涅槃為滿足的心」。若從慈悲心著手，看到利他事業需要大菩提心，生起證得佛果的希求心，雖然可以避免「以成辦利他寂靜涅槃為滿足的心」，卻無法遮除前面自利的部份，也沒有其他辦法可以避免。這裡不是說不須斷除自利，而是說小乘雖可脫離輪迴，因為只有部份斷證功德，就自利的角度來看不算圓滿。換句話說，小乘能避免輪迴過患，不能避免寂滅衰損，所以經典指出「唯有佛的法身才算自利圓滿」。對佛功德具有清淨信的人才會懂得這層意義，不要說成佛是為了利他，其實只有成佛才能圓滿自利，這點很重要。真正懂得這層道理，才能避免退失大乘，墮回小乘。

前面說到緣佛位及緣上師發心，並沒有涉及慈悲這項因素。許多經論談到，只要緣佛色身及法身功德引發的欲證心，就算發心。又說誓願救度一切有情引發的欲證心，也算發心。雖然二者都算發心，但想要圓滿一切德相的發心，光是看到利他功德還不夠，必須看到成佛才能圓滿自利的事實，由此發起欲證心。這個意思並不是鼓勵大家要捨棄利他，而是為了利他更要努力達到成佛的目標。《現觀莊嚴論》說，「發心有二個要件，利他心與成佛心。」真正的菩提心必須帶著二個欲心所，利益眾生和成就佛果。

2. 四因發心

具備大乘種性圓滿、善知識攝受、悲愍有情、不怕多次受生度眾的苦行，由這四個因發起菩提心。

3. 四力發心

靠自己的力量發起想要求證佛果的心，稱爲自力發心；靠他人的力量勸發想要求證佛果的心，稱爲他力發心。靠宿世種下學習大乘的善因，今生聽到讚歎諸佛菩薩的功德而發心，稱爲因力發心；靠今生親近善知識聽聞正法，經常思惟善法而發心，稱爲加行力發心。《菩薩地》說，就前面八個因緣的全部或部份，再加上自力或因力發心，稱爲堅固發心；若由他力或加行力策發，稱爲不堅固發心。

要知道現在是五濁惡世中最惡劣的時代，整個聖教，尤其大乘教法即將隱沒，能夠了解又確實發心的人的確很少。應當依止善知識聽聞大乘法要，勤修諦察思惟等加行。不要光靠他人勸說、隨人起舞或表面模仿，要靠自己的力量發起眞實菩提心，堅固信念打好基礎；因爲菩薩所有學處，都要靠菩提心來實踐。

四、略說七重因果

修心次第分爲二種，一是金洲大師傳給阿底峽尊者的七重因果教授，一是寂天菩薩傳授的自他相換教授。七重因果說明正等覺佛果從菩提心生，菩提心從增上意樂生，增上意樂從大悲生，大悲從大慈生，大慈從報恩生，報恩從念恩生，念恩從知母生，這七重關係環環相扣，稱爲七重因果。

漸次生起菩提心定解的七重因果法：分爲二點討論，大悲是大乘道的根本；其他六重因果都要從大悲出生，後者說明以知母、念恩、報恩、慈心爲因的道理，由悲心引發增上意樂及發心的道理。

1. 大悲是大乘道的根本，在修習的初中後期都很重要

初期重要

先由大悲心策動，爲了拔除一切有情脫離輪迴而立誓願。若悲心不足，就不可能發起如此重大的誓願。荷負眾生的重擔要靠大悲心作後盾，不扛起重任，怎麼可能進入大乘行列？所以一開始悲心最重要，如《無盡慧經》說，「大德舍利弗！爲什麼菩薩的悲心沒有窮盡？大德舍利弗！因爲這個悲心是成辦大乘的前導，就像呼吸是人類的命根一樣。」《伽耶經》說，「文殊菩薩！菩薩行的動機爲何？對象爲何？文殊菩薩回答，天子！動機是大悲心，對象是一切有情。」不修積聚廣大的福德與智慧資糧，絕對無法圓滿菩薩誓願，知道這個道理，菩薩願意實踐難行學處，將心轉入大悲。

中期重要

發菩提心後進入正行，菩薩學處廣大無垠，還要歷經長劫考驗，一看到有情數量不可計數，性情粗暴惡劣冥頑不靈，很容易使初發心菩薩怯懦，退墮成爲小乘。所以光發一次大悲心不夠，必須經常修習使悲心堅固增長。唯有完全不顧自己的苦樂，毫無厭患實行利他，這才容易圓滿一切資糧。如《修次初篇》說，「由於菩薩被大悲心激勵，完全不考慮自己，一心只想利益他人，故能趣入極難行的菩薩學處，歷經長劫辛苦累積資糧，如《聖發生信力經》說，『這個大悲心啊，爲了成熟一切有情義利，願意承擔所有痛苦，放棄所有快樂。』眞能進入這麼難行的學處，反而不需要很長的時間，就可以圓滿一切資糧，迅速獲得一切種智，所以說一切佛法的根本是大悲心。」

後期重要

諸佛獲得果位後，不像小乘阿羅漢從此安住寂靜涅槃，只要虛空未盡、眾生未盡，靠著大悲心的威力，佛會一直住世利益眾生；倘若缺乏大悲心，佛就和阿羅漢一樣，只顧自己解脫。如《修次中篇》說，「由於大悲心攝持，即使諸佛獲得圓滿自利法身，不管有情的邊際到哪裡，諸佛就在那裡利益眾生。」又說，「諸佛不住究竟涅槃，就是因為大悲心。」

譬如農作物初期要有種子，中期要有雨水，後期要能成熟，稱為三階段重要；不論初中後期哪個階段，都要以大悲心澆灌成佛的種子，大悲心是唯一重要的事。吉祥月稱說，「對於成佛這麼殊勝的苗芽，悲心既是初期的種子、中期的雨水，也是後期的果實，等到果實成熟，又想盡辦法讓眾生受用不盡，所以我先讚美大悲心。」

《正攝法經》說，「世尊！菩薩不需要學習很多法門。世尊！菩薩只要善持一法，一切佛法就盡在其中。什麼是一法？大悲心。世尊！由於大悲心，菩薩手中自然流出所有佛法，大悲心就像轉輪王的輪寶，輪寶走到哪裡，軍隊就護持哪裡。世尊！大悲心所到之處，一切佛法隨之前往。大悲心又像命根，命根存在，諸根才能繼續存在；命根不存在，諸根通通失去倚靠、失去作用。世尊！具備這個大悲心，才有菩薩各種學處。」前面說明，既然已經信解聖道要訣，為什麼還不懂得把與大悲心有關的法類，當成最殊勝的指導？

如響那窮敦巴說，「每次到阿底峽尊者面前請求教授，尊者只說『捨棄世間心、修習菩提心』。」善知識種敦巴笑說，「這就是挖到寶了！尊者教授的精華就是出離心與菩提心。」對大悲心生起

定解非常困難，應該經常積集資糧、淨治罪障，閱讀《華嚴經》等相關經論。如馬鳴菩薩說，「世尊心是菩提心寶，是無上正等正覺的種子，只有佛才能通達正道扼要，凡夫難以理解，難生定解。」

2. 以知母、念恩、報恩、慈心作為因的道理

希望眾生離苦，應該經常憶念眾生所受的苦，由此引發悲心，要讓這個悲心穩固而強烈，必須先將眾生當成自己的至親。一般人看到至親受苦，內心無法忍受；看到仇家受苦，反而暗自竊喜；看到中庸人受苦，根本視若無睹。首先說明第一種情形，對親人懷有悅意心，隨著親愛程度的多寡，產生不同程度的不忍。中品親愛，有中品不忍；下品親愛，有下品不忍。極度親愛，有極度不忍，即使對方只是受到些微痛苦，卻能產生強烈不忍。第二種情形，看到仇家受苦，不但不想替他除苦，反而希望他一直受苦、受更大更多的苦，這就是厭惡造成的結果。厭惡的程度有多大，就希望對方受多少苦。第三種情形，看到沒有親疏關係的中庸人受苦，沒有攙入悅意或不悅意情緒，所以不痛不癢沒有感覺。

修習有情為親眷的目的，是為了引發悅意相。與我們最親的人莫過於慈母，從知母、念恩及報恩著手，可以引發悅意慈，繼而將眾生視為獨子愛護，悅意慈可以說是前三因的果。有了悅意慈，才能引發悲心。想要給眾生快樂的慈心（與樂慈）和想要拔除眾生痛苦的悲心（拔苦悲），二者因果不定，有時互為因果。由此可知，知母、念恩、報恩三緣，是與樂慈和拔苦悲的根本，必須勤加修學，以有情為親眷，引發菩提心的因，詳見月稱論師《四百論釋》、大德月《弟子書》及蓮花戒《修次中篇》。

3. 由悲心引發增上意樂及發心的道理

　　經由前面次第修習產生悲心，引發利益有情願成佛的意樂，這樣已經夠了，爲什麼還要講增上意樂？因爲聲聞緣覺也有慈無量和悲無量，希望眾生離苦得樂；但是只有大乘人願意真正挑起重擔，所以要進一步發起強有力的增上意樂。僅僅思惟如何讓眾生獲得快樂、遠離痛苦還不夠，還必須發自內心，確實挑起重擔，要好好分辨這二者程度不同，差異極大。

　　《海慧請問經》說，「海慧！如果大商主或長者只有一個獨子，人見人愛乖巧聽話，完全沒有缺點；因爲年幼無知喜歡跳舞玩樂，一不小心掉到糞坑裡。母親或其他親眷看見，只能待在一旁哭泣，沒有辦法救小孩，只有等父親到來；雖然父親也是慌慌張張手足無措，但一想到愛子，完全不考慮，立刻跳進極度噁心令人作嘔的糞坑裡救出小孩。」

　　在這個譬喻，骯髒污濁的糞坑就像三界輪迴，鍾愛的獨兒就像有情眾生，母親及親眷就像聲聞獨覺，雖然看到有情在生死受苦，對此感到傷心悲痛，卻只能在一旁憂愁嗟歎，沒有能力也不願付諸行動，負起拯溺的重擔。商主就像菩薩，看見獨子掉進糞坑產生強烈悲心，雖然這點聲聞緣覺也做得到；但是光有悲心還不夠，必須由悲心策發荷擔眾生的增上意樂，做出實際的行動。發願救度眾生以後，想到自己現在能力不足，連一位有情都無法利益；即使證得聲聞緣覺阿羅漢，也只能利益少數有情，讓他們獲得解脫，無法趣入一切種智。進一步思惟，誰能圓滿爲數眾多、無邊無際的有情現前及究竟利樂？發現只有佛才做得到，因此爲了利益遍虛空有情，誓願必須成佛。

五、正式修習七重因果

（一）修習希求利他心

包括引發利他心的所依及正式發起利他心，為了引發利他心，要修平等心及悅意相。

1. 首先說明修平等心

和前面的課程一樣，修習七重因果的前行次第，就是下士道和中士道所講的內容。如果一開始不去除黨執分別心，讓心趨向平等，對某些有情起貪念，對某些有情起瞋念，那麼所產生的慈悲就有偏頗，無法生起平等慈悲心，所以要修捨心。

捨心有三種①，行捨、受捨、無量捨，這裡是指無量捨，遍及一切有情、不分高下、不分親疏。修無量捨的方式有二種，一是修眾生清淨相，緣有情心中沒有貪瞋等煩惱；二是修自心清淨相，緣自心對眾生沒有分別，這裡是指第二種。為了快速引發平等心，必須依照固定的觀修次第，首先緣念沒有利害關係的中庸人，去除貪愛及瞋恨，等到心性逐漸調伏，再緣念親友。如果對親友缺乏平等心，就會區分出喜歡不喜歡、自黨他黨、比較喜歡或非常喜歡等等差異，內心自然無法平等。等到對親人可以一視同仁之後，再緣念敵人。如果對怨敵缺乏平等心，一看到怨敵，就覺得對方違逆自己而暴怒瞋恚。等到對敵人生起平等心之後，再可以遍及一切有情修

① 行捨，和善心所相應的心所，緣善法令心平等，遠離掉舉，以禪定為行業。受捨，不苦不樂的捨受。無量捨，緣無量有情遠離煩惱的平等心。

平等捨。

怎樣才能斷除貪瞋？有二種方法，一是站在有情的角度來看，一切有情都想離苦得樂，既然目標一致，那麼親近幫助某一類眾生，或者疏遠傷害另一類眾生，根本就不合理。二是站在自己的角度來看，無始劫來沒有一位眾生不曾多次成為我的親屬，我應該貪愛誰？又應該瞋恨誰？以上說明見《修次中篇》。

如果對親屬還有貪愛，就應該思惟《月上童女請問經》所說，「過去我曾殺害你們，你們也曾殺害我，互相傷害爭得你死我活，現在為什麼要貪愛你們？」先前講到輪迴無定的過患，不論親友或怨敵彼此由親而疏、由疏而親、由親而怨、由怨而親，關係總是快速改變，既不長久也不牢靠，以此思惟遮除貪瞋二種煩惱。所謂遮除「怨親差別」，並不是不准區分這是親友、那是怨敵，而是要避免因為區分所導致的貪心和瞋心，這二種煩惱才是我們要斷除的目標。

2. 其次說明修悅意相

《修次中篇》說，「首先以慈水潤澤內心相續，就像濕潤土壤，其次播下大悲種子，使作物易於生長。因此要先以慈心薰染，再修悲心。」慈，指觀待眾生如愛子的悅意相。先修平等捨，從息滅貪瞋不平等心開始，就像耕作前，先整地去除粗礫雜草。接著用悅意的慈水澆灌，撒下大悲種子，大悲心才能儘速成長，這個次第很重要。修完平等捨，再修知母、念恩、報恩。

知母

輪迴無始無終沒有邊際，自己曾經受生了無數次，可以說沒有

不曾受過的身、沒有不曾到過的趣，也沒有不曾當過我母親及眷屬的眾生，每一位眾生都曾經身為我的母親或親眷。如《本地分》引經說，「遍觀大地，很難找到一個地方，你們不曾在那裡受無量生、受無量死。遍觀有情，很難找到一位有情，不曾當過你們的父母、兄弟姐妹、軌範師、親教師、上師等。」說明眾生不只過去是自己的母親，未來還會成為自己的母親，親密的關係不斷重覆，沒有終際。好好的想想，真正相信眾生確實是自己的母親，對此產生堅固定解，才有後面的念恩、報恩心，反之缺乏堅固定解，自然不可能引發後面的念恩、報恩心。

念恩

修一切有情是母親，可以先從今生的母親著手，這樣做比較容易生起感恩之心。如博朵瓦教授弟子，先觀想面前出現母親清楚的容貌，思惟她不僅是我今生的母親，早已無數次當我的母親。母親保護我不受傷害，為我成辦所有快樂。特別是這一世，我在母胎中長大，出生後毛髮稀疏，被母親抱在溫暖的懷裡十指逗弄；親自哺乳以口餵食，甚至怕粗布刮傷稚嫩的皮膚，不怕骯髒，直接用口拭去我的鼻涕和痰，把屎把尿，含莘茹苦撫育我長大，完全不厭煩捨棄。饑渴時，給我飲食；寒冷時，給我衣服；匱乏時，給我資財；一切美好的事物，母親自己都捨不得享用。難道這些東西都是憑空而來、垂手可得的嗎？不是，必須靠著母親努力工作，背負罪業與惡名辛苦掙來。當我受病痛折磨，母親寧願自己犧牲換取我的命，寧願自己病痛換取我的健康，寧願自己受苦換取我的快樂，這份願意代受的心完全出於自願，可說用盡辦法去除我的痛苦。

總而言之，要盡所能體會母親如何為子女著想、如何去除子女痛苦。深刻思惟，才不會把念恩當成空話，生起真實感動。之後再

推及父親或其他親友，他們也像母親一樣愛護我。接著緣中庸人修知母念恩，一直到對中庸人生起親愛的感受，再修怨敵。視今生怨敵爲過去未來的母親，等到產生同母心，再緣十方眾生都是宿世母親，依照這個次第逐漸擴大觀修範圍。

報恩

現在因爲輪迴的緣故，暫時無法認出宿世對我有恩的母親，現在他們正在受苦無依無靠，我卻棄捨不顧，只管自己解脫，簡直無恥至極。如《弟子書》說，「過去世的親眷墮入輪迴苦海，眼看就要溺斃了；今生不過換了個軀殼，我就當做不認識不救他們，只顧自己，那有比這更可恥的行爲。」連下等人都引以爲恥，大乘人怎麼能忘恩負義？透過這樣的思惟，願意挑起報恩重擔，如《弟子書》說，「剛出生時，自己完全沒有能力照顧自己，是誰哺乳我？養育我？就是母親的慈悲和劬勞。連最下等人都不捨母親，更何況發菩提心的大乘人？」又說，「是誰讓我在她的肚子裡長大？是誰充滿悲心小心翼翼懷胎？懷胎時忍受種種痛苦不便，生產時面臨死亡威脅。現在母親正被煩惱逼迫受盡折磨，連最下等人都不捨母親，更何況具有菩薩種性的大乘人？」

《無邊功德讚》說，「眾生被無明蒙蔽了雙眼而損傷智慧，過去曾爲我的父母，對我慈悲饒益照顧有加，現在我卻拋棄他們獨自解脫，實在不是大乘菩薩的行徑。我應當發願，誓願救度一切無依無靠的眾生。」既然如此，要如何報恩？雖然母親自己有能力獲得輪迴快樂，但這些都是有漏快樂，是欺誑法、壞滅法。

過去我自己被煩惱魔傷害，現在卻拿輪迴中的有漏快樂來報恩，就像在母親的傷口上撒鹽，只會加速母親無明我執更加嚴重；必須引導他們走向解脫涅槃，才是眞正慈悲有情的報恩。《中觀心

論》說，「過去對我有恩的眾生，現在我把有漏快樂當成報恩，豈不是適得其反恩將仇報？就像自己曾經被煩惱魔傷害，身上長出大毒瘡，我卻愚蠢的在傷口加注石灰水，豈不是讓痛苦更加劇烈？真正報答眾生對我的慈愛及恩德，除了幫助眾生獲得涅槃，沒有其他的辦法。」

不知報恩所背負的擔子，比大海及須彌山還重；知恩報恩，才是智者所讚許的行為。如《龍王鼓音頌》說，「大海、大地、須彌山都不是我的重擔，不知報恩才是我的重擔。如果人心還沒散亂失壞，就該感恩圖報，不忘眾生恩情，這才是智者稱讚的行為。」

總之，眼看母親因喪失正念而瘋狂、因失去智慧雙眼而盲目，步步蹎躓走向險崖，如果不寄望自己的孩子，還有誰可以救她？如果自己的孩子不出手相救，還有誰會負起責任？身為子女應該從崖邊救回母親。同樣的，看到曾為母親的眾生被煩惱魔擾亂，失去控制、心性癲狂。又缺乏可以觀察增上生及決定勝的慧眼，缺乏善知識引導，每一剎那都在造作惡業，就像步履蹎躓踏入險境。不管是在輪迴或惡道懸險奔馳，母親唯有寄望孩子，孩子也應責無旁貸。以此思惟，必須想辦法將母親救出，才是真報恩。

《集學論》說，「被煩惱迷惑、愚癡遮蔽，狂亂又盲目的眾生在險道邊顛簸，不但傷害自己，也傷害他人，這就是眾生本具的苦性。」這個意思也說明不要觀察眾生的過失，因為眾生被煩惱驅使不得自在，沒有分辨取捨善惡的智慧，致使經常做出害人害己的行為；應該觀察眾生的優點，就算只有少許功德，也要覺得稀有珍貴，這就是眾生苦惱的原因。

（二）正式發起利他的菩提心

1. 慈心

慈心的所緣，包括所有缺乏安樂的眾生，都算慈心的對象。

慈心的行相，是要思考如何讓眾生安樂、祈願眾生安樂、發願自己要讓眾生安樂。

慈心的功德，如《三摩地王經》說，「以無量廣大的上妙珍寶，供養遍滿無邊俱胝剎土諸佛，所獲的功德遠遠不及慈心一分。」說明慈心的功德極大，比經常供養無量廣大財物，給最究竟的福田還要殊勝。《曼殊室利莊嚴佛土經》說，「東北方有大自在王佛，佛國名爲千莊嚴，佛土眾生常居安樂，就像比丘入寂滅定身心輕安。如果在千莊嚴佛土，以萬億年時間修習梵行，還不如投生穢土，以一彈指的時間，緣念一切有情發慈心，這個福德遠遠甚於前者，更何況日夜薰修慈心的功德？」

《寶鬘論》說，「每天三時不間斷布施三百罐食物，裡面各放置六十種美味佳餚，還不如稍微修習慈心，前者福德不及後者一分。在解脫以前，修慈心可以獲得『慈法八德』，即天人慈愛、天人守護、心意喜樂、身體安康、毒不能害、刀不能傷、無勞事成、當生梵天。」具備慈心，天人自然聚集身邊，守護行者免於侵擾，就像佛陀以慈力戰勝魔軍。慈心是最有力量的守護者，雖然慈心難以生起，仍然要努力策發。《集學論》說，應該思惟《金光明經》開示的修慈悲文，如果無法修習，至少要多讀幾次，經常憶念這段文義，「願此金光燦爛、殊勝悅耳的慈悲鼓音，能息滅三千世界中所有惡趣、閻羅、匱乏等等痛苦！」

慈心的次第，要先緣親人、再緣中庸人、次緣怨敵，最後遍及

法界眾生，依照這個次第修習。正式修習時，先思惟有情常被苦苦
逼惱，由此引發悲愍心，然後思惟有情普遍缺乏有漏無漏快樂，使
慈心的欲望及意樂自然湧現，不假造作；再以觀想方式，將自己的
善根妙樂轉施有情，希望他們獲得善根妙樂。

2. 悲心

悲心的所緣，包括所有被苦苦、壞苦、行苦逼惱的眾生。

悲心的行相，是要思考如何讓眾生免於痛苦、祈願眾生脫離痛
苦、發願自己要讓眾生脫離痛苦。

悲心的次第，先緣親人、再緣中庸人、次緣怨敵；生起的量要
達到視怨敵如親友，怨親平等，最後遍及法界眾生。

修習等捨、慈、悲時，各要依序分為三種對境來修，這是蓮花
戒論師依照《阿毘達磨經》所提出來的方法，次第的先後順序極為
重要。如果不區隔，一開始就緣念所有眾生，看起來好像生起了
量，實際上一碰到不同的對象，就發現根本沒有生起悲心。唯有按
照次第修習，才能體會心意改變的力量，由弱轉強、由少轉多，逐
漸穩固，最後再緣十方眾生。這樣將來不論碰到什麼情況，都可以
產生清淨悲心。

正修時要把有情當成自己的母親，想到有情如何受到輪迴總苦
的逼迫？如何受到六道別苦的逼迫？如何受到三苦的逼迫？依照前
面說的道理思惟。如果先前已經具備中士道發出離心的基礎，現在
按照生起的量修悲心，就比較容易了。出離心來自於思惟輪迴過
患，這是以自己為出發點；現在把對象換成其他有情，既然已經知
道輪迴過患，當能推己及人引發悲心的因。若先前沒有串習過中士
道法類，沒有生起出離心，現在一定很難進入上士道的關鍵，也就

是生起菩提心。以上簡單說明修習方法，詳細可以參閱《菩薩地》，學習觀修一百一十種苦引發悲心的道理，有能力的人應該儘量去做。聲聞乘僅僅以自己出離為目標，由厭患輪迴而思惟苦諦，所能現證的究竟苦諦自然不及菩薩深廣。

相較之下，菩薩以悲心體念眾生受苦，能見到更多痛苦；以無量法門觀察輪迴純苦，了解得愈深入，悲心和慈心的力道愈強烈。經常思惟眾生受苦，慈悲心自然猛利堅固；千萬不要學點皮毛就滿足，隨便捨棄廣大經論的依據，這樣會使修習力日趨薄弱。前面說過發菩提心是趣入大乘的標幟，大悲心是菩提心的根本；要善巧分別這些義理，靠著觀察修的思辨力數數串習，才能生起證量。如果只是似懂非懂、一知半解，或者追求某些覺受，根本沒有好處。不管修什麼法，道理都一樣，要深入了解，不能單靠相似、大概的感覺。

悲心生起的量要達到什麼程度？

《修次初篇》說，「就像看到愛子身心不安，對其他有情視如至親，想要拔除他們身上的痛苦。自然流露憐憫心，就是悲心圓滿的德相，又稱大悲心。」寵愛的幼子受到多少痛苦，母親就產生多少悲憫，這樣才算悲心具量。緣一切有情的悲心能達到任運轉動，就是圓滿大悲的體相，進一步了解由這個體相生出等量大慈的道理。《修次初篇》又說，「修大悲心誓願救度眾生，希望證得無上果位，這種以自己為體性的菩提心不須特別策發，就能自然生起。」說明大悲心是生出「願菩提心」的因。由此可知，大菩提心發起的量，並非針對聖者位菩薩，而是針對初發意菩薩。《攝大乘論》說，「初業菩薩修習三大阿僧祇劫的內容，就是清淨力、增上力、堅固行力、昇進力的菩提心。」準備修習無量劫的初業菩薩，必須生起這種量。

缺乏悲心的過患。

倘若全然不知上述道理，僅僅作念「為了利益眾生願成佛」，把表面善行當成究竟，對此產生極大誤解，自以為生起具量菩提心，把沒有得到視為已經得到，最後結果只是堅固了自己的增上慢心。很多人輕視菩提心，根本不把菩提心當成主要教授，總是妄想追求其他更高深的密法，這種越級不實在的態度，還自稱了解大乘扼要，真是很可笑。

許多經典都提到連證量極高的菩薩，都還要花費長劫時間主修菩提心，更何況是我們這種只「知道」菩提心之名的人。當然，這並不是說只能修菩提心，其他法都不能修；而是說不管修什麼法，都要以菩提心為前導，這才是整個關鍵。總而言之，還沒有領受具量菩提心以前，如果已經善知大乘學處、堅信大乘要道，可以先發願心、接受律儀，再進入修心。如《入行論》說，先受律儀戒及願心儀軌，接著學習六度，等到靜慮度才正式宣說行菩提心。為了期勉自己早日成為具器，先要思惟菩提心利益、供養七支、皈依等法，以淨治身心、了解學處、發心守護。要知道，修持空性正見並非一蹴可成，必須漸進修習，先知道空性這個詞，再了解定義、作用、利益等；修菩提心也一樣，經過許多步驟輾轉增上，最後才能生起真實的證量，避免徒具虛名。這才是菩薩唯一真實的解脫要道，《現觀莊嚴論》提到二十二種發心，其他很多論著都談到如何進道，應該一一去理解。

3. 增上心

修慈心和悲心後，再進一步思惟「唉！這些可愛的有情竟然缺乏快樂，被眾苦逼惱，怎樣才能讓他們獲得安樂（予樂）、脫離痛

苦（拔苦）？」以此發下承擔重任的意願，即使只是口頭上立誓，也可以做為修心的前導。談報恩時，雖然已經略略生起拔苦與樂的慈悲心，這樣做還不夠，為了引發更強烈的慈悲心，一定要展現出願意成辦眾生利樂的決心。不是只有上座修行才要發願，下座後更要憶持不忘，才能讓慈悲心綿綿增長。

《修次中篇》說，「真正的大悲心安住在上座及下座後日常威儀的所有時間裡，都要以一切眾生為所緣，念茲在茲身體勵行。」悲心只是一個例子，修習所有法類都是如此，暇滿人身、死亡無常、皈依、親近善知識等等，都不分上座或下座。如大德月論師說，「無始以來，眾生不斷用煩惱苦汁澆灌心樹，現在光靠一滴德水有什麼用，不可能將苦汁轉為甘美。」就像巨大極苦的嘀噠樹，僅僅澆注一、二滴糖水，也不能改變樹汁的苦味。無始劫來眾生經常被煩惱苦味薰染，鮮少以慈悲善法滋潤自心，以致於在輪迴翻轉一事無成，現在唯有長期猛利、持續不斷薰修善法，才能脫離輪迴痛苦。

（三）正式修習希求菩提心

由前說明可知，想要利他唯有生起菩提心意樂，但也不能一直停留在發心階段，滿足現況；應該按照前面說的皈依，透過思惟佛陀身語意事業功德，增長清淨信心。經論說信為欲依，先有信心才會發起意樂，由仰慕所依的德相，發起誠心證得的欲望，了解這樣做不只是為了利他，也更為了自利，確定必須證得一切種智才行。雖然有很多引發菩提心的方法，其中還是以悲心最為殊勝，以自力最為殊勝，以上內容出自《修次初篇》引用《智印三摩地經》。

（四）說明發心爲所修果

發菩提心的總體性相，如前面引述《現觀莊嚴論》，是爲了利益他人誓證無上果位。發菩提心的各別性相，《入行論》引用《華嚴經》說，「要知道準備前往和正在前往的差別，智者應該知道菩提心有二種差別。」包括願菩提心和行菩提心，二種菩提心的定義有很多講法，這裡是指爲了利益有情發起當願或應當成佛的誓願後，不論是否正式修習布施等學處，只要還沒有接受律儀戒，就算願心，接受律儀戒後，才算行心。《修次初篇》說，「爲利益眾生成佛，最初許下這個承諾，稱爲願心；受律儀後，修習學處，累積資糧，稱爲行心。」在定義上雖有許多爭議，這裡不再贅述。

六、寂天菩薩的自他相換教授

1. 思惟修習自他相換的功德及不修的過患

《入行論》說，「想要快速拯救自己及他人，應該修習自他相換，這個殊勝密法，連聲聞緣覺也做不到。」又說，「世上所有快樂，都從利他而起；世上所有痛苦，都從自利而起。這個道理何必多費唇舌？凡夫追求自利，世尊追求利他，看看二者的差別吧！不能眞正以自樂交換他苦，不但成佛無望，即使身處輪迴也沒有快樂可言。」愛執自我，是一切衰損之門；愛執他人，是一切圓滿之門。

2. 修習自他相換易於生起菩提心

　　例如過去一聽到仇家的名字，就嚇得渾身發抖，後來二人和好結為密友，一日不見反而牽腸掛肚，以此說明世法虛幻不實、隨心而轉的道理。如果把他人當成自己，把自己當成他人，自然容易生起菩提心。《入行論》說，「發現困難的時候不要退縮，要經常串習薰修，一定可以成就道業。例如剛開始聽到敵人的名字心驚膽跳，變成好朋友後難分難捨。」又說，「經常串習自他相換，久而久之就不覺困難了。」若有人問，怎麼可能把別人的身體當成自己的身體，還要愛他如愛己？可以這樣回答，我的身體是父精母血組成，別人的身體也是父精母血組成，成份相同；不過因為串習力的緣故，愛執自己的身體，如果現在開始串習愛執他人的身體，慢慢也可以做到自他相換。如《入行論》說，「自己和別人一樣，都是由父精母血聚合而成，現在卻妄執這個是我、那個是他，以此思惟修習自他相換。」應該好好想想修習功德及不修過患，就能帶著好樂心早日生起菩提心寶。

3. 修習自他相換的次第

　　應該如何修，先後次序為何？
　　修習自他相換，或者以他為自、或者以自為他，並不是硬將別人看成自己，把別人的眼睛看成自己的眼睛，不是這種相換；而是將愛執自己和捨棄他人的心交換，發起愛他如愛己、棄己如棄他的心。交換自樂他苦的目的，是為了把「我愛執」當成怨敵，捨棄自私自利的心態；將「愛他執」當成功德，滅除他人痛苦。為了斷除眾生痛苦而努力，不要只顧自己快樂成就。以下分成二點討論，說

明去除修習的障礙及正式修習的方法。

　　首先說明去除修習障礙，修習自他相換有二個障礙，認爲自己和別人不相干、認爲別人痛苦不妨害自己快樂。

　　自己和別人不相干，把自己快樂、別人痛苦所依的身體，當成無關的獨立個體，就像一個是青色、一個是黃色，彼此毫無係屬。這種先入爲主的觀念，將自他當成獨立個體，對於自他產生的苦受或樂受，很容易想成：「這是我的，應該修應該斷；這是他的，可以輕易捨棄」。要對治這個障礙，就是去除不相干的錯誤觀念，將自他視爲互相觀待。這樣才能對自己修同他心，對他人修同己心。例如這座山和那座山的區別，是當事者站在這座山，觀待此山，稱爲這座；觀待彼山，稱爲那座。只要交換位置，就會改變稱呼。觀待的道理和顏色不同，正常人看到青色，都知道是青色，不會說是黃色。如《集學論》說，「修習自他平等才能堅固菩提心，自他不過是觀待關係，我們卻妄執彼此。就像彼岸的自性不是『彼』，而是觀待此岸而成。同樣的，自己也不是自性所成，而是觀待他人的結果；如果自己不是自性所成，那麼要觀待誰來稱『他』呢？」這個意思說明由觀者所處的位置假名安立，定義本身並沒有自性，也不是確定不變。

　　他人痛苦不妨礙自己快樂，別人痛苦對我無害，所以不必努力替人斷除痛苦。對治這個障礙，應該思惟老了以後沒有能力工作、百病纏身、種種痛苦，要趁年輕積蓄財物養老；既然年輕和年老不相妨害，爲什麼年輕要幫年老打算？或者想到身體各部位的差別，腳踩到刺，既然腳和手無關，爲什麼手要拔除腳的痛苦？老年與幼年、前生與後世也一樣。昨天和今天、今天和明天、上午和下午也一樣。如果說老幼是同一個相續，手足屬於同一個身體，不能和自他相提並論。那麼所謂的相續和支分，也是由許多刹那所假名施

設，本身沒有獨立自性；自己和他人也是由觀待的對象來假名安立，其實並沒有真實自性，那麼這些到底有什麼不同？不過是無始以來串習我執的結果，不忍自己受點微苦，漠視他人遭逢劇苦。如果現在開始修習愛執他人，由串習力發揮作用，將來必會生起不忍他人痛苦的慈悲心。

其次說明正式修習，去除自他相換的障礙，就可以進入正式修習。由於貪著自身起我愛執，從無始到現在，眾生一直在輪迴中飽受眾苦逼迫。原本只想自利，卻造作許多不如理的事，不但自利利他兩頭落空，更害人害己，拖累大家一起陷在輪迴火坑。如果當初就把心轉向利他，現在恐怕早就成佛了，早就圓滿自他二利了。因為缺乏智慧，不知善惡取捨，放任我愛執作祟，才會久經長劫徒勞無益。既然如此，現在就要知道，我執是自己的第一大仇人，今後要依止正念正知堅固信念，努力斷除愛己執著。如果我執未生，就不要讓它生起；如果我執已生，就不要讓它再繼續。

《入行論》說，「在生死輪迴中，我執這個怨敵不知害我多少次。不管經過多少劫的努力，每次辛苦追求自利的下場，只有痛苦。」又說，「如果一開始就把心轉向利他，早就獲得圓滿佛果，也不至於淪落到今天的地步。」不執著自身愛樂，不守護自身利益，毫無吝嗇的把身體、財產、善根布施出去，才是成佛的最近距離。既然已經打定主意布施，就要以他人利益為優先，避免做出傷害眾生的邪行；必須抱著捐出身體、受用及善根的心，消除自利。

如說，「心啊！要知道，我已經把你施捨出去了，你現在只能隨他人轉，思考如何利益他人，不要再費心謀求自利了。不只是心，連眼睛、身體所有支分也一樣，必須為他人自在，要做『利他之眼』，不做『自利之眼』，更不應該傷害他人。」一旦發現身語意又開始捨棄利他，攀緣自利，甚至傷害他人，要立刻提起正念，

思惟累劫以來爲了眼前短暫快樂，已經受盡無邊痛苦，現在看到一點相似的利益，又想重蹈覆轍趨於自利，將來只好繼續遭受眾苦折磨。如說，「愛執自我的心啊！你已經傷害我太多次了，過去的就算了，我可以不追究；只要我再看到你，不管逃到天涯海角，我都會摧毀你的憍慢。今天你要好好反省，捨棄貪著自利的念頭，我已經修習自他相換，把你賣給有情眾生。你不要覺得厭煩，應該努力服務眾生，以追求自利的心態追求利他。如果我因爲一時放逸，不把你布施出去，到頭來還不是被你出賣給地獄獄卒。你多次恩將仇報，將我丟入惡趣受苦，一想到這些恩怨，不禁怒從中來，我一定要摧毀你這顆自私自利的心。」

經常思惟利他功德，誠心誠意發起勇悍精進；如果捨棄眾生的心還沒生起，請不要讓它生起，如果已經生起，請務必截斷相續，時時緣念眾生悅意可愛的一面，增長利他心。

就像過去貪愛自己，現在以同理心去愛惜他人。如說，「應該把他人當成自己。」發起這種愛念有情的心，是因爲眾生有恩於我，可以饒益我。看到眾生，就好像看到可以播下善根種子，長出上妙果實的肥沃土地，心中升起無比喜悅。以有情爲福田，種下布施等善根種子，必能獲得增上生與決定勝的快樂果實。具有這些定解，才能真正愛執他人，應該好好思惟。

《入行論》說，「有情和諸佛都是可以長出佛法功德的福田，既然知道要尊敬諸佛，爲什麼不能愛惜有情？」又如《令諸有情歡喜頌》說，「殺害有情會墮入三惡道，拯救命危有情會投生長壽天。瞋恚或不與取，會引生惡趣；施捨或慈悲，會引生善趣。緣念有情發菩提心，爲利益眾生而修善，才是修行的第一步；成佛要靠有情的存在，才能圓滿布施等善行，應當仔細思惟。」《釋菩提心

論》說，「世間有善道、惡道，有善果、苦果，都是源於利益或損害有情的結果；連出世間的無上佛果，也是因為利益無量有情。在天道享受富樂盛事，獲得帝釋天、大梵天、自在天、護法神的五欲妙塵，不過是利益有情投生善趣的善果，這有什麼好驚怪？同樣

甘丹寺宗喀巴大師舍利塔
一九八一年重建，塔內裝臟釋迦牟尼佛佛牙舍利、迦葉佛舍
利，宗喀巴大師法骨、法帽、手杖、頭髮、指甲、法衣、鞋
等，另有阿底峽尊者擦擦、那若六飾、黑行者骨飾、迦濕彌羅
學者的法物、毛髮舍利及法體舍利等珍貴寶物。

的，在三惡趣遭受種種巨大痛苦，也是因為損害有情所致；餓鬼飢渴、畜生互相噉食、地獄燒煮斬斫等無窮無盡的痛苦，全部都是傷害有情的苦果。」聲聞果報下劣，是因為不能廣行利他；諸佛果報究竟，是因為廣利無邊有情，要觀察其中差別，不要聽任我執貪著剎那樂受。

《釋菩提心論》說，「不愛護有情就像自食毒藥，應該捨棄自我毀滅的行為。聲聞乘對有情缺乏悲心，只能成就下品菩提果位。佛陀在因位不捨眾生，所以能證得無上菩提果位。早知道愛執他人與愛執自己的果報如此懸殊，那麼連一剎那自利心都不會生起吧！」

由此可知，利他與佛果要靠菩提心苗，菩提心的根本是大悲心。菩薩應該好樂修習大悲心，以眾多法門令心堅固，才能自然任運難行的廣大學處。《釋菩提心論》說，「以悲心堅固為根本，促使菩提心苗發芽，專注利他事業，才能證得佛果，這就是菩薩學處。菩薩悲心堅固，寧願放棄涅槃寂靜的快樂，進入極恐怖的無間地獄拯濟眾生，應該讚頌這麼希有奇妙的行為，這就是上士最偉大的地方。」這裡也可以引先覺言論生起定解，如阿底峽尊者責備當時以菩薩自居，又不修慈悲心的藏人說，「只有西藏人才知道菩薩不修慈悲心的方法。」

了解這些道理後，應該如何修？

從最前面的次第開始。朗日塘巴說，「霞婆瓦和我有很多種人方便，還有一種馬方便。人方便，就是發大菩提心，不管做什麼事，都是為了利益無量有情的眾多方便。馬方便，就是對治我愛執（菩提心的違逆品），以免菩提心不生、不住、不增長。」大瑜伽師告訴善知識種敦巴說，「我已修到氣入中脈，平等運轉的三摩地境界。」種敦巴回答，「即使修成在耳邊擊鼓也不動搖的三摩地，

缺乏慈心和菩提心，頂多只能投生到日夜後悔的地方。」意指即使
獲得無色界三摩地，還是在六道，又因為失去修習善法的有暇身，
等於失去脫離輪迴的機會，出定後墮入惡趣，反而讓自己後悔。康
巴說，「我們對尊長及有情造作各種顛倒事，有情也對我們造作各
種顛倒事。」是否安立大乘根本？是否進入大乘門？要觀待菩提
心。已經生起，實屬難得；還未生起，不要當成沒事，趕快親近開
示菩提心的善知識，經常與修菩提心的法侶共住，閱讀與菩提心相
關的經論，好好修習累積發心資糧、淨除發心障礙。若能精進修
心，一定會種下圓滿種子，這可不是小事一椿，應該歡歡喜喜修菩
提心。如阿底峽尊者說，「想要進入大乘門，菩提心寶就像日月去
除黑暗惱熱；即使得花費累劫時間勤修，也要達成發心目標。」至
於菩提心生起的量，要到達什麼程度？如前面所說，應該很清楚
了。

14 受持發心儀軌

諸佛正法眾中尊，乃至菩提我皈依，以我所修布施等，爲利眾生願成佛。

——出自《發心儀軌》

引言

阿底峽尊者說，「想要生起菩提心，應該努力、經常、不斷修習慈悲喜捨四無量心，去除貪心與嫉妒，受持發心儀軌。」修菩提心，對發菩提心產生定解，然後按照儀軌受持律儀戒。這章要討論未得令得、已得守護不壞、設壞還出方便，菩提心尚未生起時，應該如何生起；已生起時，應該如何守護；暫時毀損時，應該如何回復清淨。

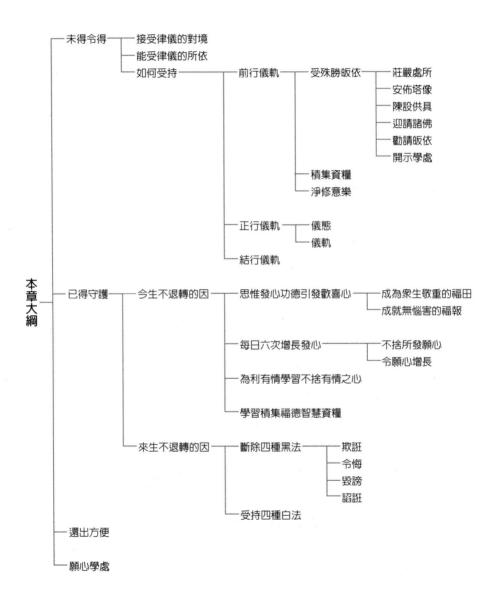

本章大綱
├─ 未得令得 ─┬─ 接受律儀的對境
│   ├─ 能受律儀的所依
│   └─ 如何受持 ─┬─ 前行儀軌 ─┬─ 受殊勝皈依 ─┬─ 莊嚴處所
│   │   │   ├─ 安佈塔像
│   │   │   ├─ 陳設供具
│   │   │   ├─ 迎請諸佛
│   │   │   ├─ 勸請皈依
│   │   │   └─ 開示學處
│   │   ├─ 積集資糧
│   │   └─ 淨修意樂
│   ├─ 正行儀軌 ─┬─ 儀態
│   │   └─ 儀軌
│   └─ 結行儀軌
├─ 已得守護 ─┬─ 今生不退轉的因 ─┬─ 思惟發心功德引發歡喜心 ─┬─ 成為眾生敬重的福田
│   │   │   └─ 成就無惱害的福報
│   │   ├─ 每日六次增長發心 ─┬─ 不捨所發願心
│   │   │   └─ 令願心增長
│   │   ├─ 為利有情學習不捨有情之心
│   │   └─ 學習積集福德智慧資糧
│   └─ 來生不退轉的因 ─┬─ 斷除四種黑法 ─┬─ 欺誑
│   │   ├─ 令悔
│   │   ├─ 毀謗
│   │   └─ 諂誑
│   └─ 受持四種白法
├─ 還出方便
└─ 願心學處

一、未得令得

分為接受律儀的對境、能受律儀的所依及如何受持。

首先是接受律儀的對境，阿底峽尊者在《尊長事次第》只簡單說到具有德相的上師，後面沒有詳細解釋。先賢說，「只有願心，安住在願心學處還不夠，必須同時具備行心律儀。」這個見解和勝敵論師相同，說明應該到具有菩薩律儀的善知識面前請求受戒。《十法經》也說，接受他人勸化受持菩薩律儀，這個他人也包括聲聞，是指可以經由聲聞勸化產生出離心，但最終還是要在具德上師前受發心律儀。換句話說，聲聞不能當作菩提心的受戒師，因為他們只有願心學處，沒有行心學處。

第二是能受律儀的所依，勝敵論師說，「凡是身相圓滿，又有意願的善男子善女人，都可以接受菩薩律儀。」這裡包括天龍等，只要具備發心意願，都可以成為律儀所依。《道炬釋論》說，「只要厭離生死輪迴，憶念死亡無常，具有智慧及大悲心，都可以受持。」這也包括按照前面道次第修心，約略了解並生起菩提心的有情。

第三是如何受持，分為三點討論，前行儀軌、正行儀軌、結行儀軌。前行又分為受殊勝皈依、積集資糧及淨修意樂。

1. **受殊勝皈依**：包括莊嚴處所、安布塔像、陳設供物，勸請皈依及開示學處。

    莊嚴處所：要遠離毒蛇猛獸及失戒的罪惡眾生，整理清掃地基，塗抹牛的五淨物（印度習俗），再灑上栴檀等上妙香水，擺設氣味濃郁的鮮花。

    安佈塔像：供奉三寶象徵物，如雕塑或繪製的佛菩薩像、經典及法本，端正放在床座或善妙的高台上。

　　陳設供具：盡力準備豐盛的供養，如懸掛幡蓋香花、音樂、飲食及各種莊嚴器具，用花鬘裝飾或鋪設上師寶座。過去先賢還會事先供養僧伽、施食餓鬼，以積集資糧。如果真的沒有能力準備各種資財，也可以依照《賢劫經》所說的碎布供養；若有能力，應該以正直無諂心慎重廣修，使同修友伴讚歎不可思議，生起歡喜心。據說西藏善知識在芒宇及桑耶地區，聚集到阿底峽尊者前請求發心，尊者回答，「如果供養粗鄙下劣，不容易生起菩提心。」安置的聖像，一定要有開光的釋迦牟尼佛像；供設的經典，至少要有《攝頌》以上的般若經典。

　　迎請諸佛：接著按照《尊長事次第》，先迎請虛空聖眾，再念誦三次《供養雲陀羅尼》。弟子沐浴更衣，合掌聆聽上師開示福田海會的功德，引發清淨信心。然後觀想面前虛空無量諸佛菩薩雲集，心意平整緩急適中的念誦《普賢行願品》七支供養文。有些前輩主張，「依照龍樹、寂天菩薩傳承，要修七支供養；依照彌勒、無著菩薩傳承，只要修頂禮及供養二支。因為懺悔支要追悔，使心處於不悅意的情況，這和菩提心所要引發的悅意境相反，為避免影響發心喜悅，特別允許暫時不必修懺悔支。」這種講法不合道理。阿底峽尊者在《發心律儀》說到禮敬供養等，這個「等」包括其他五支，所以《尊長事次第》指的就是七支。否則龍樹和寂天菩薩也應該同意不必修懺悔，以免影響菩提心。

　　勸請皈依：對上師起清淨信心，將上師視為佛陀親臨般恭敬頂禮供養，首先右膝著地、雙手合掌，然後發菩提心，在上師面前祈請「如同過去諸佛及已入大地的菩薩，最初為了成就無上正等菩提而發心。我某某某今天也依止上師，為了證得無上正等菩提而發心。」念三遍後，受大乘殊勝三皈依，佛是世

尊薄伽梵，法是大乘滅諦及道諦，僧是獲得不退轉聖位的登地菩薩，以三寶為皈依境。

就時間來說，不只今生，從現在到尚未證得無上菩提以前，為了救度一切有情，都要皈依佛為導師、皈依法為正行、皈依僧為助伴，要有這種意樂才算受殊勝皈依。如《道炬論》說，以「不退轉菩提心」發強烈意樂，不管將來碰到什麼情況，都不退失菩提心。這裡的動作和前面一樣，右膝著地、雙手合掌，念誦「請上師攝受我、護念我！我是某某某，從現在起直到證得大菩提藏，皈依諸佛薄伽梵兩足尊。請上師攝受我、護念我！我是某某某，從現在起直到證得大菩提藏，皈依寂靜離欲法離欲尊。請上師攝受我、護念我！我是某某某，從現在起直到證得大菩提藏，皈依不退轉聖僧眾中尊。」念誦三遍。在三寶面前一一皈依，請上師護念，後面再加上不同的皈依文，這是阿底峽尊者所傳，和其他儀軌略有不同。

　　開示學處：皈依後，上師應該為弟子依序解釋各個學處。

2. 積集資糧：在發心儀軌，這部份也講到禮敬及供養七支等。《釋論》也說憶念諸佛及菩薩、憶念過去及現在的善知識，他們如何修行成就、如何發廣大願、如何利益眾生之後，應修七支供養。前面已經講過供養上師的道理，此時應該可以產生定解。七支供養，可以念誦《普賢行願品》或《入行論》的偈頌。

3. 淨修意樂：《道炬論》說先觀察有情遭受的痛苦，然後開展自己的菩提心；這樣才能讓慈悲心更明顯、更穩固，步驟如前面所示。

正行儀軌，分為儀態及儀軌二方面。

1. 在儀態方面：弟子右膝著地或蹲踞在上師面前，恭敬合掌。如

《道炬論》說，「以堅固不退轉的誓願發菩提心。」《發心儀軌》說，「一直到證得菩提藏為止。」不只為了利他發心成佛，更要在成佛以前，永遠不棄捨誓願、永遠不退失菩提心，以極堅固的信念受持儀軌。如果暫時做不到，不應該發這麼強烈的菩提心。如果只是用思惟的方式，希望利益眾生而成佛，不管實際能不能受持學處，都可以受願心儀軌；這表示願心有二種，能實際受持學處、不能實際受持學處。

　　傳授行心儀軌就不同了，如果無法確實修習菩薩學處，就不能接受行心儀軌。所以有人說，龍樹和無著菩薩的行心儀軌鬆緊不同，龍樹較鬆，不管能不能修習都可以授行心儀軌；無著較嚴，必須可以修習才能授行心儀軌。講這種話的人，實在很無知。另外有些法師經常為初學者傳授菩薩戒，卻從來不好好談受戒的學處和根本墮處，也不開示彼此的差別，等於平白糟蹋受戒的意義，這樣根本不對。《教授勝光王經》說，「即使不能修布施等菩薩學處，也要激勵行者發菩提心，以累積福德。」所以《修次初篇》才說，「如果任何情況下都不能修學波羅蜜多，那麼光是發心也能獲得廣大果利，應該以方便攝受使他發起大菩提心。」這句話的意思是，若不能修學布施等學處，可以發願心，但不能受行心戒。

2. **在儀軌方面**：願心儀軌的內容是，「惟願現在十方諸佛菩薩護念我！上師護念我！我某某某不論今生或來生，一切布施、持戒、修習的善根，不論是自己做、教他人做或隨喜他做，所有善根都迴向往昔諸佛及大地菩薩，我要學習他們，發起無上正等正覺大菩提心。我某某某從今天開始一直到證得菩提，為了獲得無上正等正覺而發真實菩提心，有情未得度者，我當盡度；有情未解脫者，我令解脫；有情未安樂者，我令安樂；有

情未涅槃者，我令入涅。」念誦三遍。雖然這裡並沒有明說要跟著上師覆誦皈依儀軌及二種隨念法，實際上應該這麼做，以上說明有受戒師的情況。沒有上師帶領要如何授戒？可以按照阿底峽尊者的《發心儀軌》，「如果沒有具格上師，還是可以自己發菩提心。儀軌就是自己觀想、迎請釋迦牟尼佛及十方諸佛，修習禮敬供養等支，中間省略向上師祈請及開示學處的步驟，其他都一樣。」以上說明自受律儀的方法。

結行儀軌，正行結束後，上師應該為弟子開示願心學處。

二、已得守護

受願心儀軌後，上師應該對弟子開示學處，使受者累積今生及來生不退轉的因。修習今生不退轉的因，有四個要點，為增歡喜憶念發心勝利、為令增長每日六次發心、為利有情學習不捨有情之心、學習積集福德智慧資糧。

(一) 今生不退轉的因

1. 思惟發心功德引發歡喜心

從閱讀經藏或聽聞開示，了解菩提心的功德，引發歡喜心，如《華嚴經》。前面講過菩提心是一切佛法的種子、菩提心能攝受一切菩薩行願，這只是很粗略的講法，實際上沒有辦法詳細解釋，所以才用「能攝受一切」籠統概括。菩提心就像　柁南，具有合集、總集的意思，能總攝一切菩薩道的法要。《菩薩地》說的勝利是指

願心勝利，願心堅固可以獲得二種勝利，成為眾生敬重的福田、成就無惱害的福報。

成為眾生敬重的福田：(1) 成為世間殊勝的福田，如說天人世間應該向他敬禮，指發心的剎那，這個人立刻成為眾生供養的福田。(2) 超越聲聞和緣覺，又說一發心馬上進入大乘種性，超越阿羅漢功德，說明成為上師或尊者。(3) 小福長成大果，又說發心後雖行小善，卻能生出無邊大果；(4) 成為世間依止的福田，就像萬物仰賴大地而生，指初發意菩薩就像眾生的父母，時時護念眾生。

成就無惱害的福報：(1) 能獲得轉輪王二倍的保護，即使睡覺、酒醉或放逸，連藥叉、宅神、非人都無法傷害這位初發意菩薩。(2) 如果他想要消滅傳染病、流行病、災禍等，即使是沒有用的咒語，也因為發心的力量使咒語靈驗，更何況原本就靈驗的咒語。息增懷誅四大事業，都因為發心堅固而容易成就。(3) 容易獲得世間共通成就，不論住在哪，當地的疾病、鬥爭、饑荒、魔鬼等不好的事都會立刻消失，無法造成損害。(4) 來生自然無病少災，即使略有病痛，也不必忍受長久嚴重的折磨。(5) 經常為眾生宣說正法，身不疲倦，心不忘失。(6) 因為安住在大乘種性，原本粗重的自性會轉為薄弱；使身粗重和心粗重減少，煩惱轉為輕微，個性自然柔和調順，能忍受他人惱害也不傷損他人。(7) 因為憐愍眾生受苦，忿怒嫉妒、諂曲覆藏等負面情緒不起現行，即使暫時出現，也不必花太大的力氣，自然消退惡心，總之能快速遠離種種過失。(8) 未來也不會投生到惡趣，即使受生也能迅速脫離，在惡趣受點小苦；因為有身處惡趣的經驗，反而使行者更加厭患輪迴，更加悲愍有情。

如果菩提心的福德可以衡量，即使大如虛空也無法容納；供養諸佛無數珍奇異寶所得的福報雖然很大，卻遠遠不及發心的一分。

《勇授問經》說，「菩提心的福德若有形色可以看見、可以衡量，塞滿整個虛空也容納不下。若有人將世間珍寶全部供養恆沙佛剎諸佛，還不如好好恭敬合掌，至誠向菩提心頂禮，這才是獲得無邊福報的最勝供養。」

據說阿底峽尊者在菩提迦耶金剛座繞塔時，想到「應該修什麼法，才能速證菩提？」佛塔上的小佛像紛紛起立請問，大佛像異口同聲回答：應該修菩提心。一次尊者看到寺廟上空有二位空行母，年輕的空行母問年長的空行母說：怎樣速證菩提？年長的空行母同樣回答「發菩提心」。尊者聽到後，對菩提心的信念更加堅固。

要知道，總攝大乘教授的扼要、一切成就的大寶庫、超出二乘的大乘不共法、策發菩薩廣大行的動力、最勝的依止處，都是菩提心。修菩提心要漸漸增強勇悍精進的歡喜心，就像口渴光是聽到水這個字，心中充滿強烈欲望。佛菩薩以長劫的時間，用卓越的智慧細察所有法，發現只有菩提心才是速成佛道的方便法門。如《入行論》說，「佛陀多劫善觀察，如何快速利益眾生？唯有發菩提心才能真正快速利益眾生。」

2. 每日六次增長發心

分為二部份，不捨所發願心及令願心增長。

不捨所發願心：之前曾請諸佛菩薩、善知識為我作證，在他們面前立下盡度一切有情的誓願。之後看到有情數目眾多、行為粗暴、個性乖劣、不聽教悔、難以度盡；或者看到要久劫勤修，想到成佛之日遙遙無期；或者看到為了累積福慧資糧，要修學無數難行苦行，種種情況令人生畏。如果真的因為這些理由而棄捨菩提心重擔，這個罪比捨棄別解脫戒還嚴重。

如《攝頌》說，「雖然已經花費億劫修習十善，一旦動念只想獲得獨覺及阿羅漢果位，立刻毀壞菩薩戒；身爲菩薩卻想證得小乘，等於退失菩提心，這個罪遠遠重於他勝罪。」說明菩薩毀犯尸羅，最嚴重的就是動念想要成爲聲聞緣覺；菩提心是菩薩最根本的戒律，一捨心就破了菩薩戒。只要不捨心，即使放縱五欲，也不算毀壞菩薩不共的防護心戒。如《攝頌》說，「皈依三寶，發願成就一切種智果位，雖然同時享受五欲妙樂，這位菩薩還算守戒。」

棄捨願心的後果極爲嚴重，勢必長劫墮入惡趣受苦。《入行論》說，「如果有人連微少下劣的物品都捨不得，人前說要布施，人後吝惜財物，這就是墮入餓鬼的因。如果有人先前已發無上菩提心，又誠心迎請諸佛菩薩上師作證受戒，一旦退心捨戒，等於欺騙諸佛菩薩及一切眾生，這種人怎麼可能往生善趣？」又說，「要像貧窮的瞎子在垃圾堆裡揀到珍寶的心情；想到自己也是如此幸運，今生能碰到殊勝的菩提心寶教授。」要有僥倖獲得稀世珍寶的心情，好好保護避免遺失，以各種法門經常串習利他誓願，連一刹那也不捨棄。

令願心增長：光是不捨誓願還不夠，每天還要白天三次、晚上三次重新發願，使菩提心增長穩固。進行的方法和前面一樣，如果每一次都能採取廣修的做法，就照儀軌；如果不能，就觀想供養殊勝福田，修習慈心與悲心等步驟，每天重覆六次，每次念誦簡軌三遍，「諸佛正法眾中尊，乃至菩提我皈依，以我所修布施等，爲利眾生願成佛。」

3. 爲利有情學習不捨有情之心

《道炬論》及《發心儀軌》在講學處時，雖然沒有提到不捨有

情，但《道炬釋論》說，「爲了攝受眾生、不捨眾生，要經常憶念菩提心的所緣、功德、儀軌，好好守護。」表示不捨有情也是學處，這和原論的意旨相同。怎樣才算捨棄眾生？要捨幾位？如果某人傷害我，我想「以後不利益這個人」，這樣就成立捨心，表示捨棄一位眾生，即使只是刹那動念，也算違犯捨心戒律。

4.學習積集福德智慧資糧

接受願心儀軌後，每天供養三寶，勤修積集資糧，增長菩提心的正因。這個道理是先賢們口耳相傳的，雖然經典沒有正式記載，對修心仍有很大的幫助。

（二）來生不退轉的因

1.斷除四種黑法

《大寶積經迦葉問品》說，造作四種黑法，來生會忘失菩提心，不起現行；成就四種白法，在獲得究竟果位以前，生生世世不忘失菩提心，容易起現行，這就是願心學處。四種黑法是欺誑、令悔、毀謗、詔誑。

欺誑：欺騙親教師、阿闍黎、尊重、福田，分別說明對象和行爲。對象是指親教師和阿闍黎，這點很容易理解；尊重是指能饒益我的上師；福田是指對我有恩的父母等，及上師以外的恩人，以上出自《迦葉問品釋論》。行爲是指對這些人做什麼事，構成黑法？故意欺誑，就是黑法。《釋論》解釋欺誑的定義，「親教師等因悲心而舉發惡行，自己卻撒謊掩飾。」凡是用欺騙不實的心態蒙蔽，

都算欺誑,不限上師是否先前舉發自己的過錯。欺誑,攙雜虛妄不實的成份,和非妄語的諂誑不同,下面再詳細解釋。《集學論》說斷除黑法就是白法,二者正相違。能對治第一個黑法,就是第一個白法。另外,在上師面前說要做某事,背後卻做相反的事,謊稱得到上師允許,也算欺瞞師長。

令悔:使人行善後心生猶豫後悔,分別說明對象和行為。對象是指其他補特伽羅行善後,原本沒有悔意。行為是指對這些人做什麼事,構成黑法?例如某人行善原無悔意,自己卻故意做一些事、說一些話令人後悔。《釋論》說,看到同修守戒清淨,故意諂誑擾動,使同修對守戒心生疑惑。不管這二種黑法是否達到目的,只要有做就算違犯,這個看法和《釋論》一樣。但《釋論》在第二黑法又提到「作已蒙昧」,表示帶有成功的意味,要讓對方改變想法。

毀謗:說趣入大乘行者的壞話,分別說明對象和行為。對象,有人認為必須受持菩薩戒、且具足發心才算;有人認為只要以前發過心,雖然退失也算,這點和經論不符。《釋論》只說到菩薩,沒有特別解釋,但在其他地方有講到修學具足菩薩律儀,才算趣入大乘的行者,這裡強調具足發心的人。行為是指毀謗等宣揚惡名之事,動機是瞋恚,這和《釋論》主張相同。

毀謗的行為,如《釋論》說,「對準備發心追求正法、信解大乘、修習大乘的菩薩,為了阻饒他們求法修習意願,故意毀謗大乘。」只要對方聽懂,就算違犯戒律。談論的內容包括惡稱、惡名、惡譽、惡讚。惡稱,例如說某人性情暴惡,卻不明確指出過失。惡名,如說人邪淫,並清楚指明過失。惡譽,比前者更詳細,例如說人在某處邪淫,清楚描述細節。惡讚,結合前三點污衊他人並予以呵斥。以上出自《釋論》。這些都是我們很容易犯的過失,前面已經講過果報極為嚴重。

另外，訾毀具戒的菩薩，不管起多少剎那的惡心，就必須多少劫住在地獄裡。《寂靜決定神變經》說，「毀謗其他菩薩，是唯一可以讓菩薩墮入惡趣的重罪。」《攝頌》也說，「還沒發心受記為菩薩，卻瞋恚誹謗已經受記的菩薩，不論起多少剎那惡心，就必須多少劫數重新披起鎧甲精進。」說明惡心出現多少剎那數，就要經過這麼長的劫數，即使極為精進修道，還不保證能獲得成就；由此證明毀謗惡業，會延後成佛時間極為遙遠。千萬不要忿恨，一出現立刻悔除、提起正念小心防護。如《攝頌》說，「要思惟瞋恚心不是善心，懺悔已生、防範未生；不要好樂瞋恚、放任瞋恚，應該好好修習佛法。」

瞋恚心會轉弱先前的慈悲心，如果原本還沒生起，修再久也沒有用，還是難以生起，因為瞋恚心是斬斷菩提心的根本惡心。唯有斷除慈悲的違緣，依照教授努力修習，慈悲心才會無量增長。《釋量論》說，「如果沒有瞋恚心這個違逆品來障礙，必定可以修成慈悲本性。」又說，「由於過去等流習氣漸漸增強的作用，不論修習哪個善心所，絕對不會原地踏步，一定會進步。」

諂誑：對有情起非增上心，分別說明對象和行為。對象是指任何一位有情。行為，就是諂和誑。增上心，《釋論》說是清淨的自性意樂；諂誑，指偷斤減兩等矯詐行為，例如勝智生想請人去惹瑪，故意先說遙遠難行的埵　，讓人自願選擇去惹瑪。《集學論》說，諂和誑都有貪著利養的動機，由貪分和癡分所攝。誑，實際沒有功德，卻詐現有德；諂，想盡辦法覆蓋、隱藏過失。

2. 受持四種白法

不欺誑的對象：包括一切有情。行為，不論遇到性命攸關或者

嬉戲玩笑,絕不妄語;能做到這點,對親教師、軌範師等殊勝對境不妄語、欺誑、隱瞞或疑惑,就能對治第一個黑法。

不諂誑的對象:包括一切有情。行為,對有情不諂誑,個性耿直清淨,就能對治第四個黑法。

稱讚功德的對象:包括一切有情。行為,對發心菩薩起佛想,四處宣揚菩薩真實功德。為什麼我們做了一些相似的微小善業,不但功德沒有增長,反而出現窮盡的徵兆?其主要原因就是瞋恚、毀謗、破壞菩薩及同修,使善業日漸衰損。要斷除瞋恚菩薩的過失,《集學論》說一開始就要緣「所有」補特伽羅不起害心,因為我們不知道誰是菩薩、誰不是菩薩,最保險的方法就是依照《迦葉請問經》所說,對「一切有情」起佛想,修眾生清淨相,讚揚眾生功德。在有聽眾的地方、適當的時機,如實讚揚菩薩功德,就能對治第三個黑法;這並不是鼓勵大家刻意或誇大渲染,應該要依照事實。

不令悔的對象:以大乘角度而言,包括所有該度化成熟的眾生。行為,令人發起證得無上菩提心,不耽著小乘。這裡特別針對自己要度化的眾生,使他迴小向大,轉趣大乘,就能對治第二個黑法;如果對方遲遲無法發大乘意樂,也不會算成自己的過失,因為這是對方能力不足的關係。

只要誠心安立眾生的究竟利樂,至少做到不憂惱眾生、傷損眾生。《師子請問經》說,「有什麼方法可以生生世世不捨菩提心,連作夢也不忘失,更何況醒著?」佛陀回答,「不論住在村落、城鎮或任何地方,時時串習菩提心,保持正念正知,就不會退失菩提心。」又《曼殊師利莊嚴佛土經》說,「具足四法,則不捨大願;這四法是摧伏我慢、斷除嫉妒、去除慳吝、隨喜他人富樂。」《寶雲經》說,「在日常生活行住坐臥間不斷串習菩提心,不管做什麼

事都以菩提心爲前導，來生必定不捨菩提心寶，應該經常思惟菩提心功德。」很多經典都談到來生不退轉的因，可以多多閱讀相關經論。

三、還出方便

有些學者主張，違犯四種黑法、捨棄有情，再加上想到「我不能成佛而捨棄發心」，總共有六項過失，如果超過一個時辰（印度爲四小時）沒有追悔，就算捨棄願心；如果在時限內追悔，只算退失發心的因。另外，退失發心六次、不修習福慧資糧，也算退失因。捨棄願心必須重新受戒，退失因不必重受，只要懺悔就可以了。這些是錯誤的見解，以下說明。

第一個理由，前面講過「我不能成佛而捨棄發心」，只要一動念馬上構成捨心罪，不必等到一個時辰；若說其他情況要等一個時辰才算，根本不合理。

第二個理由，造作黑法並不是今生捨心的因，而是來生菩提心不起現行的因，之所以要避免，是爲了來生。《道炬論》說，「避免來生不忘記菩提心，應該盡力維護經典所說的學處清淨。」這裡說的經典是指《迦葉請問經》，經文清楚提到四種白法，如說，「迦葉！若菩薩成就四白法，則生生世世憶念菩提心，未證佛果以前，永不忘失菩提心。」雖然沒有明說四種黑法會影響今生或來世，由此推論應該是指來世；不過造作四種黑法，也會減弱今生發心的力度。若不這樣解釋，那麼具菩提心律儀的行者隨便開個玩笑、對有情略行諂誑、瞋恚菩薩略說惡語，或者略使他人追悔善行，經過一個時辰，這些輕罪通通轉爲捨棄菩薩律儀、捨棄願心的重罪。按照《菩薩地》和《集學論》的說法，捨棄願心等於捨棄律

儀戒，如果上說成立，經典應該把四種黑法列為根本重罪。事實上沒有經論採取這種講法，由此可知不合理。

第三個理由，這些人計算時間的講法出自《鄔波離請問經》，但也不是該經的原義，宗喀巴大師在《戒品釋》已經解釋過，這裡不再重覆。至於捨棄有情的數目，既然包括所有眾生，只要不利益眾生就算捨心，這很容易理解。不想利益某位有情，等於破壞一分，當然可以視同破壞總體誓願。如果不從嚴規定，認為一個沒有關係，慢慢就會棄捨二個、三個、四個，甚至更多，那麼即使再緣其他有情發心，也不算圓滿。所以只要棄捨一位有情，就算捨心。

四、願心學處

願心學處有多種說法，《道炬釋論》說，因陀羅補底王、龍樹、無著、馬鳴、寂天、月官、靜命等派各有差別。有的主張，包括願心及行心學處；有的主張，要守護經典所說的一切學處；有的主張，要守護資糧道所有戒律；還有人主張，不應該逐條規定學處；或者有人建議，除了皈依，還要再加上守護八法，即不忘失菩提心的四白法與忘失菩提心的四黑法。這些主張各有經論依據，應該遵照自己上師的教法，然後說「這是我師父的教授」，這樣做也符合經論精神。

《道炬釋論》的作者是誰，有不同的講法。承襲種敦巴的一派認為不是阿底峽尊者，承襲拏錯譯師的一派認為是阿底峽尊者。據說尊者最初在布讓寫《略釋》，後來桑耶地區拏錯譯師請尊者廣解《略釋》，尊者告訴譯師可以自行斟酌，由此推論尊者寫過《略釋》。《道炬釋論》增加了尊者的日常開示，雖然和原論略有出入，大部份還算正確。就沒有爭議的部份，宗喀巴大師在其他論著

格魯派六大寺之甘丹寺

或本論多次引述。至於戒律的部份，多半不採信。如果發心律儀等
於行心律儀，那麼在皈依學處只增加黑白八法，就行心律儀而言，
顯然過於簡略。如果單獨解作願心，發心律儀先不用修一切經論及
行心之後的學處，不然二種律儀就沒有差別了。除前面說的願心和
行心戒，其他學處要依照《道炬論》和《發心儀軌》。學習《七法
經》是為了迅速引發神通，不是發心的特別學處，因此這裡不談。
至於戒律部份，自宗的看法是除非捨棄願心，捨棄有情而犯戒，在

還沒有受菩薩律儀，不具備正式戒體以前，不算違犯菩薩戒的墮罪，只算違背中類善性學處，透過四力懺悔就可以了。一旦受過菩薩律儀，違犯就算墮罪，要按照論典的還淨方法，這些屬於行心律儀，並不是說還有其他學處。六次發心，屬於願心儀軌的不共律儀。

15 修習菩薩學處

般若波羅蜜多者是母，善巧方便者是父。

——出自《祥勝初品》

引言

發了願，卻不繼續修習菩薩學處，雖然《彌勒解脫經》提到發心有許多利益，不親自實踐，絕對得不到，更別說成佛了，這章將告訴我們實修的重要性。《釋量論》說，「具足悲心的菩薩，應當精勤修習滅苦方便，去除眾生的痛苦。產生方便的因，就是悲心。沒有悲心，怎麼可能宣說正法？」悲心，就是要拔除眾生痛苦；光有希望眾生離苦的善念還不夠，必須身體勵行各種除苦方便。不親自修，怎麼度化眾生？利他前，要先調伏自己。經典說調伏就是「以正行為堅實」，所謂菩薩學處的正行，就是持守律儀戒、攝善法戒及饒益有情戒。

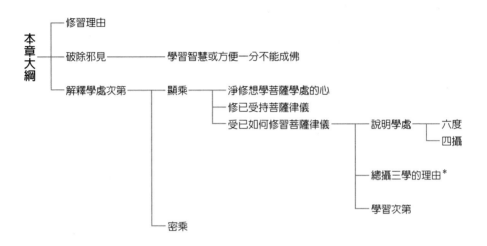

本章大綱

- 修習理由
- 破除邪見 ────── 學習智慧或方便一分不能成佛
- 解釋學處次第 ── 顯乘 ── 淨修想學菩薩學處的心
  - 修已受持菩薩律儀
  - 受已如何修習菩薩律儀 ── 說明學處 ── 六度
    - 四攝
    - 總攝三學的理由*
    - 學習次第
  - 密乘

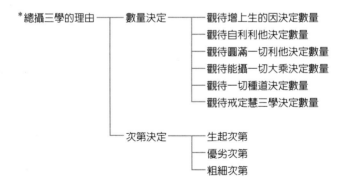

*總攝三學的理由 ── 數量決定 ── 觀待增上生的因決定數量
- 觀待自利利他決定數量
- 觀待圓滿一切利他決定數量
- 觀待能攝一切大乘決定數量
- 觀待一切種道決定數量
- 觀待戒定慧三學決定數量
- 次第決定 ── 生起次第
  - 優劣次第
  - 粗細次第

一、修習理由

　　發心後必須修習學處的原因，如《伽耶經》說，「唯有菩薩以正行爲堅實，才能獲得正果；凡夫以邪行爲堅實，無法獲得正果。」《三摩地王經》也說，「要以正行爲堅實，爲什麼？童子！以正行爲堅實，容易獲得無上正等菩提。」正行就是成佛的方法，就是各種菩薩學處。《修次初篇》也說，「發心菩薩不調伏自己，不可能調伏別人；懂得這層道理，菩薩帶著強烈歡喜心修習布施等善行。缺乏六度，不可能成就。」

　　光有智慧或方便不能成佛，必須兩者兼具。只有想成佛的願望不夠，必須進一步趣入成佛方便。所謂方便，就是正確的道；萬一走錯路，不管多努力也長不出菩提果，就像企圖在牛角擠出牛奶，因爲位置錯誤，硬擠也擠不出來。或者沒有修錯，方法不完全，即使花費許多力氣，也不能生果，就像種子缺水或土等單一要素，即使其他俱全也不會發芽。如《修次中篇》說，「修習錯誤的道，不管多認眞、花費多少時間，也無法證果，就像妄想從牛角裡擠出牛奶。煞費苦心修習不圓滿的道，即使長久努力，也無法證得所求果位，就像種子缺乏任一因無法發芽。想要證得佛果，必須依止無錯謬、能圓滿一切的道。」何謂無錯謬、圓滿一切的道？如《毘盧遮那現證菩提經》說，「金剛手菩薩！一切種智的根本是大悲心，以菩提心爲因，透過各種方便達到究竟。」前面已經解釋過大悲心，菩提心包括世俗菩提心和勝義菩提心，方便是指六度、四攝等學處，以上出自蓮花戒論師的見解。

二、破除邪見

　　有些跟隨支那堪布顛倒邪見的人認為，「凡是分別，不要說惡分別，連善分別也會繫縛生死，障礙解脫。金繩和草繩都可以綁東西，黑雲和白雲都可以障蔽虛空，黑狗和白狗都可以咬傷人。只有無分別，才是成佛要道。布施持戒等學處，是專門給講那些不懂了義教、智慧低劣的凡夫愚婦聽的；既然有能力修證了義教，哪裡還要修這些次等方便，就像國王紆尊降貴跑去種田、已經得到象寶還在找大象足跡一樣。」為了證實他們的論調，支那堪布甚至引述八十種讚歎「無分別」的經典佐證。他們主張所有的方便分，都不是真實的成佛要道，以下斷除邪見。

1. 智者已破除此邪見

　　前面的講法等於毀謗世俗諦，破壞佛陀聖教心要、破壞以觀察慧思擇無我義的真實要道，完全遠離勝義諦。他們只承認修止是殊勝要道，安住無分別見，才是唯一勝道，這是所有顛倒見中最惡劣的。蓮花戒論師曾以清淨教理破除這些邪見，弘揚如來善道。可惜聖教即將隱沒，能以了義無垢的教理，正確判斷圓滿要道的善知識已經不多了。加上眾生福薄，雖然對正法略具信心，但智慧不足，經常出現輕毀戒品的行為；實際修習時又輕捨觀察修，按照支那堪布的做法去做，產生行顛倒。或者有些人雖然沒有犯下毀謗惡行，但從頭到尾都同意支那堪布的空性見解，讚歎不思擇修的講法非常精闢，產生見顛倒。或者有些人乾脆捨棄觀察慧，從來不用大腦思考，內心也認同支那堪布的修法，產生修顛倒。以上三種顛倒，不要說連修空的邊都沾不上，枯坐乾修還妄稱獲得空性正見，掌握正

確修行要道，甚至提出只要修空、不必修世俗方便、方便分不是修習重點、修方便分會浪費時間等等，這些說法違背整個聖教，違背所有正理。

2. 方便智慧缺一不可

　　無住大涅槃，是大乘人要成辦的事業。之所以不住生死，是因為證得真實義的空性智慧，依照勝義道次第及甚深道，由智慧分成就智慧資糧；之所以不住寂滅，是因為證得盡所有性世間智慧，依照世俗道次第及廣大道，由方便分成就福德資糧。如《秘密不可思議經》說，「智慧資糧，能斷除一切煩惱；福德資糧，能長養一切有情。世尊！就是這個道理，菩薩應該精勤修習福德與智慧資糧。」《虛空藏經》說，「由於智慧，才能遍捨一切煩惱；由於方便，才能不捨一切有情。」《解深密經》說，「我從來沒有說過，經常背棄眾生利益的人，經常違背菩提心願的人，還有機會證得無上菩提。」《無垢稱經》說，「何謂菩薩繫縛？何謂菩薩解脫？如果不以方便分進入輪迴攝受眾生，稱為菩薩繫縛；反之，以方便分進入輪迴攝受眾生，稱為菩薩解脫。如果不以智慧分進入輪迴攝受眾生，稱為菩薩繫縛；反之，以智慧分進入輪迴攝受眾生，稱為菩薩解脫。缺乏智慧的方便，稱為菩薩繫縛；具足智慧的方便，稱為菩薩解脫。缺乏方便的智慧，稱為菩薩繫縛；具足方便的智慧，稱為菩薩解脫。」想要得證佛果，必須兼備方便分與智慧分，缺一不可。《伽耶經》說，「菩薩道概分為二種，哪二種？方便分與智慧分。」《祥勝初品》說，「以般若波羅蜜多智慧分為母親，以善巧方便分為父親。」《迦葉請問經》說，「迦葉！國王得到眾多臣子的擁護，才能成辦國家大事；菩薩的智慧也要靠方便來攝持，才能

成就佛行事業。」在這個例子，國王是智慧，臣子是方便。圓滿修習，必須兼具布施等一切學處的方便及殊勝空性的智慧；單單具有空分，大乘道就少了五道十地進步的次第。

3. 具一切種最勝空性才能成佛

《寶頂經》說，「應該披著慈悲鎧甲住在大悲處，引發一切種最勝空性修習靜慮。何謂一切種最勝空性？就是不離布施、不離持戒、不離忍辱、不離精進、不離靜慮、不離智慧、不離方便。」如經典廣說，《寶頂經續》進一步解釋，「施戒忍等每個學處分別代表一位畫師，最勝空性代表國王的肖像。」例如某位畫師擅長畫頭，不會畫其他部位；另一位擅長畫手，不會畫其他部位等等。要畫好一幅國王完整的肖像，必須召集眾多畫師，缺少任何一位都不圓滿。在這個例子，國王的肖像喻為一切最勝空性，眾多畫師分別代表不同的方便。缺少任何一位畫師，最後只能得到缺頭缺手不完整的畫像。

另外有些人主張只要修空就好了，其他都不用修，關於這點佛陀已經親自破斥。如果這個假設成立，菩薩為何要累劫勤修六度萬行？難道是菩薩的智慧不夠、知見不足，不懂了義教？以下說明。

1. 在《攝研經》中，佛陀對彌勒菩薩說，「彌勒！菩薩為了成辦正等菩提，辛勤修習六種波羅蜜多。但那些愚者卻說，只要修智慧度就好了，不必修其他，這等於毀謗其餘五度。彌勒！對這件事有什麼感想？過去世我生為迦希王時，為了拯救被老鷹追逐的鴿子，不惜把身上的肉布施給老鷹，這種布施難道顯示我的智慧有問題嗎？彌勒回答：世尊！不是這樣的。世尊又

說，彌勒！過去我在因位勤修六波羅蜜多，才能累積無數善根，難道這些善根會傷害我嗎？彌勒回答：世尊！不是這樣的。世尊又說，彌勒！你也曾經六十劫以布施波羅蜜多為主修、六十劫以持戒波羅蜜多為主修、六十劫以忍辱波羅蜜多為主修、六十劫以精進波羅蜜多為主修、六十劫以靜慮波羅蜜多為主修、六十劫以智慧波羅蜜多為主修。這些愚人卻說只要靠一門空性，就可以證得菩提，他們根本不可能清淨修行。」

如果有人說只要具備解空的智慧，就不必努力修方便分，等於誹謗佛陀本生故事，不知了義教的胡言亂語。如果有人主張修習布施等學處，是因為沒有能力通達空性正見，一旦通達就可以捨棄五度，這也是大邪見。倘若這些看法都正確，那麼已經獲得無分別智、證得勝義諦的大地菩薩，尤其是獲得無分別智自在的八地菩薩，根本不必再修，為什麼他們還在努力修？

由此可見，事實並非如此，這些講法根本完全錯誤。《十地經》說，「十地菩薩的每一地都有各自特別增上的學處，不代表其他學處不用修。」通常我們說初地要圓滿布施度、二地要圓滿持戒度等等，這個意思並不是說每一地只要修一度，其他都不用修；而是舉出不同時候最重要的主修，其實每一地都要同時修六度或十度。應該按照至尊彌勒、龍樹、無著等菩薩的意思去解釋經典，不要擅自作主，以免造成邪解。

2. 特別是已經滅盡一切煩惱、一切戲論，安住勝義的八地菩薩，諸佛還要勸他們起定說，「光有空性正見不能成佛，聲聞緣覺也能現證無分別法性的境界。應當觀察佛身、佛智、佛土無量功德莊嚴，你們還沒有獲得佛的不共功德，必須繼續精進。另外，應該思惟那些未得寂靜的有情眾生，還在輪迴受苦，不要

捨棄勝義法忍。」想想連佛陀都要策勵八地菩薩起定，繼續利益眾生修菩薩行，更何況一般凡夫？我們不過獲得一點三昧覺受，就沾沾自喜以為滿足，輕易拋棄學處的功德，這種行為實在讓智者取笑。

如《十地經》說，「佛子！八地菩薩安住在不動地時，諸佛世尊還要進入這個空性等持的根本定，勸八地菩薩憶念宿世願力，善修如來智慧。諸佛世尊對這些大菩薩開示，善男子！善哉！善哉！應當繼續追隨圓滿證悟的佛，進一步修證佛果。雖然你們已成就勝義法忍，但是還沒有具足如來十力、四無畏等圓滿功德。為了遍求圓滿的佛法，不要捨棄勝義法忍，應當繼續精進。善男子！雖然你們已獲得靜寂解脫，還要憶念尚未解脫的凡夫，他們正在遭受煩惱損害，造作種種惡行，致使沉溺苦海不得出離。善男子！應當憶念你們的宿世本願，饒益有情、不可思議的智慧法門。善男子！這就是諸法本性，不論如來出世與否，法界恆常安住。所謂一切法自性空，一切法自性不可得，並不是說通達空性義理的智慧和諸佛有別，聲聞獨覺也可以證到無分別法性的境界。善男子！應當觀察諸佛身量無邊際、智慧無邊際、佛土無邊際、成辦智無邊際、光明輪相無邊際、清淨妙音無邊際，應該這樣修這樣做。」

《十地經》又說，「就像大船進入大海，順著風向可以日進萬里；在入海以前，必須靠著小船用力拖曳緩步前進，即使經過百年也進展有限。同樣的，已經進入八地的菩薩，不必花費太大力氣策勵作意，須臾間就能趣入一切種智；還沒有達到八地以前，即使長劫努力也難成辦。」由此可知，那些妄說成道有捷徑，不必經過菩薩萬行，簡直是自欺欺人。

如果有人主張不是不用修習學處，而是要以無分別爲所緣，不執著施者、受者與施物，達到三輪體空的境界，雖然只做一項布施度，卻具備其餘五度的功德，這就是經典說每一度具足六度的道理。雖然他們也引經證明修一度等於修六度，這種見解仍有錯誤，以下解釋。

1. 如果修一度等於修六度，那麼外道的心一境性奢摩他，也應該具足所有波羅蜜多，因爲他們修定的功夫沒有執著，屬於無分別念。另外前面提過聲聞獨覺也可以修到無分別法性，當他們處於無分別定時，是不是也表示具足一切菩薩行，是不是也表示他們是大乘行者？顯然不是。經典說「一一度攝六六度」，並非具足一切而滿足，否則修供養曼陀羅時唸誦「塗牛糞、水等爲布施」，就等於修完六度？想要以見品攝持行品，以方便分攝持智慧分，就像慈母憂傷失去愛子，當慈母與人談話或做其他事情時，心情會隨著境有不同的轉變，顯示慈母的心念並非隨時處在憂惱狀態。

   如果解空智慧的勢力強大，布施、禮拜、繞塔、念誦時，心所緣境不一定都處在空性正見的狀態，但仍然可以和空性正見的勢力同時俱存，二者並不相違。修行之初，先策勵生起強烈的菩提心，等到進入禪定，雖然菩提心還沒起現行，仍然可以由菩提心攝持，二者並不相違。帶著解空的智慧布施，才叫做無緣施。缺乏捨心，不可能成就布施度，其餘五度也一樣。由此可知，方便分不離智慧分的道理。

2. 又經典說過「累積福德資糧，可以獲得種性圓滿、受用圓滿、健康長壽等果報」，千萬不要誤解只有世俗利益。缺乏智慧方便，果報僅限世間；具足智慧方便，才能成辦解脫及一切種智的因，得到出世間利益。如《寶鬘論》說，「大王！要成就佛

陀圓滿色身功德，要在因地累積福德資糧。」這一點在教、證方面有很多例子。

支那堪布又說，一切惡行、煩惱、惡趣因都能轉為成佛的因；有時又說，布施等是增上生的因，不是了脫生死的因、不是證得佛果的因。這些都是邪說，等你心住正法的時候再講吧！或者其他宗派又引經說，「執著六度是魔業。」《三蘊經》說，「以分別心布施，以憍慢心持戒，這些行為都要懺悔。」《梵問經》說，「所有的觀察修都是分別，無分別才是無上菩提道。」這些都是倒解經義錯誤引用的結果，以下說明。

第一部經義是說，帶著二種顛倒執著所做的善行，才叫做魔業，不是所有善行都是魔業。如果不這樣解釋，六度也包括禪定和智慧，那麼修定修空豈不是落入魔業？

第二部經義是說，由顛倒執著造的善業，因為心不清淨才要懺悔；並不是反對六度。如果不這樣解釋，就不必特別提出「以分別心行布施要懺悔」，直接說「布施要懺悔」、「六度要懺悔」就好了，顯然經典沒有這個意思。針對這個問題，《修次後篇》已有明確答覆，他們倒解經義，將一切善品視為二我執及有相執，毀謗善品。他們又說布施的捨心及遮止惡行的防護心，雖然是善分別，卻屬於法我執。想要證得法無我，應該斷除一切分別，包括思惟善法的分別心，要像斷除貪瞋等惡心一樣，連思惟善法的心都要捨棄。又說思擇「這是此、那是彼」，也是分別三輪的法我執，因此思惟善知識功德、暇滿義大、死亡無常、惡趣痛苦、淨修皈依等道理所引發的慈心、悲心、菩提心及修習菩薩學處等，都要靠分別「此是某某」、「此因生此果」、「此有某種功德或過患」才能產生定解，可惜他們把這些增長定解的要道，統統看成增長法我執的分別心，

主張要獲得法無我定見（見品），必須減少增長定解的要道（行品）；也就是說，菩薩道的行品愈多，法我執愈重，能了解空性的見品愈少。他們把行品和見品視爲對立，就像寒熱無法併存，行品與見品無法相輔相成一樣。

這些都是嚴重的錯誤觀念。在果位安立獲得法身及色身的因，二者並不相違。證得法身的道，就是遠離引發二我執的所緣事，不沾染輕如微塵的戲論，屬於空性正見的見品。證得色身的道，就是了解業果和善惡功德過患，靠著修習善業、斷除惡業累積資糧，屬於菩薩學處的行品。不僅如此，菩薩在因位要靠正見抉擇二諦，才能透過教理觀察世間及出世間諸法無自性的道理，由此安立自性勝義量；同時要了解因果法則各自決定、毫無紊亂的道理，由此安立因果名言量。所以見品和行品不但不相違，反而互爲助伴，不是他們所說的「能損」與「所損」的敵對關係。

第三部經義是說，觀察自性生滅時，發現布施等學處沒有自性、眞實無生；所謂分別，不過是世間假名安立的名言，並不是反對帶著觀察修來行六度的意思。未證佛果以前，必須修習一切行品，勤修六度萬行。經過這些說明，應該可以了解努力修習的原因。有能力的人要策勉自己精進，能力不足的人應該把「行菩薩道」當成發願內容，希望將來可以修習學處，現在要先累積能修的因，也就是集聚資糧、淨治業障、發廣大願，相信不久之後就能如願修習。如果不這樣做，把不知道、做不到當成藉口，妄稱不必學，不但耽誤自己，也傷害別人，更種下聖教隱沒的因，千萬不要犯這麼嚴重的惡行。

《集經論》說，「喜歡觀察空性義理，卻討厭行善的方便分，就是魔業；想要通達菩提道，卻不實踐波羅蜜多道，也是魔業。」又說，「菩薩遠離行善的方便分，就沒有資格修習甚深空性的智慧

分。」《不可思議秘密經》說，「善男子！就像火從因生，無因則滅；心緣境轉，無境則止。這些善巧方便的菩薩，以清淨波羅蜜多了解息滅所緣的方法，就是不滅善根所緣、不起煩惱所緣，以此安立波羅蜜多所緣。同時又能善巧抉擇空性所緣，以大悲心觀察眾生因緣。」

　　這裡分別說明有所緣和無所緣的道理，要好好區分什麼時候應該有所緣，什麼時候應該無所緣，放掉煩惱與執著的繩索、拉緊戒律與學處的繩索；斷除惡法、守護善法。抓緊學處和抓緊煩惱不同，放鬆戒律與放鬆我執也不同，不能一概而論。要成辦一切種智，必須靠眾多因緣，不可能單靠一因。既然獲得了善妙的有暇人身，就要好好修習各種法門，取其精髓取其精要；如果有人說一石能驚百鳥，只要一因就可以證得佛陀果位，不必浪費時間修其他學處，這種人就是障礙我們累積福慧資糧的惡友。

　　區分大小乘是看有沒有修習無邊學處、累積無量資糧。小乘又名少分乘，少分指一分。以世間法來說，光是想要賺取生活所需成辦粗劣的飲食，就得俱備許多因緣；更何況想要成辦出世間殊勝的究竟勝利？若說修證佛果只要靠一分功德，顯然不合邏輯。果隨因行，累積多少因，才能獲得多少果，這是緣起法的體性。《悲華經》說，「少分因只能成就少分果，一切因才能成就一切果。」《如來出現經》說，「諸佛出興於世，不是單靠一因，為什麼？菩薩！有十億個無量正因，才能成辦諸佛一切圓滿。何謂十？即具足無量福德、無量智慧等等圓滿正因。」內容如經文廣說，《無垢稱經》也說，「各位同修！如來身相從百福生、從一切善法生、從無量善道生等等。」內容如經文廣說。

　　龍樹菩薩也說，「圓滿佛陀色身的因，就像情器世間的種類難以估算。圓滿佛陀法身的因，根本無法衡量。」因為法門多到無法

細數，才要用六度總攝爲方便分與智慧分，所以六度就是顯乘與密乘的共道。密續解釋壇城講到有無量宮殿、無量莊嚴聖眾等等，就是內心德相圓滿波羅蜜多道的顯現，這些波羅蜜多道就是六度、三十七菩提分、十六空等等。除了少數殊勝的補特伽羅能以五欲爲道、修習雙運，和顯乘不共的教法略有差別，其他都屬顯密共通的學處。要好好思惟破斥邪說的理由，當成善種子放在心裡，不要光求片面了解，否則絕對無法通達整體大乘要道。有智慧的行者應該引發堅固定解，由各種方法累積增長大乘種性的能力。

三、解釋學處次第

菩薩學處分爲顯乘和密乘，顯乘分三點討論，淨修想學菩薩學處之心、修已受持菩薩律儀、受已如何修習菩薩律儀。

首先說明淨修想學菩薩學處之心，一般來說在受別解脫戒或密宗灌頂以前，不能聽聞戒律內容或持誦密咒；菩薩戒則不同，受戒前應該先了解內容，調伏心性，喜歡願意再受戒。如《菩薩地》說，「想要受菩薩戒，應該先爲他講解與菩薩有關的經藏（如《華嚴經》）及論藏（如《菩薩地戒品》），了解學處及戒律。先由善知識開示，再以智慧觀察是否歡喜，受戒不是因爲他人勸說或抱著比較的心態，稱爲堅固菩薩，表示有能力受持清淨菩薩律儀。確定後，授戒者和受戒者分別按照律儀進行。」說明先了解學處、觀察相續，知道誠心想要修習學處，才接受律儀，這樣就能堅固信心、善巧行事。爲了避免重覆，後面再解釋。

第二、修已受持菩薩律儀，先說明如何受戒，再說明受戒後如何防護根本墮及惡作罪、犯戒後如何還出清淨，以上見於《戒品釋》。還沒有受菩薩戒，應該先了解戒的內容。

第三、受已修學的次第，分三點討論，說明學處、總攝理由、學習次第。真要詳細解釋學處，根本說不完，總說可以分為六度，六度就是菩薩道的總綱。四攝也可以納入六度，布施攝很容易理解；愛語攝，依六度教誡眾生；利行攝，引導眾生進入教義；同事攝，與眾生同修善法。當然福慧資糧、戒定慧三學等等也可以當成歸類的方法，只是六度比較清楚、廣泛、具備次第，遠遠優於其他歸類方法，所以才說用六度總攝菩薩行最殊勝。總攝的理由，分為數量決定和次第決定。

數量決定，分六點討論，佛陀曾經略說六度總綱，之後由最能紹繼佛意的彌勒菩薩，著作《莊嚴經論》解釋，使行者由六度因相引發智慧的定解，這就是數量決定的道理。

1. 觀待增上生的因決定數量

圓滿廣大學處，要經歷無數次生死輪迴，在修習的過程，萬一缺乏圓滿身相作為所依身，例如凡夫身只有少許德相，再怎麼努力也進展有限；反之若能具備圓滿身相作為所依，就能日進千里，利益廣大眾生。除此之外，還要具足所受用的財物、能受用的身體、同受用的友伴、能成辦的事業四個條件。為了避免這些盛事轉為煩惱的因，還要有不隨煩惱起舞的定力；這樣還不夠，必須具備取捨善惡的智慧，才不會因為邪行顛倒而落入輪迴圈套。否則就像芭蕉結完果後枯萎、驢子懷孕後死亡，享盡善果反而害了自己。有智慧的人知道宿世善業引發今生妙果，因此更努力修集善因、增長善果，使善果相續不斷；沒有智慧的人只顧當下享受，不知道要累積新的善因，等到此生善果窮盡，最後只剩苦果。

想要在來世獲得六種圓滿盛事，並不是無因生、不平等因生，

而是隨順因生，這個隨順因就是六度。今生就要努力修習六波羅蜜多，以殊勝因感生來世殊勝果，獲得暫時增上生的果報；至於究竟圓滿的增上生果報，唯有等到證得佛陀果位。如《莊嚴經論》說，「由布施度得受用圓滿，由持戒度得身相圓滿，由忍辱度得眷屬圓滿，由精進度得事業圓滿，具備四種圓滿的增上生，再由靜慮度得不隨煩惱轉，由智慧度得諸事不顛倒。」

2. 觀待自利利他決定數量

菩薩以圓滿的身相修菩薩行，只有二件事情要做，就是自利和利他。在利他方面，首先以財物饒益他人；布施的時候，若態度或東西本身有問題，讓眾生起煩惱，這個布施沒有功德。要善巧遮除能損害他人的十種黑業，才能讓眾生真正得利；避免十種黑業，有賴於守護尸羅清淨。不能忍耐怨敵侵害，以牙還牙，則戒行無法清淨，因此需要忍辱的功夫。去除報復心，不但免於他人造惡，還可以規勸怨敵好樂行善，這才是最大的利他。在自利方面，想要以智慧獲得解脫快樂，心卻經常散亂，這樣一定無法解脫，因此需要靜慮的功夫，使心隨欲安住在修習的善所緣；但是懈怠又無法引生靜慮，不得安住，因此需要精進的功夫，晝夜精勤不畏辛勞，才是修行的根本。

由此可知，不管自利或利他，都要靠六度成辦。如說，「菩薩由布施而利益有情，由持戒而不損害眾生，由忍辱而不報復怨敵，由靜慮而安住所緣，由智慧而解脫生死，精進是其餘五度的根本，六度也包括自利的成份。」這裡講的利他，不是自己以外的其他眾生，而是包括自己在內。住脫，住是指令心安住在善所緣，屬於靜慮度；脫是解脫生死，屬於智慧度。靜慮與智慧不同，一個屬於止

品，一個屬於觀品，不要混淆。那些自認為可以入定持心的行者，不過是修習靜慮的一分，應該進一步推求圓滿六度的體性，對此產生定解。

3. 觀待圓滿一切利他決定數量

先以財物救濟貧窮匱乏，接著不損惱有情，又能忍耐有情對我的傷害，不辭勞苦助人成功；靠著靜慮引發神通，攝受眾生成為法器，再以智慧法語斷人疑惑，引領眾生解脫，以上說明數量決定的道理。如說，「布施能不貪、守戒能不害、忍辱能耐怨、精進能無厭、靜慮能攝受、智慧能善說，六度既能利他，也能自利。」這個偈頌講到自他二利，唯有依賴六度；對此具備真實定解，自然懂得慎重修習六度。

4. 觀待能攝一切大乘決定數量

不貪著已得的財富，不奢求未得的財富，不眷戀所有財富，才能守護學處、尊重戒律，不會任意違犯。對有情與非情所帶來的痛苦能堪忍不厭倦，才能勇悍精進修習善行、修習奢摩他無分別瑜伽、修習毘缽舍那無分別瑜伽。這六件事涵蓋所有趣入大乘的要道，由六度次第引發的道理確定就是這六項，不必再增添或刪減。如說，「不耽著受用稱為布施，極度尊敬戒律稱為持戒，不厭患眾生稱為忍辱，不厭患善行稱為精進，修習止觀無分別瑜伽稱為靜慮與智慧，這些就是大乘道的內容。」基於這些理由，想進入大乘卻捨棄六度，實在違背教理。

5. 觀待一切種道決定數量

　　不貪著已得境界受用的方便道是布施，因為長久串習捨心，才能遠離貪著。避免散亂的方便道是持戒，因為戒律清淨，才能安住比丘律儀。不捨棄無明眾生的方便道是忍辱，因為忍耐怨敵傷害，才能心不厭惡。增長善業的方便道是精進，因為精進的力量，使善業得以增長。淨治罪障的方便道是後二度，靜慮能調伏煩惱，智慧能淨除所知障。由此可知六度數量決定的道理，如說，「不貪境界受用為布施，防止功用散亂為持戒，不捨有情為忍辱，增長善業為精進，淨除罪障為靜慮與智慧。」另外，不隨逐已生的欲塵散亂，能自在轉動，稱為無貪施。在欲塵生起前，為了預先遮除，要靠戒律防護，避免無意義或不如法的事。看到造惡有情數量眾多，經常障礙自己行善，面對種種亂象，即將喪失利他心時，必須修習有力的忍辱。清淨善業的數量很多，要靠長時間修習；由思惟善業功德、惡業過患增長清淨善業，激發強烈精進的修習欲望。暫時壓伏煩惱，要靠靜慮的功夫。徹底斷除煩惱種子及所知障，要靠智慧的功夫。以上說明六度引生最大決定知見的道理。

6. 觀待戒定慧三學決定數量

　　戒學的自性是持戒，不戀眷資財受用的布施，才能正式受戒，所以稱布施為戒學資糧。受戒後任由他人打罵不報復，忍耐守護戒律清淨，所以稱忍辱為戒學眷屬。靜慮屬於定學，智慧屬於慧學，三學都要靠精進攝持，由此說明六度決定的道理。如說，「因為三學而說六度，前三度攝入戒學，後二度攝入定學與慧學，三學統統要靠精進來成辦。」

達賴法王於哲蚌寺講解《廣論》法座

　　應該以哪種身相？圓滿哪種自他利益？應該安住在哪一乘？應該具足幾種方便？應該修行什麼學處，才能圓滿攝持身體、受用、大乘、方便道及學處？這些答案都是六度。六度是總攝菩薩一切修行要道的大櫚柁南，如果還沒有生起廣大定解，應該好好思惟。

　　一開始無法脫離輪迴有二個因：貪愛資財和親眷，這要靠布施

布達拉宮圍牆上的文殊菩薩聖像

和持戒對治。假設暫時獲得出離的機會，尚未達到究竟又退墮輪
迴，這也有二個因：就是看到眾生邪行及必須忍受眾苦長久行善，
對此感到厭煩不耐，這要靠忍辱和精進對治。能夠忍受眾苦及他人
怨害，即使經過無量劫，也像一天那麼短；又懂得自我鞭策，引發
忍辱與精進的力量，就是對治退墮輪迴的重要關鍵。不要說這麼難
行的菩薩學處，現在人修習善法，稍微碰到一點辛苦就忍不住，完
全沒有勇猛好樂心；因此入道的人很多，之後還能維持不退轉的人
已經不多了，這就是缺乏忍辱、精進的緣故。即使中間沒有退轉，
還要面臨二個失壞的原因：散亂不住善所緣及邪知邪解，這要靠靜
慮和智慧對治。佛陀說以散亂心念誦儀軌等，沒有太大的意義。由
於對佛法經藏義理缺乏揀擇的智慧，連粗淺的道理也不知取捨，自

然容易犯下顛倒錯誤。以上說明觀待所斷品及所治品的數量決定。觀待能成辦一切佛法根本要道的數量決定，是指前四度修定資糧，因爲這四個資糧可以成就不散亂的靜慮度，再進一步修習妙觀察智，就能通達眞實義理。觀待隨順成熟有情數量決定和前面第三點意思相同，這是無著菩薩在《攝大乘論》所說，本論依獅子賢論師的解釋，對六度引發定解相當重要。

　　次第決定，分爲三點：生起次第，布施而不貪著財物，等於具備可以受戒的清淨戒體；善於防護戒律遮止惡行，能堪忍他人怨害；忍耐、不厭棄難行苦行，等於減少從輪迴退墮的因；晝夜精進勤修，有助於生起正定，安住善所緣不散亂；心安定，才能如實通達空性正見。勝劣次第，六度中前者較低劣，後者較殊勝，智慧優於靜慮、靜慮優於精進、精進優於忍辱、忍辱優於持戒、持戒優於布施。粗細次第，前者比後者易入易行，屬於粗顯相；後者比前者難入難行，屬於微細相。《莊嚴經論》說，「依前度而生後度，安住於優劣，稱爲粗顯相及微細相，以此說明六度次第。」

16 布施波羅蜜多

捨一切涅槃，我心修滅度，一切終頓捨，施諸有爲勝。

——出自《入行論》

引言

　　布施的定義，如《菩薩地》說，「何謂布施？菩薩不顧自身資財受用，毫無貪愛的心所及思心所，能自然做出捨棄的身業和語業。」這章要討論布施的定義、分類及趣入的方法。

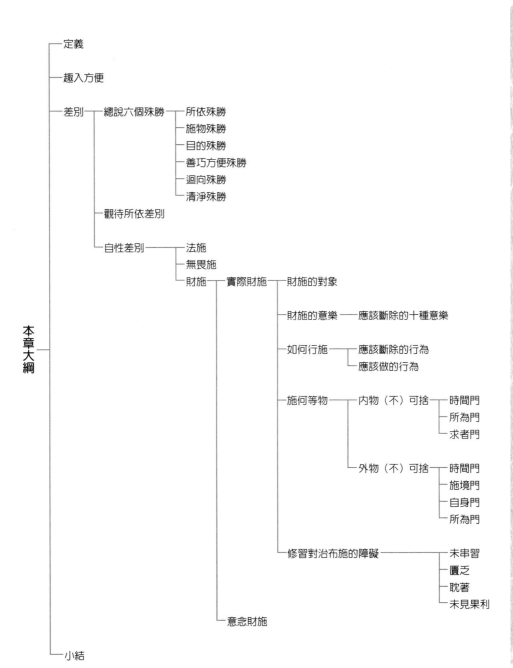

本章大綱

- 定義
- 趣入方便
- 差別
  - 總說六個殊勝
    - 所依殊勝
    - 施物殊勝
    - 目的殊勝
    - 善巧方便殊勝
    - 迴向殊勝
    - 清淨殊勝
  - 觀待所依差別
  - 自性差別
    - 法施
    - 無畏施
    - 財施
      - 實際財施
        - 財施的對象
        - 財施的意樂 ── 應該斷除的十種意樂
        - 如何行施
          - 應該斷除的行為
          - 應該做的行為
        - 施何等物
          - 內物（不）可捨
            - 時間門
            - 所為門
            - 求者門
          - 外物（不）可捨
            - 時間門
            - 施境門
            - 自身門
            - 所為門
        - 修習對治布施的障礙
          - 未串習
          - 匱乏
          - 耽著
          - 未見果利
      - 意念財施
- 小結

一、定義

　　布施，包含捨思的意業及捨思引發的身業和語業。圓滿布施波羅蜜多的條件，不必觀待菩薩捨棄財物後，是否已經成功幫助所有眾生脫離貧窮。不然到目前為止，還有很多貧苦眾生，不就表示過去諸佛所做的布施、所圓滿的布施度，統統沒有達到究竟。不是這樣的，布施圓滿的條件不是以身語業為主，而是以意業為主。換句話說，完全斷除慳　執著的心，誠心誠意將自己擁有的身體、受用、財物，甚至連捨施的善果統統布施出去，使捨心達到究竟，就是圓滿布施度的意義。如《入行論》說，「如果要除去所有眾生貧乏，才叫施到彼岸？那麼六道還有許多貧苦眾生，過去諸佛如何圓滿布施波羅蜜多？經典曾說，將自身所有及善果毫無吝惜布施，這種清淨的施心，就稱圓滿布施度，最重要的是發心。」修習圓滿布施度，雖然目前資財不足無法施捨，也要透過各種方便引發捨心、增長捨心。

二、趣入方便

　　僅僅去除對身財的慳心，不算圓滿布施度。慳，屬於貪的一分，小乘阿羅漢不但貪欲不起現行，連貪的種子也可以完全斷除；因此除了斷除障礙布施的執著慳　，還要懇切發心將一切布施給有情眾生。為了達成目標，必須修習不捨過患及布施功德，以下引經說明。《月燈經》說，「這個腐爛不淨、無常搖動的身體，連活多久都沒辦法自主，如夢如幻全不堅實。愚夫卻貪愛自身造作嚴重惡業，隨著惡業流轉。加上沒有智慧，不知如何去除貪愛罪障，最後只好被死魔運往有情地獄受苦。」說明身體充滿膿血等不淨物，生

命無常搖晃如同懸崖上的水，隨時有下墜危險。身體與性命完全受業力轉動，毫無自主能力。應該觀察生命的虛幻相，滅除貪著心。不斷除貪欲，就會隨貪欲起舞，造作投身惡趣的重罪。

　　《修無邊門陀羅尼經》說，「眾生之所以壽命短促，是因為互相鬥爭，鬥爭的本質來自於貪著飲食和財物受用。斷除貪著受用，才能避免鬥爭、延長壽命。斷除貪愛，才是最有效的延壽陀羅尼。」《集學論》說，「我的身心在剎那中壞滅，如果能把這個無常、充滿垢穢的身體拿來行善，換取恆常清淨、堅實的菩提果報，豈不等於獲得無價之寶？」《本生論》說，「這個沒有自性、容易毀壞、不堅實、充滿眾苦、不乾淨的身體，好不容易有機會拿來利益他人，如果還不知高高興興拿來做利他的事，這絕不是智者的行為。」不利益眾生，每天卻勤加守護這個不堅實的身體，死後還不是得拋棄。相反的，一想到捨棄短暫有限的生命，就能成就自他二利的道業，豈不令人振奮；可惜到現在為止，我還不知淨治內心，實在應該好好反省，是不是自己太愚癡？必須發心布施一切身財、受用及善根。《入行論》說，「棄捨一切給有情眾生，就可以換來涅槃寂靜，我應該趕快修習滅度。如果不這樣做，死後什麼也帶不走，仍然要捨棄一切。既然如此，還不如好好把握機會布施，才是最有意義的事情。」

　　《攝波羅蜜多論》說，「資財無常的道理顯而易見，如果能任運悲心利益眾生，就該知道布施是很合理的事，就像別人把東西暫時寄放在自己家裡，現在不過是物歸原主，哪有什麼捨不得？布施還能避免許多過患，財產放在家裡擔心受怕，不知滿足、貪得無厭、害怕與人共享，還要花費力氣保護。布施，不但能避免這些痛苦，還能換取來生快樂，實在很划算。不布施，雖然今生可以暫時享受，但本質還是煩惱痛苦。人生短暫如流星，終要捨棄一切。生

前沒有布施出去的東西，隨著生命終結而失去，也帶不到來生；布施出去的東西，反而會變成來生受用不盡的寶庫。為了饒益有情而惠施的東西，雖然也不堅實，卻因布施轉為堅實的果報。智者讚歎懂得布施的人，愚夫卻熱衷追求財富、死守不放，哪裡懂得有漏財終歸離散的道理。布施，能獲得圓滿盛事的果報。捨能避免煩惱染污，慳能引發煩惱；前者受智者稱譽，後者受智者呵斥。」

將全部的善根至心迴向，發願要成辦眾生暫時及究竟果利，以這個願心為布施物，就能靠著每位有情得到的少許利益，迅速圓滿福德資糧。如《寶鬘論》說，「如果布施的福德有質色可以衡量，即使裝滿恆河沙數世界也裝不下。世尊說因為有情數目無量，想要利益有情的心也變成無量。」持守財富會障礙捨心，增長慳心，使捨心未生不生、已生退失；不要緊抓不放，自己所擁有的眷屬和資財，甚至連別人送到面前的也不要。《攝波羅蜜多論》說，「什麼事會增長慳心的過失？什麼事會障礙捨心的功德？就是虛誑攝持財物，身為菩薩應該斷除這種行為。凡是能障礙施心和菩提聖道的事，菩薩都不能做，即使面臨財寶和王位的誘惑也一樣。」

在修行的過程中，萬一因為慳心而貪著資具，捨不得布施怎麼辦？應該好好思惟佛陀捨棄一切證得菩提的事蹟，期勉自己追隨聖者腳步。我已經把身體財物、一切善根都給眾生了，如果現在還貪愛資財受用，就像大象被烈日逼入水池，沐浴後回到岸上，眼看身體就要乾了，又重回泥地翻滾，等到身體沾滿塵土再去清洗。修行也是一樣，不要洗淨身體後又沾染貪愛欲塵，必須修習無貪。《攝波羅蜜多論》說，「要思惟諸佛在因地布施頭目手足、皇宮王位、妻女親眷、象馬車乘等殊勝妙行，立誓效法捨施。為了去除貪著身財等物的攝持心，要以善分別慧觀察相續，想想自己早已捨棄身財受用，連善根也迴向眾生，現在竟然貪著身外物，像大象來回在泥

巴裡翻滾，完全沒有道理。」經常憶念布施功德，引發廣大歡喜心；經常思惟攝持過患，引發強烈恐懼心，這樣自然容易生起惠施心。

1. 修慈悲心及閱讀聖者傳記，也可以引發捨心。如《入行論》說，「為了利益有情，當然要把身體、受用及一切善根毫無吝惜捨施眾生。」以身體、受用、善根為所緣境意念布施，破除貪著自身的我愛執，經常串習布施的心，才算真菩薩。如《攝波羅蜜多論》說，「這些都是眾生的，不是我的，以這種想法去除慢心，經常觀察布施等稀有難得，追隨佛陀德行。若能具備上述功德，就有資格被尊為菩薩，這是佛陀親口說的。」初學者的布施力和勝解力都不夠，暫時可以用觀修的方法串習，不必真正做出捨的行為。由串習堅固引發意樂，最後在因緣成熟時，自然做出捨的行為；若不先修捨棄身體或性命的意樂，無法堅固施心，即使將來有能力也做不到；因此《集學論》主張，現在就要修捨的意樂。《集學論》說，以意捨的方式，思惟我已經把衣食房子布施出去，雖然實際上還在受用，要當成是為了利益眾生延續慧命，不是光光為了自己享受。

2. 《集學論》說，「對於已經實際或意念布施出去的東西，之後是否還能以自利心受用？忘記要緣念利益眾生，因為自己貪愛五欲妙樂而享用，就算違犯捨心。沒有貪著心，只是忘記緣念有情，或者只想利益某位有情而受用，不算違犯捨心。對於已經布施出去，成為他人所有的物品，自己卻拿來受用，等於違犯不與取罪；如果物品達到某個價值，還加上別解脫戒的他勝罪。」有些人說，因為迴施一切有情，單就各別有情來看，物品的價值不高，應該不算他勝罪。又有人說，每一位有情都拿到全額物品，前面說的不合理。又有人說，雖然已經迴施，但

有情從未眞正擁有，即使受用也沒有他勝罪。

宗喀巴大師主張，出於至誠將東西布施有情，如果對方知道屬於他，已經當成是他的東西，後來出於自利而擅自取用，價值達到某個程度，就符合他勝罪。如果受用是爲了利益眾生，就不算違犯。《集學論》說，「受用有主財，保護有主身，這種受用無罪。就像僕人爲了幫主人做事，不是爲了自己，因此用主人的財物過活沒有過失。」

有些人認爲，既然這些東西已經施給有情，沒有經過他人同意而受用，應該有罪。其實不一定，如《集學論》說，「譬如一位能幹的僕人，擅於打點主人事業；主人因病無法做出正確決定，雖然沒有經過主人同意，僕人爲了主人的事業受用，沒有過失。」以上都是在講意念布施，還沒到實際布施；不要認爲這很虛幻，修了也是白修。千萬不要這樣想，不要不相信捨心，如《集學論》說，「菩薩修捨心時，其他人沒看到實際行爲，就不相信他，這樣沒有道理。要了解捨心是非常稀有殊勝的，懷疑捨心、不相信捨心，才是愚昧無知的行爲。」

三、差別

總說如何做？

分爲六個殊勝，(1) 所依殊勝，由菩提心攝持。(2) 施物殊勝，所有的東西全部布施，即使只是各別施與某物，也不忘記總施一切的意樂。(3) 目的殊勝，爲了一切眾生現前及究竟安樂。(4) 善巧方便殊勝，經典說是現證無分別智的布施，雖然初業菩薩還不能現證無分別智，仍然可以帶著通達空性的智慧布施。(5) 迴向殊勝，迴向眾生成佛的大菩提果。(6) 清淨殊勝，《攝大乘論》說要滅除煩

惱障和所知障。

《般若八千頌廣釋》說要具足六度布施，例如大乘行者以法布施，稱爲具足布施的布施。同時想著要利益眾生的菩提心，避免聲聞緣覺自利心，稱爲具足持戒的布施。爲了獲得一切種智修堪忍信，雖然布施反被譏毀，也要忍耐，稱爲具足忍辱的布施。爲了增長法施功德，加倍努力好樂不倦，稱爲具足精進的布施。專注，不雜染小乘意樂，能迴向法界大菩提果，稱爲具足靜慮的布施。了解三輪體空如幻如化，稱爲具足般若的布施。具足六度，才是力量最大的布施。觀待所依差別，經典說在家菩薩修財施，出家菩薩修法施。

《菩薩別解脫經》說，「舍利子！如果在家菩薩用七寶裝滿整個恆河沙佛國土，以這麼龐大的數量供養諸佛如來。如果出家菩薩僅僅爲眾生開示一個四句偈，他的福德甚於前者。舍利子！世尊從未鼓勵出家菩薩修財施。」《集學論》說這是爲了避免障礙出家人聞思修道，因爲財施之前要累積財富，累積財富會影響道業；如果這位出家人宿福深厚，資財自然圓滿，在不妨害修行的情況下，可以財施。霞惹瓦說，「我不爲出家眾解說財施的功德，我只說貪著的過患。」說明出家人辛苦累積財富行財施，很容易讓原本清淨的戒律長出過患膿胞，這是智者不願見到的結果。

布施自性差別，分爲法施、無畏施、財施。法施，無顛倒開示正法，如理教導工巧明、醫方明等世間技藝，讓人從事正命事業。無畏施，救護有情免於危難，例如脫離國王盜賊等人間恐怖，或獅虎鯨等非人恐怖，或自然災害等大種恐怖。財施有二種，實際財施及意樂財施。

四、實際財施

捨財的道理，財施的對象概分為十種，對我有恩的親友、傷害我的怨敵、無恩無怨的中庸人、具戒等有德者、犯戒等失德者、能力比自己差的人、能力與自己相當的人、能力比自己強的人、富樂人、窮苦人。

財施的意樂，應該抱著什麼心態、緣什麼事情？為了圓滿無上菩提資糧，必須修習圓滿布施波羅蜜多。緣所施物，是指把自己的財物當成眾生所有，不要認為是我給眾生的，而是眾生原本寄放在我這，現在我只是還給他們，因為菩薩早就將一切布施出去。緣行施田，是指觀想所施的對象都能圓滿我的布施度，對我有恩，都是我的善知識。要具備這三種意樂。《攝波羅蜜多論》說，「乞者來到菩薩面前，菩薩想到布施可以增加菩提資糧，自己早就將己物視為他人所有，看到乞者前來充滿歡喜，把乞者當成珍貴的善知識。」不管布施什麼都要這樣，緣念布施的目的、事情及意樂，詳見《妙臂請問經》及《攝波羅蜜多論》。前面說要緣念一切對境，稱為總體意樂。另外針對不同的對境，有不同的意樂，稱為各別意樂，例如對怨敵以慈心布施、對貧者以悲心布施、對有德者以喜心布施、對有恩者以平等心布施。不論面對哪一種布施田都要修捨，將行善果報迴施有情，特別是悲愍苦田。如月稱菩薩說，「布施就是離慳貪，面對有德的具器眾生或有過的非器眾生平等布施，稱為施者清淨。因悲愍而布施，又將果利迴施來者，是善士所稱讚的無慳布施。」《無量功德讚》說，「一般人看到貧窮下劣的眾生，缺乏悲心不想布施，只想布施給有德具器的殊勝田，藉此獲得更大果報。由於施心不清淨，布施殊勝田和乞丐一樣。只有世尊您才能以大悲心，對乞者平等布施。」

應該斷除的意樂？共計十種。

1. **無惡見取意樂**：認為布施沒有果報、以為殺害眾生去布施才是正法、要等吉兆出現才布施、只要圓滿布施就可以證得世間及出世間離欲，不要懷有以上的惡見。

2. **無高舉意樂**：輕視辱罵乞者，基於好勝心，為了勝過他人，認為自己做得到，別人做不到，帶著憍慢心布施，不要抱著這些心態。

3. **無瞋恨意樂**：《清淨業障經》說，「自己行善布施，卻瞧不起小氣的人，使人對法不生信心，因瞋恚而墮入地獄，將來自己布施時會出現障礙。」又說，「自己守護戒律，跑去責怪犯戒的人，使其他有情對佛法失去信心而墮入惡趣，將來自己修定修忍時會產生訾毀心，由逆品障礙持戒清淨。」

4. **無自讚毀他意樂**：應當依照《無量功德讚》所說，「世尊，您多聞又有智慧，從不自讚毀他，面對德行低劣的眾生還心懷恭敬；安住體察自身功德時，能細細發掘微小過失。」

5. **無依止意樂**：不是為了獲得好名聲而布施。

6. **無怯弱意樂**：布施前心歡喜，布施時心清淨，布施後心無悔；聽到菩薩廣大行施，從不退縮恐懼自慚形穢，反而更加勇猛好樂。

7. **無背棄意樂**：面對親眷、怨敵、中庸人不分好壞，一律平等普施。

8. **無望報意樂**：不是為了寄望他人報恩，而是看到眾生缺乏安樂，被貪愛之火燃燒，又沒有能力去除煩惱，活在本性純苦的輪迴大海，對此真正發起要幫助眾生的心。

9. **無希望異熟意樂**：不是為了來生圓滿的異熟果報，而是為了無上菩提究竟勝利，因為通達有漏快樂毫無堅實的道理。這並不

是禁止獲得暫時果利，而是要破除只想獲得三界有漏快樂。

10. **無邪命意樂：**應該遠離想要讓國王或施主知道自己布施，藉此獲得樂善好施的美名，以便增加利養恭敬，這種欺世盜名的布施，稱爲具邪命意樂；另外，不要怕布施後會變窮，因此不敢放手去做。

除了前面所說，要避免對乞者有欺誑心、不喜心、忿恚心、散亂心；即使對方曾經做過邪命不法的事，也不要對他厭恨不布施；即使看到乞者犯下欺詐等惡行，也不要四處宣揚。要知道抱著什麼心態布施，就會產生什麼果報，看到不如法的事，也要忍耐不爲外境所動，努力修習布施波羅蜜多。

如何行施？說明應該斷除及應該做的行爲。應該斷除的行爲，包括不及時、猶豫、故意拖延；或者先讓對方起煩惱；或者先命令對方做非法、不合理的事；或者原本已經承諾，最後卻給少量次級品；或者先數落對方，算清楚自己有多少恩惠；或者有能力一次布施，卻故意分批慢慢給；或者身爲國王或有權勢者，奪取他人妻財去布施；或者強迫父母及奴僕拿東西布施；或者先千方百計傷害他人；或者自己懶惰不做，教別人做；或者先辱罵恥笑、輕言嘲弄、粗言恐嚇；或者布施違背戒律所允許的物品，例如給出家人喝酒；或者現在不施，希望將來累積更多財產再施，這些都是應該斷除的行爲。應該隨順因緣及時布施，不要等到累積大筆財富後才施，因爲有許多過失，例如富裕後再一次布施，不但累積的福報不大，反而在積蓄過程中，早已多次錯失良機，讓乞者心生不滿，即使將來布施，也已造成傷害。《菩薩地》裡的內容很重要，因爲見到積集財物會產生慳 等眾多過失，之後還要做出辛苦守護等障礙善行的事情，或者中間因爲虧損，根本就沒有賺到錢，那麼當初說等有錢

再捐，到頭來變成一句空話。

應該執持的行為，在身體威儀方面，要和顏悅色、眼睛平視、面帶微笑，不管來者是誰都態度恭敬。及時行善，親手交付，不傷損對方、忍耐捨施的難行苦行。布施的果報，就像《諦者品》所說，「恭敬布施感得親友敬重，親手布施感得受人承事，及時布施感得事業及時成辦。」又說，「不傷損他人的布施，感得資財堅固；忍耐苦行的布施，感得知心眷屬。」《俱舍論》說，「親手和悅布施，能獲得廣大堅固資財。」所謂堅固資財，如《俱舍論釋》說，「他人無法障礙，也不會被天災損壞的財富。」

當自己有能力布施時，看到別人因個性吝嗇不願布施，可以到他家勸說，「我家境富裕，為了圓滿布施波羅蜜多，歡迎更多求施者前來。如果有人向你乞求，千萬不要讓他空手而歸，麻煩指引乞者到我家取財，或者請你帶他來，希望你能隨喜我的布施。」因為這個吝嗇的人並沒有實際損失財物，又可以做善事，應該比較容易做到。如此一來，慢慢引導吝嗇人去除慳　種子，開始少量布施，從下品無貪漸進中品無貪，再由中品無貪至上品無貪，這就是菩薩的善巧布施。如果是自己的親教師軌範師、弟子友伴，因心性慳悋不布施，或者不是因為小氣，而是沒有資財，可以把自己的財物給他們，讓他們布施累積福報，這樣做的福報比親自做更大。因為既可以調伏慳悋眾生，又可以圓滿布施善法的意樂，攝受成熟有情。如果暫時缺乏資財，應該以擅長的技藝謀生，賺取布施的資財；或者宣說正法，使貧窮慳悋的眾生了解樂善好施的功德；或者帶領乞者到俱信富饒的施主家，幫助他們獲取所需。布施時要挑選好的東西，備妥物品，以便乞者來乞，這就是圓滿的布施。

施何等物？菩薩應該布施的物品，像是能使現前脫離惡趣，引生究竟快樂、斷除惡業投生善趣，或者眼前暫無安樂，卻有究竟安

樂。不應布施的物品，像是能引發現前痛苦逼惱、對將來也沒好處，或者現在雖有快樂，卻損害來生安樂。

1. 內物不可捨的道理

　　內物是指身體，以下說明不應捨身的情況，相反的就是應該捨身的情況，分為三點討論。

　　就時間門不應捨：菩薩已經發願布施身體，在悲心尚未廣大前，雖然不討厭捨棄身肉等難行苦行，即使有人求命，也不能做出捨身的行為。《集學論》說，「什麼事情會使菩薩的精進萌生退意？就是自不量力，以小力提重物，或者長時間精進，或者還沒獲得勝解卻勉強去做。」例如捨身這類的事，雖然之前已經串習施身意樂，但時機尚未成熟，還是要避免輕易捨身。否則會造成菩薩厭惡有情，甚至毀損菩提心種子，破壞將來可能累積的極大果報。所以《聖虛空藏經》說，「時機未到卻勉強去做而失壞道業，就是魔業。」《入行論》說，「在悲心尚未清淨時，不要輕易捨身；除非悲心圓滿，捨施身體毫無憂悔，又能成辦今生及來生重大利益，才能捨身。」

　　就所為門不應捨：不要為了小事隨便捨身，如《聖虛空藏經》說，「身體可以用來修習正法，不要為了微小利益而損害它，要好好保護身體，才能快速圓滿三學，成辦眾生利益。」就自己來說，已經去除慳等布施障礙；就他人來說，不捨身反而能利益更多有情，這時候即使有人來求手足四肢，也不該捨棄。如果是為了造作殺業，害人害己的惡行眾生前來，更不能把自己施給他們。

　　就求者門不應捨：如果邪魔抱著擾亂損惱的心態，不管親自或派遣有情前來乞施，也不應該捨身，因為他們只會傷害有情。如果

是喪失心智的有情前來乞求施身也不應該捨，因爲他們顛倒狂亂，不是眞心求施，只是胡言亂語。以上不布施不但無罪，布施反而有罪；除此之外，菩薩應該捨身。施身又分爲二種情況，一種是割截身肉四肢，甚至喪命的究竟布施；一種是奉獻勞役，供人差使，屬於暫時捨棄自主性的布施。

2. 外物不可捨的道理

就時間門不應捨：例如對出家眾或持過午不食的近住者，在午後布施食物。

就施境門不應捨：對持戒者布施吃剩的食物或被便穢、涕唾、嘔吐、膿血等污染過的食物。對不吃蔥蒜肉、不喝酒、想吃卻戒律在身不能吃者，布施攙有蔥蒜肉等雜染的食物。雖然事先勸誡妻兒及僕人布施功德，使他們歡喜；但是遇到怨敵、藥叉、羅刹等性格凶暴或忘恩負義者前來要人，也不該把他們布施出去，以免傷害有情。病人想吃對健康有害的食物，或者食物適當卻不知節制，或者嗜吃成性者前來請求上妙飲食，也不該布施。外道爲了挖內道過失，或者不是爲了研讀經典，而是把經典當成財貨，也不該布施，如《菩薩地》及《攝決擇分》說，「智慧不足的外道來乞已經寫完的內道經典，布施有罪；如果自己手上沒有，爲了布施特地到其他地方找，同樣有罪。如果是爲了攝受外道，使他了解內道，又觀察此人因緣成熟可以信解，布施經典無罪。唆使正信有情寫僞經或外道論典，或手中有非法經典、從他處取得非法經典而布施內道，都有過失。菩薩應該校正僞經及外道典籍，改爲正確的聖教，自己知道過失，也讓別人知道。或者有人索求手中白紙，要先詢問目的，假設對方想轉賣充飢，就須進一步考慮以下情況：如果這些紙是爲

了寫正法，不應該布施；如果身上有錢，可以抵換現金布施，沒錢可以不布施；如果這些紙不是爲了書正法，應該立即布施，使求者安樂。假設對方準備寫極度下劣典籍，不應該布施；假設對方要寫普通下劣典籍，自己要寫中等正法，可以不布施；如果對方要寫殊勝典籍，不布施反而有罪。」

就自身門不應捨：雖然已經不慳，對經典沒有不捨，卻把尙未通達的經典布施出去，這樣也不應該。因爲這種法施只能成辦一個利益，不布施還可能有二項殊勝利益，現在失去經典反而無法獲得，等於因小失大。法施的利益有三，去除慳心、累積智慧資糧、廣大饒益眾生。第一項調伏心性，避免貪心已經做到，不必再費力去除。第二項累積智慧資糧，透過研讀經典，增長善妙智慧資糧的功德，卻因爲尙未理解就將經典布施出去，無法得到這個好處。第三項廣大饒益眾生，一旦具備智慧資糧，原本可以利益更多有情，體現愛念求者及其他眾生的行爲；卻因爲布施一位有情，只能利益這位有情，所以《菩薩地》才說要分別輕重緩急。《入行論》也說，「勿因小利，捨棄大利。」上面的例子，不法施反而無罪。如果確定不能布施，不要直截了當拒絕，要善巧方便。所謂善巧方便，就是菩薩先將所有資具，以清淨意樂迴向十方諸佛菩薩；例如比丘獲得法衣等物，先發清淨捨心，由意念布施親教師及軌範師等殊勝福田，藉著淨施儀軌的加持迴向，最後才自己受用。雖然實際上還是擁有法衣及資具，卻因串習捨心而做到不貪著、少欲知足，成爲安住聖道的菩薩，能增長無量福德資糧。以此類推，行者將自身資財當成諸佛菩薩暫時寄存的物品，妥善保管。遇到有人來乞，先觀察布施條件是否具足，倘若合乎正理，就思惟諸佛菩薩捨心堅固，沒有不捨的東西，然後布施；倘若不合正理，應當先修淨施法，意念布施法界眾生，然後說「這是別人的東西，我不能給

你。」委婉告知拒絕的理由，或者付二倍三倍的價金，讓他了解菩薩不是貪愛不捨，而是沒有權力把這部經給你。這種布施，稱爲善巧慧施。

就施物門不應捨：給父母有蟲的不淨飲食，或者未事先告知妻子奴僕布施功德，或者當事人不相信而硬將妻子奴僕布施出去，或者妻子個性嬌弱血統高貴，不適合作人奴婢，這些都不能施人爲奴，暫時歸爲外物。《攝決擇分》說，出家人擁有三衣及佛所開許積蓄的物品，儘管自己已經做到心無慳　又樂善好施，但這些都是修行人的生活必需品，可以不布施。如說，「出家菩薩持有三衣及佛陀開許的物品，才能安住正法；若有人求，應先仔細思惟，才不會造成過失。考慮受用這些善品不是出於貪欲享受，而是爲了延續慧命，不布施沒有過失。」《菩薩別解脫經》說，「舍利子！如果菩薩過份重視求者，連身上的三衣都捨出去，這不是修習知足寡欲的方法。」出家人隨便布施三衣，反而有墮罪的過失。

就所爲門不應捨：若有人求毒藥、火、刀、酒等傷害自己或他人的物品，或增長墮入惡趣的娛樂器材，應該制止求者。或者請教如何布置陷阱，學習狩獵捕捉等傷害有情的技術，也不應該傳授。凡是會傷害眾生的技術，都不應該學習或傳授。或者爲了殺害陸地或水中動物而索取土地，也不應該布施。或者爲了損害某國人民而求王位，或者怨敵爲了報仇故意求索，都不能把國家布施給心懷怨懟的仇敵，以免傷害平民百姓。

3. 外物可捨的道理

就時間門應捨：沒有碰到佛所禁止的情況。

就施境門應捨：給眾生的物品合情合理，應該及時布施。

　　就自身門應捨： 排除前面說的情況，例如對經典還有慳悋不捨心，或者雖然尚未通達，但智慧較高的求施者前來，爲了成就他人，應該布施經典；或者手上有二套，應該立刻布施；或者即使沒有二套，也可以給錢，讓他自己請購；沒有錢時應該思惟，將經典布施出去，自己就無法累積智慧，導致今生愚癡盲目，卻又不願意種下慳貪不捨的習氣，爲了增長捨心仍然趕快布施。

　　就施物門應捨： 排除前面說的情況，就是可以布施的物品。身爲國王，不能強奪他人妻子奴僕等，迫使他們離開主人，再轉手布施；可以將村落布施出去，滿足求者心願。

　　就所爲門應捨： 雖然是戲樂器具，也不會讓對方墮入惡趣；求取羅網技藝不會傷害其他眾生，求取土地不會侵擾水陸生物，供給無蟲飲食，都可以布施。同理，求取毒火刀酒等物不是爲了傷害損人，反而能利益自己或他人，就應該布施。如果二人同時來求，一個較富，一個較貧，應該怎麼辦？如果手頭寬裕，可以滿足二人願望，就一起布施；如果資財不足，應該先滿足貧者。即使確定要布施給貧者，還是要輕言告知富者，「賢者，我已經把東西施捨給這位貧者，請你不要錯怪我。」初發業菩薩要知道，這些就是修習布施的重點，因此特別擇錄經典內容或參照《菩薩地》所說。

　　不能捨怎麼辦？若有求者來乞，因爲自己慳悋捨不得，不妨靜下心思考，這個東西將來一定會離開我，我也會棄捨它，現在布施出去可以累積福報，對此應該感到歡喜，堅定信念直至命終；現在捨棄，還可以減少臨終前的貪著，既然將來能無憂無悔，不是應該高興嗎？萬一還是放不下，可以效法《勇利長者請問經》，「要以三件事告慰求者，我現在布施力薄弱、善根尚未成熟，對大乘道才初發心，受到慳心驅轉的影響，仍然貪愛強烈我執及我所，無法捨

棄資財受用。請大德寬恕，不要憂惱。我會努力學習布施學處，希望將來捨心自在，能滿足你及一切有情意樂。」雖然這樣可以去除不信任的過失，還是有慳悋過失，《集學論》說應該受到譴責；不過前面的做法至少可以遮除上品纏，避免違犯不施根本罪，「慳不行財施及法施，屬於他勝罪。」《攝波羅蜜多論》也說，「乞者已經來到面前，卻因捨心不足無法布施，至少不要讓求者心生退弱，輕聲相告軟言安慰乞者，希望來日不再讓他失望，期勉自己努力斷除慳　及貪愛的過失。」

　　修習對治布施的障礙：《攝決擇分》略說有四種障礙，未串習、匱乏、耽著、未見果利。

1. **未串習**：有能力卻不喜歡，對治的方法是思惟不串習過患。過去就是因為乏於練習，現在不懂得要布施；如果繼續放任，來世還是做不到樂善好施，透過這種思惟，強力改變習氣，避免生生世世老是受到不串習的危害，不肯布施。

2. **匱乏**：由於極度貧窮導致捨心不生，對治的方法是思惟匱乏過患。過去就是因為宿業或受人影響，不知利益他人，致使多次遭受難忍的饑渴痛苦；現在為了利他，即使自己更貧窮更痛苦，甚至可能餓死，恐怕還算好事一樁，絕對不能打發求者，讓他一無所獲。即使失去財物，還有莩葉可活命，透過這種思惟，忍耐匱乏的痛苦而布施。

3. **耽著**：由於貪愛珍視的物品導致捨心不生，對治的方法是思惟耽著過患。我現在執苦為樂，看不清楚輪迴本質，這種顛倒習氣一定會引發來世眾苦，透過這種思惟，徹底斷除貪愛而布施。

4. **未見果利**：不知道布施能引發正等菩提的究竟利益，只知道布施具有財富豐饒的暫時利益，為了人天有漏快樂而發心，對治

的方法是觀察輪迴過患。諸行無常念念生滅，財富更是須臾幻滅不可憑恃，只有將布施果報迴向廣大菩提，才能讓善果增長無盡；如果只看到圓滿財富這個異熟果報，雖然也可以獲得財富，卻無法出離輪迴。就像商人為求利潤而大方贈與，最後只能得到利潤，而得不到福報。《四百頌》說，「覬覦今生布施以致來生可以獲得更大的好處，這種有所求的布施，就像商人逐利，應該受到智者的斥責。」

五、意念財施

在幽靜的地方擯棄雜念，以清淨的意樂敬信三寶，觀想虛空中化現廣大無量珍寶，以此上供諸佛菩薩，下施有情眾生，希望眾生離苦得樂。《菩薩地》說，這種花費少許力氣獲得無量福報的意樂布施，稱為菩薩巧慧布施。《妙臂請問經》說，不論資財是否充足，都要修習意樂布施。缺乏資財的巧慧布施，是指還沒有證到初地菩薩的增上清淨意樂，因為初地菩薩沒有資財匱乏的問題。如《菩薩地》說，「未登地菩薩若貧窮缺乏財富，可以做巧慧方便布施；已證得增上清淨意樂的登地菩薩，自然能超越輪迴惡趣，生生世世獲得無盡財寶。」

六、小結

受菩薩戒之後，要以地上菩薩所修的布施為願境，努力達到地上菩薩的境界，好好修習布施。依照前面所說道理了解開遮處，勤加學習；特別是經常串習對治吝惜身體、財富、善根的方法，努力增廣捨心。能做到，要感到歡喜；不能做到，要心生憂惱。如《妙

臂請問經》說，來生只要花費少許力氣，就能圓滿布施波羅蜜多。如果擱置妙法，不但今生容易染犯重大過失，來生也無法趣入難行學處。又如《攝波羅蜜多論》說，「布施的根本是菩提心，不要拋棄具有菩提心的布施；佛陀說世間最尊貴布施，就是具足菩提心的布施。」應該思惟菩提心是一切善行的所依，願證菩提是一切能捨的根本；具備菩提心的布施，才是所有捨施中最殊勝的行為，必須努力修習，以上出自《妙臂請問經》所說。

17 持戒波羅蜜多

尸羅能得殊勝道，與諸悲性平等修，清淨勝智以爲性，離過第一莊
嚴具。遍薰三界悦意香，塗香不違出家眾，行相雖同若具戒，此於
人中最超勝。

——出自《攝波羅蜜多論》

引言

　　什麼是持戒波羅蜜多？《入中論疏》説，「持戒就是不忍受
煩惱作意、不起傷害眾生的惡心，息滅將來後悔犯戒的憂火，獲
得無憂無悔清涼自在，是安樂的因、善士的依處。以能斷身語七
不善業的能斷思為體性，以無貪、無瞋、無癡為能斷思的等起，
這種具備等起和能斷的戒律，就是能斷十黑業的十白業道體
性。」這章要討論持戒的定義、分類及如何趣入。

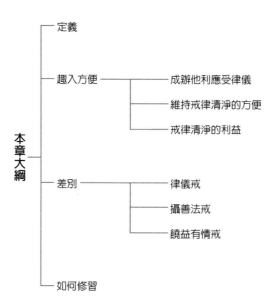

本章大綱
├─ 定義
├─ 趣入方便 ─┬─ 成辦他利應受律儀
│   ├─ 維持戒律清淨的方便
│   └─ 戒律清淨的利益
├─ 差別 ─┬─ 律儀戒
│   ├─ 攝善法戒
│   └─ 饒益有情戒
└─ 如何修習

一、定義

　　斷除傷害或殺害有情的行為，並從根本斷除這種傷損眾生的念頭，稱為持戒；修持傷損眾生的能斷心，慢慢達到圓滿境界，稱為持戒波羅蜜多。圓滿持戒波羅蜜多的條件，不必觀待所有眾生是否都已經脫離損惱；不然現在六道還有許多眾生身處損惱，豈不表示過去諸佛所圓滿的持戒度未達究竟，致使眾生遲遲無法避免損害？不是這個意思。不管有情是否確實遠離傷損，只要自己從內心真正斷除想傷害他人的念頭，修習這個能斷心，就是修習戒律。《入行論》說，「要把動物帶到哪裡，才能避免遭受殺害？唯有斷除傷害眾生的惡心，才能圓滿持戒波羅蜜多。」戒律有三種，律儀戒、攝善法戒及饒益有情戒，這裡主要談律儀戒，別解脫戒。就動機而言，斷除惡心就是斷除十不善業；就行為而言，斷除惡心就是斷除身語七不善業。

二、趣入方便

　　既然已經發心受持菩薩學處，誓願利益一切有情都能具足諸佛殊勝戒律的莊嚴，就必須謹守誓言好好修習。在此之前自己要先維護戒律清淨，如果做不到或者戒律有所虧損，一旦墮入惡趣，不要說利他，連自利的機會都沒有。想要精進利益他人，就該毫不鬆懈愛護戒律，小心守護努力防範。《攝波羅蜜多論》說，「想要具備諸佛妙莊嚴飾（指戒律），勤修利益一切眾生，應當先維持自己戒律清淨，不能有所染犯。」又說，「毀犯戒律，不但無法利益自己，哪有餘力成辦別人的利益？奉勸想要利他的行者，千萬不要放鬆戒律。」

　　爲了維護戒律清淨，必須仰賴律典知所進退；然後帶著猛利、堅固、強烈的心念時時觀修，不管花多少時間，都要串習守護功德及不守護過失，激勵自己維持戒律清淨的信心。不守戒的過失，如《攝波羅蜜多論》說，「應該觀察失戒的果報極爲嚴重，對此感到恐懼，即使是微細的過失也要斷除，絕不能稍事鬆懈。」說明從想到犯戒的下場而感到害怕，連小惡也不敢染犯，務必完全斷除。在所有障礙持戒的逆品中，最粗重而明顯的就是十不善業，在下士道已經講了十不善業的過患，這時候應該反覆思惟。

　　前面已經大致說過守戒的功德，如馬鳴菩薩在《攝波羅蜜多論》說，「天界五欲妙樂、人間富貴榮華，種種盛事都來自於守戒的功德，這有什麼好驚訝？不要說輪迴裡的有漏快樂，應該進一步想，整個佛法功德都來自守戒。」守戒可以調伏相續輾轉增上，與具有大悲種性的菩薩一起修習共通的學處，漸漸斷除惡行種子，獲得成佛的妙莊嚴智。

　　一般戴在身上的流行飾品，如果年齡不合，看起來既不莊嚴美觀，還可能招人恥笑；但是把戒律當成莊嚴的飾品佩戴在身上，不論年老或年輕都很恰當，可以說人見人愛歡喜讚歎，因此戒律才有第一莊嚴具的美稱。一般薰香都有方向的限制，只能順風散發香氣，不能逆風飄香；只有戒香可以遍薰十方，不受方向和距離的限制，因此戒律才有第一妙香的美稱。一般去除炎熱的檀香等塗香，出家人不能塗抹；但是能去除煩惱炎熱的戒香，出家人塗抹也不會違背戒律。同樣身爲出家人，有戒財者勝於無戒財者。如《攝波羅蜜多論》說，「守戒可以獲得殊勝道，與大悲菩薩平等修。智慧加上清淨的戒律，才能遠離一切過失，稱爲第一上妙莊嚴飾品。戒香遍薰三界，使眾生欣喜，又不違背出家學處，是出家人唯一可以塗抹的妙香。雖然同現出家相，持戒清淨才是人中最勝。」

戒律清淨的人，不必靠假話虛偽讚美，也不必費力追求財富名
利，自然成辦生活所需；不必暴力恫嚇使人屈服，眾生自然恭
敬禮拜；雖然不是親友或恩人，連不認識的人都能自然慈愛仰慕；
連他所踏過的塵土，都能獲得天人頂戴，將塵土奉爲供養禮拜的福
田。這些都是因爲持戒清淨的緣故，如《攝波羅蜜多論》說，「不
曾阿諛奉承費心追求，自然積聚資財；不用暴力威脅，他人自然臣
服；不必費力，便得自在。不要說親朋好友，或者曾經利益的受恩
者，連未曾謀面的人都尊敬讚歎這位持戒勝士夫。凡是持戒勝士足
跡踏過的塵土，也會變成吉祥供養的福田，受天人頂戴禮拜。尸羅
清淨的行者，是最殊勝的有情種性。」智者應該好好思惟守戒功德
及不守戒過患，小心防護。如《攝波羅蜜多論》說，「菩薩要善於
守護學處，不要耽著自樂毀壞戒律。」又說，「因守戒而自在快
樂，智者稱讚戒律清淨，如同佩戴最珍貴的妙莊嚴飾；能圓滿所有
學處，又不高舉傲慢，就是靠戒律的力量。」

守護戒律，不是爲了害怕自己墮入惡趣或者貪求人天盛事，而
是爲了安立一切有情修習戒律，捨棄中下士意樂，才會以身作則凡
事謹慎。如《攝波羅蜜多論》說，「爲了饒益無量眾生，引導他們
清淨戒律，所以我遮止諸惡修習戒律，這才是眞正的持戒波羅蜜
多。誓願小心持戒，不是害怕墮入惡趣，也不是貪圖今生權勢享
受，或者來生希求善趣圓滿受用，而是爲了利益眾生的上士意樂，
才勇猛精進斷除惡業。」

三、差別

戒律分爲三種，律儀戒、攝善法戒、饒益有情戒。

律儀戒：即《菩薩地》說的七眾①別解脫戒。若同時受別解脫

律儀及菩薩律儀，不論在家或出家，必須遵守各自不共的真實別解脫律儀②與共通的能斷律儀③。如果是不堪受別解脫律儀的眾生（如天龍等），只受菩薩律儀，就只要守護與別解脫律儀共通的能斷律儀，也就是斷除性罪與遮罪的十不善業。

攝善法戒：緣自相續觀修六度等善行，讓未生的善心生起，已生的善心不退失，繼續增長。

饒益有情戒：指十一種利益有情的事，這些事情可以引發今生及來生利益，沒有過失。詳見宗喀巴大師在《戒品釋》所說，應該好好閱讀。別解脫律儀所制定的戒律，就是出家菩薩要守的內容，不是與菩薩學處無關、單獨存在的戒律。三聚戒中的律儀戒，是指真實別解脫戒及與此共通的開遮部份；千萬不要把別解脫律儀當成小乘戒，這是菩薩最初重要的學處，必修的課程，不要任意毀謗只有小乘人才要學。《攝決擇分》說，「三種善戒，由律儀戒扮演攝持及和合後二戒的角色，精進守護律儀戒，才能守護其餘二戒；不精進守護律儀戒，不可能守護其餘二戒。毀損律儀戒，等於毀損所有菩薩律儀。」由此可知，若將別解脫戒當成小乘聲聞戒，任意捨棄戒律開遮，妄說大乘菩薩另有學處，就是因為不了解菩薩戒的重點。佛陀曾經多次宣說，律儀戒是後二戒的根本及依處。律儀戒中最重要的是斷除性罪，大小乘同樣主張十不善業是最嚴重的性罪，要好好守護三門，連一剎那的惡念頭都要避免。《攝波羅蜜多論》說，「不要壞失十善業，這是通往人天善趣及解脫的要道，應當守護戒律。思惟如何利益眾生？唯有殊勝意樂，才有殊勝果報。善巧

---

①七眾，包括比丘、比丘尼、正學、沙彌、沙彌尼、男居士及女居士。
②真實別解脫律儀，別解脫戒裡各種自性罪和佛制罪能斷的律儀。
③共通的能斷律儀，斷除十不善業及修習十善業的十種能斷心。

哲蚌寺內自然生成的度母聖像

維護身語意清淨,是佛陀總攝的一切戒律、是一切戒律的根本,必須好好修習。」月稱論師在《入中論》說二地菩薩能圓滿持戒波羅蜜多,就是指斷除十不善業,《十地經》等經論均主張,應該依前面所說,最初按照下士道對十黑業修習能斷心,奠定基礎後,再漸次開展到其他部份,以律儀戒調伏自心,才能圓滿所有學處。

四、如何修習

　　修習持戒，要結合六種殊勝與六波羅蜜多；具足布施的戒律，就是自己安住戒律、守護尸羅，也要攝受他人安住戒律、守護尸羅，這就是施人以戒的「戒施」，其餘五度如前所說。菩提心是一切修行的所依，持戒不忘失菩提心，還要想辦法增長菩提心，這才是趣入六度的根本、遮止損害眾生的殊勝要道。行者應該以地上菩薩為典範，學習他們如何持戒，並以此為願境，誠心將初學者要修的開遮學處，當成自己的努力目標。尤其是了解十惡業的性罪及遮罪內容，反覆思惟所受戒律的根本墮罪，每天守護起防護心。懂得時時謹慎，透過所累積的等流果報，來世自然容易圓滿菩薩學處；今生任意捨戒，不但長期染犯嚴重過患，連帶影響未來多生不能修習菩薩學處，所以今生就要持守戒律清淨。

18 忍辱波羅蜜多

由起剎那忿恚意樂，能摧百劫修習施戒波羅蜜多所集諸善。

——出自《入中論》

引言

什麼是忍辱波羅蜜多？《入行論》說，「頑劣暴惡的眾生遍滿虛空，根本不可能全部調伏，只要摧伏自己內在的瞋心，就等於消滅外在怨敵。要避免被地上荊棘刺傷，不可能將大地鋪滿柔軟的皮革，哪裡有這麼多皮革？只要把一小片皮革做成鞋子穿在腳下，就等於覆蓋整個大地。同樣的，我不可能盡除所有能傷害我的外在怨敵，只有向內調伏自心；當心中不再懷有怨懟，就沒有外在怨敵，不必費盡心思抵擋外來傷害。」這章要討論忍辱的定義、分類及如何趣入。

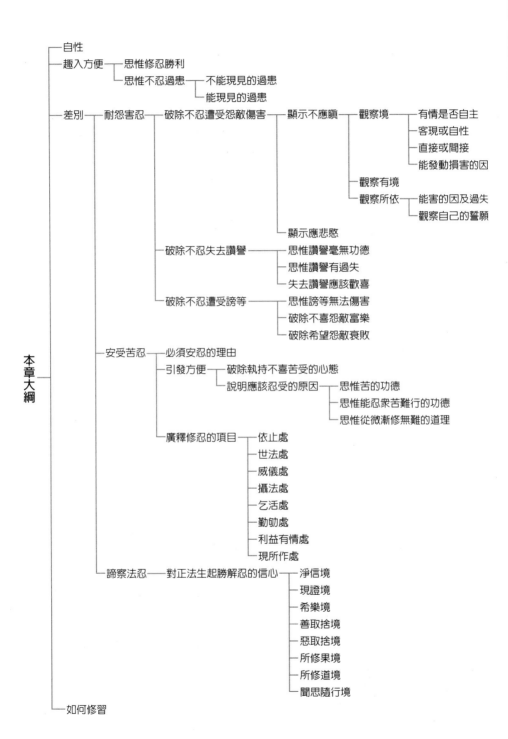

本章大綱

- 自性
- 趣入方便 ─┬─ 思惟修忍勝利
　　　　　　└─ 思惟不忍過患 ─┬─ 不能現見的過患
　　　　　　　　　　　　　　　└─ 能現見的過患
- 差別 ─┬─ 耐怨害忍 ─┬─ 破除不忍遭受怨敵傷害 ─┬─ 顯示不應瞋 ─┬─ 觀察境 ─┬─ 有情是否自主
　　　　│　　　　　　│　　　　　　　　　　　　　│　　　　　　　│　　　　　├─ 客現或自性
　　　　│　　　　　　│　　　　　　　　　　　　　│　　　　　　　│　　　　　├─ 直接或間接
　　　　│　　　　　　│　　　　　　　　　　　　　│　　　　　　　│　　　　　└─ 能發動損害的因
　　　　│　　　　　　│　　　　　　　　　　　　　│　　　　　　　├─ 觀察有境
　　　　│　　　　　　│　　　　　　　　　　　　　│　　　　　　　└─ 觀察所依 ─┬─ 能害的因及過失
　　　　│　　　　　　│　　　　　　　　　　　　　│　　　　　　　　　　　　　└─ 觀察自己的誓願
　　　　│　　　　　　│　　　　　　　　　　　　　└─ 顯示應悲愍
　　　　│　　　　　　├─ 破除不忍失去讚譽 ─┬─ 思惟讚譽毫無功德
　　　　│　　　　　　│　　　　　　　　　　├─ 思惟讚譽有過失
　　　　│　　　　　　│　　　　　　　　　　└─ 失去讚譽應該歡喜
　　　　│　　　　　　└─ 破除不忍遭受謗等 ─┬─ 思惟謗等無法傷害
　　　　│　　　　　　　　　　　　　　　　　├─ 破除不喜怨敵富樂
　　　　│　　　　　　　　　　　　　　　　　└─ 破除希望怨敵衰敗
　　　　├─ 安受苦忍 ─┬─ 必須安忍的理由
　　　　│　　　　　　├─ 引發方便 ─┬─ 破除執持不喜苦受的心態
　　　　│　　　　　　│　　　　　　└─ 說明應該忍受的原因 ─┬─ 思惟苦的功德
　　　　│　　　　　　│　　　　　　　　　　　　　　　　　├─ 思惟能忍眾苦難行的功德
　　　　│　　　　　　│　　　　　　　　　　　　　　　　　└─ 思惟從微漸修無難的道理
　　　　│　　　　　　└─ 廣釋修忍的項目 ─┬─ 依止處
　　　　│　　　　　　　　　　　　　　　　├─ 世法處
　　　　│　　　　　　　　　　　　　　　　├─ 威儀處
　　　　│　　　　　　　　　　　　　　　　├─ 攝法處
　　　　│　　　　　　　　　　　　　　　　├─ 乞活處
　　　　│　　　　　　　　　　　　　　　　├─ 勤劬處
　　　　│　　　　　　　　　　　　　　　　├─ 利益有情處
　　　　│　　　　　　　　　　　　　　　　└─ 現所作處
　　　　└─ 諦察法忍 ─── 對正法生起勝解忍的信心 ─┬─ 淨信境
　　　　　　　　　　　　　　　　　　　　　　　　　├─ 現證境
　　　　　　　　　　　　　　　　　　　　　　　　　├─ 希樂境
　　　　　　　　　　　　　　　　　　　　　　　　　├─ 善取捨境
　　　　　　　　　　　　　　　　　　　　　　　　　├─ 惡取捨境
　　　　　　　　　　　　　　　　　　　　　　　　　├─ 所修果境
　　　　　　　　　　　　　　　　　　　　　　　　　├─ 所修道境
　　　　　　　　　　　　　　　　　　　　　　　　　└─ 聞思隨行境
- 如何修習

一、自性

忍辱的定義，忍耐他人怨害的痛苦（耐怨害忍）、忍受自身遭受的痛苦（安受苦忍）、忍耐安住思惟法義的痛苦（諦察法忍）。與此相違的各自有三項，瞋恚、瞋恚與怯弱、不了解法義又無希求好樂心。要圓滿忍辱波羅蜜多，必須打從心裡徹底斷除忿恚怨恨，達到調心圓滿；這個條件不必觀待是否一切有情都已遠離暴惡，要使有情心性通通調柔和善是不可能的。調伏自心，滅除瞋恚忿恨，就是圓滿忍辱波蜜多所要成辦的事情。就像《入行論》所說，應該遮除的是內在瞋心，而不是外在怨敵。

二、趣入方便

修習忍辱的方法有很多，首先說明思惟修忍勝利及思惟不忍過患。

修忍勝利，如《菩薩地》說，「菩薩首先觀察修忍有許多功德，堪忍眾生則來世不遭怨敵、不與親友乖離、心常喜樂、臨終無悔、往生善趣天界。因為了解，不但自己忍也勸人忍，經常讚揚忍辱功德，看到別人忍辱而歡喜慶慰。」《攝波羅蜜多論》說，「如果菩薩興起想棄捨利益眾生的念頭，佛說忍辱是最殊勝的法門，能防止退失利他心。世間所有圓滿快樂都來自於忍辱，因為避免了瞋恚的過失。忍辱，是有力者的殊勝莊嚴，是難行者的穩固靠山；忍辱，是息滅瞋火的甘露妙雨，能去除今生來世所有過患。大丈夫身披忍辱鎧甲，抵擋惡人惡語利箭，不但利箭無法穿透造成傷害，反使惡人心生慚愧，讚歎大丈夫忍辱美名，就像身上佩帶的花鬘飾品，人見人愛。」又說，「忍辱是巧妙的工匠，能成就暫時人天美

妙色身，也能成就具有三十二相、八十好的究竟莊嚴佛身。」

忍辱，讓菩薩在面對惡行眾生時，仍不退失利他心；可從摧壞眾多善根的怨敵手中，解救眾生；可忍受眾生惡劣傷害，成為美妙的莊嚴飾品。被煩惱逼迫的行者，靠著忍辱的力量摧伏煩惱；受瞋火煎熬的眾生，靠著忍辱的甘霖澆息瞋火。惡劣暴徒舉起邪箭，也無法穿透忍辱鎧甲。佛陀身相金色微妙、莊嚴燦爛，使人目不暫捨，就是靠著忍辱工匠的巧手，方能打造出種種上妙功德。《入行論》說，「若能努力摧伏即將出現的瞋心，今生與來世都會獲得安樂果報。」經常修習忍辱，不但今生恆處安樂，來生更能避免墮入惡趣往生善趣，甚至獲得究竟勝利的果報，所以說現後皆安樂，這些利益都來自於忍辱的功夫。如果對忍辱與安樂之間的因果關係還沒生起堅固定解，應該好好修習。

瞋恚過患，分為不能現見及能現見的過患。

1. 首先說明不能現見的過患

如《入行論》說，「好不容易花了千劫的時間，累積布施、供養諸佛等上妙功德，又持守戒律經常行善，卻被一念瞋心破壞所有善業功德。」這是馬鳴菩薩所說，《文殊室利遊戲經》也說，瞋恚可以摧壞百劫累積的善根。《入中論》也說，「光是一刹那瞋心，就足以摧毀百劫修習布施、持戒等積聚善業的功德。」瞋恨的對象是誰，才有如此嚴重的後果？有人主張是菩薩，有人主張所有眾生都算，前者較符合《入中論》的見解。如說，「瞋恨菩薩，致使百劫布施持戒等功德，一刹那摧毀殆盡。」瞋恨的所依，《入中論釋》說，「即使是菩薩起瞋心，都能毀壞善根，更何況非菩薩的凡夫？過失更嚴重。」

　　或者說不管瞋恚的對象是誰，不管瞋恚的理由是否屬實，都會破壞善根；不一定要瞋恚菩薩才算，如《集學論》引一切有部的律典說，佛陀問：「各位比丘！大家是否看見眼前這位比丘向裝有佛陀頭髮指甲的佛塔五體投地？」比丘們回答：「是的，世尊。」佛陀又說：「因為他發心清淨，這位比丘因頂禮所覆蓋的塵土，由此向下八萬四千由旬，一直到地界最下方的金輪世界，此間所有塵沙數目乘以千倍，就是這位比丘應該獲得轉輪王位的次數。」接著鄔波離尊者到佛陀面前，恭敬合掌請問：「世尊！既然這位比丘的善根如此廣大，怎樣才能讓這麼廣大的善根減少、消滅、甚至永遠消失？」佛陀回答：「鄔波離！如果這位比丘對同修起微小的瞋心，光是這點過失，我就看不到前面說的福報。鄔波離！再大的善根都會被瞋心減少、消滅、盡除。連對一棵枯樹都不應該起傷害心，更何況對有意識的眾生？」

　　他宗把「摧毀善根」解釋為，先破壞善根快速感果的能力，延後善果成熟的時間，讓瞋心果報先成熟，等到瞋恚果報結束，將來遇到善緣，之前的善根種子還是會生出善果；因為世間道不能斷除所斷種子，在見道前不能斷除煩惱種子。自宗認為這個講法不對，有五個理由：(1) 凡夫以四力對治，淨除惡業後獲得清淨，雖然不能使這個惡業種子消失，但是將來遇到他緣，也不會再生異熟果報。(2) 已經感生異熟果報的善惡業，雖然果報現前沒有斷除種子，但是將來遇到他緣，也不會再生異熟果報。(3) 獲得加行道的頂位及忍位，雖然沒有斷除邪見及惡趣因的惡業種子，但是將來遇到他緣，也不會再起邪見墮入惡趣。(4) 前面講過「業依重者先受報」，若說某個業報先成熟，暫時壓制其他業報成熟，光是這樣不足以成立「破壞」的條件，經典上沒有這種講法。(5) 暫時牽延異熟果報成熟，不等於破壞善根，否則一切有力的惡業都會摧壞善

根，事實卻不是如此。基於以上理由，清辯論師說四力對治惡業及邪見損害善根，就等於破壞種子感果能力，使種子形同敗種；即使將來匯聚其他助緣，種子也不會發芽，也不會感果。

　　雖然藉由四力懺悔可以清淨罪業，但會導致證道時間被延後，兩者並不矛盾。例如有人破壞布施及持戒而無法獲得圓滿身財受用的果報，但是修習能捨能斷的習氣還在，相續中仍然留有捨心與斷心的等流果，將來還是很容易生起布施及持戒等善行。又如有人破壞布施及持戒的等流果，但沒有破壞異熟果報，將來還是可以獲得圓滿身財受用。又如不瞋恚受記菩薩，原本一劫之內可以得證菩提，但因為瞋恚，不管多麼努力，進展仍然有限，絕不可能在一劫之內證道。總而言之，淨除惡業，不必盡斷惡業種子，也能阻止它產生作用；破壞善根，也不必盡斷善根種子，這是很重要的觀念。唯有依止佛陀聖教及正理，以善觀察慧思擇，才能了解這麼深奧難察的因果關係；尤其應廣讀經典，詳加思惟。由此可知，產生惡業引生粗暴不悅意的異熟惡果，破壞善業引生無量悅意的異熟善果，都屬於不忍的不能現見過患。

2. 其次說明能現見的過患

　　瞋心一起，立刻出現以下過患，心不調柔、無法平靜、失去原有喜樂、不生後有喜樂、心煩氣燥、睡不著覺、坐立難安。嚴重的時候，可能被人恩將仇報，甚至招致殺身之禍；即使想盡辦法賄賂拉攏，也挽不回眾叛親離的惡運。《入行論》說，「手中握有瞋恚毒箭，則心情煩悶、毫無喜樂、行住坐臥皆不安穩。施主帶著瞋心布施，原本是件有恩於人的美事，卻因為惱怒乞者，反遭橫禍。瞋恨親友導致眾叛親離，連誘之以利，也沒有人願意與他共處。心中

懷有瞋恚，絕對無法得到安樂。」《本生論》也說，「忿怒會破壞原本美妙的容貌，露出猙獰惡相，即使戴上再多美妙飾品，也遮不住醜陋。只要被瞋恚毒箭刺中，睡在鋪著柔軟舒適的臥具上，仍然渾身痛苦不安。原本想要利益自己，因為忿恚而忘失，甚至墮入惡趣，失去威望和名利，就像黑月退失吉祥的光輝，毫無自利機會。雖然親友愛護有加，因為忿怒而墮入非理險境，失去辨別善惡的智慧，總是做出違背道理的愚蠢行為，以致於傷害親友。由於瞋恚習氣嚴重，經常造作惡業，致使百返惡趣不斷受苦，傷害人而被尋仇，冤冤相報永無止盡。究竟是哪位敵人，做出如此過份的事？就是心裡的內賊，瞋恚心。既然知道敵人是誰，為什麼還繼續忍受，讓瞋恚敵人為所欲為！」

瞋恚造成這些過患，如果還不懂，應該趕緊修習。如《入行論》說，「沒有比瞋恚更惡毒的敵人，沒有比忍辱更難行的學處，必須用盡各種方法認真修習，去除瞋恚大敵。」因為看到忍辱的功德及瞋恚的過患，應該能透過各種方便修習忍辱。這裡的第一句話「無如瞋之惡」，如《入中論釋》說，「海水無法以秤斗量，瞋恚的異熟果報也難以估計。能引發嚴重惡果、摧毀善根的惡行，屬瞋恚最具破壞力。」如果只是影響善果，不毀壞善根，還不算最大惡行，必須同時具備引發惡果及破壞善根的力量才算。當然除了瞋恚，其他還有很多惡行也是，例如誹謗因果等邪見、毀謗正法、輕蔑菩薩及上師等殊勝福田、我慢等等，如《集學論》所說，應該一一理解。以下說明忍辱差別，分為耐怨害忍、安受忍苦、諦察法忍。

三、耐怨害忍

(一) 破除不忍障樂作苦

首先說明為何不應該瞋恨的理由？可以從幾個角度來看，就是觀察境、觀察有境、觀察所依。

1. 觀察境，發現不應該瞋恨的道理

觀察有情是否有自主能力？如果沒有，不應該瞋恨。

首先思惟對方瞋恚的原因？別人想害我，先有加害的念頭，然後想盡辦法阻止我獲得快樂、使我身心受苦。雖然他原本不想害我，卻因煩惱種子的驅使，故意傷害我，所以我瞋恨他？或者他本身無法自主，有其它干擾因素，所以我瞋恨他？如果是前者，就沒有理由怪罪，因為對方無自主能力。也就是說由於宿世習氣、煩惱種子現前、非理作意這三個因緣和合，使他做出傷害我的行為；雖然對方本意不想，因緣聚合的結果，的確造成傷害；相反的，只要因緣不具足，即使別人想害我，也無法達成目的。從各種因緣聚合產生傷害的意樂，再由此產生傷害的行為，最後造成傷害的痛苦。

仔細想想這個補特伽羅也無法自主，他被煩惱影響，是煩惱的奴隸，隨煩惱轉，我怪他有什麼用？如果他自己全然不能自主，只是被某些因素控制，更沒有理由怪罪。就像有人被魔鬼附身，有人想要來解救他，他反過來追打解救者。這個解救者會想，他被魔鬼控制喪失神智，根本不知道自己在做什麼，不但不生氣，反而更努力營救。同樣的，菩薩被怨敵傷害，應該想想這個人被煩惱魔控制，才會做出非理行為。菩薩不但不生氣，更加發心希望他脫離煩

惱，更努力貫徹忍辱。如《四百論》說，「此人被惡魔控制，反過頭來傷害醫生，醫生不但不怪罪，反而想盡辦法解救；世尊看到眾生被煩惱驅使，知道是煩惱迷惑的錯，不是眾生的錯。」月稱論師也說，「這不是有情的錯，是煩惱的錯；智者應該善加觀察，不要錯怪有情。」《入行論》說了許多破除瞋心的道理，這裡講的比較容易引生定解，也是對治瞋恚最有力的法門。《菩薩地》說要修諸法因緣生的「緣法想」，也能堪忍怨害，這兩本論的意思相同。對於以上道理，應該勤加修習產生定解。

換一個角度思考，如果眾生都能自主，世界上就不應該有痛苦，因為沒有人想要痛苦，大家都希望快樂。不要說傷害別人，當煩惱嚴重的時候，眾生甚至做出傷害自己的行為，毀壞平日最珍愛的身體，如跳崖、自殘、絕食等等。在那種情況下，很難保證不會去傷害別人，應該以此思惟滅除瞋恚。《入行論》說，「一切有為法都是因緣生，受他驅役、受他主宰，眾生哪能自主。知道真相，就不該責怪眾生，要觀諸法如幻毫無自性。」又說，「當怨敵或親眷傷害我時，要思惟這些都是因緣法則，由此安然承受。如果世事能盡如人意，隨自己主宰而達成願望，那麼沒有人願意受苦，有情也不至於如此痛苦。」又說，「受強烈煩惱控制時，尚且自斷性命走上絕路，那時難保不會傷害其他有情？」

觀察客現或自性？不管是哪個答案，都不應該瞋恚。

傷害人有二個原因，自性或客現。如果是自性，有情本性使然，就沒有理由生氣；被火燙傷時，我們從不瞋恚本具燒熱本性的火。如果是客現，也沒有理由瞋恚；晴空出現濃煙，我們也不會因為暫時的濃煙而瞋恚晴空。《入行論》說，「如果說愚夫的本性就是傷害人，那我們就不應該瞋恚愚夫，就像對會燙人的火生氣一樣不合理。如果說傷害是偶然發生，有情本性善良，更不應該瞋恚有

情，就像生氣暫時遮蔽晴空的煙一樣不合理。」

觀察直接或間接？不管是哪個答案，都不應該瞋恚。

如果要瞋恨直接造成傷害的能作害者，就應該怪刀杖，因為刀杖才是直接造成損害的因；如果要瞋恨間接造成傷害的能作害者，那麼刀杖受制於人，人受制於煩惱，應該怪煩惱。如《入行論》說，「直接被武器傷害，就應該怪武器。如果要怪拿武器的人，想想這個人也是被煩惱蒙蔽，應該怪幕後主謀，也就是煩惱。」既然不怪武器，也不要怪使用武器的人；既然要怪教唆者，就應該怪煩惱主謀。不這樣想，就表示內心偏頗，不能平等看待事物。想想自己從來不怪刀杖，現在也不必怪補特伽羅；這裡不必區分武器或人有無心識，因為前面已經講過自在與不自在的差別。

觀察能發動損害的因？

傷害造成的痛苦，如果是無因、不平等因，絕對不會產生苦受，必須是隨順因才有苦受。

隨順因從哪裡來？來自於宿世惡業的異熟果報。因為自己的業力發動，招致他人傷害，整件事受業力主宰，是自業招惹的，更不該瞋恨他人。真要怪，恐怕要怪自己，以此破除怨懟。例如地獄眾生被獄卒傷害，並不是獄卒狠心，而是那洛迦有情自己的業力。如《入行論》說，「在過去生中，我曾經傷害有情，現在才被有情傷害，只能說自作自受，罪有應得。」又說，「雖然愚夫不願受苦，卻老是造作苦因，既然自己造業害自己，怎麼能怪別人？譬如地獄出現獄卒及劍葉林等痛苦刑具，都是地獄眾生惡業化現，能怪誰？因為自己的宿世業力，使地獄充滿各種恐怖的刑具，追究起來還是我害別人？」霞惹瓦說，「如果推諉責任，說不是自己造的惡業，『是別人錯，不是自己錯』，顯然此人對佛法一點也不了解，身上一點法味也沒有。」

2. 觀察有境，發現不應瞋的道理

　　如果實在是因為忍無可忍，這也很矛盾；想想現在連一點點小苦都忍不住，隨便起瞋心，將來因瞋心而投生到惡趣受苦更嚴重更劇烈。分不清大苦小苦，豈不暴露自己極度愚癡，對此應該感到羞愧，努力防護不起瞋恚。如說，「為什麼現在無法忍耐他人傷害的小小苦受？為什麼不努力斷除瞋恚，避免投生地獄受重大苦受的因？」

　　與其恨人傷害，還不如想想這是宿世惡業的異熟果報，今生承受就能清淨惡業，反而是好事一椿；忍耐小小痛苦，避免造集新的惡業，還可以增長福報，實在好處多多。想想這些怨敵不顧自身利益，跑來傷害我，給我洗刷惡業的機會，我不但不該怨恨，還要好好感謝他們的惡行，對我有莫大恩惠，把他們當成恩人。《本生論》記載佛陀曾經身為牛王被猴子欺負的故事，當時羅剎質疑牛王為何不用銳角反擊？牛王回答，「眾生不顧自我福報減損，為了清淨我的惡業跑來傷害我，可以說對我有恩，我不忍耐還瞋恨對方，簡直比忘恩負義還不如。」《入中論》說，「既然承認這些都是過去惡業殘留下來的果報，現在受苦就能無餘清淨這些惡果，為什麼不忍耐？反而種下來世遭受更嚴重的苦因？」例如醫生為了治病而針灸，病人應該暫時忍耐小痛，治療大病，這樣才合理。

3. 觀察所依，發現不應瞋的道理

　　觀察能害的因及誰有過失：如說，「他拿武器傷害我的身體，所以我瞋恨他，這也不合理。怨敵的武器和我的身體，都是能引發痛苦的因，應該怪誰？身體就像人形大瘡脆弱不堪，無法忍受痛

苦，我卻盲目愛執身體，現在它被傷害，要怪誰？」又《入行論》說，「對方因愚癡而傷害我，我因愚癡而瞋恨對方，誰沒過失？誰有過失？」這裡說的愚癡，就是指不了解業果。

　　觀察自己的誓願：聲聞緣覺為了自利而不知忍耐，這樣做已經不合理了。我曾發心饒益有情，修利他菩薩行；既然決定利他，攝受一切有情，更應該好好思惟堪忍的道理。博朵瓦說，「佛陀聖教的精神是不造惡業，現在不過受了點傷害就忍不住，實在應該被罵『破壞聖教根本』。所謂破壞聖教根本，並不是說這個人能主宰聖教存亡，而是指失壞律儀形同自我毀滅。」又說，「就像牛鞍翻了，打到牛的身上，牛收起尾巴亂跳，反而打到腿上；這時候應該放鬆皮鞭，才會舒適安穩。同樣的，處心積慮報復，對怨敵不放鬆，只是陷自己於經常煩躁不安中。」

　　其次說明應該悲愍的理由？誠心思惟眾生是無始劫來的父母、親眷、友伴，受盡死亡無常迅速分離的折磨、受盡三苦逼迫、受煩惱魔主宰心智狂亂不知取捨、經常造作自我毀滅的行為、破壞今生及來生快樂。對於這種情況，應該生起無盡悲心，怎麼忍心雪上加霜瞋恚眾生？

（二）破除不忍失去讚譽

　　分三點談，思惟讚譽毫無功德、思惟讚譽有過失、失去讚譽應該感到歡喜。

1. 思惟讚譽毫無功德

　　讚美這件事，既不會讓今生延年益壽快樂無病，也不會讓來生獲得增上生與決定勝，可說沒有一點好處。因失去讚美而耿耿於懷、憂傷痛苦，就像小孩子為了倒塌的沙屋哭泣，簡直愚蠢至極，應該呵責自己不要貪圖沒有意義的讚譽。如說，「受人稱讚及奉承，既不會轉成福報、長壽、權勢、健康的因，也不能使身心安樂；如果我還懂得什麼叫做自利，就應該知道這些虛名對自己一點用也沒有。」又說，「幼童看到堆起來的沙屋倒塌痛哭流涕，我因為美名消失憂傷，豈不是和幼童一樣無知。」

2. 思惟讚譽有過失

　　讚美這件事，會使心散亂在沒有意義的事情上，破壞出離心、嫉妒其他有德者，具有許多退失善法的過失，以此思惟厭惡讚譽。如說，「稱讚使人流於散亂、破壞對輪迴的出離心、嫉妒有德者，能損壞一切圓滿盛事。」

3. 失去讚譽應該歡喜

　　失去稱讚和利養，反而有助於脫離惡趣，為什麼？因為斬斷了對名利的貪執與羈絆，避免繼續造作惡趣因，等於獲得諸佛加持，對於失去讚譽應該感到歡喜，誠心誠意滅除瞋恚心。如說，「有人中傷我、毀謗我，豈不是救我脫離惡趣的大恩人？想要解脫，原本就不需要利養恭敬的束縛，現在有人跑來破壞我的名譽，使我免受虛名羈絆，對我有恩，為什麼反過頭來怨恨他？我正耽著名聞利

養，眼看就要墮入惡趣，怨敵像佛一樣加持我，去除我的貪念，等於爲我關上通往惡趣的大門，保護我免於受苦，爲什麼反過頭來怪罪他？」

（三）破除不忍遭受謗等

分三點談，思惟毀謗等（包括毀謗、粗言、惡名）無法傷害、破除不喜怨敵富樂、破除希望怨敵衰敗。

1. 思惟謗等無法傷害

心不是色法，沒有實質形體，不可能被傷害到；若說身體直接受傷，導致心靈間接受創，毀謗也不會眞正傷到身體。既然身心都沒有受損，就不必憂惱毀謗等；既然沒有憂惱，就應該斷除瞋心。如論說，「意識沒有實體，誰也無法傷害。若說因身體而感到痛苦，那麼訾毀、粗語和惡言，到底會傷害哪個部位？既然身體完好無缺，爲什麼要瞋恚？」霞惹瓦說，「對康巴、內鄔蘇巴及照巴三人惡語相向，就像罵石頭，他們不痛不癢，經常安樂自在。一般人耳根軟意志薄弱，不堪惡言惡語，才會經常憂悒。」如果向噶當派修忍辱的辛敦大師告狀，說某人壞話，辛敦大師會回答，「你私下毀謗國王，犯了離間罪，要趕快修懺悔。」如果有人跟慧金剛瑜伽師說，「某人諷刺我們。」瑜伽師會回答，「說人是非、道人長短是本性，不然人還會說什麼話？」接著瑜伽師會告誡來者要趕快斷除離間語。

或者有人認爲，因爲某人毀謗，導致他人排擠，使傷害具體存在，應該有理由瞋恨。這樣想也不對，還是要斷除瞋心。如說，

「別人喜不喜歡我，對我的今生或來世有什麼損害？既然沒有損害，何必悶悶不樂。」或者某人不喜歡我，雖然沒有傷害，卻因為他散播謠言，影響我從別人身上獲得利養恭敬，造成實際損失，應該有理由瞋恨。這樣想也不對，利養恭敬最多只能今生受用，無法惠及來生，但是瞋恚惡業會隨著業力輾轉到來世；最糟的情況是，失去利養而窮困潦倒，甚至喪命。追求豐厚的利養，也許可以活久一點，但最後還是免不了一死，那麼生前快樂一百年或快樂一年，又有什麼差別？結果一樣，剩下的只是回憶。臨死的時候，快不快樂根本沒差，就像夢中享樂，夢醒之後，時間長短或快樂的程度有何差別？以此思惟破除貪著利養恭敬，對別人的毀謗或破壞名譽，自然不會耿耿於懷，也不會阿諛奉承貪圖他人稱揚，或者誇耀自己的德行，藉此謀取財利。不管別人對我評價如何，都與自己無關，看著美名來來去去無牽無掛。如論說，「毀謗會防礙我得到利養，所以瞋恨毀謗者。應該想想，利養恭敬只能用在今生，瞋恚惡業卻遭毒來世，我寧願缺乏利養餓死，也不願邪命求活，縱使活到百歲還是難逃死苦。不論在夢中享受多久快樂，夢醒統統消失；壽命長短就像夢中樂事，臨終空留回憶。即使生前長期獲得豐厚利養，死亡就像遭遇盜匪洗劫，必須空手赤身獨自隨業漂流，輾轉來世。」

2. 破除不喜怨敵富樂

原本為了利益有情發菩提心，現在看到有情自己能得到安樂，反而煩惱瞋恚，這不是很矛盾嗎？原本祈願有情成佛，獲得究竟的解脫快樂，現在看到有情得到一點世俗樂受，反而憂慼難安，這不是很矛盾嗎？既然有情可以自己富樂，應該感到歡喜，去除嫉妒心。否則信誓旦旦要利益眾生，豈不是謊言一樁。如《入行論》

說，「曾經爲了饒益眾生而發心，現在看到眾生有能力自求快樂，
爲什麼反生瞋恨？曾經說要幫助眾生成佛，獲得三界廣大供養，現
在看到眾生享用點下劣微薄的利養恭敬，爲什麼反生憂惱？原本我
要負起養育責任，現在親友能自力更生，爲什麼不高興？嫉妒眾生
快樂，還說要讓眾生成佛？怨恨眾生富樂，哪算具備菩提心？不管
他從施主手中得到好處，或者好處還在施主手中，這些原本就不屬
於我的東西，別人布施與我何干，爲什麼要嫉妒？」

3. 破除希望怨敵衰敗

　　看到怨敵失敗而竊喜，甚至殘忍詛咒他一敗塗地、徹底毀滅。
這種瞋恨心，無法實際造成傷害，只是自尋煩惱。假設眞能造成傷
害，一定兩敗俱傷，應該思惟瞋恨心的過失，正視嚴重的後果斷除
惡念。如《入行論》說，「看到怨敵不幸，有什麼好高興的？希望
別人倒楣，難道就可以傷害到他？即使達成目的，看到別人受苦爲
什麼要快樂？如果說這樣才能消除心頭之恨，恐怕我的損失更大。
瞋恚就像漁夫手中的利鉤，一旦被鉤住，註定要墮落到炎熱地獄受
油鍋煎煮之苦。」

　　如果說怨敵會障礙我和親眷獲得快樂、怨敵會對我和親眷造成
傷害，因此我不得不傷害或嫉妒怨敵富樂，由此產生憂忿，由憂忿
產生瞋恚。如何破除不希望怨敵快樂的念頭？首先要止息心中憂
忿，才能去除瞋恚。應該思惟這些道理，破除不喜心，想辦法斷除
瞋恚，因爲瞋恚是最嚴重的惡行。去除瞋恚如前面所說，菩薩必須
立誓迎戰煩惱敵，向內摧伏瞋恚心這個大仇家。懂得以觀察慧思
擇，修習眾多對治法門，就能遮止微細差別的瞋恚心，引發堪忍
心，獲得堅固微妙習氣；這就是透過清淨正理，以智慧觀察法義，

最終獲得定解的道理。捨棄觀察慧，等於捨棄菩薩一切廣大妙行，是暇滿人身獲得無上心要的最大障礙，應該速速遠離毒蛇般的障礙，以免喪失慧命。

四、安受苦忍

必須安忍的理由？(1) 從作用上觀察助道和障道：如《入行論》說，「輪迴中快樂的因少之又少，痛苦的因不勝枚舉。」有情經常與各種痛苦共處，首先要知道如何面對痛苦，將痛苦轉為道用；如果不知道，就像《集學論》所說，因為苦而起瞋心或者因為苦能對修道產生怯弱心，就會形成修習善法的障礙。(2) 從結果上觀察增苦和減苦：有的苦因他而起，有的苦因業而起，不管修不修道，都躲不掉業力、避不開痛苦。另外有一種苦來自於修習善法，不修不會發生。如果宿業及因緣聚合產生痛苦，暫時無法避免，也必須安然忍受。不忍，就會在原有的基礎上，由分別妄念加以強化，使苦受程度轉增劇烈；能忍，雖然無法立刻減退根本苦受，至少不會再引發新的憂慮，增加苦的程度。痛苦來臨時要妥善處理，了解不忍會增苦、忍能減苦的道理，使痛苦變得輕微可以忍受，應該思惟安受苦忍的重要性。

引發方便，分為二點，破除執持不喜苦受的心態。如果還有機會補救，不必煩惱；如果沒有機會補救，憂愁也無濟於事，不但沒有意義，還有其他過患。個性脆弱，忍耐力會愈來愈弱，連小苦也不能忍；個性堅強，忍耐力會愈來愈強，連大苦也能忍並成就大事。如《入行論》說，「如果還有機會挽回，有什麼好煩；如果沒有機會挽回，煩也沒用。」又說，「要禁得起寒暑、風雨、疾病、捆縛、捶打等小小痛苦，不要養成嬌弱的個性，否則感受痛苦的程

度會愈來愈強。」

為什麼應該忍受？可以從三個角度分析，思惟苦的功德、思惟能忍眾苦難行的功德、思惟從微漸修無難的道理。

1. 思惟苦的功德：苦具有 (1) 激發解脫的功德，有痛苦才有出離心。(2) 遣除傲慢的功德，痛苦能調伏心高氣傲。(3) 羞恥作惡的功德，遭受強烈痛苦，才能體會惡因生苦果的道理，要避免遭受苦果，唯有一開始就避免造作苦因。(4) 歡喜修善的功德，經歷過痛苦折磨，才有追求安樂的欲望，知道善因生樂果的道理。(5) 引發悲愍的功德，因苦受的經驗推己及人，知道世間有漏都是痛苦，對於同樣身處輪迴苦海的眾生，才有無盡的悲心。其實不只這五種，應該多了解苦具備的功德，時時串習調伏，把苦受當成發願的對境。如說，「沒有苦，就沒有出離心，因此要堅忍。」又說，「苦有許多功德，如激發出離心、去除我慢、引發悲愍、羞恥作惡、歡喜行善。」

2. 思惟能忍眾苦難行的功德：苦能獲得解脫等大勝利，過去為了滿足低劣無意義的欲望，明明知道追求欲望會種下苦果，卻假裝視而不見，非理造作許多惡事，感生輪迴無量苦因。既然早已忍受過這麼多沒有意義的痛苦，現在為了引發自他無量利益、無量安樂，不過忍受點修行正法的小小苦受，不必像過去一樣忍受百千俱胝倍的大苦，為什麼忍不住？要經常思惟這二者的差異及功過，以此堅固信心。《入行論》說，「為了滿足個人私欲，曾經千百次進出燒煮等大地獄，儘管承受無量劇苦，卻從來沒有真正利益過自他；現在只須忍耐一點怨害，就能成辦二利大事，為了去除眾生痛苦，實在應該欣然承受。」

應該思惟過去毫無利益，卻平白承受難忍之苦，現在只要忍耐些微痛苦，就能成辦大利，何樂不為？受點小苦，引發大

利，實在很划算，以此增強信心。又曾經被惡友欺誑，造作許多沒有意義的惡業，害自己墮入地獄被三叉戟及大火摧殘，受盡折磨；又曾經貪愛世間微薄財利，忍受務農、經商、戰爭、競爭等眾多痛苦。應該仔細分辨差異，不要怕苦，好好修行。更何況忍受小苦能換取重大利益，例如死刑犯自斷手指能就逃獄，一定欣喜萬分忍受斷指之痛。同樣的，在人間受點小苦，就能免除輪迴無邊痛苦，避免落入那洛迦地獄，這不是很划算！要仔細觀察暫時及長遠苦受的差別，那麼面對現在的難行苦行，就能引發大無畏心。如說，「殺人犯斷指逃獄，免除一死，對他而言是明智之舉。以人間暫時小苦，換取永遠脫離輪迴苦獄的機會，對我來說也是明智之舉。」

3. **思惟從微漸修無難的道理：**如說，「若有人抱怨練也練不會，這是不可能的。經常忍受小苦，將來必能忍受大苦。」帶著披鎧甲的毅力修習忍辱，從微小次要的痛苦開始，一定可以增長耐力。《集學論》也說，「先修小苦，久而久之就能修習大苦與極大苦。就像顛倒有情執苦為樂，能不自覺忍受輪迴眾苦；以這種精神練習，把苦受當成樂受，慢慢就能真正安住在樂想，甘之如飴忍受修行痛苦。」痛苦出現時，要像《猛利請問經》說，「應當捨棄像棉絮一樣軟弱無力的心。」《華嚴經》也說，「童女！為了摧伏煩惱，應該發起難行忍辱。」說明串習忍辱必須帶著極堅固的心，意志薄弱無法成辦，意志堅定，所有大苦都會成為修行的助伴；就像勇士在戰場上看到自己流血，不但不怯弱，反而更加勇猛。過去沒聽過這種教法，一聽到就推拖做不到，自我輕蔑，任意被小小痛苦擊敗；就像儒夫光是看到別人流血，就雙腿發軟。如說，「看到自己流血，勇士更加強悍；看到他人流血，儒夫驚慌倒地，這就是心性堅固

與怯弱的差別。」

廣釋修忍的項目，已經知道爲何安忍，接著談忍辱的內容，依《菩薩地》解釋有八個根本處。要精進修持這八個根本處產生的痛苦，勇猛走向菩提道；如果已經趣入，不要讓不忍心、不喜心成爲退轉的障礙。

1. **依止處**：衣服、飲食、坐具、臥具、醫藥等日用資身物品，是增長梵行的所依物。如果得到的所依物粗劣微薄，或者施主態度不佳，或者故意留難，不要憂傷，應當忍耐由此產生的痛苦。

2. **世法處**：衰、毀、譏、苦、壞、滅、老、病、死是九項世間自然法則，要善觀察這些世間法一起或各別出現的苦受，應當忍耐由此產生的痛苦。

3. **威儀處**：行住坐臥是菩薩的四種威儀，經行和正坐可以去除障礙，必須晝夜精進，不要非時靠在床上或坐在草墊上休息，應當忍耐由此產生的痛苦。

4. **攝法處**：每天勤修供養三寶、恭敬承事上師領受正法、受習學處爲人演說、大聲讀誦經典、空閒獨處心不顛倒、如理作意專心修止及修觀，時時精進七攝法，應當忍耐由此產生的痛苦。

5. **乞活處**：不重視外貌，剃除鬚髮受持毀形，穿著裁染的壞色衣；捨棄世間遊戲競賽等俗務，過著思惟正法的生活；捨棄世間生財事業，過著依他乞食的生活；靠著化緣維持慧命，斷除積蓄資財、貪等不淨行；去除追求人間快樂的欲望；遠離歌舞嬉笑戲劇娛樂；放棄與親眷友伴享樂的機會。盡形壽過著少欲知足的七乞生活，應當忍耐由此產生的痛苦。

6. **勤劬處**：辛苦修習善法，即使精疲力竭、心煩意燥，遇到不合

意的情況，仍然咬緊牙關堅持下去，應當忍耐由此產生的痛苦。

7. **利益有情處**：為人助伴、宣說法要、知恩圖報、救護怖畏、令離愁憂、施與貧乏、如法御眾、隨順世法、導修正道、安置善趣、神通攝受是十一件饒益有情事，應當忍耐由此產生的痛苦。

8. **現所作處**：出家眾要修補衣缽，在家眾要正命維生，避免從事造作惡業的工作，應當忍耐由此產生的痛苦。

五、諦察法忍

對正法生起勝解忍的信心，分別有八個對境：

1. **淨信境**：相信三寶功德。

2. **現證境**：相信能證得無我真實義。

3. **希樂境**：相信諸佛菩薩具有廣大神力，包括神通力、六波羅蜜多力及俱生力等等。

4. **善取捨境**：相信善因生善果的因果作用。

5. **惡取捨境**：相信惡因生惡果的因果作用。

6. **所修果境**：相信大菩提是成佛必證的法門。

7. **所修道境**：相信菩薩一切學處是證道的方便。

8. **聞思隨行境**：相信聞思所串習的義理，包括卓巴大師說的無常等，《瑜伽師地論力種性品》說的十二分教及一切正法，都屬於聞思所行境。

所謂勝解，就是如實了知上述義理，與正法相應不違，能時時串習數數思惟。以上安受忍苦與諦察法忍，出自《菩薩地》，該論

完整講述如何引生信解。

六、如何修習

　　不論修哪一種忍辱，都要結合六種殊勝與六波羅蜜多；具足布施的忍辱，就是自己修，也要攝受他人修，其餘五度如前所說。隨時憶念菩提心，把菩提心當成行者修習的依止處。為了安立一切有情獲得漏盡忍（盡斷二障），必須漸漸增長忍辱學處，以地上菩薩修習的程度為願境，努力達到地上菩薩的境界。對於初發業菩薩修習的內容，必須正確了解如理實踐。凡是做出與戒相違的行為，要立刻精勤還出，維持戒律清淨。捨棄這些道理，就會長期染犯眾多重罪，那麼來生要想修習最殊勝的菩薩行，恐怕難有機會。懂得珍惜，把它當成聖道扼要，趁現在有能力時努力去做，還沒有能力則當成發願目標，保持清淨修習意樂；這樣才能像《妙臂請問經》所說，以少許力氣、微小痛苦，就能圓滿忍辱波羅蜜多。

19 精進波羅蜜多

不修難行業，不獲難得位，故佛不自顧，令精進增長。

——出自馬鳴菩薩

引言

什麼是精進波羅蜜多？具有勇猛強悍的決心，專注在善品功德，才算精進。但是用力過猛，往往會造成反效果，如佛陀說，琴弦拉得太緊或太鬆都不對，要鬆緊適中，才能奏出最美的音樂。這章要討論精進的定義、分類及如何趣入。

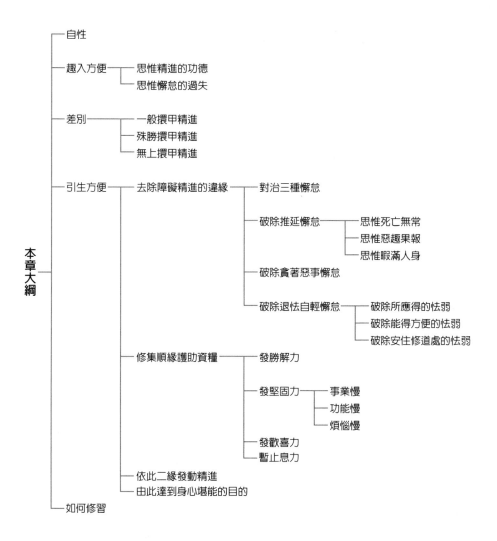

本章大綱 ─┬─ 自性

         ├─ 趣入方便 ─┬─ 思惟精進的功德
         │   └─ 思惟懈怠的過失

         ├─ 差別 ─┬─ 一般擐甲精進
         │   ├─ 殊勝擐甲精進
         │   └─ 無上擐甲精進

         ├─ 引生方便 ─┬─ 去除障礙精進的違緣 ─┬─ 對治三種懈怠
         │   │   │
         │   │   ├─ 破除推延懈怠 ─┬─ 思惟死亡無常
         │   │   │   ├─ 思惟惡趣果報
         │   │   │   └─ 思惟暇滿人身
         │   │   │
         │   │   ├─ 破除貪著惡事懈怠
         │   │   │
         │   │   └─ 破除退怯自輕懈怠 ─┬─ 破除所應得的怯弱
         │   │   ├─ 破除能得方便的怯弱
         │   │   └─ 破除安住修道處的怯弱
         │   │
         │   ├─ 修集順緣護助資糧 ─┬─ 發勝解力
         │   │   │
         │   │   ├─ 發堅固力 ─┬─ 事業慢
         │   │   │   ├─ 功能慢
         │   │   │   └─ 煩惱慢
         │   │   │
         │   │   ├─ 發歡喜力
         │   │   └─ 暫止息力
         │   │
         │   ├─ 依此二緣發動精進
         │   └─ 由此達到身心堪能的目的

         └─ 如何修習

一、自性

精進的定義，就是把心專注在善所緣，具有勇悍的行相，《入行論》說，「精進，就是以勇悍心觀察善所緣。」《菩薩地》說，爲了行持攝善法及饒益有情的事，勇悍、不顛倒造作三門善業。

二、趣入方便

經常串習精進的功德及懈怠的過失，才能策發精進。

精進的功德，《勸發增上意樂會》說，「能去除輪迴痛苦及愚癡闇鈍，永遠截斷惡趣根本，就是靠諸佛所稱讚的精進力，要經常依止精進修習善法。不論世間工巧技藝或出世間修行要道，只要懷著強烈精進心，沒有學不會的技術、沒有修不成的要道，智者怎麼會討厭精進？趣向菩提聖道的行者，看到昏睡具有許多過失，一定會持守精進安住正法，不敢稍事懈怠；爲了策發學法心，特別說明精進的功德。」《莊嚴經論》也說，「在所有資糧品中，精進被喻爲善巧第一；依止精進，才能引發之後的一切功德，包括禪定快樂、各種世間及出世間成就。精進能成辦三有財富，遮止十不善業，獲得戒律清淨，圓滿下士道行業；能超越薩迦耶見，脫離輪迴痛苦，圓滿中士道行業；能盡斷二障，證得無上佛果，圓滿上士道行業。」又說，「只要具備精進這項特質，就不會被世間受用誘惑，不會被無明煩惱障蔽，不會被瞋恚惡毒打敗，更不會滿足於少許功德。」《菩薩地》也說，「唯有精進，才是修證菩薩善法的最勝妙因，其他善品都比不上，因此諸佛盛讚精進能證得無上菩提。」《攝波羅蜜多論》也說，「如果心不厭煩、勇猛精進，卻說無法獲得、無法證得，絕對沒有這種事，精進一定會帶來成功。」

又說，「精進的人受天神、土地神、龍神等非人歡喜護持；故能安住一切禪定三摩地，晝夜六時不虛耗，使功德資糧無虞匱乏。精進能獲得殊勝、具有種種義利的最上妙法，就像青蓮花能快速長大，結出豐碩的果實。」

懈怠的過失，《海慧請問經》說，「懈怠的人離菩提道愈來愈遠，可謂遙遙無期；懈怠的人無法獲得布施、持戒等功德，懈怠的人不可能利益別人。」《念住經》也說，「誰有各種煩惱？煩惱唯一的根本就是懈怠，心懷懈怠等於退失一切善法。」不精進，時常與懈怠為伍，一切善法自然虧損耗竭，不要說得不到上士的究竟果位，連下士與中士的暫時利樂都得不到。

三、差別

首先解釋三種精進，擐甲精進、攝善法精進及饒益有情精進，其次說明引生精進的方便。依照精進的程度，擐甲精進又分為一般擐甲精進、殊勝擐甲精進及無上擐甲精進。

1. 一般擐甲精進

《菩薩地》說，「菩薩在精進加行前，先披上心意勇悍的鎧甲前進。如果光是為了去除一位有情的痛苦，必須以一千大劫為一晝夜，由此累積百千俱胝倍數的三無數劫時間，在炎熱地獄受苦，才能讓一位有情成佛；菩薩依然勇悍精進趣向菩提正道，不達目的絕不退轉、不懈怠，更何況是時間較短、程度較輕的痛苦，這種意樂就是擐甲精進。菩薩只要對這種想法稍起一點勝解心和信心，就具備堅固住的資格；有長養希求無上菩提的意樂，就能成就日後發起

無量擐甲精進的妙因。想想光是意樂就有這麼大的功德，更不要說付諸行動，真正實踐擐甲精進。菩薩爲了饒益有情求證佛果，不畏懼艱難險阻，永遠不會有怯弱難行的想法。」依照這個方法修習精進意樂，一定可以醒覺大乘種性身心堪能的能力，應該好好實踐。

2. 殊勝擐甲精進

《攝波羅蜜多論》說，「假使把輪迴的頭尾當成一天，由此累積三百六十個大晝夜爲一年，再累積成漫長的一劫，再乘以大海水滴的劫數，發起最殊勝菩提心；將此菩提心累積的功德當一分，再逐漸累積無數功德資糧。在這麼長遠的時間劫裡，菩薩滿懷無量悲心，對菩提道沒有絲毫厭倦；更不擔心自己必須長久在輪迴受苦，依然披著堅固的精進鎧甲，舉著戒律悲心等正法旗幟，以十善業饒益有情，這種大無畏的擐甲精進，是所有初發意菩薩的典範。」

3. 無上擐甲精進

《無盡慧經》說，「假設把無始劫到現在當成一天，以三十天爲一個月，以十二月爲一年，經過十萬年才發一次心、見一次佛，要累積恆河沙數這麼長的時間，才能了解一位有情的想法和行爲。菩薩依然願意經歷更久遠的劫數，身披無上精進鎧甲，去了解無量眾生的心性，中途絕不會心生怯弱，稱爲無盡鎧甲精進。」也就是無上擐甲精進。只要引發少許意樂，就可以迅速圓滿無邊資糧、淨除無邊障礙、成就最勝不退轉因；如果能在極長遠的時間，對這種精進心生喜樂，絕對會速得佛果。反之，對無邊妙行及長遠時間沒興趣，一心只想自己趕快成佛，反而會障礙成佛早晚，可謂欲速不

達。

四、引生方便

前面講過福德智慧資糧、一切善法，都要靠精進產生、安住、增長，所以精進非常重要。寂天菩薩《入行論精進品》是最容易理解、最容易行持、最圓滿解釋的方法，現在分四點說明自宗想法，即去除障礙精進的違緣（明所治品、修斷方便）、修集順緣護助資糧、依此二緣發動精進、由此達到身心堪能的目的。

（一）去除障礙精進的違緣

通常有二種人不能入道，第一種是雖然知道能修的道，卻不去做；第二種是心性怯弱不敢做，懷疑自己沒能力。當然還有其他情況，例如從來就沒想到解脫的問題，不想也不做。因為我們討論的對象是求解脫者，所以只談前面二種情況。第一種人又有二種心態，一是推延懈怠，老想以後有空再修；二是經常耽著享樂及無意義等下劣事，被貪心覆蓋。如《入行論》說，「精進的障礙有推延懈怠、耽著惡事懈怠、退怯自輕懈怠。」產生懈怠的原因，就是懶惰、貪著些許快樂、愛睡覺、不討厭輪迴。如說，「懶惰、享受快樂滋味、喜歡躺在床上、不厭患輪迴痛苦，所以產生種種懈怠。」前二句解釋懈怠生起的行相。

如何斷除障礙？應該分別對治三種懈怠。

1. 破除推延懈怠

有三種方法，一思惟死亡無常，生命迅速壞滅；二思惟惡趣果報，命終可能墮入惡趣；三思惟暇滿人身難再獲得。透過三種想去除妄執「以後還有時間」的懈怠心，生起「已經沒有時間」的警覺心，詳見下士道說明。

2. 破除貪著惡事懈怠

應該想想只有正法才能長出今生及後世無窮樂因，沒有意義的閒談、掉舉等散亂，不但破壞今生大利，來生還會招徠白白受苦的依處，以此思惟精進功德與懈怠過失，對治貪著惡事等行為。如說，「為什麼把能引發無邊歡樂的善妙正法丟在一旁，沉迷在能產生無邊痛苦的散亂掉舉？」

3. 破除退怯自輕懈怠

由前面二種方法破除推延和惡事懈怠，知道要勇悍修習正法，不能就此滿足，必須更精進勤修大乘學處，去除怯弱心，不要擔心自己無法修證佛果。以下分三點討論，破除所應得的怯弱、破除能得方便的怯弱、破除安住修道處的怯弱。

破除所應得的怯弱

想要證得的佛果，必須盡斷一切過失、圓滿一切功德，現在光修一分功德、斷一分過失，就覺得困難無比，將來怎麼可能有機會證得佛果？一旦生起這種退怯心，就等於放棄發心，犯下嚴重過

失；如果還沒有這種想法，現在就要防範，靠著以下的思惟自我激勵，破除怯弱心。

第一個思惟，佛薄伽梵是定量士夫、諦語者、實語者，從來不說虛妄顛倒的話。佛陀曾受記，連蚊子螞蟻般的小蟲都能得證菩提，我具有暇滿人身、取捨善惡的智慧，只要精進不懈，有什麼理由不能證道？如《入行論》說，「不應自我退怯，擔心無法證得佛果。如來是諦語者，如來曾說過『不論蚊蚋、蜜蜂、昆蟲、蛆類，只要發起精進，一樣可以證得菩提』。更何況我生在人道，具有判斷是非的智慧，只要不放棄菩提道，精進修持善法，哪有不成功的道理。」

第二個思惟，過去諸佛、現在諸佛、未來諸佛並非一開始就是佛，他們也和我一樣平凡，從修習逐漸累積資糧，最後慢慢到達成佛或即將成佛的果位，只要我開始努力修習同樣的正道，當然也可以像諸佛一樣，以此思惟破除自心怯懦。《寶雲經》說，「菩薩應當思惟，不論已現等覺、今現等覺、將現等覺的如來們，都依止同樣的方便、同樣的次第、同樣的精進，成為過去諸佛、現在諸佛、未來諸佛。」又說，「諸佛並非原本是佛，卻故意化現修道的樣子，他們也是從凡夫位慢慢進步，得到今天的果位。我也要以無上正等菩提為目標，發願與一切有情共同精進，普緣一切有情利益精進，策勵自己勤奮修學。」

第三個思惟，如《無邊功德讚》說，「這些已經獲得善逝位的諸佛，也曾經投生到比我們還低劣的地方，例如地獄、餓鬼、畜生；在那麼險惡的環境，諸佛的前身從不看輕自己，當然我也不該氣餒，否則強者也會退失信心。」怯弱的原因來自於了解諸佛功德廣大，依照果隨因行的法則，必須修習無量方便，才能引發無量功德、滅除無量過失，一想到自己平凡無實而心生退怯。

另外有些人一開始不了解諸佛行業，認為只要修一法就能成就；因為顛倒見，反而信心滿滿，全不怯弱。不過，這種無怯弱的信心反而不是好現象，缺乏正確觀念或僅有粗淺認識，加上沒有實修經驗，以為成佛很簡單，由此產生蒙蔽的障礙。一旦這些人進入實修階段，只要向他們粗略解釋圓滿修道的先後次序，就足以令他們心生恐懼，驚覺與先前的認知相去甚遠，再想到沒有人可以這樣修，不但無法如理修持，反而全盤棄捨。為了避免犯下嚴重過失，一開始就要有正見。霞惹瓦說，「沒有親自修菩薩行的人，就像在旁邊看人射箭，覺得很容易；這是因為片面了解，不知自輕退怯，一旦知道整個圓滿法要，一定會怯弱自輕。」這句話講得非常中肯。

破除能得方便的怯弱

一想到成佛要布施頭目手足，這種難行苦行的事，自己肯定做不到，即使如此，還是要忍耐，為什麼？

如果不修，隨著輪迴流轉，已經數不清多少次在地獄裡受斫裂、刺殺、燒煮等劇烈痛苦，結果對自他二利一點好處也沒有，可說都是平白受苦。現在為了求證菩提修難行苦行，這個痛苦的程度遠遠不及地獄一分，卻能成就自他大利，何樂不為？如說，「若說害怕、做不到捨身這種事，簡直是不分輕重，自己嚇自己的愚蠢行為。從無量俱胝劫以來，數不清多少次在地獄受割截、刺燒及解肢等無盡痛苦，每次都白白受苦，對證得菩提一點助益也沒有。修菩薩行要忍受的苦，和地獄比較起來，還算有邊際，就像盲腸炎忍受開刀小痛。醫生用和緩的方法治療，免除大病痛；現在為了去除輪迴無邊眾苦，應該暫時忍耐修行上的小苦。」

更何況捨身這件事，並非一開始就要做到，布施是先從價值不

高、身外物開始，等到串習深厚對自身毫無貪著，在大悲心的策發下，才爲大事捨身；這時候捨身已經是很自然、不困難的事。如說，「佛陀大醫王不用粗暴劇烈的治療方法，而是用柔和漸進的儀軌，治療眾生無量痼疾。佛陀先教導眾生布施菜葉等微不足道物品，養成布施習性，再慢慢漸進到捨棄身肉。當菩薩眞正趣入空性，觀待自身如同菜葉，這時對菩薩來說，捨身極爲自然又容易。」

若說害怕修習大乘必須捨棄生命，認爲大乘道非常難行，前面已經善巧破除謬見。捨身時機是否成熟，最簡單的方法是只要內心閃過「難行」的念頭，就表示時機未到因緣未熟；等到視自身如菜葉棄之無妨，才算時機成熟，才可以眞正捨身。

破除安住修道處的怯弱

一想到成佛前，要在充滿痛苦的輪迴裡不斷受生救度眾生，忍受眾多痛苦逼惱，害怕自己一定做不到。

針對這種怯弱，應該思惟菩薩已經遮止惡因、盡斷諸惡，即使身處輪迴也不會遭遇苦果；加上菩薩洞悉諸法無自性、生死如幻的道理，自然無苦無憂、安樂自在，即使身處輪迴也不怕。如說，「菩薩已經盡除惡業種子，不再承受苦報；菩薩已經善巧通達二諦，不會再有憂惱。眾生執無爲有、執苦爲樂，由邪分別造作惡業逼惱身心，才會在輪迴受盡折磨。菩薩具有福德資糧，身體自然安樂；具有智慧資糧，心意自然泰然。爲了利益眾生，情願留在輪迴不入涅槃，懷有悲愍心的大菩薩，哪裡會厭倦？」又說，「菩薩不辭勞苦往返輪迴救度眾生，騎著菩提心良駒，從身心安樂的大道奔向成佛果位，有智慧的人哪裡會感到退縮。」

其次思惟，即使眞要延後無量劫才能入涅，也不該退怯；因爲

時間久遠，不是厭患的主因，時間短暫卻痛苦劇烈，才叫人害怕。菩薩身處輪迴沒有痛苦、恆常安樂，所以心無厭患。《寶鬘論》說，「眾生造作惡業，遭受重苦的程度，可說短暫又難以忍受。一想到要長遠久劫身處輪迴，怎麼做得到？菩薩已斷除惡作，遮止苦因，自然安樂不受苦報，時間長短哪是問題。既然菩薩遠離了身體苦受，為什麼還痛苦？因為悲愍眾生，由悲心發願久住輪迴。所以說證道時間雖久，智者也不該退縮，必須努力盡斷過失、聚集功德、勤修資糧。」

想到成佛必須圓滿無邊資糧，自己一定做不到；即使如此，還是不能退怯。為了利益無邊有情、求證無邊功德，仍須發願久住輪迴、修集無邊資糧、受持菩薩律儀；若能發此大願，不管清醒或睡眠、專注或散亂，只要願心律儀存在，福德資糧就會迅速成長量等虛空。在這個情況下，圓滿無邊資糧不如想像中的困難，如《寶鬘論》說，「有情的數目無量無邊，眾生的痛苦無量無邊，就像上下十方、地水火風空沒有邊際，而菩薩的悲心廣被無量眾生，想要度盡眾生痛苦、引導眾生安樂、安立眾生成佛。凡是堅守諾言，接受菩薩律儀，不管醒著或睡著、精進或放逸，隨時都可以累積如同有情數量的無邊福報。由此可知無邊福德與無邊功德，並非難以圓滿、難以獲得。雖然菩提功德沒有邊際，只要住無量劫數、緣無量有情、求無量菩提、修無量果報，以四無量心相續作用，不必經過久遠時間就可以圓滿無量資糧、速證佛果。」這裡講到四個無量，時間無量、有情無量、菩提無量、善根無量。

願意用最強烈的大慈大悲、大菩提心策發心意，為了饒益眾生，希望短時間內迅速成佛，這也很稀有難得了。可惜許多人連大慈大悲、大菩提心的邊都沾不上，不過看到要長時修證無邊學處、實踐難行苦行，便自揣沒有人可以做到，詎說還有其他速成捷徑，

這種人不但間接損害願心、直接損害行心，更削弱自己的大乘種性，使成佛時間遙遙無期。追求速疾方便道的講法，完全背離善於抉擇如來思想的龍樹及無著菩薩精神，違背所有增長菩提心的教法。

畏畏縮縮不但對自己沒幫助，反而養成愈來愈怯弱的個性，應該善知修證菩提的方便，自我勉勵，那麼所要成辦的功德自然垂手可得。如《本生論》說，「怯弱無助不能讓我們脫離貧窮匱乏，不要徒增煩惱，只要依止成辦自他利益的智者，即使再困難也能輕易達成。不要擔心害怕，只要正確揀擇修習方便的教法，以堅定毅力策舉自心，所要成辦的義利自能輕易掌握。」無著菩薩常說，「必須具備二件事，一善於通達廣大學處心不怯弱，二對下劣功德不沾沾自喜。」可惜現在的人，只要生起一點相似功德或少許真實功德，就自認境界超凡，滿足現狀不再努力。通達教法扼要的智者看到這種情況，一定會說「雖然這也算一分功德，光靠這些不能成佛。」不過，願意接受智者教誨去除慢心，不以少分功德滿足，繼續追求無上勝道，修習無邊學處而不退怯的人也很少見了。

（二）修集順緣護助資糧

1. 發勝解力

許多論都說到「欲為進依」，勝解是前進的動力。必須發勝解力，如說，「過去我對佛法缺乏勝解，任意造作惡事，才會得到貧窮匱乏的果報，現在知道了正理，誰會背棄勝解？佛說，勝解是一切善的根本。」如何產生勝解？如《入行論》說，「經常觀修因果，才有勝解心。」了解善因生善果、惡因生惡果的道理，自然產

生勝解心。又說「信爲欲依」，由二種深忍信引發取捨欲望；即思惟總體業果作用，尤其要了解修習學處的功德及違背學處的過失，透過因果法則如理取捨。唯有勝解大乘，才能趣入大乘，發誓去除自他一切過失，引生自他一切功德。要究竟清淨一切過失及習氣，畢竟圓滿一切功德及資糧，必須經過累劫勤修。既然獲得了寶貴的有暇身，卻連淨除一分過失、引發一分功德的精進都沒有，豈不是自我糟蹋？如《入行論》說，「初發心時立下誓願，要去除自他無量過失，爲了斷除一切過失，寧願花一大劫時間。看看時間過了這麼久，也沒斷除什麼過失，將來勢必要墮入惡趣受苦；一想到這些，心如撕裂般痛苦不堪。初發心時立下誓願，要積極修證自他無量功德，爲了圓滿一切功德，寧願花一大劫時間。看看時間過了多久，也沒修成什麼功德，將來恐難再獲人身，想到又白白浪費了一生，真是太奇怪了。」

2. 發堅固力

堅固力是指對某事發起精進，不達目的絕不停止。一開始不能草率決定，要仔細觀察確實可行，才按部就班前進；自知能力不足，千萬不要輕易嘗試，以免中途放棄。與其這樣，還不如一開始就不做。爲什麼？

半途捨棄誓願會產生一種等流習氣，來生不管學什麼，都很容易中斷學處，不但今生增長惡業，來生更感招眾多惡果。加上先前已經決定修某個善法，沒有餘力修其他善法，現在退捨初願，因半途而廢招致低劣果報，又放棄其他善法機會，最後兩頭落空。不論發願做什麼，做的當下，一定會影響其他事；透過這種等流習氣，即使將來發誓受戒，戒律也不會堅固。如說，「決定做任何事前，

應該先仔細評估自己的能力，再決定要不要做。如果修善的因緣未到，最好不要冒然前進；一旦決定修，就不能萌生退意，否則來生修善容易半途而廢（等流果），加上違背先前的誓願招致苦果（士用果），又障蔽其他善法機會，最後只能得到下劣果報，一事無成。」為了完成誓願必須修習三種信心，如經說，「對事業、煩惱和功能，要有我慢心。」

事業慢，指具備靠自己修道的信心，不依賴他人。如說，「我可以自力完成，稱為事業慢。」《親友書》也說，「解脫道在自修，不是寄望他人協助。」強調要有靠自己、不求人的信心，這種信心與慢心相似，因此假名為慢。

功能慢，指看到眾生因煩惱自顧不暇，無法利他；相信自己有能力負起自他二利的責任，決定要努力勤修。如說，「眾生被煩惱控制，連自己都利益不了。因為眾生的能力智慧不及我，我應該精進修菩薩行。」加上眾生汲汲營求，捨不得放棄世間小利，而我身為誓願救度眾生的菩薩，為了豐碩妙果修善，何樂不為？以此期勉自己更加努力。如說，「世人忙於俗務，只有我為了成辦眾生究竟義利，一點也不得閒。」修事業慢與功能慢，並非故意輕蔑眾生，誇耀自己的優越，而是看到眾生值得悲愍，內心完全沒有我慢的想法。如說，「絕對不能真正帶著慢心去修事業慢與功能慢，必須全無憍慢，才是殊勝要道。」強調「我能、他不能」的自信心與慢心類似，因此假名為慢。

煩惱慢，指抱著輕視煩惱的態度，確定自己能戰勝煩惱，不被煩惱打敗；為了摧伏煩惱，要學習各種對治品，堅固信心。如說，「我要打敗煩惱魔，不被煩惱魔戰勝；諸佛像雄獅般摧伏魔軍，我也要具備同等的信心，消滅自心煩惱魔。」如果不這樣想而喪失勇氣，那麼即使是小小逆品，也會傷到自己。如說，「烏鴉碰到死掉

的毒蛇，就像大鵬鳥一樣勇敢。軟弱的人，連小罪都可以造成傷害。如果因為內心怯弱而放棄成辦自他二利的正法，將來怎麼可能脫離匱乏？」霞惹瓦說，「捨棄佛法暫時獲得喘息的快樂，並不會增加原本擁有的樂受；應該思惟今生捨離正法，來生註定要受無盡苦報。自己不努力，煩惱魔也不會同情我、放過我，對治法也不會說『你不能修，我自動圓滿』，連諸佛菩薩都沒辦法救。」

　　只要生起這三種慢心，就不會被嚴重的逆品障礙，必須發起如慢的自信心。如說，「具備強烈自信心，連重大障礙也不會造成傷害；意志堅固，才能摧伏各種煩惱。」否則修行人輕易被罪惡打敗，還發願要戰勝煩惱怨敵，豈不是被智者恥笑。如說，「被墮罪等惡業打敗，還侈言戰勝三界煩惱，實在很可笑。」輕蔑煩惱是為了摧伏煩惱，因此假名為煩惱慢。論師們對這句話有不同的解釋，上說較符合寂天菩薩原意。由此可知，應該斬斷依賴心，獨自披起鎧甲（事業慢），思惟別人沒有能力，只有我能扛起責任（功能慢）。先引發信心，等到正式修習策舉自心、令心堅固，努力向外摧伏煩惱，絕不受制煩惱（煩惱慢）；接著思惟中途捨棄誓願的過失，避免半途而廢。詳細了解這些道理，不管修習哪一種善法，發了願就要有始有終，如果信心還不堅固，先要淨修意樂。

3. 發歡喜力

　　由勝解力引發欲樂，由欲樂引發精進力，然後成就堅固力及我慢力，使已生精進不退失。修行前帶著歡喜心，修行時對菩薩事業不飽足、不停止，這就是所要引發的歡喜力。如何引發不飽足的歡喜心？如說，「像小孩沉迷玩耍，菩薩高高興興修行利他事業，永

遠不感到厭倦。」喜歡的程度，就像小孩玩不膩。例如人們永遠不嫌好事太多，對於能成就好事的因，也從不知足。人們所熱衷的名利，連成功與否都還沒有把握，就日日夜夜努力不放鬆；菩薩所行的利生事業，絕對能獲得樂果，為什麼不精進行善！如說，「世人所做的事能不能成功還不一定，尚且投入畢生精力勇猛追求；對於確定會得到重大果利的菩薩事業，卻知而不修，怎麼可能得到樂果？」

　　不該飽足的另一個理由，如說，「世間有漏快樂就像刀上舔蜜，利小而害大，世人尚且不知滿足；菩薩事業能滅除輪迴痛苦，證得寂靜大樂，利大而無害，為什麼反而容易滿足？」世人追求的五欲妙樂，就像舔利刀上的蜂蜜，雖然享受些許甜味，卻有割舌之苦；因為貪愛欲塵及今生短暫快樂，造作百般惡業，確定會引發今生及來生重大痛苦，眾生卻盲目無知，貪得無厭。能成就福德與智慧資糧的菩薩事業，既不會沾染罪業，又能永遠安樂，為什麼不努力追求？為了圓滿所修的善業，如果還沒有生起強烈歡喜心，要像烈日下象群急著到蓮花池消暑，努力激發這種意樂。如說，「圓滿道業要像烈日下象群看到清涼的蓮花池，那種著急的心情；菩薩看到可以清涼安樂的教法，也應該歡喜雀躍、心不厭倦。」

4. 暫止息力

　　這裡有二種捨，一是身心疲勞時的放捨，一是善業完成時的放捨。精勤修習致使身心疲倦，必須暫時休息；如果勉強硬撐會導致身心厭離，反而障礙後續精進的動力，此時應該暫時休息再提起精神。另外，完成一項善業後，不要以此滿足，應該不眷戀的繼續下個次第，以期更上層樓。如《入行論》說，「身心極度疲憊，為了

後續長遠的道業，應該暫時停下來休息。完成一項善業就要放下，準備進入另一項善業。」後面這部份很重要，若沉醉或滿足過去的小小成就，反而障礙將來修證的機會。這裡提出精進的規則，避免太用力或太放鬆，要細水長流相續不斷。馬鳴菩薩說，「世尊在因位修證殊勝功德時，不急不緩，所以世尊成就的功德沒有先後差別。」博朵瓦也說，「不要像席摩主巴地區的捕快，一開始猛追不休息，等到體力耗盡，一坐下去就起不來了，這種窮追不捨的方法毫無意義。要像絳巴地區的捕快，事先準備周全，速度緩急適中耐力持久，才能持續到擒獲盜匪為止。」

以上說明精進的三種違緣及各別相應的對治法。未生精進前，由勝解力引發精進的順緣；已生精進後，由堅固力維持不退失、由歡喜力攝持不停止、由暫止息力策勵持久。

（三）依此二緣發動精進

發起精進斷除所斷品時，如《入行論》說，「行者要像驍勇善戰的鬥士，在陣前與敵人短兵相接，除了避免被煩惱敵傷害，還要伺機反擊。」身經百戰的鬥士與敵軍對陣，不能只顧著出劍擊斃對方，同時要保護自己避免被刺傷，這樣才能伺機反擊戰勝敵人。行者與煩惱敵戰鬥也一樣，要保護自己不受傷，還要依止對治法加以還擊。否則雖然用對治法去除一分煩惱、生起一分功德，卻被其他煩惱趁隙傷害，失去原有的善法功德，甚至產生更多惡業。善惡勢力均等時，不易興起善行。例如修道前，知道要聽聞清淨教法引生定解，卻不知道小心防護念頭；雖然積極尋訪善知識，以多聞對治愚癡，卻也被煩惱入侵染犯眾多惡行，致使身心不調。例如有人認為調伏身心比多聞重要，專心修習，卻不知對治愚癡，由於沒有聽

聞正法，連律儀的開遮處都不了解，在極度愚昧的情況下，必定經常造惡而不自知。這二種人顧此失彼，都不是正確的修持方法。

再回到臨陣殺敵的例子，如果手中寶劍突然掉落，為了避免被殺，應該馬上撿起寶劍。與煩惱敵戰鬥也一樣，如果善於取捨的正念寶劍突然掉落，為了避免墮入惡道，必須迅速提起正念寶劍。如說，「臨陣失劍，要立刻撿起寶劍，以免被殺；修習善法，一旦忘失善所緣的寶劍，也要立刻提起正念，以免墮入地獄。」龍樹菩薩說正念非常重要，如《親友書》說，「大王！如來曾經善為解說，身念處是生起出離心的解脫大道，應該勤護正念，忘失正念會破壞善法。」

修習正念前，要先以智慧揀擇所緣境，再以正念憶持所緣境，因為憶持的時候沒有思擇力。要以智慧區分哪些是善法？總括來說，所有經論的進止學處，尤其是自己受持的律儀，要善巧分別什麼該做、什麼不該做。時時秉持正念與正知，了解法要，才是圓滿的修行。光曉得安住善所緣，完全不靠智慧揀擇，就像在戰場上失去寶劍，隨時有被殺的危險。這是很真實的情況，不是空話。修道也一樣，要先明記正念不忘失，一旦忘失正念，當下提起正念，避免煩惱趁虛而入，染犯罪惡造作惡果，這不是假話。提起正念，就是正視業果的重要性；如果不知道把業果當成甚深教授，等於阻絕學習聖道精髓的機會，斷除智者喜愛的功德根本。

若問，為什麼要害怕小罪？

就像被毒箭射傷，不久毒遍全身，一中箭趕快割除。如果置之不理小小惡行，就會被煩惱毒攻入心脈，千萬不要輕忽小罪速成大害的道理。最好一開始就消除微小惡作，不造小惡，生起惡念馬上斷除。如《入行論》說，「就像箭毒隨著血液流竄，煩惱罪惡隨著忘失正念迅速漫延。」又問，如果要戰勝煩惱敵，應該如何依止正

知正念的武器？回答，如經典說，「例如有人手捧滿滿一鉢油，被人用箭抵著腦門前進，只要灑出一點油就會被殺，他一定全神貫注小心翼翼，不敢稍有閃失。菩薩也一樣，守護戒律就像捧油，時時安住正念正知，毫不放鬆。」應該策勵自心，詳細了解迦旃延那因緣所說的道理。

　　看到各種惡行，尤其是貪睡等懈怠的原因一出現，不要忍受，當下遏止。如《入行論》說，「要像蛇爬到身上，馬上跳起來抖掉；看到昏眠等懈怠因現起，要立刻遮止。」不但斬斷惡業，連犯罪的念頭都不起。想想自己一直在輪迴流轉，遲遲無法獲得解脫，現在好不容易受持菩薩律儀，竟然還繼續造作惡業，實在應該被狠狠斥責；但願從今以後不懈怠，修習不喜惡作及防護惡作的心。如說，「每次生起惡念就要趕緊制止，警惕自己不再犯，要經常這樣思惟。」必須策勵自己修習能不斷增加正念的因，其中最主要的就是與善師善友共住、依止多聞等。如說，「串習正念的因，就是依止善知識及如理行事。」總之要靠多聞，正確分辨菩薩學處的取捨要道，其次對於所知的法義及威儀，時時秉持正念發起精進，當然前提是不能誤解精進學處。

（四）由此達到身心堪能目的

　　如《不放逸品》說，「善修菩薩學處，了解受戒不學的過失，將煩惱當成主要敵人，將菩薩難行學處當成莊嚴飾品，高高興興戴在身上，不覺得負擔沉重，以此努力發心。」受願心前先思惟這些道理，破除對善事不堪能的障礙，避免心生怯弱，然後快快樂樂修持學處。如說，「為了在修業前有充份的準備和信心，要先憶持《不放逸品》所說的提振精神，才能輕鬆實踐菩薩道。」透過以上

努力，發起什麼程度的精進？就像樹棉隨風飄散，心意勇猛自在，不管修什麼善法，都不費力保持勇悍心，以這種精進成辦一切義利、成辦一切資糧。如說，「如柔軟綿絮隨風轉動，身心愉悅的隨勇悍心轉動，由此精進獲得一切成就。」雖然學處難行，還是要自我期許堅持到底，不要任意捨棄。如馬鳴菩薩說，「不精進修持難行業，不可能證得難得的佛果位，所以佛陀在因地不顧自身捨施無盡、利益無盡，用前所未有的精進，證得無上菩提果位。」

五、如何修習

修持任何一種精進，都要結合六種殊勝及六波羅蜜多；具足布施的精進，就是自己精進修持，也引導他人精進，其餘五度如前說。應當隨時憶念發菩提心是諸行所依，勤加修習。為了安立一切有情而精進，為了策發修學意願而增長精進。其次要以地上菩薩修習精進的程度為願境，努力達到地上菩薩的境界。對於初發業菩薩所要精進的內容，應該隨自己的能力盡量修學，尤其是斷除各種怯弱。雖然獲得菩提果位，利益眾生拔苦與樂，必須經歷極長時間、累集無量資糧、修習難行學處，還是要披起勇悍精進的鎧甲，如《妙臂請問經》說，「光是略微發起廣大的精進意樂，就已經累積廣大福德資糧。」所以要勤加學習。不學，就無法增長大乘種性的能力，加上經常與眾多惡行猥雜，那麼來生要想修習最殊勝的菩薩行，恐怕難有機會。雖然還沒有正式實修，也要懂得這些道理，令心趣向精進，依照自己的能力發起精進，這樣才能像《妙臂請問經》所說，以少許力氣、微小痛苦，就能圓滿精進波羅蜜多。

20 靜慮波羅蜜多

菩薩於菩薩藏聞思爲先，所有妙善世出世間心一境　，心正安住或
奢摩他品，或毘缽舍那品，或雙運道俱通二品，當知即是菩薩靜慮
自性。

——出自《菩薩地》

引言

什麼是靜慮波羅蜜多？就是禪波羅蜜多、禪那波羅蜜多、禪
定波羅蜜多，靠著禪定的功夫攝心安住，對治散亂，透過止品功
德進入觀品功德。這章要討論靜慮的定義、分類及如何趣入。

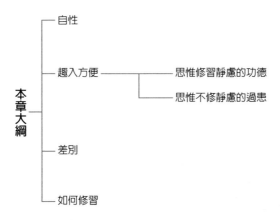

本章大綱
├─ 自性
├─ 趣入方便 ──┬─ 思惟修習靜慮的功德
│   └─ 思惟不修靜慮的過患
├─ 差別
└─ 如何修習

一、自性

　　靜慮的定義，就是心安住在善所緣境，保持不散亂專一的境界，如《菩薩地》說，「菩薩以聞思菩薩藏為前行，就世間及出世間善法保持心一境性、不顛倒，安住在奢摩他的止品或毘缽舍那的觀品，或安住在止觀雙運的二品，稱為菩薩禪定的自性。」《入行論》說，「策發精進後，應當繼續修習禪定。」

二、趣入方便

　　應該思惟修習靜慮的功德及不修的過患。

三、差別

　　以定義來看，區分為世間靜慮及出世間靜慮；以品類來看，區分為止品、觀品和止觀雙運品；以作用來看，區分為身心現法安樂住靜慮、引發功德靜慮和饒益有情靜慮。身心現法安樂住靜慮，是指今生獲得禪定引發的身心輕安三摩地；引發功德靜慮，是指引發五神通、八解脫、十遍處、八勝處等與聲聞乘共通的功德，及引發種種殊勝不可思議、不可度量的十力種性等與聲聞乘不共的功德；饒益有情靜慮，是指引發十一種利益眾生的事。

四、如何修習

　　修持任何一種善三摩地，都要結合六種殊勝與六波羅蜜多。具足布施的靜慮，就是自己安住禪定，也引導他人安住禪定，其餘五

度如前所說。應當經常憶念發菩提心是諸行所依,勤加修習。為了安立一切有情進入無漏禪定的境界,激發修學意願、增長修學意願。其次要以地上菩薩修習靜慮的程度為願境,努力達到地上菩薩的境界。雖然還不能圓滿靜慮,也要鍥而不捨,依照自己的能力,儘量學習心一境性各種三摩地。如果不這樣做,就會染犯眾多惡行,來世難有機會再修菩薩學處。懂得這樣做,不但當生就能減少散亂,使修善力量逐漸增強,來生也能像《妙臂請問經》所說,具足身心喜樂輕安,自然容易圓滿靜慮波羅蜜多。詳細內容見第二十四章。

格魯派六大寺之哲蚌寺(西藏)

21 般若波羅蜜多

善男子，若具多聞能生智慧，若有智慧能滅煩惱，若無煩惱魔不得使。

——出自《那羅延問經》

引言

　　不只佛教徒，外道也有四靜慮、四無色定、五神通各種修定法，光以修定為滿足，認為獲得某些禪定，就可以解脫生死。其實追求神通不但無法脫離輪迴，反而障礙解脫，被生死繫縛，應該繼續修習毘缽舍那。什麼是般若波羅蜜多？就是智慧波羅蜜多，是六度波羅蜜多的根本，一切善法的淵源，諸佛之母。這章要討論般若的定義、分類及如何趣入。

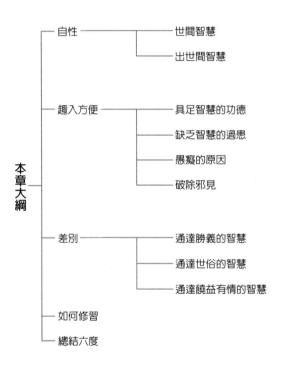

本章大綱

自性 ── 世間智慧
       ── 出世間智慧

趣入方便 ── 具足智慧的功德
         ── 缺乏智慧的過患
         ── 愚癡的原因
         ── 破除邪見

差別 ── 通達勝義的智慧
      ── 通達世俗的智慧
      ── 通達饒益有情的智慧

如何修習

總結六度

一、自性

　　智慧的定義，是善於辨別所觀察的道理，其中包括世間智慧和出世間智慧，前者如五明、後者如空性，如《菩薩地》說，「善於揀擇能悟入慧及已悟入慧，並通達世間五明學處、內明、因明、醫方明、聲明及工巧明，稱為菩薩智慧的自性。」能悟入慧，指登地前的智慧；已悟入慧，指登地後的智慧。

二、趣入方便

　　應當思惟生起智慧的功德及缺乏智慧的過失，有關具備空性智慧的功德及不具備的過失，詳見第二十五章。

1. 具足智慧的功德

　　智慧是今生及來世一切功德的根本，如龍樹菩薩說，「智慧是現量可見及現量不可見的功德根本，為了成辦現前及後世利益，必須具備智慧。智慧是獲得人天果報及究竟解脫的根本，求解脫者應該先恭敬受持大般若佛母。」

　　智慧也是其餘五度的眼睛，如《攝頌》說，「具足智慧，五度才算獲得眼睛，稱為圓滿；如果唐卡沒有畫上眼睛，之後不能開眼，畫師就拿不到繪畫的工錢。」雖然打造的黃金首飾已經珍貴無比，如果再鑲嵌帝青等寶石，更加光彩奪目；布施到禪定這五種功德就像黃金首飾，如果再加上能夠揀擇正理的智慧，更顯稀有珍貴。具備智慧能清淨其餘五度，就像意識透過五根認識對境，才能分辨利弊得失，懂得進退取捨。如馬鳴菩薩說，「布施等五項福

德，再加上能知取捨的智慧，如黃金飾品鑲上種種珍寶，更加燦
爛。有智慧才能善知五度扼要，增廣及成辦修行功德，就像五根接
觸五境，要靠意識來顯示作用。」說明信進念定慧五根，以智慧為
主。只有智慧這位主人，才能善知施信等功德、慳　等過失，懂得
對治煩惱與增長功德的方便。如說，「信等五根以智慧為主，就像
五根仰賴意識觀察五境；具備體察功過的智慧主人，才能善巧斷除
煩惱。」以下說明智慧結合五度的道理。

　　布施度：菩薩現證無我空性的智慧，才能布施頭目手足，就像
從藥樹取藥，完全沒有我慢及怯弱等分別念。

　　持戒度：由於智慧，菩薩才能觀見輪迴涅槃所有衰損，為利益
眾生而守護尸羅，保持戒律清淨。

　　忍辱度：由於智慧，菩薩才能通達忍辱的功德與瞋恚的過失，
調伏內心，不受有情眾生的邪行及眾苦的侵擾。

　　精進度：由於智慧，菩薩才能善知應該精進的事情，積極修習
學處，快速進道。

　　靜慮度：由於智慧，菩薩才能依止正理，安住在以空性為所緣
的真實靜慮，獲得最殊勝喜樂。

　　由此可知，清淨五度必須仰賴智慧。如說，「菩薩開啟智慧
眼，雖然將自己的身體血肉布施出去，卻像從藥樹取藥般輕鬆，沒
有我愛執及我所愛執的分別、也沒有唯我能的高慢和我不能的怯
弱。」又說，「菩薩以智慧眼，看到三界眾生困在牢獄裡，時時遭
受三苦逼惱，因此誓願普救眾生脫離苦海。菩薩持守戒律不是為了
自利，而是為了眾生。」又說，「具有殊勝智慧的菩薩通達忍辱功
德，能做到耐怨害忍、安受苦忍、諦察法忍，避免煩惱敵傷害；就
像心意調伏的象王，負載重物成辦事業。缺乏智慧的精進，因為不
知正確方法，致使身心俱疲，最終墮入徒勞無功的苦邊；具有智慧

的精進，才能成就大利。」又說，「修定卻不累積智慧，終將誤入歧途走火入魔，造作嚴重惡業，這種身心充滿罪惡的人，怎麼可能獲得禪定妙樂？」

有時看似相違的二種功德，透過智慧揀擇才知不相違。譬如菩薩身為轉輪聖王統御四洲，雖然享有五欲妙樂，絕不會被欲塵繫縛，就是靠智慧大臣的力量。雖然具足強烈慈心，見到有情快樂，卻不會雜染貪欲，愛執有情可愛的一面（慈而無貪）。雖然具足難忍大悲，見到有情受苦，卻不會覆蔽憂惱，產生懈怠退失，仍然好樂行善（悲而無憂）。雖然具足無量歡喜心，卻能專住一趣、心不散動觀察所緣（喜而無散）。雖然具足大平等捨，卻不會剎那捨棄眾生利益（捨而無棄）。以上都要靠智慧作用，在微細處體察善惡差別，避免被各種與四無量心勢力相等的逆品障礙，影響道業。如說，「菩薩身處轉輪聖王的上妙享受，仍可維持聖者品性，不受欲塵擾動，就是仰賴智慧大臣的功德力。能慈心利他，又不沾染貪心；能悲心憐愍，又不懈怠退縮；能常懷喜心，又不心意散動；能捨心平等，又不捨棄利他。菩薩善於累積慈悲喜捨四無量心功德，卻不被各自違逆品所障礙，就是靠智慧破除種種逆品。」又如《讚應讚》說，「具有智慧，既能不捨棄諸法無自性的真實義理，也能隨順世間因緣生滅的世俗義理。」說明以世俗觀點執為實有的事物，就勝義觀點來看，連些許微塵都不存在。有智慧的人不捨法性，通達諸法性空的真實面貌；又懂得隨順世間，通達因果法則的生滅道理。不但了解世俗諦與勝義諦，更知道二者雙運不相違的道理。

一般人認為有些戒律互顯相矛盾，唯有智者才了解隨順無違的道理。

如《讚應讚》說，「小乘、顯乘、密乘各有許多戒律，世尊有

時說可以做，有時說不能做，有時說不一定；這時候必須以智慧判斷，才知彼此不相違。」說明大小乘及顯密經典，在戒律上有許多不同開遮的地方。例如某人同時修二個法，一個法說可以做某事，一個法說不可以做，在尋求經典解釋的時候，因為缺乏智慧而感到矛盾無所適從。愚者認為相違的事，智者一看就知道，因為前者無智慧、後者有智慧。類似的例子還有很多，例如二諦的道理極為深奧，唯有透過智慧辨析，才知二諦相融無違，這也是智慧無上功德的顯現。

智慧能出生一切功德，如說，「世間一切圓滿盛事都源於智慧，就像有了慈母的養育，小孩才能獲得安樂，這有什麼奇怪？諸佛也是靠著智慧因，成就超越聲聞緣覺菩薩的十力、獲得究竟盛事及一切功德。世間六十四種工巧技藝、法寶及財寶等殊勝寶藏、作為眾生眼目的經典、救護眾生免難的妙法、明咒、善於觀察的能力、息增懷誅四法及各種利益世間的解脫方便，都是諸佛菩薩大力顯現，都是智慧之母的力量。」

2. 缺乏智慧的過患

五度缺乏智慧，就像失去雙眼，《攝頌》說，「許多道路都看不到的瞎子，又沒有人引導，怎麼可能正確進入解脫城？五度失去智慧眼陪伴，就像盲人失去引導，不可能證得菩提果。」五度缺乏智慧就無法清淨，不可能獲得正見。如說，「布施缺乏智慧，會落入貪求人天果報的陷阱，這種布施等於繼續造作輪迴因，無法清淨解脫。菩薩帶著智慧布施，將善果利益迴向自他解脫，才是圓滿殊勝的清淨布施；一般布施只能累積來生財富，就像商人求財謀利。」又說，「缺乏破除無明黑闇的智慧光芒，不可能守護清淨戒

律；因為不知開遮，經常被煩惱染污，就會任意違犯戒律。」又說，「缺乏智慧，則顛倒散亂，不了解瞋恚過失及忍辱功德，不喜歡觀察善惡取捨要道，行為雜亂無章，就像沒有道德的國王，徒具國王虛名，不受人民愛戴。」又說，「智者所稱讚的智慧，是最細膩深奧的真實義理，連貪等煩惱也無法障礙；缺乏智慧，絕對無法進入聖道。」又說，「不勤修智慧，無法清淨見地。」無德國王是指一有名聲就消散，沒有人敬重；雖然好不容易累積了點福報，也因為缺乏智慧而造惡減損。不發智慧光，不能驅散愚癡暗，唯有智慧才能破除無明，必須盡力修辦。如說，「智慧就像陽光照耀大地趕走黑暗，眾生身上的無明被智慧遣除，使黑暗失去作用。」如說，「應該盡力勤修智慧。」

3. 愚癡的原因

愚癡的原因有九個，包括親近惡友、懈怠懶惰、貪圖睡眠、不愛思擇、不信解方廣經典、不懂裝懂而增上我慢、邪見嚴重、心性怯弱而自輕能力不足及不親近善知識。如說，「懈怠、懶惰、近惡友、愛睡眠、不觀修、不信佛陀最勝智慧、我慢覆蔽、輕視他人求教、怯弱、自我放棄、不親近善知識、心中充滿惡分別、妄念、邪見等，都是愚癡的因。」

又說，「恭敬承事應該親近的上師，為了引發智慧尋求多聞。」應該親近智者，盡力多聞，否則無法生起聞所成慧及思所成慧，不了解正確的修行方法。應該精進聞法，斷除愚癡的因。

具備多聞，才能將聽聞的法義思擇觀察，產生思所成慧，透過串習力，獲得修所成慧。如馬鳴菩薩說，「寡聞就像盲人不知修行要道，因為聽得太少，哪有東西可以思惟？應該努力親近善士求取

多聞，豐富思惟內容，使智慧源源不絕。」彌勒菩薩也說，「三輪實有的分別屬於所知障，慳等根本煩惱及隨煩惱屬於煩惱障，唯有證得智慧才能根本斷除所知障和煩惱障，除此之外其他的法類只能暫時壓伏粗分障礙。多聞是獲得殊勝智慧的根本，修習智慧首重多聞。」《集學論》說，「應該忍耐求法的辛苦，努力尋求多聞，然後住在無人林藪專心思惟前面所聞的義理，精勤修習禪定。」

《集學論釋》說，「聞法時，因環境、氣候、身體狀況不堪忍受，就會退失多聞的功德。」缺乏多聞，就不知禪定及滅除煩惱的方便，要忍耐、不厭倦。《那羅延問經》說，「善男子！多聞能增長智慧，智慧能滅除煩惱，這樣才不會被煩惱魔趁機傷害。」聖道最殊勝的命根，就是以智慧思惟正法，廣泛聽聞清淨無垢的經典，才能以教理成立修行要道，智慧就是聖道的無上正因。

4. 破除邪見

有些人打算修法，卻不清楚多聞的重要性，由於缺乏定解，不曉得要透過觀察慧思擇，所以犯下種種顛倒邪見，這就是寡聞的過失；自愛的人，要小心這類惡毒過失。

大瑜伽師告訴阿底峽尊者，「尊者！想要證得一切種智，卻不廣泛閱讀如牛車般大量的經函，只翻閱如手掌般些許的開示，就妄想成就，到頭來一無所成。」樸窮瓦打開經典，安放在枕頭前說，「我只是初學者，即使現在還不能閱讀，也要發心累積多聞的因，祈求日後了解其間義理。不知教法，怎麼可能走進修持之門？」

懂哦瓦的弟子為博朵瓦送行時，博朵瓦連問三次，「快樂嗎？」接著說，「如果你們像我一樣，依止博學多聞的大善知識，就不必再靠他人口水，翻閱密密麻麻寫滿註記的解釋本，也不必透

過實修，費力思惟業果等道理，內心自然安樂；當然也可以多念成就道業的咒語，使心滿足。」這句話帶有諷刺意味，實為教誡懂哦瓦的弟子不要捨棄多聞實修，只重密咒。

霞惹瓦說，「在成佛前，要天天學習；只有圓滿一切種智的智慧，才算達到究竟。」迦摩瓦說，「主張修法不必多聞的人，簡直自我壞失慧命，寡聞的人才會犯這種錯，認為實修不必靠知識。真正懂得修法才知道，即使壽命短促不能圓滿求知，也要保住有暇身的善因緣，祈求來世不斷學習廣求多聞。有人主張，實修不必多聞，說法才要多聞；因為說法師學問不淵博，會因為講錯而造惡業。那麼實修不多聞，豈不是自掘墳墓，有誤入歧途的危險，相較之下，恐怕後者更嚴重。」

修習智慧及能生智慧的因，都要靠多聞，這是非常重要的觀念，應該迅速引發定解；對於那些不知道要觀察修的行者來說，實在很難讓他們有正確知見。不只他們，連很多自許是受持三藏的法師也主張，多聞只是修行的前導或佐證，並非實修的真實要訣。基於這種想法，他們提倡「追求自利速成佛道，必須精進實修；說法利益眾生，才要多聞累積知識」，把向內自修及利益聖教當成不相關的兩件事，簡直胡說八道。

聖教的內容就是教法和證法，沒有第三法。教法是讓行者知道修習儀軌，證法是讓行者知而後修，修習無錯謬的聖教，才是住持聖教最殊勝的表現。如何住持、修證無錯謬的聖教？依賴先前正確的理解，也就是多聞。以多聞作基礎，不忘失聞所成慧的內容，實修時才能正確修習聞慧，獲得思慧及修慧。若一開始不知道要修什麼，也不要心生退怯，依照自己的慧力尋求多聞。千萬不要聽這個，修另一個，應該透過多聞了解要修的法，也不要滿足於某個片斷，要依止初業菩薩應修的完整道次第教授。慧力不足時，可以專

修某部份；或者初期尙未開展慧力，透過慢慢修習日趨增廣，最後靠著自己的智慧拓展道次第內容，再配合相關經論觀修，這時就不必外求多聞。凡是圓滿、無錯謬的教授，不論簡略與否，都能涵攝一切經咒、諸乘的精華；進一步深究簡略的教授，才能自在趣入一切教法。如果單靠少分教法，以爲滿足，那麼對於聖教總體的修行要道，恐怕難有正確見地，難以開展廣大智慧。

　　爲了避免這些過失，應該親近善知識、淨護尸羅、反覆聽聞、每日四次修習所緣、誠心祈請上師本尊，透過行善等累積資糧、淨除業障，只要勤修圓滿智慧的因，將來必定可以倍增殊勝慧力，引發堅固定解。如先賢說，「心中先清楚顯現聽過的義理，反覆記憶思惟，以正理觀察。捨棄觀察修，專注禪定，等於自我斷絕智慧助伴，根本毫無功德。」上等修行者，一定是上等說法師；中等修行者，只能當中等說法師，因爲「所修法」必定等於「所知法」。只要自己信解堅固，即使碰到惡友說「一切善惡思惟都是分別，應該擯棄」時，仍能清楚判斷，這句話與聖教正理相違，與善知識教授相違，不會隨邪見起舞。若缺乏定解，有信心卻無智慧，見人哭就哭，見人笑就笑，不管別人說什麼都覺得有理；那麼這個人就像流水一樣，引到哪流到哪，完全沒有主見。

三、差別

　　智慧有三種，通達勝義的智慧、通達世俗的智慧、通達饒益有情的智慧。第一是指由比量或現量，通達或親證無我眞實義理。第二是指善巧世間五明的智慧，如《莊嚴經論》說，「大乘菩薩不勤修五明，很難證得佛陀一切種智。因爲要調伏眾生、攝受眾生、自我覺悟，必須勤修世俗智慧。」說明爲了調伏外道眾生，必須學習

聲明及因明；為了饒益內道眾生，必須學習工巧明及醫方明；為了自我覺悟，必須學習內明。以上是各別的目的，總體來說都是為了成佛這個共通的目的。第三是指通達能夠引導眾生今生、來世不造惡業，又能獲得功德利益的事情。

四、如何修習

　　任何一種智慧，都要結合六種殊勝與六波羅蜜多。具足布施的般若，就是自己住於智慧，也引導眾生進入智慧行列，其餘五度如前所說。缺乏大菩提心，即使具備現證空性的智慧，還是不算菩薩，必須增長大菩提心為修行所依，以此為基礎，幫助一切有情獲得智慧，策發修學意願。其次要以地上菩薩修持智慧的程度為願境，努力達到地上菩薩的境界。為了圓滿三種無上妙智，透過各種方便累積資糧，現在就要努力勤求多聞。不這樣做，就等於違犯學處，長期被罪業染污，來生繼續寡聞，更沒有機會修習菩薩學處。如果現在就勤修開展智慧的方便，不但今生可以遮止不學的罪業，來生也能像《妙臂請問經》所說，速疾圓滿般若波羅蜜多。

五、總結六度

　　六度是顯密二道的核心，其中有關修習禪定的次第，現在似乎還殘存一些教法，其餘五度的修習次第都已隱沒不現，因此簡單說明修行扼要及引發定解的方便。至於許多經論談到修習如所有性與盡所有性的觀品次第，修習禪定自性的止品次第，後面再詳細討論。菩薩成佛必須依賴六度，《菩薩地》每講完一度，都會再次重申六度的重要性。要知道六度是過去、現在、未來菩薩眾的共道，

是一切善法的大海，是統攝修行的無上綱領。如《菩薩地》說，
「六波羅蜜多是菩薩證得無上正等菩提所必須精勤修集的內容，故
稱大白法溟、大白法海。六波羅蜜多是一切有情、一切種類圓滿的
因，故稱涌施大寶泉池。六波羅蜜多能聚集無量福德與智慧資糧，
出生無上正等菩提的殊勝果實，其他果實都無法相提併論。」

22 四攝法

施同示勸學，自亦隨順轉，是爲愛樂語，利行及同事。

——出自《莊嚴經論》

引言

菩薩學處包括六度及四攝，這章將進入大乘道的四攝法，討論布施、愛語、利行、同事。布施的定義，如前面布施度所說。愛語的定義，對所要教化的眾生，開示六度道理。利行的定義，勸導所教化眾生，依照佛陀教法如實修習、如理憶持。同事的定義，教導他人修習，自己也跟著一起修。如《莊嚴經論》説，「布施，如前面所説。愛語，開示六度。利行，勸他人修。同事，隨順共修。」

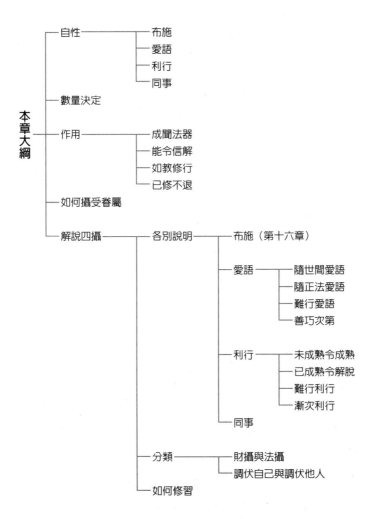

本章大綱

- 自性
  - 布施
  - 愛語
  - 利行
  - 同事
- 數量決定
- 作用
  - 成聞法器
  - 能令信解
  - 如教修行
  - 已修不退
- 如何攝受眷屬
- 解說四攝
  - 各別說明
    - 布施（第十六章）
    - 愛語
      - 隨世間愛語
      - 隨正法愛語
      - 難行愛語
      - 善巧次第
    - 利行
      - 未成熟令成熟
      - 已成熟令解脫
      - 難行利行
      - 漸次利行
    - 同事
  - 分類
    - 財攝與法攝
    - 調伏自己與調伏他人
  - 如何修習

一、數量決定

為什麼安立四攝？

為了攝受眷屬修習善法，首先滿足所需讓人歡喜，因此布施供給資財饒益眷屬，再引導進入修道。修道時，先告知修行方法，所以要用愛語宣說正法，去除無知斷除疑惑，正確受持法義。了解修行要道，再以利行協助他人實修。不以身作則，光叫別人守護取捨學處，別人一定不信反而詰問，「自己不修善，為什麼叫我修？你還不是要靠別人引導？」為了讓人心悅誠服，自己要如實修行，這樣他人才會說，「他教我們修善法，自己也身體勵行，如果我們學習他，一定也能獲得安樂果報。」如此一來，還沒入道的人，能信受修習；已經入道的人，能堅固不退，這就是同事攝的目的。如說，「布施攝能利他方便、愛語攝能令取法要、利行攝能令修正法、同事攝能令不退轉，稱為成熟眾生的四件事。」

二、作用

四攝法對所教化的眾生有什麼作用？

布施，使所要教化的眾生成為聞法器皿，對說法師產生歡喜心。愛語，使所要教化的眾生正確理解法義、斷除疑惑。利行，使所要教化的眾生遵循正理、如教修行。同事，使所要教化的眾生心意堅固，長久修習不退轉，如說，「布施攝成為法器，愛語攝產生勝解，利行攝依教奉行，同事攝長久淨修。」

三、如何攝受眷屬

攝受眷屬要靠四攝法，佛陀說四攝法是利益一切眾生的善巧方便，不僅如此，攝受徒眾也一樣。如《莊嚴經論》說，「要成熟眷屬，必須善巧依止四攝法。佛陀在經典常稱讚四攝法，是成辦一切義利的上妙方便。」

四、解說四攝

1. 各別說明

布施攝在第十六章談過，這裡省略。

愛語攝有二種，一是隨順世間法的愛語，一是隨順正法的愛語。首先說明隨順世間法的愛語，避免顰眉蹙額，應該和顏悅色、面帶微笑，先親切關心來者身體是否健康、事業是否順利等，以世俗應對讓眾生歡喜寬慰。其次宣揚隨順正法的愛語，是為了利益眾生安樂，引發信戒聞捨慧等功德而宣說正法。面對陷害自己的仇家，心中沒有瞋恨，仍然願意提供可以利益他的妙法；面對資質魯鈍的眾生，心中沒有疑慮，仍能忍耐重覆勸說的疲勞，不厭其煩開示修持善行的法語；面對諂詐欺誑親教師與軌範師的邪行眾生，心中沒有恚惱，仍能告知對他有益的話，去惡從善；以上屬於難行愛語，應該特別悲愍成熟這一類眾生。另外，對於身心尚未熟的眾生，開示布施持戒如何清除業障、累積資糧、斷除五蓋，儘快幫助眾生趣入善道。對於已經離於蓋障、相續成熟、心性調伏的眾生，開示四聖諦的道理。對於在家或出家的放逸眾生，開示不顛倒的勸誡教誨，使他們安住正法不懈怠。對於心存疑惑的眾生，開示正法

論議抉擇的道理，使他們能解除疑惑引生定解。以上為愛語的方便法門。

利行攝，分為令未成熟的有情成熟、令已成熟的有情解脫。或分為三種，第一勸導追求今生快樂的眾生，要如法累積守護、增長財富，以不傷害眾生為原則，用正命的方法求取資財。第二勸導追求來世安樂的眾生，要捨棄財富，過著清淨出家乞食生活，累積後世安樂因，不要貪圖今生短暫快樂。第三勸導追求今生及來世安樂的眾生，不論在家或出家都要受持世間及出世間離欲教法，不但今生身心輕安，來生獲得色界、無色界或涅槃果位。另外對三種人修難行利行，第一宿業沒有種下善根的眾生，很難勸導他們修行。第二今生享有廣大財富、位高權重的眾生，很難勸導他們修行，因為縱情五欲妙樂，生活舒適放逸。第三外道見解串習深厚的眾生，很難勸導他們修行，因為排斥聖教，愚癡邪執、不了解也不願意認識正法。此外要懂得漸次利行，面對智慧低劣的眾生，先開示粗淺教授，以累積資糧、開展智慧；等到智慧轉為中等，再開示中等教授；等到智慧廣大，就可以進入深奧微細的教授。

同事攝，為了引導他人修學，自己要修同樣或更高的法。不管做什麼，都要先緣念眾生，不背棄利益他人的意樂；成熟別人之前，要先調伏自心，如《無邊功德讚》說，「自己的心性還沒調伏，就急著替人解說取捨正道，因言行不一與聖教相違，當然無法攝受別人。佛陀善於通達同事攝的義理，經常憶念眾生，在因地修行時，自己還沒調伏好，會暫緩調伏別人，先把自己做好再說。」

2. 分類

四攝法可以歸為二類，財攝及法攝。布施屬於財攝，愛語、利

行、同事屬於法攝，法攝的「法」是指所緣法、正行法、清淨法。如說，「以財物及正法攝受，法包括所緣法、正行法及清淨法，四攝法可以濃縮成二攝法。」四攝法是三世一切菩薩利益眾生的方便，屬於共道。如說，「不論攝受過去、將來及現在的有情，都要以四攝法來成熟。」

　　菩薩學處法門無量，總括來說就是六度四攝。菩薩只有二件事要做，一是調伏自相續，成熟自己的成佛資糧；二是調伏眾生，成熟其他有情相續，六度四攝就是成辦這二件事的總結。如《菩薩地》說，「由六波羅蜜多成熟自己，由四攝成熟其他有情。要知道六度四攝，就是菩薩所有善法事業的總結。」這裡概說六度四攝，詳細見《菩薩地》。

3. 如何修習

　　菩薩在根本定及後得位時，應該怎麼做？

　　如阿底峽尊者說，「六度四攝是菩薩廣大行，在根本定及後得位都要繼續修，以累積資糧。」說明初業菩薩受菩薩戒後，不論根本定或後得位都要修持六度；六度裡面，有些屬於根本定，有些屬於後得位。修根本定時，要修以靜慮為體性的奢摩他及一部份以智慧為體性的毘缽舍那。後得位時，要修布施、持戒、忍辱及部份靜慮與般若。另外，根本定與後得位都要修精進；入定思惟甚深法義，也要修部份忍辱。如阿底峽尊者說，「在後得位，要遍觀一切法如夢幻泡影等八種譬喻，毫無實有自性，這樣才能清淨出定後的分別念，把主力放在各個學處上。在根本定，要經常修習止觀平等雙運。」對於想要修行的人來說，光是聽聞難行學處的內容，就很容易讓人感到怯弱，擔心能力不夠；應該思惟一開始菩薩也做不

到，雖然做不到，還是把這些學處當成發願目標慢慢修習，等到串習深厚，才能不假功用任運而轉，以此說明串習的重要性。

如果一開始做不到，就把清淨道丟在一旁，那麼永遠也沒有機會成就。如《無邊功德讚》說，「如果因為聽聞某法而擔心，害怕自己做不到，應該思惟佛陀在因地也花了很長的準備時間。菩薩首先串習修心，等到習氣深厚嫻熟自然再開始修，這樣才能任運自在毫無困難。所有功德都一樣，不串習永遠不會熟練，不熟練永遠不會增長。」知道這層道理，凡是受菩薩律儀的行者，根本沒有修不好的藉口。至於尚未受行心律儀的行者，也要努力培養想學的欲心；抱著勇悍好樂的態度，堅定信念受戒，將來也會有大成就，由此可知盡力修習的重要性。以上說明上士道，清淨修持願心和所有菩薩行的道次第。

23 概說止觀

眾生爲相縛，及爲粗重縛，要勤修止觀，爾乃得解脫。

——出自《解深密經》

引言

不論大乘或小乘、世間或出世間所有功德都來自於止觀。如《解深密經》説，「彌勒菩薩！聲聞、菩薩、如來，所有世間及出世間一切善品功德，都是修習奢摩他和毘缽舍那的果報。」修習止品奢摩他及觀習觀品毘缽舍那，有先後次第，先止後觀，缺一不可。許多人以爲只要靠禪坐止品，就可以解脫，這是錯誤的觀念，這章先簡單說明止觀功德、定義及雙修的原因，後面再詳細討論。

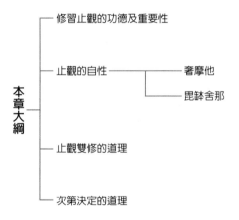

本章大綱
├─ 修習止觀的功德及重要性
├─ 止觀的自性 ──┬─ 奢摩他
│   └─ 毘缽舍那
├─ 止觀雙修的道理
└─ 次第決定的道理

一、修習止觀的功德及重要性

如果有人說，止觀只有修所成功德，那現在又說「一切功德都是止觀的果實」是否合理？的確，真實止觀是指已經獲得修所成的功德，大小乘一切功德並非全部來自真實止觀。應該說，凡是以善為所緣境達到專注一境的三摩地，都可以攝入止品；同理，凡是以智慧揀擇如所有性與盡所有性的善妙智慧，都可以攝入觀品。因此《解深密經》說「三乘一切功德都是止觀的果實」，並沒有錯；《修信大乘經》也說，「善男子！以此特殊法說明菩薩所要引發的大乘信解，都源自於無散亂心及思惟正法。」無散亂心，是指止品的心一境性；思惟正法，是指觀品的妙觀察慧。

大小乘一切功德，都要靠觀察慧的思擇修、專注善所緣境的禪定功夫共同成辦，絕不是單靠修止或修觀一項可以做到。如《解深密經》說，「眾生被相縛及粗重縛困在輪迴裡，唯有勤修止觀，才能獲得解脫。」粗重，是指相續中能增強顛倒能力的習氣；相，是指耽著顛倒外境所產生的習氣，造成煩惱現行。《般若波羅蜜多教授論》說，由觀才能斷除相縛①，由止才能斷除粗重縛。以上簡單說明止觀功德，要知道經典中凡是提到靜慮般若，就是指止觀。

止觀涵攝一切禪定，譬如一棵枝葉茂密及長滿果實的樹，最重要的就是根，沒有根就沒有生命，枝葉和果實失去依處。同樣的，經典說大小乘有無數三摩地，歸納起來，能總攝一切要訣的就是止觀。如《解深密經》說，「依照佛陀所說，聲聞、菩薩、如來有無

---

① 相縛，以分別性為所緣行相，繫縛見分，不了解境相如夢如幻，使心無法自在，有煩惱障和所知障二種，又通我執和法執。粗重縛，心不堪能，剛強粗重，能繫縛有情於生死域，無法了解實相。就唯識宗觀點，相縛指妄執遍計執的自性、粗重縛指妄執依他起的自性。

數殊勝禪定，不管數量品類有多少，一切都來自止觀。」想要修習禪定，不可能各種法門都做到，只要修習一切禪定的總持，即修習止觀二品就可以了。如《修次後篇》說，「雖然世尊曾說菩薩有無量無邊種三摩地，不可能一一修習，勤修止觀，就能遍攝一切殊勝三摩地，應該闡述止觀雙運的法要。」《修次中篇》也說，「止觀涵攝一切禪定，瑜伽師要時時勤修。」

二、止觀的自性

　　奢摩他的定義，如《解深密經》說，「就是這樣思惟善法，在安靜的地方獨處，把心專注在善所緣，思惟聽聞到的義理，然後保持思惟的狀態，直到獲得身輕安及心輕安為止，由此產生的禪定稱為奢摩他，也就是菩薩能善巧修習奢摩他。」至於要串習哪些義理？包括所有聽聞的十二分教、五蘊等道理，以此當作思惟的所緣境，透過正念正知的功夫，把心安住在道理上不散亂，一直到任運而住，獲得身心輕安所有喜樂，這個境界才算達到奢摩他。要獲得三摩地，必須向內攝心、不散亂，在這個階段暫時不必通達諸法空性。

　　毗缽舍那的定義，如《解深密經》說，「修止後，有了身心輕安的基礎，繼續把心安住在所緣境，去除其他外境行相，專注修止所緣的善法，進一步思擇由禪定所生的概念。也就是說，在前面奢摩他階段，心中已經生起明顯的善所緣影像，這時候再加入觀察慧，以正思擇、最極思擇、周遍尋思、周遍伺察四種慧行了解義理，如果能夠做到堪忍、好樂、覺知、析辨、觀察，就達到毗缽舍那的境界，也就是菩薩能善巧修習毗缽舍那。」

1. 聖者無著菩薩說，「正思擇，是指思惟世俗諦的盡所有性；最
極思擇，是指思惟勝義諦的如所有性；周遍尋思，是以智慧分

別取諸法相；周遍伺察，是以真實觀見、詳細推求所緣境，屬於更細微的思惟。」粗相的思惟，稱為尋思；細相的思惟，稱為伺察。取諸法相，並不是執取諸相諦實，而是明了境相。由此可知，正思擇及最極思擇，也包括粗相的周遍尋思和細相的周遍伺察。

2. 《寶雲經》和《解深密經》的講法相同，如說「奢摩他指心專注於同一境，毘缽舍那指正思惟觀察。」至尊彌勒菩薩在《莊嚴經論》說，「要知道，每一種法都可以當作修止的善所緣；要知道，妙觀察就是思惟諸法法義。」又說，「以正住為所依，將心安住在善所緣，對所緣境展開思擇法義，就是止觀的內涵。」依定住心是止，思擇法義是觀，就是這樣，不要隨便解釋。

3. 《菩薩地》說，「何謂奢摩他？離於言說，僅僅把事情或道理當成所緣境，令心安住，這種安住的狀態，不必推求所緣境的義理。離於戲論，表示心不擾動、不亂想、不作意，對所緣境只有欣慕勝解，穩住定相獲得內住、續住、安住，直到專注一趣平等住。何謂毘缽舍那？由奢摩他薰修，進一步推求所緣境的道理，透過正思擇、最極思擇、周遍尋思，甚至善巧及智慧的周遍伺察。」這個說法和前面相通，也同時解釋《寶雲經》和《莊嚴經論》。

4. 《修次中篇》說，「首先避免散亂，然後把心轉向善所緣境，不作任何思擇，安住在所緣境，一直到心能任運轉動，生起輕安喜樂為止，以上階段稱為奢摩他。獲得身心輕安後，再進一步思擇原先所緣境的真實義理，這個階段稱為毘缽舍那。」《般若波羅蜜多教授論》說，「不管修止的所緣境內容是世俗諦的盡所有性或勝義諦的如所有性，都不必分別作意；只有在

修觀的時候，才要分別作意。」說明判分止觀的標準，不是所緣境內容，而是看有沒有思擇這個動作；止和觀可以緣同一個議題，不論是盡所有性或如所有性。

5. 奢摩他的意思，就是不分別、不作意；毘缽舍那的意思，就是分別、作意。《解深密經》說，「世尊！有幾種奢摩他所緣？世尊回答，只有一種，即無分別影像的所緣境。又問，有幾種毘缽舍那所緣？世尊回答，只有一種，即有分別影像的所緣境。又問，哪些可以作為修止或修觀的所緣境？世尊回答，二種，以境安立的事邊際所緣及以果安立的所作成辦所緣。」《集論》說事邊際，包括如所有事邊際和盡所有事邊際。寂靜論師也同意，止和觀都可以緣勝義諦或世俗諦。換句話說，光是從所緣境內容，無法判分是止還是觀，有緣通達空性的止，也有緣不通達空性的觀。凡是向內安住，不散亂，就是止；凡是以勝智來觀察道理，就是觀。

　　有人說，內心住於無分別，不具明了力的境，就是止；具明了力的境，才是觀。這個講法和佛經、彌勒經典、無著論典、修次三篇等闡述止觀的論典相違。正確來說，奢摩他是心一境性殊勝三摩地，毘缽舍那是正確揀擇所知義理的智慧，並不是看所緣行相有沒有明了力。是否具備明了力，要看禪定時有沒有陷入沉沒，有沉沒，就沒有明了力；把明了力當成區分止觀的方法，實在沒有道理。想獲得奢摩他，就要遠離沉沒；想獲得遠離沉沒的三摩地，就境的觀點來看，一定要有明了力。至於以空性為所緣境修習止觀，是指內心通達或不通達法無我與人無我的道理，而不是看有沒有住心、有沒有明了力、有沒有安樂。即使還不能通達無我真實義理，也可以獲得明樂感受的無分別三摩地。就算這時候沒有真實見解，

也能獲得無分別三摩地。

總之，通達空性與獲得無分別三摩地，二者並不相違；以這個三摩地爲基礎，繼續久住，以攝持力轉動的風，生起身心堪能的力量，也能得到喜樂。禪定快樂與通達空性，沒有直接因果關係；當身心輕安的喜樂出現，使所緣行相更清晰，就是明了力。以上解釋明了力、安樂、無分別定，這些都不必以證得空性爲前提。證得空性的妙三摩地，具有明了力、安樂及無分別定；沒有證得空性的妙三摩地，也可以具有明了力、安樂及無分別定，要好好分別其中差異。

三、止觀雙修的道理

爲什麼不能單修止或單修觀，一定要止觀雙修？

就像夜晚舉燭看壁畫，不受風吹，就能看清楚。缺乏照明的燭火（燭火喻智慧），或者雖有燭火，卻被風吹晃動（無風喻禪定），也看不清楚。同樣的，爲了觀照義理，必須具備正確了解的智慧，再加上專心安住所緣境，不受外境干擾的禪定功夫，才能眞正諦察諸法實相。光有不散亂的無分別定，缺乏善妙智慧，就像失去眼睛，不管多麼努力，也無法證得實相。反之，光有能見無我眞實義理的智慧，缺乏心一境性的禪定，不能堅固安住，不得自在、不得任運，受外境分別風擾動，也無法清楚觀見實相。這就是雙修止觀的理由，如《修次中篇》說，「有觀無止，如同風中燭火。瑜伽師隨逐外境散亂，不能專注一趣；心不堅固，無法出現能明了智慧的光明，所以需要雙修止觀。」《大般涅槃經》說，「聲聞見不到如來種姓，不知眞實義理，是因爲定力強而慧力弱，不能以無量正理觀察空性。菩薩雖能見到如來種姓，卻不明顯，是因爲慧力強

而定力弱，經常在入定出定間往返。只有如來能遍見根本位與後得位無分別、眞俗二諦圓融，是因爲具有勢力均等、強而有力的止觀雙運。由止，遮止外境分別風擾動心中智慧，如同燭火不受風吹擾動；由觀，永遠斷除一切惡見網，不被虛幻不實的境相繫轉。」

《月燈經》說，「因爲修止，能避免外境干擾，心不搖動。因爲修觀，能澈見眞實義理，堅若山王。心不散動安住所緣，是修止的成果；證得無我義理，斷除我執等惡見，像山王一樣，敵人無法傷害撼動，是修觀的成果。」

以觀察慧觀修無我時，因爲尙未獲得奢摩他，頻頻被外境擾動，就像風吹燭火無法穩住，使無我影像模糊，這時候不可能得到修觀成果。成就止再觀察，就可以去除擾動的過失，清楚見到無我影像。由此可知，進入修觀不散動，要先靠修止無分別定，而不是靠能揀擇眞理的智慧。例如燈能照色，是因爲前一刹那燈火產生照明作用，不是因爲帳幕遮住風；燈火不搖晃，才是帳幕的作用。唯有心中遠離昏沉掉舉不平等相，以奢摩他定觀修智慧，才能通達實相。因此《正攝法經》說，「具有心平等住的三摩地，才能如實了知空性。」《修次初篇》說，「心像水動來動去，失去止這個所依，不可能獲得安住等持。缺乏等引心，不可能如實照見眞理。因此世尊說，心安定後再修觀，才能眞正見到實相。」

成就奢摩他，不只用在觀修無我智慧，凡是修習死亡無常、業果、輪迴過患、慈悲心、菩提心等等義理，都要靠止避免散亂。不管修的主題爲何，唯有專心，才能獲得具有力量的善功德；反之帶著散亂心，不管修多久，所獲得的善功德都很微弱。如《入行論》說，「一般人經常處於散亂，好像住在煩惱猛獸的嘴裡，隨時有被吃掉的危險。」又說，「雖然花很多時間念誦、修持、苦行，因爲散亂的緣故，佛說毫無義利。」

1. 成就無分別奢摩他，使心不散動是為了趨向善所緣，隨欲安住；如果能立刻緣念善所緣，獲得修止功德，才可以更換到另一個善所緣，隨心轉動，就像溝渠疏通好，才能引進活水。成就止之後，要進一步修緣如所有性與盡所有性的善妙智慧，實踐布施、持戒、忍辱、精進、淨信、厭離等無邊學處，滅除無邊過失。如果只是沉醉在心一境性的禪定快樂，表示這個人根本不了解修止的原因。修止是為了增長廣大善行，不是為了得到輕安喜樂，如果捨棄各個學處（行品）、捨棄妙觀察慧（觀品），單修禪定三摩地，能得到的功德恐怕極為有限。

2. 對於無我真實義理，沒有透過觀察慧引發強烈定解，修習緣如所有性的毘缽舍那，禪定只能暫時壓伏煩惱，無法永斷煩惱種子；必須止觀雙修。如《修次中篇》說，「只會修止的瑜伽師，最多只能暫時抑制煩惱，不可能根本斷除，因為缺乏智慧光明，不可能破壞煩惱隨眠。」《解深密經》說，「靜慮只能暫時降伏煩惱，避免煩惱現行。般若才能究竟摧毀煩惱，斷除煩惱種子。」《三摩地王經》說，「不管如何善修禪定，絕無法破除我執，最終會被煩惱擾動，就像外道樂於禪定無法究竟解脫。唯有善修勝觀，才是究竟涅槃的因；除此之外，沒有其他可以獲得究竟解脫的法門。」《菩薩藏經》也說，「不聽聞增上慧學的菩薩法門，不聽聞增上戒學的聖調伏法，一味修習禪定，追求神通，會由憍慢轉為增上慢；不了解生老病死、愁嘆苦憂、衰損煩惱，不可能脫離輪迴，不可能從有漏苦蘊獲得解脫。」

　　佛陀曾經解釋，「從其他善知識聽聞解脫教法，才能脫離輪迴。」想要斷除障礙，引發清淨智慧，必須在止的基礎上，進一步修觀。《寶積經》說，「持戒才能得定，得定才能修

慧，修慧才能獲得清淨智慧。智慧清淨，戒律才會更加圓滿。」《修信大乘經》說，「善男子！如果菩薩不住智慧，我不說他能信解大乘，獲得意樂圓滿；也不說他能生出大乘，獲得加行圓滿。」

四、次第決定的道理

《入行論》說，「具有寂止的勝觀，才能摧滅一切煩惱，應該先獲得身心輕安的寂止。」說明先有修止的基礎，才能專注一境遠離沉掉，再修妙觀察慧的勝觀。

如果有人舉出《修次初篇》說「彼之所緣無定」，表示可以緣世俗諦或勝義諦來修止；前面也討論，止的所緣境包括如所有性和盡所有性，只要先了解無我義，再緣這個無我義修習，就可以「同時」生起心不散亂的止和緣空性的觀，那麼為何要有先後次序？

回答，前面說先修止，並不是為了引發無我正見；沒有止，也可以獲得正見。通達無我真實義理，不必靠止；只要透過觀察慧數數思擇，就可以生起強烈定解，二者並不相違。如果硬要說相違，那麼修無常、輪迴過患、菩提心等變成都要先修止，才能獲得真實定解，顯然這種講法過於牽強。

為什麼先止後觀？

回答，如《解深密經》說，「以觀察慧修習正思擇、最極思擇，不管修多久，也不會身心輕安，最多只有隨順毘缽舍那的相應作意。必須先得到奢摩他，再修觀，才有具輕安喜樂的勝觀。」因此沒有止，只是以觀慧思擇，不可能獲得身心輕安喜樂。有止，再以智慧思擇，才能產生身心輕安，止是觀的因。

具備心一境性的止，再加上觀察慧的思辨力，由此引發輕安喜

樂，才算真正成就毘缽舍那。雖然以空性爲所緣，安住在這個所緣境不思擇，並引發輕安，都還算修止的範圍，不算勝觀。在止以前，先了解無我義理，接著緣所了解的義理思擇，不管思惟多久也不會產生寂止；不思擇，只安住攝心，雖然有寂止，僅限於此，必須進一步修毘缽舍那。不管怎麼說，都脫離不了先止後觀的次序。如果不以思擇引發輕安來定義觀，那麼先止再觀的次序就失去了意義。如《解深密經》說，要靠奢摩他，才能修毘缽舍那。又經說「依前而生後」，六度先靜慮後般若，三學由增上定學引發增上慧學，都確立先止後觀的道理。如前面引《菩薩地》，《聲聞地》也說，應該先修寂止，再修勝觀。其他如《中觀心論》、《入行論》、修次三篇、智稱論師、寂靜論師等同樣主張。雖然少數印度論師認爲不必先求奢摩他，一開始就從修觀著手，也能產生毘缽舍那，這種講法顯然違背大車軌的論著，不是智者所應修習的道理。

　　先止後觀是針對初修者，已經得止，就沒有先後次序，可以先修觀再修止。若問，爲什麼《集論》說，已經獲得勝觀，還沒有獲得寂止，應該依觀修止？回答，這句話不是針對初禪未至定以前的止[2]，而是針對初禪根本定以後的止，這兩者差別很大。證得四諦後，要繼續修持初禪根本定以上的止。《本地分》說，「已經用智慧揀擇，如實通達四諦道理，因爲還沒有獲得初禪靜慮正分以上的止，要趕快止住修心、不思擇，稱爲依增上慧修增上心，由慧發定。」爲了方便解釋，把九住心的九個過程定義爲止品，把正思擇等四個慧行定義爲觀品，事實上這還不算真實止觀，要生起輕安，才算獲得真實止觀。

---

[2] 禪定有四色界定及四無色定，共計八定，依次為初禪定、二禪定、三禪定、四禪定、空無邊處定、識無邊處定、無所有處定、非想非非想處定。入定稱為根本定，接近入定，稱為近分定；初禪根本定以前，特別稱為未至定，因此八定有七個近分定和一個未至定。

24 奢摩他

未入佛正法，癡盲諸眾生，乃至上有頂，仍苦感三有；若隨佛教行，雖未得本定，諸魔勤看守，而能斷三有。

——出自《讚應讚》

引言

很多人得到一點止品所攝的三摩地覺受，就妄稱成就；或者得到與外道共通的第九住心三摩地，誤以為證得無上瑜伽圓滿次第，甚至達到和佛陀一樣的一切種智境界，具備根本定與後得位相融的無分別智慧。這些都是因為不了解真正的奢摩他，才會胡言亂語。這章將介紹奢摩他、具量的奢摩他，以及如何修習，包括身體威儀、應該緣的相、如何去除沉掉等障礙。要避免誤入歧途、自毀毀他，應該多閱讀具有正量的修定教授[①]。

[①] 如《般若波羅蜜多經》、《中觀修次》、《莊嚴經論》、《菩薩地》、《大乘對法》、《攝分》、《辨中邊論》等書。

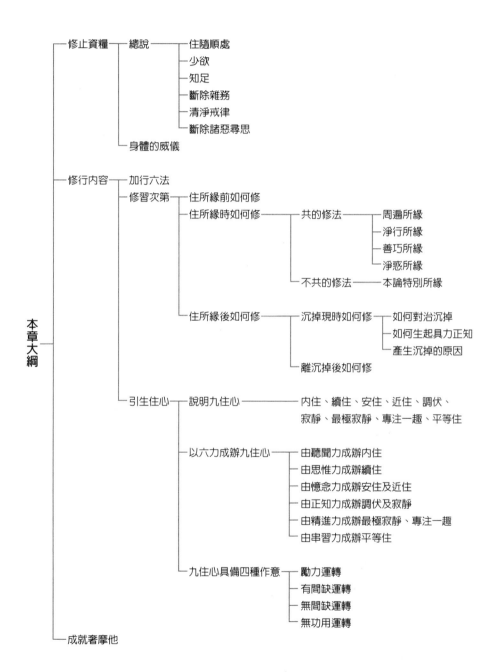

一、修止資糧

1. 修止的資糧

住隨順處：住在具有五種德行的處所，(1) 衣食充足，住處附近容易取得衣食，不必花太大力氣籌辦生活所需。(2) 處所賢善，住處附近沒有毒蛇猛獸或盜賊怨敵，能避免被傷害。(3) 土地賢善，住處附近沒有疾疫瘴癘等傳染病。(4) 善友結伴，住處附近有戒律及見解相同的法友。(5) 具善妙相，住處附近白天不會人聲吵雜，夜晚則安靜無聲。如《莊嚴經論》說，「具有智慧的修行處所，就是易得、賢善處、善地、善友、瑜伽安樂具。」

少欲：不貪圖數量多、質地好的衣服或飲食。

知足：雖然只有少許粗鄙的受用，仍能知足快樂。

斷除雜務：放棄買賣交易等惡事，不過於親近在家眾或出家眾，還要避免從事醫藥、卜算、星相等，以免雜務干擾。

清淨戒律：不違犯別解脫戒及所有菩薩學處，包括性罪、遮罪等；假使不小心犯戒，應該迅速懺悔，四力對治，回復戒律清淨。

斷除諸惡尋思：對貪等煩惱有定解，知道這些是導致今生被殺、被繫縛的原因，有各種現法過患；也知道這些是來生墮入惡趣的因，有各種當來過患。要知道，輪迴所有盛事或衰事都是有漏、無常、壞滅，須與分離消散，為什麼心生貪愛或瞋恚？以此思惟斷除煩惱。以上出自《修次中篇》，詳見《聲聞地》。

具備這六個資糧可以成就三摩地的因，如果還沒生起，也能速速生起；如果已經生起，也能不退轉、安住、增長。其中戒律清淨、觀察貪欲過患及住隨順處最重要。善知識種敦巴說，「修習卻沒有獲得禪定，一般人總愛歸咎於教法，只在教法上打轉，想找更

好更適合的法門，這樣做絕對無法獲得禪定，要知道問題是出在有沒有安住修止資糧。」《道炬論》說，「破壞修止資糧，不管多努力，即使修幾千年，也不會成就止。」

2. 身體的威儀

如《修次中篇》及《修次後篇》說，在柔軟適中、前低後高的座具上，具備八種身體威儀。

腳姿：採毘盧遮那全跏趺或半跏趺坐。

眼姿：雙眼微開，不太開，也不太閉，略微向下垂視鼻尖。

身姿：端正坐直，身體不太前，也不太後，向內攝受。

肩姿：雙肩平齊，不高不低。

頭姿：不抬頭，不低頭，不歪斜一邊，保持鼻心到臍間一直線。

嘴姿：牙齒和嘴唇自然合住。

舌姿：舌頭抵住上齒後面。

呼吸：沒有聲音，切忌急促粗猛，必須和緩平靜，使出入息毫無知覺，不費力自然順暢。

《聲聞地》說，前面八種威儀具有五種功德，(1) 收斂身心，使身體產生輕安，不易昏沉掉舉。(2) 耐久坐，身體不易疲憊。(3) 與外道不同，顯現殊勝處。(4) 令他生信，使人在旁看到也會產生敬信。(5) 與佛及佛弟子同，這是佛陀開許的共通行持法。

3. 修行次第

一般道次第的書主張要照《辨中邊論》所說，修八斷行、斷五

過失。善知識拉梭瓦傳的教授以《辨中邊論》爲基礎，再加上《聲聞地》的六力、四種作意、九住心。霞惹瓦大師說，「四種作意中，攝九住心、斷六過失、行八對治，都是修止的正方便，這在許多經典、彌勒菩薩的《莊嚴經論》、《辨中邊論》、無著菩薩的《瑜伽師地論》、蓮花戒論師的修次三篇等，都是修止的方便。先安住正定資糧，努力學習修止方便，一定可以獲得眞實善妙三摩地。可惜現在自稱修止的甚深教授，對這些資糧和方便隻字不提，連個名稱都沒有。如果缺乏正定資糧及修止方便，不管多努力、花多久時間，絕對無法成就三摩地。」這句話非常正確，又扼要指出各大教典的修定方法。

二、住所緣前如何修

首先要避免不想修的心態，就是懈怠心；否則一開始就不想修，即使勉強修一次，很快就會退失，無法繼續，滅除懈怠心是首要之務。以下說明修習次第，由精進引發輕安，想獲得身心輕安，必須藉由身樂心喜的作用強化修習意願，使白天晚上勤修善行不厭倦，去除推延的懈怠心。想要引發輕安，必須具備產生輕安因的妙三摩地，即精進功夫。由欲引發精進，想要獲得精進，必須對禪定有強烈、猛利、恆常的修習欲望。由信引發欲望，想要引發修習好樂心，首先要相信正定具有善妙功德，爲了獲得善妙功德而堅定信念。由聞思引發信心，想要引發修習信心，首先要以智慧思擇正定功德，經常思惟薰修。之前要追隨善知識聽聞教法，才能正確了解教法。《辨中邊論》說，「由信引發欲，由欲引發進，由精進引發輕安；欲是所依、精進是能依、信是所因、輕安是能果。」

三、住所緣時如何修

世尊說有四種所緣，周遍所緣、淨行所緣、善巧所緣、淨惑所緣。周遍所緣又分為有分別影像所緣、無分別影像所緣、事邊際所緣、所作成辦所緣。淨行所緣，是指這一類所緣可以避免習氣較重的貪等煩惱，如不淨觀、慈悲觀、緣起觀、界分別觀、數息觀。善巧所緣，是指善巧蘊、界、處、緣起、處非處。淨惑所緣，分為暫時傷損煩惱種子及永遠斷除煩惱種子，也就是世間相道及出世間相道；前者觀察欲地到無所有處的下地粗相、上地靜相，由此產生希求上界的念頭，後者觀察四諦十六行相。

另外，《修次中篇》提到三種所緣。(1) 緣十二分教，說明所有經教都是直接或間接趣入空性的方便法門，十二分教總攝一切法，以十二分教為所緣安住攝心，不必再各別了解世間萬法，以免攝心太廣，妨礙專注。(2) 緣蘊等有為法，首先了解一切有為法都是五蘊所攝，接著將五蘊一一納入有為法，最後再緣五蘊攝心。(3) 緣諸佛聖像，不一定要親眼看見，也可以用意念的方法。

綜合前面的修法，修習淨行所緣能斷除較粗重、強烈的貪等煩惱，比較容易獲得勝三摩地，稱為殊勝所緣。修習善巧所緣能破除補特伽羅我執，引生隨順通達無我的勝觀，稱為極善所緣。修習淨惑所緣能對治一切煩惱，具有重大利益。周遍所緣，並不是與前三者無關的所緣。由此可知，不同的所緣行相，具有不同的作用，應當依止具有殊勝作用的奢摩他所緣。至於有人說可以緣石頭、草木來修定，這種說法，顯然沒有通達善妙三摩地所緣的價值，光是緣石頭，除了能引發一點明顯相和輕安相，再沒有其他的作用。不同的補特伽羅，應該修不同的所緣：

1.淨行所緣： 貪欲妄念熾盛的補特伽羅，應該如《聲聞地》引

《頡隸伐多問經》說，「頡隸伐多！比丘勤修瑜伽時，如果貪欲嚴重，應該以不淨觀住心。瞋恚嚴重，應該以慈悲觀住心。愚癡嚴重，應該以緣起觀住心。我慢嚴重，應該以界分別觀住心。」又說，「如果只是妄念多、容易散亂，應該安住在出入息。這是就不同補特伽羅，選擇相應順緣住心的方法。」《聲聞地》說，「如果貪欲、瞋恚、愚癡、我慢、妄念五種煩惱嚴重，一開始要修淨行所緣，清淨粗重煩惱，這樣才能獲得住心。淨行所緣的內容，必須依照煩惱的種類和輕重程度對治，選擇容易相應的項目。」如果是等分行者或薄塵行者，可以自由選擇前面的所緣，不必特別限定。《聲聞地》說，「等分行者，隨自己喜歡選擇所緣，因為他的目的是住心，不是淨行，可以自由選擇。薄塵行者與等分行者相同，應該知道如何修。」

增上貪等行者，是指前世強烈執著，經常串習在貪等煩惱，使煩惱種子旺盛，即使碰到小小不值得貪等對境，也會引發強烈反應。等分行者，是指前世雖然沒有經常串習貪等對境，但不知過患，對有漏法缺乏厭離心，煩惱的程度雖不強烈、猛利、長久，不代表沒有煩惱，只是程度較輕。薄塵行者，是指前世沒有經常串習貪等煩惱，又能如實觀見貪等過患，煩惱程度更輕，雖然不受中品及下品對境影響，還是會執著上品對境，看到量多、美妙、殊勝的對境而緩緩動心。這三者的差別，增上貪等行者必須花極長時間、等分行者花中等時間、薄塵行者花少許時間就能成就住心。

2. **善巧所緣**：哪些補特伽羅要修善巧所緣？如《頡隸伐多問經》說，「頡隸伐多！若有比丘勤修瑜伽，是瑜伽行者。如果不知道諸法自性，不知道我、有情、生命、生者、養者、補特伽

羅，應該以蘊善巧住心。如果不知道因上無我，應該以界善巧
住心。如果不知道緣上無我，應該以處善巧住心。如果不知道
無常、苦、空、無我，應該以緣起善巧及處非處善巧住心。」
透過這五種所緣，滅除愚癡。

3. 淨惑所緣：哪些補特伽羅要修淨惑所緣？如《頡隸伐多問經》
說，「希望脫離欲界，就該觀察欲界粗性過患，觀察色界細性
功德。希望脫離色界，就該觀察色界粗性過患，觀察無色界細
性功德。希望脫離薩迦耶見產生的痛苦，就該安住在苦集滅道
四聖諦。」這些所緣可以用來修觀，也可以用來修止。

本論所講的所緣，特別是指佛像，如《修次中篇》及《修次後
篇》根據《諸佛現住三摩地經》及《三摩地王經》說，緣佛身攝心
具有殊勝功德，可以引生無邊福德；當所緣的佛身明顯而堅固，又
可以作為修集資糧的功德田及悔除防護的淨障田，以此說明佛身是
最殊勝的所緣。又《三摩地王經》說，臨終前憶念諸佛，具有不退
失及不墮惡道的功德；修密時，從觀想佛身進入本尊比較容易，詳
見《諸佛現住三摩地經》及《修次後篇》。由此可知，緣佛攝心能
成就殊勝三摩地，又兼具其他殊勝功德，這種攝心稱為善巧方便，
是智者最好的選擇。

1. 應該緣哪一尊佛

如《修次後篇》說，「瑜伽師先依照自己所知的如來形像安
住，修習奢摩他。思惟如來身相純黃如金、相好莊嚴，身處眾會以
種種方便利益有情。敬信好樂如來功德，能滅除昏沉掉舉等過失，
直到清楚觀見如來現在眼前。」《三摩地王經》說，「佛身金光燦

爛、相好端嚴，修習瑜伽行的菩薩應該緣念如來身相，修習正定。」另外說明觀想佛身有二種意義，一是由自己內心意念，一是原本就在面前，只是透過觀想讓身相更明顯。要知道，佛身遍滿法界、佛智遍及一切，佛一直在我們面前，只是我們看不到，現在不過是以修止的方法使佛身重顯光明。相較之下，後者比較容易引生信心，又隨順三乘觀點，要有「原本就有，使形相更明顯」的認知。

尋求持心所緣處時，首先要準備莊嚴的釋迦牟尼佛畫像或塑像，經常觀察憶持薰修，謹記在心；然後透過善知識開示，了解佛身功德、佛語功德、佛意功德，反覆串習。緣佛像時，不要把所緣影像當成一幅畫或一尊塑像，而是世尊真實顯現、親臨。有人說要把佛像放在前面，一邊看一邊修，智軍論師反對這種說法。因為三摩地不是靠根識，而是靠意識。妙三摩地的真實影像，是意識的作用，而不是眼根的作用，必須以意識裡的對境攝心。

要緣實境大概或清楚的形像？影像有粗細之分，有人主張先緣粗分，等到住心堅固，再緣細分。這很合理，從粗分比較容易起定，應該先以粗相為所緣境。有時候太用力細想，反而產生掉舉。更重要的是還沒有得到欲三摩地以前，不要常換所緣，以免產生修止最大障礙。《瑜伽師地論》及修次三篇等重要的修定寶典也強調，初修時一定要固定所緣，不可以任意變換。馬鳴菩薩也開示，「應該安住在同一所緣，一直到堅固為止；一直換，反而會起煩惱。」必須確定獲得寂止才能換，之後再廣修其他所緣，如《修次初篇》說，「如果已經自在攝心，達到欲三摩地的境界，才能開展其他所緣，如蘊界處等差別法，如《解深密經》說到瑜伽師有十八空等眾多所緣。」

一開始攝心，要順序由上而下，先緣一個頭、二個手臂，身體

其他部位到腳，最後才是總體身相。如果心中能顯現部份或粗分影像，即使缺乏光明，也要對此感到滿足，繼續攝心。為什麼？初修就不滿現狀，想讓所緣境更清楚，不斷強化這種念頭，雖然也可以讓所緣境稍微清楚，但已確定無法獲得妙三摩地，甚至產生障礙。相反的，一開始安住在不明顯的所緣境，儘管只能憶持半分，反能速得妙三摩地，引發後面光明清晰的所緣境，這是智軍論師很重要的教授。

2. 應該修多久

　　沒有固定標準。西藏各派傳承上師說，「時間要短、次數要多。」有人說時間短，才有想修的欲望，對下次上座產生期待，如果前一次修太久感到厭煩，很容易下一次就不想修了。也有人說，時間太久容易產生嚴重的沉掉，障礙獲得無過三摩地。《聲聞地》等論並沒有明確舉出時間長短，《修次後篇》說，「這個次第或者一個小時，或者半個小時，或者更久，要視行者有把握不起沉掉的時間。」

　　對初修者來說，時間太長容易忘失散亂，往往要過很久，才會發現原來早就陷入沉掉；或者雖然沒有忘失正念，卻隨逐沉掉，也沒辦法快速察覺種種過失。昏沉，會障礙有力正念；掉舉，會障礙有力正知，這二種過失很難斷除。對治散亂失念，是很重要的事。忘念重的人，正知力一定薄弱，不能及早發現沉掉生起的過失，這時必須縮短修止時間。如果不忘失正念，又能及早發覺，久修也無妨。所以經典說「或者一小時等等」，之所以沒有明確指出的時間，要看行者的能力；所謂「乃至堪能」，是指有把握不起沉掉的時間。身體健康，應該好好安住；有病不要勉強，要立刻停止，養

好身體再修，這是智者的做法。

四、住所緣後應該如何修

（一）沉掉現時如何修

1. 如何對治昏掉

首先說明沉掉，昏沉和掉舉。其次說明正修產生沉掉時，應該如何對治。

掉舉，如《集論》說，「何謂掉舉？隨逐可愛境相，由貪分所攝，心不寂靜，會障礙修止的業。」說明三個要件，一所緣境是可愛境，心會產生貪求的欲望；二行相是無法靜心向外流散，因為貪愛執取淨相；三所作業會障礙安住，致使無法獲得三摩地。當心向內安住時，由於貪愛色聲等境的掉舉出現，不由自主把心移到散亂境。如《悔讚》說，「修奢摩他時，心原本安住在所緣境上，貪欲的繩索卻把心牽往他處，使心離開所緣境。」至於其他煩惱使心離開所緣境，不算掉舉，只算二十種隨煩惱的散亂心；心流向善所緣，也不算掉舉，仍然屬於善心及善心所；並不是所有散亂都稱掉舉，只有貪分所攝才算。

沉，又譯作退沒、退弱，和缺乏意志的退弱不同。西藏許多瑜伽師主張，心安住不散亂，境相不明顯澄淨，叫作沉。這和論典不同，昏沉是沉沒的因，表示昏沉和沉沒不同。昏昧，如《集論》說，「何謂昏沉？由癡分所攝，因為心不堪能，才會跟著煩惱和隨煩惱轉不得自在。」說明昏沉是大隨煩惱，屬於愚癡，身心沉重沒有堪能性，無法自主。《俱舍論》說，「何謂昏昧？由身沉重、心

沉重導致身不堪能、心不堪能。」沉沒，是指心對所緣行相的憶持力不夠、不明顯，雖然澄淨，卻缺乏明了力，致使所緣行相不清楚，《修次中篇》說，「不管是盲人或正常人，閉起眼睛走入暗室，一定看不清楚室內擺設，修心不能明見所緣，表示陷入沉沒。」沉沒不是染污相，分為善或無記；昏沉是染污相，分為不善或無記，屬於癡分。經論說去除沉沒，可以意念佛像等殊勝可愛的對境，或者取日月等光明相，兩者都可以達到策舉的目的，避免境相晦暗不明、心力低劣；要同時具備所緣明顯及策舉力，單靠境相明顯或內心澄淨不夠。掉舉屬散亂相，比較容易覺察，沉沒和禪定很像，修定的人很容易把沉沒誤認為是安住在禪定三摩地，久而久之會增長愚癡和妄念，應該按照修次三篇，就實際經驗細心體會。

　　正修時要具備察覺沉掉的正知方便，不是光知道就夠了，必須進一步引發正知，了解沉掉已生、未生、將生，使正知逐漸具有力量；不但沉掉一出現就立刻察覺，更在未生將生之際，由正知力事先預警。如果不能生起有力的正知，出現沉掉不自知，修再久也沒感覺，等於帶著微細的沉掉虛度時日，根本沒有太大意義。

2. 如何生起具力正知

　　靠有力的正念，相續憶持所緣，避免忘失流散，避免出現沉掉不自覺，如《入行論》說，「安住正念守護意門，就會產生正知力。」《辨中邊論釋》說，「正知是安住正念，覺察沉掉的能力。說明唯有安住正念才有正知，千萬不要忘失正念。」正念和正知互為助伴，修正念的方法就是修正知的方法。緣佛像等物時，另一個不共的修法，是讓所取的境具有明顯分（唯明）、能取的心具有明顯力（唯了）。其次依照前面修念的方法，覺察將散未散，攝心安

住，這就是修正知的關鍵。《入行論》說，「時時觀照身心每個微細階段，就是守護正知的行相。」

修定時，應該依止大論師的教法，配合自身經驗，才能正確揀擇修定扼要。千萬不要強調能吃苦耐勞，坐很久，這沒有用，如《攝波羅蜜多論》說，「缺乏智慧的修行，不管多精進，只算自討苦吃；必須以智慧為助伴，才能獲得大利。」明知沉掉，卻忍耐不對治，是修定的最大過失；萬一養成習慣，將來更不可能遠離沉掉，獲得無過妙三摩地，這時應該修作行或功用的思。如《集論》說，「何謂思？就是心造意業，趨入善、不善、無記。」磁鐵具有轉動鐵塊的力量，思心所具有讓心在善業、不善業、無記業轉動的力量。

用力向內攝心，讓心失去攀緣的作用力，這就是沉沒；對治的方法是思惟可愛悅意境使心向外擴散，例如緣念佛像等莊嚴殊勝的功德及身相，或者思惟日月光明相去除內心晦暗。沉沒消失，立刻回到根本所緣境繼續觀修。沉沒出現時，不能修無常、苦、厭患等非悅意境，使心更趨向內，加重沉沒的嚴重性。《攝波羅蜜多論》說，「由勤修智慧的力量擊退心意怯弱，使心策舉高昂。」緣念的力量低下無力，稱為沉沒；過度向內攝持，稱為退弱。《中觀心論》說，「退弱時，應該以智慧思擇，修廣大所緣，使心變得寬廣。」又說，「退弱時，應該策舉自心，觀察精進的功德。」

許多智者都主張，對治沉沒最好的方法，就是思惟三寶功德、菩提心勝利、人身暇滿義大等，就像睡意濃厚的時候，起來用冷水洗洗臉，就可以恢復清醒。沉沒所依的因有昏沉、睡眠和容易引發昏睡的黑暗相，修光明想有助於去除這些因相，避免沉沒。《聲聞地》說，「在威儀上，應該起身經行或緣光明相薰修，隨念佛、法、僧、戒、施、天六種功德，或者思惟其他清淨所緣，策舉自

心；或者讀誦有關昏沉睡眠過患的經論，或者瞻顧四方及月亮、星星等光明物體，或者用冷水洗臉，讓自己清醒。」沉沒不太嚴重或偶爾出現，還是可以繼續策勵正修。沉沒嚴重或經常出現，就應該暫時停止，先修適當的對治品，等到沉沒程度輕微，再回頭修定。如果放任憶持的所緣境相不明顯、黑暗，對此置之不理，以後更難去除沉沒，必須趕快修習能對治黑暗的光明相。

《聲聞地》說，「應該以具足光明、照了、明淨、無暗等不同程度的光明想，修習止觀。以光明想修止觀，即使一開始對信解的所緣行相不清楚、只有一點微明，經過多次薰修的過程，所緣行相最終會清楚明亮。對於一開始信解的所緣行相就已經清楚明亮，也會因此增強清楚明亮的程度。」說明連所緣行相清楚的人，都要修光明想，更何況那些原本不清楚的人。至於要取哪種光明相？如《聲聞地》所說，「燈火、大火，甚至日輪亮光都可以取光明想。」修習光明想，不限修定，修觀也可以。

掉舉是因為貪欲追逐聲色等境，這時候應該思惟可厭患事，把心收攝起來，等到去除掉舉，再回到先前的所緣境相住心。《修次初篇》說，「一想到從前快樂的事，會散亂產生掉舉，這時候應該思惟無常、苦等厭患事，去除掉舉，之後再回到先前所緣境相，攝心安住，不必刻意去想境相的涵意。」《中觀心論》說，「思惟無常等事，可以滅除掉舉。」《集學論》說，「掉舉時應該思惟無常，避免出現掉舉心。」如果掉舉猛利持久，應該暫時停止，先修厭離心，這點很重要；不太嚴重的時候，還是可以繼續攝持，恢復安住；等到轉輕，就不必暫停，只要把心拉回所緣境就可以了。如《攝波羅蜜多論》說，「掉舉不嚴重的時候，以止對治。」《瑜伽師地論》解釋攝錄心，就是對治掉舉的方法。

3. 產生沉掉的原因

如《本地分》說，「爲什麼出現沉沒？不護守根門、飲食不知量、初夜後夜不勤修覺悟瑜伽、沒有正知而住。它的特性是愚癡、耽著睡眠、缺乏善巧智慧、懈怠俱行四法、不修正奢摩他、不知正確修定、不能經常思惟止相、內心昏暗、不樂憶持所緣境。」又《本地分》說，「爲什麼出現掉舉？如前面說到不守護根門等四事，它的行相是貪、不寂靜、沒有厭離心、缺乏善巧智慧、太舉俱行四法、不修習策舉、不知正確策舉；提振自心時，心隨掉舉流轉，攀緣過去和親友之間的快樂景象，反而擾動自心。」

(二) 離沉掉如何修

依照前面的方法，已經勤修斷除微細沉掉，遠離沉掉不平等的狀態，若繼續刻意功用作行，反而會引發修定過失；也就是說，遠離沉掉後，應該修平等捨、無功用作行。因爲收攝和策舉，是爲了對治掉舉和沉沒；已經做到對治沉掉，卻延續先前的修法，一會兒收攝，一會兒策舉，只會干擾內心平等運轉，造成散動，這時最重要的是放緩。放緩，是放緩對治，不是放緩憶持力，以免沉掉伺機而起。修等捨是指第八住心階段，不是沉掉未起的任何時候，一定要完全降伏沉掉才能修等捨，只要沉掉勢力還殘留著，就不能放鬆修習等捨。所謂等捨，如《聲聞地》說，「修止觀時，能緣的心已經遠離污染、具平等性，在所緣境上舒適、穩定、不費力，具有心堪能及調柔性，可以無功用自在轉動。」說明獲得等捨三摩地，去除沉掉現前的過失，不必再費力對治，可以住於無功用捨。這時候的所緣境，如《聲聞地》說，「由所緣令心住捨，對所緣境不必再

發精進功用力。」修捨的時機，如《聲聞地》說，「確定心已經從沉掉障礙獲得解脫。」這些引發無過三摩地的方法，出自至尊彌勒菩薩的教授，如《辨中邊論》說，「依善法勤修安住，使心具有堪能性，靠著止觀雙足成就一切功德。為什麼能成就一切功德？因為滅除五種過失，勤修八種斷行。懈怠、忘記聖言、沉沒掉舉、不作行、作行，稱為五種過失。以欲為所依、以勤為能依、以信為所因、以輕安為能果、靠正念不忘記所緣、靠正知覺察沉掉、靠思斷除不作行、靠捨斷除作行，使心無功用正直轉，稱為八種斷行。」依善法安住，是為了去除障礙品，勤發精進修習善品，依此安住獲得心堪能性的殊勝三摩地。能成就一切功德，是指成就殊勝三摩地後，獲得神通等一切神足或所依。

五、引生住心

1. 說明九住心

　　內住：從外所緣境收攝，使心安住在內所緣境，如《莊嚴經論》說，「心住內所緣。」

　　續住：心繫所緣境不散亂，能持續安住一段時間，如說，「令相續之流不散亂。」

　　安住：心暫時忘失所緣境向外散動時，能迅速察覺把心拉回，繼續攀緣，如說，「一散亂，立刻覺察，再繼續安住所緣境。」

　　近住：《修次初篇》說前面的安住是指能知散亂、能斷散亂；到了近住階段，已經斷除散亂，應該繼續攝心安住在根本所緣境。《般若波羅蜜多教授論》說，經常修習從廣大外境攝心，使心漸漸細微向上安住，如說，「智慧力量逐漸增強，以此收攝自心。」

《聲聞地》說,「應該先以念力安住,避免心向外散動。」

調伏:由思惟正定的功德,使心欣悅正定,如說,「接著看到正定的功德,而歡喜修定。」《聲聞地》說,隨逐色聲香味觸五境、貪瞋癡三毒、男女境相,應思惟這些過失,避免流散到這十種境相。

寂靜:觀察散亂的過失,去除不喜歡三摩地的想法,如說,「觀察散亂過失,去除不想修定的想法。」《聲聞地》說,應該先思惟諸惡尋思及五蓋過患,避免向外流散。

最極寂靜:能迅速避免出現貪心、憂感、昏沉、睡眠等,如說,「貪憂昏睡一出現,要立刻遮止。」《聲聞地》說,失念會產生諸惡尋思、隨煩惱,不要忍受,必須馬上斷除。

專注一境:為了使心任運轉動而策勵作行,如說,「精勤修習律儀,依第八住心的有功用作行,準備進入第九住心。」

平等住:住心平等時應該修等捨,《波羅蜜多教授論》說,進入第九住心就有自在運轉的能力;《聲聞地》說,「以經常修習為因,獲得無功用作行、任運而轉。此時不必加行功用,自然安住三摩地不散亂,稱為等持。」以上出自《修次初篇》。

2. 以六力成辦九住心

由聽聞力成辦內住心:因為隨順他處聽聞佛法,才有可以修持住心的所緣境。

由思惟力成辦續住心:開始住心時,應該經常思惟、修習要緣的內容,才能獲得少許相續安住的能力。

由憶念力成辦安住心及近住心:所緣向外散動時,要回憶先前所緣,趕快收攝內心;最初生起憶念力,避免所緣境散亂。

由正知力成辦調伏心及寂靜心：以正知察覺十相、諸惡尋思、隨煩惱等流散的過患，避免散亂到這些境相。

由精進力成辦最極寂靜心、專注一趣心：千萬不要忍耐忽視微細的諸惡尋思及隨煩惱，必須精進對治，才能獲得妙三摩地。

由串習力成辦等住心：經過努力串習前面八個階段，就不必再功用作行，獲得任運自轉，殊勝三摩地的境界，以上出自《聲聞地》。

總之，首先要聽聞教授，使心安住在所聞義理。其次以意言的方式在內心反覆思惟，使心略略生起相續力量。忘失所緣、產生散亂時，要儘快收攝，回到先前憶念的所緣。其次生起更有力量的正念，牢牢憶持不令散亂。獲得有力的憶念後，要生起猛利的正知，觀察沉掉等能擾動所緣的過失。接著以功用力，迅速覺知斷除微細的失念散亂，雖然截斷散亂，仍要靠正知力，以免產生微細的障礙，延緩三摩地證得時間。經過前面策勵的功夫，心處於自在、任運轉動的狀態，表示成辦第九住心，不必再起功用作行，這時已經獲得無功用殊勝三摩地。在第九住心以前，瑜伽師都要起功用作行，去除粗相及細相的修定違品，使心安住所緣境。

3.九住心具備四種作意

《聲聞地》說，「九住心共有四種作意，勵力運轉、有間缺運轉、無間缺運轉、無功用運轉。內住及等住，要靠勵力運轉作意；安住、近住、調伏、寂靜及最極寂靜，要靠有間缺運轉作意；專注一趣，要靠無間缺運轉作意；等持，要靠無功用運轉作意。」在第一和第二階段，精進策勵的功夫不能少，因此稱為有勵力運轉作意。中間五個階段要對治沉掉，造成修定無法連貫久修，所以稱為

有間缺運轉作意。到了第八階段，沉掉已經無法障礙，產生危害，這時可以長時間修定，稱爲無間缺運轉作意。到了第九階段，既可以長時間、不中斷，又不起功用作行，稱爲無功用運轉作意。

六、成就奢摩他

光是獲得第九住心還不算輕安，嚴格說來連奢摩他都不算，更不必說毘鉢舍那。因爲第九住心三摩地的心相具有無分別、安樂、光明等莊嚴特性，很容易讓人誤以爲成就根本後得位，獲得無分別智慧，甚至許多人把這當成無上瑜伽的圓滿次第。正確說來，只要沒有獲得輕安的定，都不算眞實奢摩他，只算奢摩他隨順作意。如《解深密經》說，「世尊！菩薩以內心所緣爲境，思惟安住，還沒有得到身心輕安以前，應該如何稱呼？世尊回答，彌勒！沒有身輕安和心輕安，就不算眞實奢摩他，只算隨順奢摩他的勝解相應作意。」《修次中篇》說，「修習奢摩他獲得身心輕安，才能隨心所欲自在所緣境，這才算成就奢摩他。」說明成就眞實奢摩他必須具備二個條件，一是自在所緣，一是身心輕安。《般若波羅蜜多教授論》說，「菩薩獨處空閒處，作意思惟所緣義理，等到熟練後，捨棄心中意言，專注所緣境，在還沒有引發身心輕安以前，都算奢摩他隨順作意；必須生起輕安，才算眞實奢摩他。」生起眞實三摩地的奢摩他作意，最主要的目的是引發勝觀。單單獲得殊勝妙三摩地，連欲界煩惱都斷不了，更不用說斷盡一切煩惱。

毘鉢舍那有二種，一是內外道和大小乘的共道，能暫時壓伏煩惱現行的粗靜相道毘鉢舍那；一是內道專屬的不共法，能畢竟斷除煩惱種子的通達無我眞實義毘鉢舍那。前者只算圓滿的支分，後者才是解脫的必要條件，務必生起能證得無我義的眞實毘鉢舍那。獲

得初禪未至定的正奢摩他，雖然沒有繼續證到二禪、三禪、四禪，甚至無色界的正奢摩他，仍然可以依初禪正奢摩他修習勝觀，脫離輪迴繫縛，獲得究竟解脫。相反的，不能通達無我真實義，即使獲得正奢摩他或修習世間毘缽舍那，最多只能斷除無所有處以下的煩惱現行，到達有頂天，即使是這麼高的境界，還是屬於三界輪迴，無法脫離生死。如《讚應讚》說，「沒有修習佛陀正道的盲目眾生，即使投生到有頂天，將來還是要忍受三苦逼惱。唯有追隨佛陀教法，雖然不一定到達初禪靜慮正分，還有許多煩惱魔軍，卻有機會斷除三有，獲得究竟解脫。」

　　預流果、一來果，所有能證得聖道位的毘缽舍那，他們所依止的奢摩他，不一定是初禪正分所攝奢摩他。要知道，能夠斷除「所斷品」的阿羅漢，也能依止初禪未至定的奢摩他勤修勝觀，最後才證得阿羅漢果，此間不必經過色界、無色界的過程。沒有成辦真實奢摩他，絕對無法證到緣如所有性或盡所有性真實毘缽舍那。修習無上瑜伽，雖然不必緣所有粗靜行相的毘缽舍那及初禪以上的靜慮正分，至少要取一個真實奢摩他為所依，才能引發後續的功德。剛生起的階段，算獲得生起次第，之後才是圓滿次第。

　　修到具足明顯力及無分別的殊勝正奢摩他，若不繼續修二種勝觀，不但不能暫時抑制欲界煩惱，更別想永斷煩惱障和所知障；脫離欲界獲得第一靜慮，一定要依靠正奢摩他修習毘缽舍那。二種毘缽舍那的前行，都要具備初禪近分所攝的正奢摩他。能引發離欲的勝觀，包括四諦十六行相與粗靜相道。一般來說，有二類眾生想修世間離欲的粗靜相道：即完全缺乏無我正見的外道，和具有無我正見的內道，他們靠什麼來斷除煩惱？如《聲聞地》說，「為了脫離欲界勤修觀行的瑜伽師，以七種作意獲得離欲，了相作意、遠離作意、攝樂作意、觀察作意、加行作意、究竟作意、加行究竟果作

意。」最後一個是證得離欲根本定才會引發的作意，屬於初禪正分所攝，是前面六種作意的果；因此前六種作意是能修的因，屬於初禪未至定所攝。修粗靜相道，要分別思惟上地功德與下地過失，爲正確了解行相差別，有時由聞所成、有時由思所成，以此薰修聞思，最後勝解粗靜行相，稱爲勝解作意。

不管修哪個作意，都要靠雙修止觀來斷除煩惱。

經常觀察下界粗相及上界靜相的過程，稱爲修習毘缽舍那；觀察後以粗靜相攝心安住的過程，稱爲修習眞實奢摩他。以此修習第一及第二作意，稱爲厭患對治。其次輾轉薰修止觀，如果能對治欲界嚴重的上品煩惱，稱爲遠離作意。其次再間雜修習止觀，若能降伏中品煩惱，稱爲攝樂作意。接著雙修止觀，若能觀見障礙善行的欲界煩惱，不論入定及出定都不讓煩惱現行，也不作意自己已經斷除煩惱；更進一步審察煩惱不起現行的原因，是因爲離欲？還是尚未離欲？思惟後，爲了醒覺更深沉細微的煩惱，故意攀緣一種清淨的可愛相，若發現貪欲再起現行，爲了去除貪欲而好樂修習，稱爲觀察作意；這裡所要斷除的煩惱，就是「自認爲已經斷煩惱」的增上慢。其次依照前面的步驟各別觀察粗靜相的意義，然後安住所緣，善巧修習止觀，能對治欲界下品煩惱，稱爲加行究竟作意。這裡第三、第四、第六作意才是壓伏斷除煩惱的對治品。

斷除下品、最微細的煩惱，等於摧毀一切欲界煩惱不起現行，這還不算畢竟斷除煩惱種子，只算暫時壓伏煩惱；由此從無所有處以下的欲界解脫，因爲沒有滅除有頂天現起的煩惱，仍然在三界輪迴，尚未達到永遠解脫的境界。修習四靜慮、四無色定、五神通，和外道修持方法類似，即使獲得神通與覺受，不但不能脫離生死，反而會障礙解脫，被生死繫縛；千萬不要滿足於修定，應該繼續尋求眞實無我的勝觀。

圖解　九住心修持過程

　　從最下面開始，行者手持代表正知與正念的鐵鉤和繩索，進入奢摩他。大象代表心，黑象表示沉沒的程度；猴子代表流散，黑猴表示掉舉的程度。隨著住心力量增強，黑色慢慢退為白色，六個彎道表示六力。

　　首先從上師處聽聞所緣教授，進入修止；由聽聞力成就第一住心，這時候心常流散，大象和猴子全身黑色，表示沉沒和掉舉嚴重，行者在後方追趕大象和猴子，表示無力控制心，只能被心所驅役。

　　進入第二個彎道，由思惟力成就第二住心，象頭與猴頭開始出現白色，表示明分和住分力量增強。

　　進入第三個彎道，由憶念力成就第三及第四住心，繩索牽著大象，表示行者稍稍具有控制心的能力，此時代表微細沉沒的黑兔出現。

　　進入第四個彎道，由正知力成就第五及第六住心，行者走在動物前，表示控制心的能力轉強，有時還可摘食路上的自他二利果實。

　　進入第五個彎道，由精進力成就第七及第八住心，獲得專注一趣，黑色及猴子兔子消失，此時已經去除沉沒及流散。

　　進入第六個彎道，由串習力成就第九住心，最後獲得心輕安的止，接著修習止觀雙運，得到代表自由飛行的身輕安。

25 毘缽舍那

當知善逝宣說空，是爲了義經差別，若說有情數取士，其法皆是不了義。

—— 出自《三摩地王經》

引言

　　外在的山河大地、內在的相續所緣，並非真實不變、實有存在，只是看起來像真的而已；不論哪一類眾生或哪一派宗見，最終都要斷除我執和我所執，才能證得法身。這章將帶領我們趣入最後的法門，由思惟生死過患，對輪迴產生厭離，發起想要脫離的意樂。然後觀察如果不根除業與煩惱，斬斷輪迴的因，就無法證得寂滅，什麼才是生死根本。從這個根本下手，了解薩迦耶見我執或無明，是輪迴受生的根本、是痛苦的源頭。由此產生定解，發誓必須斷除煩惱障。想要了解薩迦耶見我執，唯有仰賴智慧的力量，打破實有執著，滅除壞聚見。然後依循佛陀正理觀察，了解執著有我會產生哪些過失，堅固無我正見，最後證得涅槃寂靜，成就毘缽舍那。

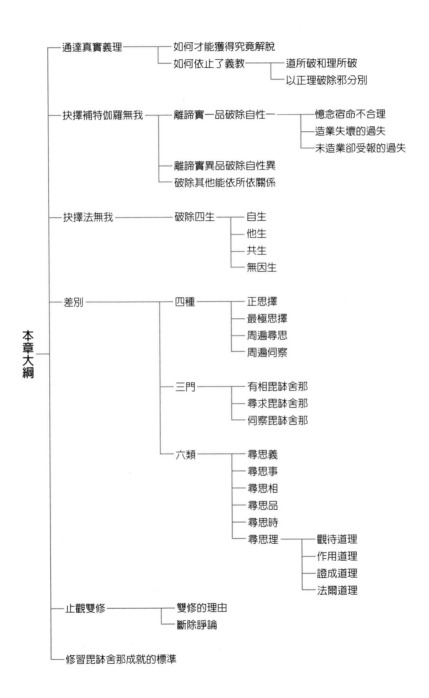

本章大綱

- 通達真實義理
  - 如何才能獲得究竟解脫
  - 如何依止了義教
    - 道所破和理所破
    - 以正理破除邪分別
- 抉擇補特伽羅無我
  - 離諦實一品破除自性一
    - 憶念宿命不合理
    - 造業失壞的過失
    - 未造業卻受報的過失
  - 離諦實異品破除自性異
  - 破除其他能依所依關係
- 抉擇法無我
  - 破除四生
    - 自生
    - 他生
    - 共生
    - 無因生
- 差別
  - 四種
    - 正思擇
    - 最極思擇
    - 周遍尋思
    - 周遍伺察
  - 三門
    - 有相毘缽舍那
    - 尋求毘缽舍那
    - 伺察毘缽舍那
  - 六類
    - 尋思義
    - 尋思事
    - 尋思相
    - 尋思品
    - 尋思時
    - 尋思理
      - 觀待道理
      - 作用道理
      - 證成道理
      - 法爾道理
- 止觀雙修
  - 雙修的理由
  - 斷除諍論
- 修習毘缽舍那成就的標準

一、通達真實義理

獲得正奢摩他後，心安住無分別境，能隨心所欲修習所緣行相遠離沉沒，獲得明顯力及身心輕安的身樂心喜，雖然這已經有很多殊勝功德，卻不能就此滿足，應該進一步修空，引發無顛倒決定勝慧，也就是毘缽舍那。外道也能達到禪定三摩地的境界，光修禪定，無法斷除煩惱種子，脫離三有輪迴。如《修次初篇》說，「獲得寂止後，心能堅固的緣念所緣境，接著應當以智慧觀察真實無我的道理，引發明顯的智慧光明，才能現證空性，永遠根除愚癡種子。不然就和外道一樣，僅僅靠著三摩地，根本無法徹底壞滅煩惱。」如經也說，「只修三摩地不能破壞我執，不能根除煩惱，最終又被煩惱染污，就像外道仙人增上行，雖有極高證量，仍墮入三惡道。」外道有一位叫做增上行的仙人，禪定功夫很好，可以久坐不起，修到有頂天的境界；因為入定太久，連老鼠都跑到他頭上做窩，他出定後發現頭上有老鼠窩，一時氣憤引發瞋心，因為這個瞋心而墮入三惡道。文中「只修三摩地」，是指已經獲得無分別、明顯等殊勝功德的妙三摩地，想想連這麼高的境界，都無法斷除我執，應該進一步修證究竟法門；只要煩惱的根本我執不斷，終究會起煩惱，所以說「最後又被煩惱染污」。

如何才能獲得究竟解脫？

《修次初篇》引經說，「如果觀察無我法義……」，說明觀察無我義理，才能引發通達無我的空性智慧。又說，「這個因能得到涅槃果。」說明修習無我正見，才是獲得究竟果位的正因。又說，「其他因不可能獲得涅槃果。」說明只有無我慧，才能永斷輪迴根本。前面說過，外道仙人也修禪定、神通等法，因為缺乏無我正見，不管修到什麼境界，終究無法超越生死邊際。前面引大乘經典

說，「不了解經典開示的眞實義理，以修定功德爲滿足，由此產生修習甚深道的增上慢，反而障礙解脫，因此佛在經典開示『從他聽聞正法解脫生死』的密意。」必須依止善知識，聽聞無我法；這裡特別強調從他聽聞，以破除修定邪執。

許多人認爲不必依止善知識、不必思惟空性，只要靠自己修定就可以證得空性，這是不對的想法。在佛陀的教法中，有些直接開示無我義理，屬於道的主體；有些間接趣入無我義理，屬於道的支分。不論直接或間接，其目的都是爲了引發眞實智慧，缺乏眞實智慧的光芒，不可能遣除無明愚癡的黑暗。單靠心一境性的奢摩他，不可能得到清淨智慧，不可能滅除愚癡黑暗，追求通達無我眞實義理的解空智慧，是最眞實究竟的法要。如《修次中篇》說，「成就奢摩他後，要修習毘缽舍那。應當思惟，佛陀一切言教都是善說，或者直接開示眞實義理，或者間接趣入眞實義理。唯有通達了義教，才能畢竟遠離一切惡見邪網，以智慧光遮除無明暗。單靠奢摩他力量，既不能清淨智慧，也不能去除愚癡障蔽，更別想出離生死。因此我應該安住正奢摩他，以智慧追尋無我實義，千萬不要停在禪定快樂。何謂眞實義？就勝義而言，一切有事都是補特伽羅我空及法我空。」眞實義要靠般若度證得，其他五度沒有辦法。《修信大乘經》也說，「如果菩薩不依止智慧信解大乘，不管修什麼法，我絕不預言此人可以獲得解脫。」

親近能正確解釋佛法扼要的智者，聽聞清淨無垢的了義教法，由聞慧及思慧引發通達眞實無我正見，是修毘缽舍那不可或缺的正因資糧。不了解眞實義理，不可能得到通達如所有性的毘缽舍那。想要善巧抉擇正見，卻不依止定量大車軌解釋佛陀密意的論釋，就像盲人缺乏引導而步入險境。

要依止哪些智者？

　　回答，就是佛陀在顯經及密續授記，能正確闡釋甚深經義、開顯聖教心要、遠離有無二邊，美名遍揚三界的「中道大車軌」龍樹菩薩，以龍樹菩薩著作的六大論著了解空性。提婆論師是龍樹菩薩的弟子，師徒二人是所有中觀師的準繩。佛護論師、清辯論師、月稱論師、靜命論師等中觀師又依止提婆論師，因此先賢一致尊稱龍樹父子是根本中觀師，其餘上述論師是隨持中觀師。阿底峽尊者承襲月稱論師，這本道次第傳承又遵循阿底峽尊者教法，所以將月稱論師尊為定量師，月稱論師特別推崇佛護論師，能最圓滿解釋二聖密意，這二位論師是解釋龍樹聖父子中觀思想的第一殊勝，也是本論抉擇聖者密意的根據。另外，本論又擷取清辯論師的精華，保留合理的部份，去除不合理的部份。

　　想要通達實相，必須依賴佛陀教法。佛陀為了順應所化眾生的根器和意樂，開示許多法要，有時採直接、有時採間接，有時講了義、有時講不了義，應該依止哪些教法？

　　回答，依止了義教，才能通達實相。了義與不了義的判分，是就所詮的義理而安立。詮釋勝義諦，稱為了義；詮釋世俗諦，稱為不了義，如《無盡慧經》說，「宣說世俗諦的道理，稱為不了義經；宣說勝義諦的道理，稱為了義經。開顯世俗法、自性等名言，屬於不了義經；開顯甚深難見、難以通達的空性義理，屬於了義經。」

　　如何依止了義教，現證實性涅槃？獲得解脫？

　　回答，想要洞澈薩迦耶見我執，必須靠智慧力，通達真實執著的我不存在，確定破除壞聚見。其次依循佛陀正理觀察，了解執著有我的過患，確立無我定解，在這個基礎尋求解脫，整個過程就是證得涅槃寂靜不可或缺的方便。如《顯句論》說，「因煩惱而造業，因業而產生異熟身，因造作者而產生補特伽羅，因造業而產生

果報等等，從究竟的角度來看一切都不是真實存在。只是我們被海市蜃樓迷惑，把不真實當成真實。什麼才是真實？如何悟入真實境？回答，首先要知道眼等內法及色等外法自性不可得，由此去除我執和我所執，進入真實境。只有悟入真實境，才能以智慧眼觀見所有煩惱源於薩迦耶見，「我」不過是薩迦耶見的顛倒妄執而已，瑜伽師應該從滅除我執下手，要獲得正確知見，必須了解《入中論》。」又說，「若行者以佛陀正理思惟，就能了解俱生我執的薩迦耶見是輪迴根本，繼而推求我是薩迦耶見的所緣境。知道我不可得、不真實、不存在，就能滅除薩迦耶見，遮止輪迴流轉的因。滅除薩迦耶見我執，才能永斷貪等煩惱及輪迴過失。」

1. 道所破和理所破

道所破：如《辨中邊論》說，「煩惱障、所知障總攝一切障礙，斷除二種障礙就能解脫。」說明修行人所要破除的事，就是煩惱障和所知障，假使沒有這二個障礙，有情就不用努力修持，可以自然解脫。

理所破：如《迴諍論》說，「眾生對自性空所幻化的女人起實有邪執，因邪執而產生貪愛。爲了破除貪愛，如來及弟子們才化現幻身，以幻身遮除眾生對幻女的邪執分別。諸法本性皆空，我講的話也是空無自性，像幻女一樣，我用幻化之語遮除眾生自性實有的邪執。」說明要破除邪執及因邪執而增益實有的事，這裡要破除的是後者，爲了破除顛倒心，必須破除所執取的顛倒境。例如以緣起因果破除人我及法我的自性有，首先要知道所破的事爲無；雖然是無，卻能產生作用，使顛倒心執無爲有。如何破除瓶子有的想法，並不是拿鎚子把瓶子打破，讓有變成沒有；而是從根本去了解，所

破的瓶子原本就沒有，生起「無」的定解。缺乏正確定解，不可能遮遣執無爲有的錯亂識。要知道眞相就是如此，並不是原本不存在，有某個人創新發明的。這是法性本來的面目，經過聖者觀察獲得決定智，應該了解自性無和絕對無的差別。

2. 以正理破除邪分別

雖然要破的分別心有很多，數也數不清，但還是有一個根本過失；只要找出根本關鍵，就可以遮遣一切過失。例如經典說對治貪等煩惱只算一分，對治無明煩惱，才算究竟。無明是一切過失的根本，如《顯句論》說，「世尊依照有情無量煩惱行境，宣說八萬四千種對治法門，權分爲勝義諦和世俗諦，通通歸入契經①等九部經典。因爲法門眾多，光是斷除貪欲，不能對治瞋恚；光是斷除瞋恚，不能對治貪欲；光是斷除我慢，不能對治其他污垢。每個單項對治法，無法廣被其他煩惱，不能產生重大義利。其中唯有去除愚癡，能夠盡斷所有煩惱，因此諸佛說一切煩惱的根本是愚癡。」

愚癡，就是執著內外諸法自性實有，這個虛構自性的心就是無明。如《四百論釋》說，「增益諸法有自性的心，被無明染污，產生無知，於是妄執諸法實有起貪等煩惱，造作善不善業形成流轉生死的根本種子。唯有滅除無明種子，才能安立生死還滅，獲得涅槃寂靜。爲了闡述這個道理，頌說『三有種子是無明，無明使諸識顛倒，境是諸識的所行境，只要通達境無自性，去除無明煩惱，三有自然壞滅』。說明透過現證境無自性，破壞無明虛構的自性實有，

---

① 契經，就是指佛經，契有貫穿的意思，表佛陀所說的經能上下貫穿諸佛與眾生適用同一道理，具有真實不變的意義。

才能盡斷貪欲煩惱的根本，拔除三有種子，以此安立聲聞、緣覺、無生法忍菩薩脫離輪迴繫縛。」

無明是實有執著，就像身根遍佈全身，所有煩惱都具備無明這項元素；斷除無明，等於毀壞一切煩惱根本。如《四百論釋》說，「因為無明而妄執諸法諦實，心被極度的愚癡所蒙蔽，於是對諸法虛構出一個『自性實有』的執著，執取各種對境產生貪等煩惱，無時無刻隨境轉動，完全沒有自主能力。」

無明是明的違逆品，並不是所有智慧都可以被稱作「明」，只有通達無我真實義的智慧才行。

明的違逆品，不是沒有智慧或其他，而是針對增益自性實有的我執，包括虛構的法我執和補特伽羅我執。「只要有蘊執，就有我執」，被法我迷惑的無明，就是迷惑補特伽羅的因，說明法我執和補特伽羅我執互為因果。如《七十性空論》說，「對因緣所生的法，妄執實有分別，佛說就是無明。因為無明產生十二支，造成輪迴流轉；洞見真實義理，通達諸法性空，才不會產生無明；無明滅，則十二支滅，生死輪迴自然停止。」《中論》在第二十六品說，「去除無明，才能避免無明造作因果業行；去除無明的方法，就是了解勝義、修習實義。既然有支的前支已滅、後支不生，引生輪迴純一的大苦蘊自然消滅。」

二、抉擇補特伽羅無我

《入中論釋》引經說，「因為魔心作祟，妄執我有自性，這是無始劫以來就存在的邪見。應該思惟行蘊是空，有情只是行蘊的假合，並非實有；就像聚集輪子、車軸等支分假名為車，依五蘊的集合體，世間假名稱為有情。」說明車輪、車軸等組合，假名安立為

車子；有情和我也一樣，是由諸蘊和合假名爲有。車子本身沒有自性，只是假有存在。《入中論》說，「例如分析車子的自性？透過七相分析，了解車子的自性不可得。這七相是車子與支分同一、車子與支分相異、車子依支分而立、支分依車子而立、車子具有支分、支分聚合爲車子、支分組合的形狀爲車子。」

　　從車子和支分是自性一？還是自性異？由這七個角度觀察，發現根本沒辦法安立車子的自性，這樣就可以證明車子只是假有。我和取蘊的關係也一樣，透過七相分析，發現我和蘊既不是自性一、也不是自性異，以此破解我是實有，了解我也是假名安立。當實事師②說自性有的時候，修空性的瑜伽師以七相正理分析，發現一無所得，了解無自性的道理；這種契入眞實的方法相當善巧，不但合乎勝義，也不違背世間共許的名言。

　　一般名言說的車子，不過是無明眼翳蒙蔽智慧雙眼，由顚倒妄執所假名安立，不是自性實有。因爲這個道理，瑜伽師才能快速趨入眞實義，通達空性正見。

1. 離諦實一品，破除我和蘊是自性一

　　如果我和蘊的自性相同，會產生哪些過失？佛護論師說有三種過失，我變成沒有意義的事、我變成多、我應該有生滅。第一個過失是妄計有我的執著變成無意義，因爲我只是蘊的同義異名。第二個過失是一個補特伽羅有很多個蘊體，因爲二者自性相同，我變成

---

②實事師，凡是承認「諸法自性是勝義有」，就是實事師，包括毘婆沙師、經部師和唯識師。另外，中觀自續派不承認諸法自性是勝義有，而是名言有，如清辨、靜命、蓮花戒論師等；中觀應成派兩者都不承認是自性有，如佛護論師和月稱論師。

多個；或者多個蘊體變成一個，有一變多、多變一的過失。第三個過失是我應該像蘊一樣剎那生滅，《入中論釋》說承認我剎那生滅，會產生憶念宿命不合理、造業失壞、未造業卻受報等過失。

憶念宿命不合理：因為蘊剎那生滅，我也剎那生滅，而且是有自性的剎那生滅；這麼一來，前剎那的我已經壞滅，後剎那的我出生，前後各有各的自性，毫不相關。既然前後剎那無關，前後世更無關。佛陀就不應該憶念前生說「當時我是乳王」，因為乳王的自性和佛陀的自性無關、個體不同。假使後者能憶念前者感受，前者也應該能憶念後者感受，那麼乳王應該也可以憶念佛陀感受，但實事並非如此。雖然經典遮除二者自性不同，不代表經典承認二者自性同一，所以佛陀又說，「那時候的乳王是不是我？千萬不要這樣想。」換句話說，只要承認我有自性，一定會導致常見或斷見的過失，由前後世的我自性為一，形成常見；由前後世的我自性為異，形成斷見。

造業失壞的過失：如果承認我的自性剎那生滅，那麼前剎那造業，要由後剎那去承受果報的道理就不成立；我過去造的業，應該沒有人來承受。因為過去造的業，在還沒受報以前，由於自性剎那生滅的緣故，我已經壞滅了，沒有所謂的我；既然前後兩個我不同，前我造的業，不應該由後我承受。

未造業卻受報的過失：如果說前我壞滅，還是可以由後我承擔果報，那麼補特伽羅不但要承受前我造業的果報，可能還要承受其他補特伽羅造業的果報。也就是說，這個補特伽羅造業的果報，可以由另一個與他自性不同的補特伽羅代受，因為前我和後我自性不同，這樣說顯然不合理。又問，既然如此，如何解釋憶念前世的現象？例如裝滿乳酪的器皿放在屋內，屋頂上有一隻鴿子飛過，雖然鴿子沒有直接將爪子伸進乳酪，卻能在乳酪上留下清晰的爪痕。由

此推論，今生補特伽羅不必親自到宿世，就可以憶念宿世，二者並不相違。《四百論釋》說，「因果作用並非侷限在自性一或自性異的範圍，由差別因顯現不同的果報，諸行相續不過是無常的作用，以近取的假我憶念宿世，仍然可以成立。因為諸法無自性，只是假有，緣假有的法顯現假有的相，也很合理。要知道諸法緣起性空，雖然空無自性，卻有不可思議的差別作用。」承認我和蘊是一，我就變成沒有意義、我就變成多個、造者和造業變成一個、造業失壞、未造業卻承受、沒有憶念宿世等事，以上共有六項過失，以此說明不承認我和蘊的自性為一的理由。

2. 離諦實異品，破除我和蘊是自性異

如果我和蘊的自性不同，會產生哪些過失？《第十八品》說，「假設我和蘊的自性不同，那麼我的身上不該有蘊的性相。」因為我離開蘊獨立，成為自性相異，我應該沒有蘊生、蘊住、蘊滅的性相，就像牛和馬不同，馬沒有牛的性相，牛沒有馬的性相。由於找不到和蘊自性相異的我，所以外道虛構一個離蘊存在的我，透過邪見妄執，增益這個我有自性，其實在他們平常的名言識裡，根本沒有見到自己說的「有我」。

3. 由自性一或異，破除其他能依所依關係

如果我和蘊的自性相異的情況，就像盤中乳酪，或者我依靠蘊，蘊依靠我，形成能依和所依的關係；因為二者皆無，所以破除能依和所依的關係。《入中論》說，「為什麼不承認我有色等自性？從我和蘊自性一或自性異的推論中，無法獲得自性有的結果，

因此證明我無自性。倘若我和蘊的自性爲一，則天授等於他自己的色蘊（具色），倘若我和蘊的自性爲異，則天授等於牛（具牛）。因爲這些講法都不對，證明自性非一、也非異。」具牛，表示天授具有牛的自性，因爲自性異的緣故；具色，表示天授等於色蘊，因爲自性一的緣故。也許有人會想，既然自性一與自性異不合理，那麼說我是蘊的集合體就可以了。回答，這也有過失。依五蘊假名施設的我，等於五蘊的集合體，表示所依的事等於能依的法，二者合而爲一。把蘊的集合體當成我，就犯了《入中論釋》所說，業和作者同一的過失。或者他們又想，既然諸蘊集合不是我，那麼色蘊集合的特殊形狀，是不是可以安立爲我？就像車輪、車軸等支分組合的形狀，被稱爲車子。回答，形狀只是色法，把形狀安立爲我，心法怎麼辦，要放到哪？不能光以形狀安立。《入中論》說，「色才有形狀，你只安立色蘊是我，那麼心和意識不是我，因爲心和意識沒有形狀。」

由前面的分析了解補特伽羅如幻化，幻化有二種解釋，一指勝義諦如幻化，只有名言，沒有諦實；一指世俗諦如幻化，雖無自性，卻顯現色等有境。修習世俗幻化必須具備二種心，取現境的心和決定空的心。魔術師以幻術變出大象和馬，這個幻象和幻馬可以被眼識執取，能被看見；心裡同時也明白這些都是魔術，大象和馬是假的。表示眼識見到幻象和幻馬，意識同時生起虛幻假相的想法。補特伽羅也一樣，一方面在世間名言識顯現爲有，這是不可抵賴的；另一方面理智又清楚知道自性空，由這二種決定得到補特伽羅如幻化、如虛妄的定解。以前的智者說過，透過理智觀察色等諸法，只能遮除自性生滅的空，稱爲如虛妄的空性；之後再透過自性空呈現似有的色等顯現，稱爲如幻化的空性。

禮拜、繞塔、念誦之前，先以理智分析有無自性，破除自性有的誤解，獲得無自性定解；靠著這種定解所攝持的智慧力，去修習如幻的善行，也能累積如幻的資糧、也能淨除如幻的業障。對於現空雙運的道理，如果不了解所破的界線，過與不及都有問題，一味的以正理觀察自性一異，看到二者都不成立，便主張沒有補特伽羅等，甚至主張有為法像兔角一樣空無作用，於是產生斷見；這種見解不但無法解脫，反而會墮入惡道。如說，「持絕對無的斷見者說，既然雙雙遮破自性一與自性異，哪裡還有輪迴？哪裡還能成立如幻？」《四百論釋》說，「若能如實觀見緣起義，應當深入理解幻化的內涵，並不是像石女兒一樣沒有。」

1. 以正理推論顯現境相的時候，首先獲得沒有的感覺，接著用來分析自己，得到相同的結論，發現原來自己也沒有；因為失去可以攀緣的對境，突然對一切境相感到杳杳茫茫。之所以產生這種錯亂，是因為沒有分清楚「自性有無」和「絕對有無」的差別，通通以觀察自性的正理破除。前面說「沒有」的空，是破壞緣起義的空；以這種空作為證悟的對境，當然會引發杳茫渾沌的感覺。

　　透過正理分析，要獲得補特伽羅無自性並不困難，比較困難的地方在於已經破除自性有，還要以無自性的補特伽羅來安立因果等作用，對此產生定解，這才是緣起性空的道理；因為困難，才顯示中觀正見彌足珍貴。未獲得緣起性空的正見以前，只要見品增長，就會造成行品減退；行品增長，就會造成見品減退。這時候得到的結論，不是墮入妄計諸法實有的增益見，執持常見、有事、有邊；就是墮入妄計諸法空無作用的減損見，執持斷見、無事、無邊。不管是常邊或斷邊，都是錯誤的見解。

2.《三摩地王經》說，「世尊曾描述這種殊勝三摩地：輪迴中的有情像夢，雖然在夢中顯現生死過程，事實上自性無生、自性無死，有情眾生的壽命也不可得。有情的身體像泡沫，須臾即逝，遇到違緣就壞滅；眾生的本質像芭蕉，中空無實，結果後立即枯萎。出生像魔術，虛幻顯現，存在像閃電，剎那消失，投生像水中月影，以假有的顯相從此生到他生。財物像陽燄，根本沒有真實享用。哪裡真的有人從這個世界死掉，再投胎到另一個世界？儘管虛幻，眾生所造的業卻不會壞失，由善惡業引生善惡果的異熟果報絲毫不會紊亂。要知道，出生並非永遠存在，由此避免落入常邊；死亡並非灰飛煙滅，由此避免落入斷邊。雖然沒有實際的造業者，業不會安住不受；只要造業，就要承受，不造業，絕不會代人承受。」從破除我有自性，推求我所也沒有自性，如《第十八品》說，「我沒有自性，我所哪有自性？」《入中論》說，「沒有作者，就沒有業；沒有我，就沒有我所。瑜伽師看到我和我所自性空，就能斷除自性有的煩惱，從輪迴繫縛中解脫。」

三、抉擇法無我

　　補特伽羅假名施設的事，包括五蘊、十二處、十八界，這些法也是自性空，稱為法無我。有很多抉擇法無我的方法，《入中論》以破四生的方式安立諸法無自性，如《第一品》說，「諸法不是自生、不是他生、不是共生、不是無因生。」

1. 自生

如果苗芽從苗芽的自體出生，生就失去了意義。生，是為了得到先前沒有的體性，既然苗芽的體性早就存在，不應該再生。除了這點，還有生不止盡的過失；因為已生的種子能一直生下去，不斷重覆，苗芽就沒有出生的機會。如《入中論》說，「苗芽從苗芽的自體出生，生等於沒有意義，理由是苗芽在因地已經存在，重覆生的作用是什麼？如果承認可以重覆生，在種子時期種子也可以不斷自生，那麼世界上只有無盡的種子，而不會有苗芽。」

2. 他生

有人提出經典上講過的因緣、所緣緣、等無間緣、增上緣，由此證明他生。回答，如果從自性相異的因可以生果，那麼火燄也可以生出黑暗，因為二者自性不同；一切法也可以從自因或非因出生，產生一切果和非果，由此造成混亂。換句話說，當我們看到稻芽的時候，根本無從辨別這個稻芽是從非自因的火燄來的，還是從自因的稻種來的，因為二者產生的果都一樣。如《入中論釋》說，「如果能生的稻種和自果稻芽的自性不同，那麼不能生稻芽的火炭和麥種，和稻芽的自性也不同。既然稻種可以被異自性的稻芽所生，應該也可以被異自性的火炭和麥種所生。同理，稻種長出和自己自性不同的稻芽，應該也可以長出和自己自性不同的瓶子、衣服等，不過這些情況和現實不符，不可能存在。」

3. 共生

妄執自他二生的勝論師說，瓶子由泥土組成，泥土具有瓶子的

微塵自性，首先承認自生；然後經過陶師製作、棍子成形等作用，又承認他生；將這兩種情況加起來，安立自他共生的道理。例如天授在前世有自己獨立的命根，今世再度受生，天授和自己的命根合一，所以是自生；另一方面天授有自己的父母和黑白業，又有他生。勝論師主張，光是自生或他生一項，不能單獨成立，必須二者兼具才能生。用前面二個正理就可以分別破除這個謬論，《入中論》說，「又自生、又他生也不合正理，共生同時具備二種過失，前面已一一破斥；自他共生的說法，不論世俗諦或勝義諦都不成立，因為連各自的自生都沒有。」

4. 無因生

順世派說，蓮花粗糙的藕莖和柔軟的花瓣是自然形成，並非人為刻意造作；孔雀絢爛的羽色也不是有人抓住它們，塗上七彩、繪製翎眼，所以諸法自然出生，沒有原因。這個講法很不合理，如果是無因生，那麼在某時某地出現的事情，就應該在所有時間地點同時出現或不出現，因此烏鴉應該也有孔雀的翎眼。如果要成立無因生，既然在某處出生，就應該在所有處出生，既然在某時出生，就應該在所有時出生，或者全不生。否則世人辛苦播種耕作，等待秋收果實的意義在哪裡？既然是無因生，為什麼要辛勤耕作？《入中論》說，「如果只承認無因生，一切法應該從一切處出現，世人不應該為了秋天豐收，辛苦囤積種子；既然你說無因生，又何必需要種子這個因。」由以上破除四生，成立自性無生的道理；因為四生涵蓋一切可能，只有四生，沒有第五生。

以正見淨除業障的原因。

　　知道我及我所沒有微塵許的自性，經常串習空性義理，就能滅除我和我所的薩迦耶見；沒有薩迦耶見，就能盡滅共中士道說的欲取、見取、戒禁取及我語取；沒有這種四取，那麼緣取而生的我愛執就會失去依靠，因為缺乏相續結生的有支，就能斷除無盡的生滅，獲得涅槃寂靜。取是煩惱，有是業，輪迴是業與煩惱的作用，業與煩惱不生，就能獲得解脫。要斷除什麼，才能去除業與煩惱？《入中論》說，「業與煩惱從分別妄念生，分別妄念從戲論生，戲論因空而滅。」說明流轉生死的原因是業，由貪等煩惱造作業，感招不斷受生的因。想要去除非理作意，就要避免對色聲等境增益喜歡或不喜歡的分別妄念，去除煩惱根本，也就是薩迦耶見。

　　因為妄執世間八法、男女、瓶子、衣服、色受等自性實有，才會出現非理作意的分別妄念，對境相產生喜歡、不喜歡等區別，這些分別都是諦實執著的戲論。《顯句論》說，「唯有觀見諸法自性空，才能滅除世間戲論，為什麼？因為緣諸法實有，才會產生種種戲論。例如知道石女兒不存在，就不會貪愛石女兒，也不會產生執無為有的戲論。不起戲論，對石女兒這個境相，自然沒有喜歡或討厭的非理作意。不起分別，貪愛我和我所的薩迦耶見，就不會引發根本煩惱的聚合。沒有薩迦耶見作為根本煩惱的聚合，自然不會造諸業。不造諸業，不會再度受生，更不會經歷老死等三有不斷輪轉。」說明只有空性，才能遮除輪迴根本，獲得解脫的命根，對此應該具有堅定不移的信念。

1. 龍樹菩薩在論中指出，聲聞獨覺也要證得諸法無自性，為了脫離輪迴繫縛，唯有修習空性正見。菩薩不只要斷除煩惱障，顧自己解脫，還要利益有情發願成佛，所以要歷經極長的時間，勤修無邊資糧，才能完全斷除所知障。根除二障種子的究竟對治品，就是前面說的空性正見。沒有長期修證，只能斷除煩惱

障，不能斷除所知障。通達無我正見，是見所斷和修所斷的對治品，可以斷除見惑和修惑；光靠現見無我真實義理，只能斷除見惑，不能斷除修惑，斷除修惑必須長期修證。同理，想要斷除所知障，也要觀待長時間修習眾多廣大妙行，也就是菩薩道的六度四攝，才能達到究竟。聲聞獨覺所證的空性正見，侷限在煩惱障的對治品，缺乏所知障的對治品，所以他們修的不算圓滿。《入中論釋》說，「聲聞獨覺也能現證緣起性空，卻不算圓滿修持，只有部份圓滿，因為他們只有斷除三界煩惱的方便法。」由此可知，清辯論師等中觀師認為法我執屬於所知障，月稱論師則認為法我執屬於煩惱性質的無明，應該歸類為煩惱障；僅斷除法我執，不能圓滿無量菩薩資糧，這是煩惱障，不是所知障。

2. 如果把法我執歸入煩惱障，應成派如何定義所知障？無始以來眾生執著諸法自性實有，這個執著污染內心形成一種習氣，經過不斷薰修使習氣愈來愈堅固，由習氣增上的作用，將沒有自性卻顯現似有自性的境和有境認為相同，這種錯亂妄執稱為所知障。《入中論釋》說，「由於聲聞、獨覺、八地菩薩已經斷除煩惱性質的無明，知道世俗諦安立的色等諸法虛幻不實，故能了解諸行如同幻術。雖然無自性，卻顯現假有的諸法，對聖者而言毫無諦實，故能去除實有傲慢，不會造成欺誑。但對愚癡凡夫來說，因為被錯亂心干擾而妄執實有，確實會造成欺誑。在聖者面前，色等諸法只有顯現，透過緣起義了解幻化、世俗。斷除煩惱障、不斷除所知障，由所知障無明現行，顯現世俗假相，稱為聖有相行者；唯有盡斷二障，連色等世俗假相也不顯現，才稱為聖無相行者。」

　　《四百論釋》解釋永斷煩惱性質無明的菩薩，是指獲得無

生法忍的八地菩薩。小乘阿羅漢與八地菩薩都達到盡斷錯亂習氣新起的煩惱，但是過去薰染的錯亂習氣還在，必須勤加對治，所以經典才說要花極長時間，才能無餘滅除錯亂習氣，獲得佛陀果位。從龍樹聖父子的見解，說明大小乘了義正見相同。這段話同時闡釋二個重要觀念：尚未通達諸法無自性正見，不要說成佛，連脫離輪迴的善巧方便都沒有；判分大小乘的不共法要，是菩提心和菩薩廣大妙行。

四、差別

《修次中篇》說，親近善知識、尋求多聞、如理思惟是修習毘缽舍那的不共資糧；依止這三項資糧，廣泛了解人無我與法無我的清淨正見，透過各種正理薰修毘缽舍那。凡夫所要圓滿的毘缽舍那，分別有四種、三門及六類差別。

1. 四種

《解深密經》說有正思擇、最極思擇、周遍尋思及周遍伺察四種。正思擇毘缽舍那，是緣世俗諦的盡所有法；最極思擇毘缽舍那，是緣勝義諦的如所有法；周遍尋思和周遍伺察，是指思擇深入程度的粗細不同。如《聲聞地》說，「何謂四種毘缽舍那？比丘獲得無分別影像正奢摩他後，依此安住，再以智慧觀察諸法作正思擇、最極思擇、周遍尋思、周遍伺察。何謂正思擇？分析盡所有性，以智慧揀擇淨行所緣、善巧所緣、淨惑所緣等顯現的世俗道理；最極思擇，分析如所有性，以智慧俱行的分別作意，揀擇三種所緣的真實義理；周遍尋思，以上述智慧所緣的如所有性和盡所有

性，取其行相粗略分析；周遍伺察，以上述智慧所緣的如所有性和盡所有性，取其內涵仔細分析。」

2. 三門

《解深密經》說，「彌勒菩薩問，世尊！有幾種毘缽舍那？世尊回答，彌勒！略分爲三門，有相毘缽舍那、尋求毘缽舍那及伺察毘缽舍那。何謂有相毘缽舍那？純粹思惟三摩地所行有分別影像的毘缽舍那。何謂尋求毘缽舍那？就前面的有分別影像，選擇尚未通達的法義，透過智慧推求的過程。何謂伺察毘缽舍那？就前面已經通達的法義，進一步細察，最後證得究竟解脫的過程。」《聲聞地》說，「從經論聽聞受持或善知識教導，在修持等引的時候，把這些教法當成所緣行相，不刻意思量，只是如實緣念分別影像，是毘缽舍那的第一門，稱爲唯隨相行。不但緣念，還進一步推求法義，是毘缽舍那的第二門，稱爲隨尋思行。雖然已經推求過法義，獲得些許安立，還要再細細審究、全面觀察，是毘缽舍那的第三門，稱爲隨伺察行。以上說明毘缽舍那三門。」舉例來說，第一門緣無我義修定，只是作意無我義的行相，沒有加入分析；第二門透過思惟，抉擇無我義道理；第三門針對已經確認的無我義定解，作更深入細察。

3. 六類

就所緣事分爲六類，稱爲尋思毘缽舍那，有尋思義、尋思事、尋思相、尋思品、尋思時、尋思理。尋思義，指分析這句話代表的意義，就是如此如此。尋思事，指分析這是內法或外法。尋思相，

指分析諸法二相,這是自相、共相或共不共相。尋思品,指分析黑白二品,這是惡業過患、善業功德。尋思時,指分析三世,這是過去生、未來生、現在生。尋思理,指分析四種道理,包括觀待道理、作用道理、證成道理、法爾道理。

觀待道理:推察生果的原因,要觀待何種因緣,其中又分為世俗因果、勝義因果、共同因果。

作用道理:推察諸法各自的作用,例如火具有燒煮的作用,火是法、能燒是所作,以此區分這是法、這是法的作用、因為這個法產生這些作用等等。

證成道理:推察所立法義與正量隨順的關係,是否現量可成、比量可成、教言量可成。

法爾道理:推察火具有燒熱性、水具有濕潤性等等,對諸法存在的法性引發勝解,這是世俗共許的法性、不可思議的法性、安住的法性,此間不必透過正理揀擇有無,僅僅承認世間所說「法爾如是」。

五、止觀雙修

1. 雙修的理由

如果沒有通過正理抉擇無我真實義,由此產生定見,不可能引發修習毘缽舍那的證德,這個定見是未來成就功德的因。如果沒有事先聽聞聖教抉擇空性見的道理,會障礙修習毘缽舍那,如《解深密經》說,「彌勒菩薩問世尊,什麼是奢摩他和毘缽舍那的因相?世尊回答,慈氏!清淨戒律、聽聞正法,產生清淨正見,就是成就止觀的因。」又說,「沒有興趣聽聞聖教,就是修習毘缽舍那的障

礙。」《那羅延請問經》說，「由聽聞引發智慧，由智慧斷除煩惱」。從無我正見獲得毗缽舍那，是一開始分析的時候，旁徵博引眾多教理觀察；抉擇後，不必再藉著觀察慧反覆思惟，僅僅安住在義理當中，這種止住修只能獲得正奢摩他，不能生起毗缽舍那；獲得正奢摩他後，再進一步修觀，以正理繼續思擇，最終才能獲得毗缽舍那。

止觀雙修時，觀擇太多會減少住分，應該多修止提起住分；修止太多會增強住分，容易使行者沉醉在禪定快樂、不喜觀察的狀態，因為缺乏觀察，對真實義始終無法生起堅固定解。定解的力量不夠，不能對治增益我執的違逆品，這時候應該多修觀，使止觀勢力互相均等。如《修次後篇》說，「若多修毗缽舍那，則慧力增長，定力減弱；就像燭火在風中搖曳，看不清楚物體，心晃動不能明見真實義，這時應該修奢摩他。若奢摩他勢力增長，則慧力減弱，就像熟睡時，不能以智慧明見真實義，這時應該修毗缽舍那。」至於加行、結行和下座要如何修，可以參考共下士道所說。

修無我義的時候，如果產生沉掉，應該怎麼辦？斷除沉掉，要靠正念正知；遠離沉掉後，要修等捨或放緩功用，內容和修奢摩他一樣，可以參考第二十四章。《般若波羅蜜多教授論》說，就所緣境修止觀，首先修奢摩他引發輕安，然後在境上觀察實義，修毗缽舍那引發輕安，獲得各別成就後，再進入止觀雙修。這個說法，並沒有規定要在同一座全部修完，可以分不同的座修。這個重點是針對眾生無明增益的自性實有，為了破除俱生我執，才要修無明的違逆品，也就是自性空，才能根除無明，徹底脫離輪迴，這才是修空的目的。如果不是為了這個目的，修空修半天，也無法減損我執和無明執，就會像前輩上師所說，東門鬧鬼，跑到西門送俑，根本沒有意義。以上簡單說明修習要道，真正進入正修，還會面臨更多細

微的問題，必須親近博學多聞及內證豐富的智者深入了解。

2. 斷除諍論

　　有些人主張，雖然初修不能都不觀察，但前面已經做過聞思抉擇，等到正修就不必再作意觀察；因為觀察修是分別心的有相執著，帶著分別心不可能修空，任何分別都是有相執著，凡夫應該遠離分別，以便好好修習無我。

　　關於有相執著的說法，前面已經講得十分清楚。如果把「一切分別都是諦實執著，正修時應該遠離」當成善巧的忠告，就會產生二個問題：(1) 最初透過聞思抉擇義理，必須帶著分別心思擇，是否一併要破除？(2) 上師為弟子講解及閱讀經論、辯論或著作時，也要帶著分別心分析，是否一併要破除？

　　如果對方反駁，沒有獲得無我正見以前，為了尋求正見而反覆思惟是應該的，一旦通達空性了義，就應該捨棄分別。那自宗反問他們，如果這種主張是正確的，那麼見道位聖者已經現證無我，就不必再修無我義？事實上，他們還要修，先前講過斷除修惑必須靠長時間修證。有幾分修習，就有幾分信念；抉擇的義理愈多，所獲得的信念愈穩固，所現見的功德愈清楚、愈有力量。《釋量論》說，「現證無我的決定勝解和無明虛構的我執，剛好是能害與所害的正相違，前者可以對治後者。」說明無我信念愈強，對治我執的力量愈大，我執受到傷害的程度愈嚴重。為了逐漸增強無自性定解，必須長時間串習，以各種論據破除增益邪見。若非如此，那麼對於無常、業果、生死過患、大菩提心、慈悲心等義理，只要粗淺瞭解就好了，又何必廣引經論反覆思惟。

　　以修習無常為例，只要想到「我會死」就可以了，經論何必多

費唇舌？這是因為光有浮光掠影的認知，根本起不了多少對治作用。不僅如此，許多大經論也講到，正修毘缽舍那要如理觀察。成就奢摩他，進入修習毘缽舍那以後，如果只是純粹修毘缽舍那，把修止的功夫丟在一旁，住分的力量會漸漸減損，使原有奢摩他散失，加上不能及時新修，寂止慢慢消失；一旦失去寂止這個基礎，絕不可能引發勝觀。應該雙修止觀，保任原先安住的奢摩他力量，再新修觀；等到修觀獲得更穩固的定解，再緣所修義理持心安住，繼續修止，二者輪流，才能緣無我義理成就止觀雙運。

有些人又說，推求無我義是分別心的作用，分別心和無分別智相違，不可能成為前者出生後者的因果關係，因和果必須互相隨順。

自宗回答，在《迦葉請問品》中，世尊曾經引喻回答，「迦葉！譬如二棵樹被風吹動，樹枝磨擦產生火花，最後樹被焚毀；同樣的，以正理觀察產生的根本聖智，最終能以無分別智燒毀分別心。」說明唯有分別觀察，才能產生無分別智。《修次中篇》說，「修習空性的瑜伽師以觀察慧思擇，從什麼時候開始不再執著勝義諸法自性有，就是悟入無分別定、證得諸法無自性的時候。如果不先以智慧觀察法性，純粹捨棄作意，絕不可能斷除分別，沒有親證空性，就沒有聖智。就像世尊說的，由觀察才能引發真實智慧火，由真實智慧火才能燒毀分別樹。」

硬說因果二法不相似不能互生，那麼有漏道如何生出無漏聖道？凡夫如何修成聖者？果真如此，修行豈不完全失去意義，眾生根本沒有機會解脫。在現實生活中，存在許多因果不同的例子，白色種子可以長出青色苗芽、火可以生煙、女孩可以產下男孩。另外，透過正理分析通達境無自性的道理，雖然本質上的確屬於分別心的作用，但是它所要獲得的境相和無分別智極為合理，當然可以

成為後者的因。

　　有人以《般若經》為例，舉出以色等諸法執為空性的修持，也是有相執著，不應該觀察空。

　　自宗回答，經典的意思是「把空執為實有」的人，會產生錯誤，不是反對觀察空這件事。如果不這樣解釋，那麼《般若經》為什麼說，「菩薩摩訶薩行持智慧度的時候、修習智慧度的時候，應該如此觀察、應該如此思惟，般若波羅蜜多的自性是什麼？修持的行者是誰？以此尋求正理推察，如果沒有一法可得、沒有一補特伽羅可得，就是般若波羅蜜多嗎？……應該如此觀察。」經文明確指出正修智慧度的時候，必須靠思擇修。《心經》講到舍利子問觀自在菩薩，如何行持甚深般若波羅蜜多，觀自在菩薩回答，「照見五蘊皆空。」照見，就是以智慧觀察。《攝頌》也說，「對一切有為法及無為法、黑法及白法，以智慧分析獲得無微塵許自性，就是世間名言的進入智慧度的行列。」類似的講法還有很多，怎麼可以把分別觀察和無分別智說成相違的事。

　　真正繫縛眾生在輪迴苦際的，不是這些善分別，而是對諸法妄執為實的邪分別。例如將盤繩錯看成蛇而感到害怕，要去除恐懼，必須認清沒有蛇的真相；同理，要滅除顛倒錯誤的執著，唯有透過正因觀察所執著的對境沒有自性，滅除執實分別，才是根本對治法。只知道攝心不起現行，絕對無法證得實義。有沒有真實執境，並不是口頭說說「一切都是空」就可以，必須觀待清淨教理才能正確抉擇，對空性產生信念，之後再以不分別心修止安住，這也是本書主張的修法；在不分別以前，要先以觀察慧思擇，絕對不能一開始就放棄分別。

　　如《修次後篇》說，「凡是正法講到無念、無作意，真正的內涵反而是要先觀察，為什麼？經過思惟實義的過程，才能修持無

念、無分別作意；除此之外，其他方法不可能達到目的。」又說，「毘缽舍那是以詳細觀察爲體性。」《寶雲經》說，「由毘缽舍那確實仔細分析，才能通達諸法無自性的道理，最後悟入無相。」《楞伽經》說，「大慧！以智慧推察諸法的自相和共相無自性，就是不分別，所以才說諸法無自性。」

當經典說到「從色法到一切種智都不住」，應該解釋爲不要執著有眞實可住的境。不然前面講六度的時候，都提到「不住六度」是指不要執著六度實有，並非鼓勵大家不要修六度。要知道，當經典談到無所住、無分別，其目的是要破除諸境自性有，或者前面已經包含諦實觀察的過程，絕不是表面上「眞的不要做」。例如經典說到「不可思議」、「超越分別的心境」等等，是爲了斷除增上慢；避免有些人以爲只要聞思義理，就可以現證甚深空性，所以才提出不可思議等字句，顯示只有聖者才能以自證分現證空性，凡夫不可能達到這個境界。如《修次後篇》說，「若聽到經典說難思議等字，是針對那些自以爲只要靠聞思就能證得實相的行者，爲了破除他們的增上慢，特別開示唯有聖者才能透過內證，證得空性、破除非理思惟，不是要破除如理思惟這件事；如果不這樣去理解，實在違背眾多教理。」

六、修習毘缽舍那成就的標準

沒有得到輕安以前，稱爲隨順毘缽舍那，生起輕安以後，才算眞實毘缽舍那；輕安的行相及生起的道理，和前面修止相同。奢摩他輕安和毘缽舍那輕安不同，在原有奢摩他輕安的力量還沒喪失前，這種輕安不算毘缽舍那輕安，必須藉由觀察修的力量引發輕安才算；這裡不管緣的內容是盡所有性或如所有性，二者引發的道理

相同。如《般若波羅蜜多教授論》說，「由奢摩他獲得身心輕安，在這個基礎繼續以正理推求，生起與此相等的內三摩地所緣影像，這種勝解觀察作意思惟的過程，在還沒生起真正輕安以前，稱爲隨順毘缽舍那作意；必須等到生起輕安，才算正毘缽舍那。」

能不能成就緣勝義如所有性止觀雙修的毘缽舍那，首先要對這種正見獲得確定無誤的正見，再以這種正見作爲所緣境修習。因爲修的時候，心和境的粗分顯現會逐漸消失，像朗朗晴空，具有極明顯、明了、澄淨三種差別感受，像燭火不受風吹，可以穩定保持明亮。內外境在意識中，顯現像彩虹薄霧般長久安住；當意識想要對這些境相觀察的時候，現起的境界會逐漸隱沒，首先色聲等粗相外境開始消失，接著內心領受的觸等細相脫離，一直到心無法再執持所有境相現起爲止；雖然這些境相消失，還不算真正通達人無我和法無我，雖然這些境相變得杳茫，仍不算通達中觀師說的如幻義。爲什麼？因爲行者只是久修住分，對空性正見沒有真正生起嚮往，才會常常出現模模糊糊的相貌，這不是如幻相。

真正的如幻相，是前面所說，要靠正量決斷無自性的定解、名言量安立不可狡辯的顯現有，由此確認現空不二。色等諸境在意識前出現輕薄澄淨的虹霓狀，是因爲脫離觸礙相、顯現明了相，透過這二種作用所造成的結果，並非無自性的真實定解；因此將所要破的自性，和沒有質礙觸執的感受誤認爲同一件事，這只是一種假名的無自性。例如看到虹霓薄煙，以爲這就是中觀師說的境無自性，那麼安立無自性時，對於凡是具有質礙觸受的事物，要如何引生定解？如果把緣有質礙事等於妄執自性有，這樣會產生推理過失。要知道，色等境相顯現微薄、澄淨等相，不算真正破壞實有執著，也不是中觀師說的如幻義。只有事先已經獲得清淨正見，又沒有忘失此等正見的行者，才會在修習中引發現空雙聚的如幻義。

　　善知識阿蘭若師講到引生空性定解時說過，先修補特伽羅無我，再修法無我，修的時候以正念正知攝心，如果時間太長很難維持，反而會出現時而昏沉、時而掉舉的現象，這樣會有反效果。應該把一天分為上午、下午、初夜、後夜四座，再各自細分四座，總共十六座；在明覺感觸還很清楚的時候，就要暫時休息。如果不覺得修很久，時間卻過了很久，表示具有攝心相；如果覺得修了很久，時間卻沒過多少，表示缺乏攝心相。能做到攝心，煩惱會轉輕，甚至不太需要睡眠。一座慢慢延長到一整個上午，這時候會引發四種行相的三摩地。無分別，住於禪定的時候，連自己的出入息都渾然不覺，表示呼吸和尋思進入極微細階段。明了，如秋天正午晴空明明朗朗、清清楚楚。澄淨，如在乾淨的杯子倒入清水，在日光下顯現透明。微細，安住前三相，能夠看見諸法細如毛尖，了了分明、清晰可見。不過這些三摩地境界，都屬於隨順無分別根本聖智，不算真正的無分別根本聖智。如《辨中邊論》說，隨順就是顛倒、不真實的意思。依照《辨中邊論》的講法，凡夫修習空性的極限，最多只能到隨順的境界。雖然沒有產生這四種行相，只要是修清淨正見，就算了義修；反之，即使已經產生這四種行相，只要不是修清淨正見，就不算了義修。判別是否了義，是根據修的內容而定。

　　沒有先得止觀，不可能進行雙運；獲得毘缽舍那，就等於獲得止觀雙運，因為先前要以奢摩他為基礎，才能修習毘缽舍那。經論提到，此時漸漸生起勵力運轉、有間缺運轉、無間缺運轉、無功用運轉四種作意；生起無功用運轉作意，就完成了止觀雙運。這個意思是觀察修後，必須和奢摩他交替修，等到引發先前奢摩他的輕安相，就成就了止觀雙運。如《聲聞地》說，「什麼時候奢摩他和毘缽舍那才能相互和諧、勢力均等、平衡運轉，稱為止觀雙運？獲得

第九住心，正奢摩他三摩地，在這個圓滿三摩地的基礎上，繼續以正理思擇諸法自性，修習增上慧；因爲事先已經熟練觀修方法，此時不必費力，就能任運轉動，前面奢摩他經過九種住心、四種作意，不必刻意加行，清淨潔白的毘鉢舍那也能遠離沉掉過失，隨順奢摩他以調和柔軟的方式攝受，就是止觀和合、平等、俱轉的境界，稱爲奢摩他和毘鉢舍那雙運轉道。」《修次後篇》說，「依止奢摩他進入修觀，由於已經遠離沉掉能平等俱轉、任運自然，心中對於眞實義的境相極爲明朗，此時應當放緩功用修平等捨；要知道，這就是獲得止觀雙運的徵兆。」

　　爲什麼叫做雙運轉道？因爲雙運前，單修智慧一項不能引發無分別住心，必須提起功用分別修習止品與觀品；獲得止觀二品功德

格魯六大寺之扎什倫布寺（西藏）。

後，以觀察慧的觀修力引生正奢摩他的平等住心，才稱爲雙運轉道。雙修止觀的觀察，是指毘缽舍那；觀後安住，是指以空性爲所緣的殊勝奢摩他。《般若波羅蜜多教授論》說，「分別獲得奢摩他以後，緣有分別影像觀察，無間缺引生無分別住，又能相續作意保持寂止，就是雙證止觀二品，稱爲雙運道。」雙，是指奢摩他和毘缽舍那二品；運，是指彼此依靠、互相增長。無間缺，指觀察後不必另外修無分別住，由觀修的力量自然引發。雙證二品，指雙雙證得緣無分別影像的正奢摩他和緣有分別影像的毘缽舍那，先作意觀察，後不間斷作意。止觀雙運的道理非常深奧，應該廣泛閱讀清淨論典，依止善知識，期待自己眞正了解所有道次第教法。

修習要道

引言

能觀無央佛語目，如實善達一切法，能令智者生歡喜，由親諸修如斯理，

知識初佛妙音尊，善歸依故是彼力，故願善擇真實義，彼勝智者恆護持，

南洲聰叡頂中嚴，名稱幡幢照諸趣，龍猛無著漸傳來，謂此菩提道次第，

盡滿眾生希願義，故是教授大寶王，攝納經論千流故，亦名吉祥善說海，

此由然燈大智者，光明顯揚雪山中，此方觀視佛道眼，故經多時未瞑閉，

次見如實知聖教，宗要聰叡悉滅亡，即此妙道久衰微，為欲增廣聖教故，

盡佛所說諸法理，攝為由一善士夫，乘於大乘往佛位，正所當修道次第，

此論文言非太廣，一切要義無不具，雖諸少慧且易解，我以教理正引出，

佛子正行難通達，我乃愚中最為愚，故此所有諸過失，當對如實知前悔，

於此策勤有集積，二種資糧廣如空，願成勝王而引導，癡蔽慧目諸眾生，

未至佛位一切生，願為妙音哀攝受，獲得圓滿教次第，正行勝道令佛喜，

如是所解道中要，大悲引動善方便，除遣眾生冥闇意，長時住持佛教法，

聖教大寶未普及，雖遍遷滅於是方，願由大悲動我意，光顯如是利樂藏，

從佛菩薩微妙業，所成菩提道次第，樂解脫意與勝德，令長修持諸佛事，

願編善道除違緣，辦諸順緣人非人，一切生中不捨離，諸佛所讚真淨道，

若時我於最勝乘，如理勤修十法行，爾時大力恆助伴，吉祥德海遍十方。

一、道次第大綱

　　修習前一個法，要有想證得後一個法的意樂；聽聞後一個法，要有想修習前一個法的意樂，這是很重要的態度。如果只醉心高深法要，對基本教法缺乏求知，把精力全部放在止觀，妄想一步登天，獲得寂止勝觀，根本不可能有成就。缺乏基礎無法獲得要訣，應該完整正確的認識道次第總體，才不會躐等偏廢。在修習過程中，時時秉持聰明伶俐的善巧智慧，使心趨向平等，也就是說對每個法都抱著平等心，沒有好壞優劣、高下粗細之分。對於能引導自己解脫的善知識，要具備信心和敬心，以免自斷一切善法根本，應當思惟親近善知識，如理勤修事師要道。懈怠心出現時，應當思惟人身難得、暇滿義大；貪著現法快樂致使行爲放逸，應當思惟死亡無常、惡趣過患；不能清淨守護戒律，應當反省自己對業果認識不清，才會膽大妄爲違背戒律，詳細推求業果道理；放不下眼前三有快樂，那麼發誓求解脫就變成空話，應當思惟生死過患引發出離心；所作所爲只爲自己解脫快樂，罔顧眾生利益，等於自我斷絕大乘命根，應當思惟願菩提心及慈悲心等；過度拘泥律儀行相，修習學處感到相執嚴重、繫縛猛烈，應當以正理破除執著所緣境，淨修緣起性空、諸法如幻，整治內心；遲遲無法安住善所緣境，妄念熾盛東奔西馳，成爲散亂的奴僕，應當正修安住一趣。以上簡單列舉道次第傳承上師的教誨，其他可以自行類推。

　　要避免偏廢或側重某法，而忽略道次第總體，無法達到圓滿修行，必須訓練自心具有堪能修習一切善品的力量。

1. 親近善士：是道的根本，要好好修習親近功德及不親近過患。

2. 暇滿人身：眞正生起希求心，思惟暇滿義大，誠心督促自己精進，爲了獲得暇滿人身的因，必須好好把握這一生，不要虛擲

浪費，以免入寶山空手而歸。

3. **念死無常**：不去除貪圖今生享樂的念頭，不可能真正為來生打算，更遑論暫時及究竟利益，應該勤修人身無常不能久住，死後什麼都帶不走，只有隨業漂流，甚至可能墮入惡趣的道理。

4. **皈依三寶**：一想到投生惡趣，生起真實恐懼，這樣才會誠心信服三寶功德，尋求皈依、接受律儀學處。

5. **深信業果**：以各種方法對業果引發堅固深忍信，了解一切善法的根本，就是勤修十善、斷除十惡，經常串習四力對治的道理。

6. **生死過患**：漸次修習共下士道後，應該思惟生死過患，尤其是分別觀察輪迴總苦與別苦，真正引發出離心。

7. **解脫正道**：觀察生死流轉，認識輪迴的根本是業與煩惱，深入探究二者本質，發起確實想要脫離輪迴的意樂，才能真正趣入解脫正道，相信唯有戒定慧三學才能救拔自己出離苦際，特別是所受的別解脫戒，務必謹慎守護，維護戒律清淨。

8. **發菩提心**：漸次修習共中士道後，應該想到不只是自己，其他眾生也在苦海漂墮；他們都是累劫的父母，怎麼忍心捨棄眾生，因此要勤修慈悲心根本，生起真實菩提心。缺乏菩提心，一切六度萬行、生圓次第就像空中樓閣；起初略略生起菩提心行相，再依照律儀勤修學處，穩固願心、進入行心。

9. **六度四攝**：聽聞菩薩廣大學處，善知取捨要道，以勇猛好樂心精勤修習。發起願菩提心後，如法受持行心律儀，以六度成熟自己、以四攝成熟有情，尤其要做到捨命防範根本重罪、中品、下品纏縛及惡作，避免有所染犯；如果不小心做錯，應該勤修還出及還淨儀軌，回復戒律清淨。

10. **止觀雙修**：最後要修靜慮度及般若度，善巧引發正奢摩他三摩

地；接著在相續生起清淨正見，遠離常見與斷見，在這個基礎上修持毘缽舍那。這種修持靜慮和般若的功夫，才算止觀雙修，並不是在後二度外，另外安立一個新的雙修法。受持行心律儀後，菩薩必須修奢摩他和毘缽舍那。

二、金剛乘的修習方法

　　修習顯密共道後，毫無疑問要進入密乘不共道；因為密乘比顯乘更希有珍貴，具有快速圓滿二種資糧的功德。學習密乘，如《道炬論》說，首先是貢獻財物、身語承事、依教修行令上師歡喜；做的程度，要比道前基礎所說更嚴謹；做的對象，包括僅僅傳授一句咒語的上師，也要態度恭敬。其次要接受清淨密咒灌頂以成熟身心，聽聞及守護灌頂所承諾的三昧耶戒，這是密乘相當重要的部份。染犯根本墮罪，雖然可以重受，仍破壞相續生起的功德，使證道時間向後拖延，應該努力守護；另外要避免染犯粗罪，萬一不小心誤犯，要趕快修還出方便。三昧耶和律儀戒是密乘的基礎，缺乏清淨戒律就像傾斜的房屋，隨時有崩塌的危險。《曼殊室利根本教》說，「佛陀從沒說過違犯戒律，還可以獲得密乘成就。」不要說上品成就，連中品及最下品成就都沒有。《無上瑜伽》也說，不守護三昧耶、不如法灌頂、不懂密乘，不管多麼精進努力，絕對無法成就；如果有人說不必守護三昧耶還能修成密法，根本不算密乘行者。

　　如理持守三昧耶及律儀戒後，要依止堪為準則的密續儀軌，修持生起次第，圓滿本尊壇城。密乘和顯乘不共的「所斷」，是指被我們妄執為平凡、庸常、不淨的蘊處界，能夠轉化妄執的「能斷」，是指轉變庸常的外器、內身、受用成為殊勝的本尊壇城、身

相及無量宮殿等，這是生起次第的作用。經過這種轉換，使不淨轉為淨、使庸常轉為殊勝，行者能隨時獲得諸佛菩薩加持，迅速圓滿無邊福德資糧，成為圓滿次第的合格法器；生起次第後，要依止堪為準則的密續儀軌，修持圓滿次第。不觀修生起次第，只修持圓滿次第，絕不是密續及論師們的見解。這裡簡單就名相說明修密的綱要，詳細應自行了解。對本書所闡述的內容，懂得如法修持，等於掌握了總攝一切顯密要道的圓滿總體；這樣一來，我們這個暇滿人身才能獲得重大義利，不但自利利他，更增廣佛陀偉大教法，成為真正的佛弟子。

JB0005	幸福的修煉	達賴喇嘛◎著	230 元
JB0006	與生命相約	一行禪師◎著	240 元
JB0007	森林中的法語	阿姜查◎著	320 元
JB0008	重讀釋迦牟尼	陳兵◎著	320 元
JB0009	你可以不生氣	一行禪師◎著	230 元
JB0010	禪修地圖	達賴喇嘛◎著	280 元
JB0011	你可以不怕死	一行禪師◎著	250 元
JB0012	平靜的第一堂課──觀呼吸	德寶法師 ◎著	260 元
JB0013X	正念的奇蹟	一行禪師◎著	220 元
JB0014X	觀照的奇蹟	一行禪師◎著	220 元
JB0015	阿姜查的禪修世界──戒	阿姜查◎著	220 元
JB0016	阿姜查的禪修世界──定	阿姜查◎著	250 元
JB0017	阿姜查的禪修世界──慧	阿姜查◎著	230 元
JB0018X	遠離四種執著	究給・企千仁波切◎著	280 元
JB0019X	禪者的初心	鈴木俊隆◎著	220 元
JB0020X	心的導引	薩姜・米龐仁波切◎著	240 元
JB0021X	佛陀的聖弟子傳 1	向智長老◎著	240 元
JB0022	佛陀的聖弟子傳 2	向智長老◎著	200 元
JB0023	佛陀的聖弟子傳 3	向智長老◎著	200 元
JB0024	佛陀的聖弟子傳 4	向智長老◎著	260 元
JB0025	正念的四個練習	喜戒禪師◎著	260 元
JB0026	遇見藥師佛	堪千創古仁波切◎著	270 元
JB0027	見佛殺佛	一行禪師◎著	220 元
JB0028	無常	阿姜查◎著	220 元
JB0029	覺悟勇士	邱陽・創巴仁波切◎著	230 元
JB0030	正念之道	向智長老◎著	280 元
JB0031	師父──與阿姜查共處的歲月	保羅・布里特◎著	260 元
JB0032	統御你的世界	薩姜・米龐仁波切◎著	240 元
JB0033	親近釋迦牟尼佛	髻智比丘◎著	430 元
JB0034	藏傳佛教的第一堂課	卡盧仁波切◎著	300 元
JB0035	拙火之樂	圖敦・耶喜喇嘛◎著	280 元

善知識系列　JB0062X

白話《菩提道次第廣論》

作　　　者／宗喀巴大師
譯　　　者／法尊法師
譯 文 白 話／劉小儂
協 力 編 輯／劉昱伶
業　　　務／顏宏紋

總 編 輯／張嘉芳
出　　版／橡樹林文化
　　　　　城邦文化事業股份有限公司
　　　　　104 台北市民生東路二段 141 號 5 樓
　　　　　電話：(02)2500-7696　傳眞：(02)2500-1951
發　行／英屬蓋曼群島商家庭傳媒股份有限公司城邦分公司
　　　　　104 台北市中山區民生東路二段 141 號 5 樓
　　　　　客服服務專線：(02)25007718；25001991
　　　　　24 小時傳眞專線：(02)25001990；25001991
　　　　　服務時間：週一至週五上午 09:30 ～ 12:00；下午 13:30 ～ 17:00
　　　　　劃撥帳號：19863813　戶名：書虫股份有限公司
　　　　　讀者服務信箱：service@readingclub.com.tw
香港發行所／城邦（香港）出版集團有限公司
　　　　　香港灣仔駱克道 193 號東超商業中心 1 樓
　　　　　電話：(852)25086231　傳眞：(852)25789337
馬新發行所／城邦（馬新）出版集團【Cité (M) Sdn.Bhd. (458372 U)】
　　　　　41, Jalan Radin Anum, Bandar Baru Sri Petaling,
　　　　　57000 Kuala Lumpur, Malaysia.
　　　　　電話：(603) 90563833　傳眞：(603) 90576622
　　　　　Email：services@cite.my

版面構成／歐陽碧智
封面設計／耳東惠設計
印　　刷／韋懋實業有限公司

初版一刷／ 2009 年 12 月
二版四刷／ 2023 年 08 月
ISBN ／ 978-986-6409-10-3
定價／ 550 元

城邦讀書花園
www.cite.com.tw

國家圖書館出版品預行編目（CIP）資料

白話《菩提道次第廣論》／宗喀巴大師著；法尊法師譯；劉小儂譯文白話 . -- 初版 .-- 臺北市：橡樹林文化，城邦文化出版：家庭傳媒城邦分公司發行，2019.09
　　面；公分 . --（善知識系列：JB0062X）

ISBN 978-986-6409-10-3（平裝）

1. 藏傳佛教　2. 注釋　3. 佛教修持

226.962　　　　　　　　　　　　98020919

104 台北市中山區民生東路二段 141 號 5 樓

城邦文化事業股份有限公司

橡樹林出版事業部　收

請沿虛線剪下對折裝訂寄回，謝謝！

|橡|樹|林|

書名：白話《菩提道次第廣論》　書號：JB0062X

橡樹林文化

讀者回函卡

感謝您對橡樹林出版社之支持，請將您的建議提供給我們參考與改進；請別忘了給我們一些鼓勵，我們會更加努力，出版好書與您結緣。

姓名：＿＿＿＿＿＿＿＿＿＿　□女　□男　　生日：西元＿＿＿＿＿＿年

Email：＿＿＿＿＿＿＿＿＿＿＿＿＿＿＿＿＿＿＿＿＿＿＿＿＿＿＿＿

● 您從何處知道此書？

　□書店　□書訊　□書評　□報紙　□廣播　□網路　□廣告 DM　□親友介紹

　□橡樹林電子報　□其他＿＿＿＿＿＿＿＿＿

● 您以何種方式購買本書？

　□誠品書店　□誠品網路書店　□金石堂書店　□金石堂網路書店

　□博客來網路書店　□其他＿＿＿＿＿＿＿＿＿

● 您希望我們未來出版哪一種主題的書？（可複選）

　□佛法生活應用　□教理　□實修法門介紹　□大師開示　□大師傳記

　□佛教圖解百科　□其他＿＿＿＿＿＿＿＿＿

● 您對本書的建議：

＿＿＿＿＿＿＿＿＿＿＿＿＿＿＿＿＿＿＿＿＿＿＿＿＿＿＿＿＿＿＿＿

＿＿＿＿＿＿＿＿＿＿＿＿＿＿＿＿＿＿＿＿＿＿＿＿＿＿＿＿＿＿＿＿

＿＿＿＿＿＿＿＿＿＿＿＿＿＿＿＿＿＿＿＿＿＿＿＿＿＿＿＿＿＿＿＿

＿＿＿＿＿＿＿＿＿＿＿＿＿＿＿＿＿＿＿＿＿＿＿＿＿＿＿＿＿＿＿＿

＿＿＿＿＿＿＿＿＿＿＿＿＿＿＿＿＿＿＿＿＿＿＿＿＿＿＿＿＿＿＿＿

我已經完全瞭解左述內容，並同意本人資料依上述範圍內使用。

＿＿＿＿＿＿＿＿＿＿＿＿＿＿＿＿＿（簽名）

處理佛書的方式

　　佛書內含佛陀的法教，能令我們免於投生惡道，並且為我們指出解脫之道。因此，我們應當對佛書恭敬，不將它放置於地上、座位或是走道上，也不應跨過。搬運佛書時，要妥善地包好、保護好。放置佛書時，應放在乾淨的高處，與其他一般的物品區分開來。

　　若是需要處理掉不用的佛書，就必須小心謹慎地將它們燒掉，而不是丟棄在垃圾堆當中。焚燒佛書前，最好先唸一段祈願文或是咒語，例如唵（OM）、啊（AH）、吽（HUNG），然後觀想被焚燒的佛書中的文字融入「啊」字，接著「啊」字融入你自身，之後才開始焚燒。

　　這些處理方式也同樣適用於佛教藝術品，以及其他宗教教法的文字記錄與藝術品。

ཨྱེ་ག་ཉེ་ཤུ་རྩ་དྲུག་པ་འདི་དཔེ་ཆའི་ནང་དུ་བཞག་ན་དཔེ་ཆ་དེ་ཉི་འདར་
བགྲོམས་ཀྱང་ཉེས་པ་མི་འབྱུང་བར་འཇོམ་དཔལ་རྩ་རྒྱུད་ལས་གསུངས་སོ། །

此咒置經書中　可滅誤跨之罪